조코딩의 AI 비트코인
자동 매매 시스템 만들기

조코딩의 AI 비트코인 자동 매매 시스템 만들기

AI & API를 활용한 스스로 투자하고 회고하는 자동 매매 시스템 완성

초판 1쇄 발행 2025년 4월 28일

지은이 조동근 / **기술 감수** 윤정현 / **펴낸이** 전태호
펴낸곳 한빛미디어(주) / **주소** 서울시 서대문구 연희로2길 62 한빛미디어(주) IT출판2부
전화 02-325-5244 / **팩스** 02-336-7124
등록 1999년 6월 24일 제25100-2017-000058호 / **ISBN** 979-11-6921-375-2 93000

책임편집 홍성신 / **기획 · 편집** 이희영
디자인 표지 박정우 내지 최연희 / **전산편집** 다인
영업마케팅 송경석, 김형진, 장경환, 조유미, 한종진, 이행은, 김선아, 고광일, 성화정, 김한솔 / **제작** 박성우, 김정우

이 책에 대한 의견이나 오탈자 및 잘못된 내용은 출판사 홈페이지나 아래 이메일로 알려주십시오.
파본은 구매처에서 교환하실 수 있습니다. 책값은 뒤표지에 표시되어 있습니다.
한빛미디어 홈페이지 www.hanbit.co.kr / 이메일 ask@hanbit.co.kr

Published by HANBIT Media, Inc. Printed in Korea
Copyright © 2025 조동근 & HANBIT Media, Inc

이 책의 저작권은 조동근과 한빛미디어(주)에 있습니다.
저작권법에 의해 보호를 받는 저작물이므로 무단 복제 및 무단 전재를 금합니다.

지금 하지 않으면 할 수 없는 일이 있습니다.
책으로 펴내고 싶은 아이디어나 원고를 메일(writer@hanbit.co.kr)로 보내주세요.
한빛미디어(주)는 여러분의 소중한 경험과 지식을 기다리고 있습니다.

국내 IT 유튜버 1위
조코딩의 인기 강의를
한 권의 책으로!

조코딩의 AI 비트코인
자동 매매 시스템 만들기

AI & API를 활용한 스스로 투자하고 회고하는
자동 매매 시스템 완성

조동근 지음

한빛미디어

저자의 말

2016년, 이세돌 9단과 구글 딥마인드의 AI '알파고'의 역사적 대결을 기억하시나요? 당시 많은 사람이 바둑은 무한에 가까운 경우의 수 때문에 AI가 인간을 압도하는 건 먼 미래의 일이라고 생각했습니다. 그러나 알파고는 그런 예상을 깨고 인간 최고수였던 이세돌 9단에게 승리하며 세계를 충격에 빠뜨렸습니다.

2025년 현재, AI가 인간의 능력을 뛰어넘는 것은 이제 바둑만의 이야기가 아닙니다. 최근 챗 GPT를 필두로 코딩, 글쓰기, 그림, 영상 등 거의 모든 분야에서 AI가 빠르게 발전하고 있으며, 여러분 역시 일상에서 이를 체감하고 계실 것입니다. 이 발전 속도는 우리가 체감하는 것보다도 훨씬 더 빠르고 강력합니다. 현재 전 세계적으로 천문학적인 규모의 자본이 AI 기술에 투자되고 있으며, 미국의 스타게이트 프로젝트를 비롯한 대규모 AI 투자 계획이 연이어 발표되고 있습니다. AI의 발전은 더욱 가속화될 것이며, 가까운 미래에는 훨씬 더 많은 영역에서 AI가 인간의 능력을 넘어설 것이 분명해 보입니다.

OpenAI의 CEO 샘 올트먼은 최근 20VC 채널 인터뷰에서 "AI가 앞으로 계속 빠르게 발전할 것을 전제로 시스템을 설계해야 한다."고 강조했습니다. 그의 말처럼 우리는 AI의 발전을 단지 관망할 것이 아니라, AI의 성장이 우리에게 직접적인 혜택으로 돌아오도록 시스템을 구축해야 합니다.

투자 역시 언젠가 AI에 의해 결국 정복될 영역입니다. AI는 점차 인간의 판단보다 뛰어난 투자 판단을 내릴 것이며, 이를 일찍 받아들이고 활용하는 사람이 경쟁 우위를 점할 수 있을 것입니다.

이 책은 여러분이 직접 비트코인 투자 자동화 시스템을 구축하고 AI에게 투자를 위임하는 방법과 원리를 배우도록 돕기 위해 쓰였습니다. AI의 능력이 발전할수록 더 많은 데이터를 처리할 수 있고 분석 능력이 높아지므로, 여러분의 투자 시스템 또한 자연스럽게 강력해질 것입니다. AI 시대를 앞서 준비하여 여러분의 투자 성공으로 연결되기를 진심으로 응원합니다.

조동근

책 소개

대생성 AI의 시대,
이제 비트코인 투자도 GPT에게 맡기고 자동화를 해보세요!

GPT를 활용한 비트코인 AI 자동매매 강의는 지금까지 단순 수식대로 동작하는 알고리즘 매매 프로그램과 차원이 다릅니다. 원하는 데이터, 전략대로 동작하는 나만의 AI 자동 트레이더를 만들 수 있습니다. 이제는 나만의 AI 트레이더를 통해 여러분만의 투자 전략을 자동으로 실행해 보세요! GPT에게 맡기는 AI 비트코인 투자 자동화는 인공지능과 암호 화폐 투자의 세계를 융합한 혁신적인 방법입니다. 이 과정은 코딩 초보자부터 경험 있는 개발자까지 그리고 투자에 관심 있는 모든 분을 위해 설계되었습니다.

이런 분이라면 이 책을 꼭 보세요

- 비트코인 투자에 관심이 있지만 차트와 시장을 분석하고 판단하는 과정이 버겁다면?
- 매일 쏟아지는 시장 변화와 최신 뉴스를 볼 시간이 부족하다면?
- 금융 데이터, 뉴스, 소셜 미디어, API 등 다양한 데이터 소스를 AI로 분석하는 방법을 익히고 싶다면?
- AI를 활용한 나만의 프로그램 또는 서비스 개발에 관심이 있다면?
- 비트코인에 관심은 있지만 시간이 부족해 AI를 활용하여 투자 전략을 자동화하고 싶다면?

이 책의 구성

이런 내용을 배웁니다!

1. 전 세계 1위 생성 AI인 챗GPT 또는 클로드로 간단하게 투자 시스템 구축하기

이 책의 핵심은 챗GPT와 클로드와 같은 생성 AI 모델을 활용하여 자동화된 비트코인 투자 시스템을 구축하는 것입니다. 여러분은 AI의 도움을 받아 복잡한 투자 로직을 쉽게 빠르게 구현하는 방법을 배우게 됩니다. 이 과정에서 생성 AI에게 효과적으로 지시를 내리는 프롬프트 작성법을 배워 AI의 능력을 최대한 활용할 수 있습니다.

2. 코딩 경험이 없어도 데이터 분석, API 활용, 웹 스크래핑 등 실용적인 프로그래밍 기술을 단계별로 학습 가능!

챗GPT & 클로드와 같은 생성 AI를 활용해 프로그래밍 언어, 라이브러리, API를 전혀 몰라도 원하는 프로그램 또는 서비스를 기획 및 구축하고 디버깅하면서 운영하는 과정까지 나아갈 수 있습니다. 특히 AI가 생성한 다양한 데이터 소스를 통합하는 과정에서 업비트 API를 통한 실시간 시장 데이터, 뉴스 헤드라인, 유튜브 트랜스크립트, 차트 이미지, 공포/탐욕 지수 등 다양한 데이터 소스를 수집하고 분석하는 방법을 배웁니다.

3. 세계적인 투자자의 아이디어, 전략을 내 AI에게 학습시키는 방법

세계적인 투자자들의 투자 전략은 물론 나만의 투자 아이디어까지 AI에게 학습시키고 이를 코드로 변환합니다. 최신 뉴스, 차트 데이터 등을 AI가 스스로 찾아서 학습할 수 있는 환경을 구축해 24시간 자동으로 모니터링하고 학습한 투자 전략에 따라 거래를 실행하도록 합니다.

4. 실시간 대시보드를 통해 웹/모바일 어디서든 투자 성과를 실시간으로 확인

SQLite를 사용하여 거래 기록을 저장하고 관리하는 방법 그리고 시스템의 성능을 지속적으로 모니터링하고 개선하는 기법을 학습합니다. 또, Streamlit을 활용하여 투자 성과를 실시간으로 확인할 수 있는 대시보드를 만드는 방법을 배웁니다.

이 책의 기술 스택

- 언어 모델 활용법 – 오픈 AI의 강력한 언어 모델을 투자에 접목하는 방법
- 생성 AI 활용법 – 코딩을 몰라도 생성 AI의 도움을 받아 원하는 코드를 쉽게 작성하는 방법
- 업비트 API 연동 – 실시간 시장 데이터 수집 및 자동 거래 실행 기법
- 기술적 지표 계산 – TA 라이브러리를 활용한 RSI, MACD, 볼린저 밴드 등 계산
- 웹 스크레이핑 – 셀레니움을 이용한 차트 이미지 캡처 및 뉴스 데이터 수집
- 감성 분석 – 뉴스 헤드라인과 유튜브 트랜스크립트를 활용한 시장 감성 평가
- 데이터베이스 관리 – SQLite를 이용한 거래 기록 저장 및 관리
- Streamlit을 활용한 대시보드 구축 – 실시간 투자 성과 및 시스템 상태를 확인할 수 있는 대시보드 개발
- AWS를 활용한 클라우드 서버 구축 – EC2 인스턴스 생성하여 자동 매매 시스템 클라우드 배포 및 운영 방법
- AI 프롬프트 엔지니어링 – 효과적인 투자 결정을 위한 챗GPT 프롬프트 작성법
- 자동화 시스템 구축 – 시장 트렌드에 맞춰 스스로 변화하는 24시간 작동하는 AI 자동 트레이딩 시스템 개발
- 멀티모달 AI 활용 – 텍스트, 숫자, 이미지 데이터를 종합적으로 분석하는 AI 모델 사용법
- 대가들 투자 전략의 AI 구현 – 전문가의 투자 방법론을 AI 시스템에 적용하는 기법
- 성능 모니터링 및 최적화 – 시스템의 지속적인 개선을 위한 방법론

남들보다 한 발 빠르게,
조코딩과 함께 AI 투자의 세계로 입문해 보세요!

베타리더의 한마디

이민우, 17년 차 게임 프로그래머
비트코인 시장은 변동성이 크고 예측이 어려운 영역이지만 AI와 알고리즘을 활용하면 감정에 휘둘리지 않는 정교한 투자 시스템을 만들 수 있습니다. 이 책은 AI를 적극 활용하여 비트코인 투자 자동화 시스템을 만들어 나가는 단계를 체계적으로 설명하고, 특히 실전 코드와 사례 연구를 통해 독자들이 직접 자신만의 자동화 시스템을 개발할 수 있도록 돕습니다.

이석곤, 16년 차 AI&빅데이터 개발자
이 책은 누구나 AI로 쉽게 자동 매매 시스템을 만들 수 있게 도와줍니다. GPT와 클로드를 활용해 복잡한 전략을 단순 명령으로 구현하고, 업비트 API 연동부터 실시간 데이터 분석, 감성 평가, 대시보드 제작까지 정말 쉽고 재미있게 배울 수 있습니다. 특히 세계적 구루들의 투자 전략을 AI에 학습시키고, 멀티모달 데이터로 종합 분석하는 방법은 투자의 새로운 가능성을 열어줍니다. AWS 클라우드 배포와 성능 최적화까지 다뤄 24시간 자동 운용되는 스마트 트레이더 개발이 가능하며, 바쁜 현대인도 효율적으로 자산을 관리할 수 있도록 돕습니다. AI와 암호 화폐 투자의 시너지를 경험하고 싶은 모든 분께 강력 추천합니다!

전현준, OneLineAI CTO
AI를 이용해 현대인이 가장 관심 많은 투자라는 영역에 접목해 보는 입문서이면서 향후 발전 가능한 자동화 투자 전략을 구축하는 좋은 책입니다. 코딩에 자신이 없다면, 저자의 안내에 따라 머릿속에서만 그리던 투자 전략을 구체화하고 실제로 비트코인 투자에 접목하길 바랍니다.

강찬석, LG전자 소프트웨어 엔지니어
이 책은 가상화폐 투자 과정을 다루고 있지만, 핵심은 AI를 통해서 실제로 서비스에 활용할 수 있는 코드를 만들고 기능을 추가해 지속적으로 코드를 개선하는 것이 핵심입니다. 특히 비전공자도 쉽게 이해할 수 있도록 설명되어 있어 누구나 쉽게 활용할 수 있을 것입니다.

임승민, CSLEE SW엔지니어

이 책은 프롬프트 엔지니어링을 통해 클로드로 주요 코드를 생성하고 이를 GPT가 운영하도록 프로그래밍하여 비트코인 투자 자동화 방법을 안내합니다. 또한, 웹 스크레이핑과 감성 분석, DB와 AWS(EC2)까지 다양한 기술을 활용하여, 코딩 초보자 혹은 투자 초보자 모두 쉽게 상상하던 투자를 구현할 수 있도록 합니다. 투자 전략을 만들고, 시장 동향을 분석하고 그리고 코드 구성의 시간을 모두 단축하는, 나만의 비트코인 자동화 투자를 꿈꾸는 모든 분께 이 책을 추천합니다.

최규민, 행정안전부 공무원

생성 AI에 대한 뉴스가 날마다 나오는 지금, 이를 투자에 어떻게 활용할까 고민하는 분이 있다면 이 책을 추천합니다. 이 책은 단순히 이론을 설명하는 것이 아니라 실제로 AI에 투자를 위한 파이썬 코드, 모니터링 웹 서비스를 개발시키고 클라우드 서비스, 깃허브 등을 이용해 어떻게 코인 투자(또는 주식 투자에도 응용 가능)를 하느냐를 직접 설명합니다.

김현수, 8년 차 프리랜서 개발자

가상 화폐 또는 주식 투자를 해온 사람이라면 누구나 AI를 활용해 좀 더 영리하고 편리하게 투자를 할 수 없을지 한 번씩은 고민했을 것입니다. 하지만 막상 접근하려면 어떻게 해야 하나 고민이 많아지는데요. 이 책은 그 가려움증을 해결합니다. 누구나 과정을 하나씩 따라하면서 접근할 수 있도록 쉽게 작성되었을 뿐만 아니라 다양한 기술도 활용할 수 있으니 가볍게 도전하길 바랍니다.

윤명식, 니나노연구소 소장

변동성 높은 암호 화폐 시장, 개인 투자자가 살아남기란 쉽지 않습니다. 하지만 걱정 마세요! 이 책은 AI를 활용해 객관적이고 안정적인 투자를 가능하게 하는 실질적인 방법을 제시합니다.

베타리더의 한마디

코딩 지식이 부족해도 괜찮습니다. 친절한 설명과 실습을 통해 누구나 자신만의 투자 시스템을 구축할 수 있도록 안내합니다. 이 책은 단순한 기술 서적을 넘어, 독자에게 투자에 대한 새로운 시각과 자신감을 불어넣어 줄 것입니다.

송효진, 5년 차 백엔드 개발자
단순히 지표만을 가지고 트레이딩 시스템을 구현하는 것이 아니라 금융 데이터와 최신 뉴스 등을 활용하고 투자 전문가나 나만의 투자 철학을 AI에게 학습시켜 트레이딩 시스템을 만들어갈 수 있다는 것이 이 책만이 가지고 있는 매력입니다. 이 책 한 권이면 다양한 API 사용법과 클라우드 서버 구축 그리고 모니터링에 관한 내용까지 습득할 수 있습니다. AI나 투자 자동화에 관심 있다면 꼭 한번 읽어 봐야 할 필독서입니다.

곤, 광고 스타트업 개발자
프로그램 개발에 친숙하지 않은 사람들은 실제 사용할 수 있는 유용한 서비스를 만드는 데 다소 어려움을 겪습니다. 그러나 이 책은 실제 투자가 가능한 웹 서비스를 누구나 손쉽게 만들 수 있다는 점이 매우 매력적입니다. 실제 내가 원하는 투자 프로그램을 직접 쉽게 만들어 보고 싶었다면 꼭 한번 읽어보길 추천합니다.

이민철, 15년 차 프런트엔드 개발자
과거에도 수많은 주식 자동 투자 프로그램 책이 있었지만 프로그래밍 언어나 개발에 익숙하지 않다면 입문하기엔 난관이 많았습니다. 이 책은 개발을 모르는 사람들도 따라하기만 하면 주식 자동 투자라는 복잡한 과정도 쉽게 접근할 수 있습니다. 이 책을 읽은 후엔 기술이 아니라 주식 투자를 어떻게 할 것인가에 대한 전략적 기법에 대한 고민만이 남을 것입니다. 이 책은 생각만 하던 기술을, 장벽 없이 바로 펼칠 수 있다는 점에서 누구에게나 평등한 시대를 열어 주는 포문이 될 것입니다.

최고운, 유라코퍼레이션 소프트웨어 엔지니어

투자에 관심이 있는 개발자라면 직접 만든 자동화 프로그램을 꿈꾸는 것은 당연합니다. 특히 챗GPT, 클로드 등 AI 모델은 이제 업무든 일상이든 이미 없어서는 안 될 존재로 자리 잡았습니다. 이를 비트코인, 주식 매매에 활용할 수 있다면 좀 더 강력한 기능을 구현할 수 있지 않을까 생각해 봅니다. 이 책은 비트코인 자동 매매를 넘어서서 AI 전문성을 넓힐 것입니다.

채민석, integrate.io 세일즈 엔지니어

투자를 자동화하고 싶지만, 그 첫걸음이 막연하다면 이 책을 선택하세요. 초보자의 수준에 맞는 눈높이에, 초보자가 탈이 나지 않을 정도의 지식을 AI와 잘 버무려서 제공하고 있습니다. 투자 자동화와 AI가 궁금하다면 이 책으로 어떤 길을 걸어야 할지 한번 맛보시길 바랍니다.

전준규, 농협정보시스템 프로젝트매니저

이 책은 저자의 다양한 집필, 강의 경력이 반영되어 누구나 쉽게 따라할 수 있도록 차근차근 잘 설명해 주고 있어 개발자가 아니어도 생성 AI를 활용해 자동화 투자 프로그램을 만들 수 있다는 것이 가장 큰 장점입니다. 평소 생성 AI를 활용하여 생산적이고 색다른 경험을 하고 싶었다면 자신감과 성취감을 동시에 맛볼 수 있습니다. 이에 생성 AI를 생산적인 일에 적용하고자 고민하는 모든 분께 이 책을 추천합니다.

최치영, 하만 커넥티드 서비시즈 인크 소프트웨어 엔지니어

시스템 트레이딩과 퀀트는 생성 AI 이전에도 존재하던 개념입니다. 금융권에서 시스템 트레이딩을 접하고 토이 프로젝트로 개발하면서 로직의 신뢰도와 시장 흐름을 읽는 감각의 중요성을 깨달았습니다. 이런 경험에 비추었을 때 비트코인 자동화 투자를 원하는 모든 분께 이 책을 강력 추천합니다. 단순 알고리즘 매매를 넘어 차트 이미지와 유튜브 데이터를 AI로 분석해 자동 트레이딩을 구현하는 방법을 누구나 쉽게 따라 할 수 있게 풀어냈습니다. 개발을 해본 적 없는

베타리더의 한마디

초보자부터 자신의 트레이딩 시스템을 개선하고 싶은 전문가까지 이 책으로 여러분만의 AI 트레이더를 만들어 보시기 바랍니다.

최성욱, 삼성전자 VD사업부 Security Lab

모처럼 가슴 두근거리는 재미난 도서를 만났습니다. AI를 활용한 암호 화폐 자동 트레이더 개발이라니... 언제부턴가 항상 뉴스의 한 꼭지를 장식하고 있는 화제의 키워드인 비트코인 투자를 자동화할 수 있다는 데에서 이 책을 읽는 내내 신세계의 문을 여는 듯한 즐거움을 느낄 수 있었습니다. 이 책은 여느 주식 트레이딩 개발 관련 도서에서 다루고 있는 주식, 암호 화폐 투자와 관련된 기본 지식뿐만 아니라, 클로드와 같은 생성 AI 서비스를 활용하여 복잡한 투자 기법을 보다 손쉽게 적용할 수 있는 전략을 다룹니다. 뿐만 아니라 실시간 클라우드 대시보드 서비스에 기반한 나만의 투자 시스템을 개발할 수 있어 자동 트레이딩 시스템 개발에 관심이 있거나 해당 시스템 개발을 준비하고 있는 사람에게 상당히 매력적인 책일 것입니다. 주식이나 암호 화폐 거래를 거의 하지 않는 저조차도 당장 이러한 시스템을 개발 및 운영해 보고 싶은 마음이 들 정도니까요.

특히 Streamlit과 같은 다양한 외부 서비스를 활용한 개발 예제들은 꼭 암호 화폐 투자 트레이더 개발 목적이 아니더라도 다양한 아이디어를 기반으로 한 서비스 개발에 도움이 될 것입니다.

김동억, 15년 차 백엔드 개발자

이 책은 AI를 활용한 암호 화폐 트레이딩의 완벽한 로드맵을 제시합니다. 차트 데이터와 보조 지표부터 공포탐욕지수, 뉴스 API, 유튜브 콘텐츠 분석까지 다양한 데이터를 종합적으로 활용하는 방법을 체계적으로 설명합니다. 클로드를 이용하여 코드를 구현하고 오픈AI API를 활용하여 실제 트레이딩 의사결정을 내립니다. 암호 화폐 투자자들에게 단순한 트레이딩 서적을 넘어 최신 AI 기술을 실제 투자에 접목하고자 하는 모든 이에게 필독서입니다.

이 책 사용법

예제 코드 & 강의 자료

이 책에서 다루는 모든 예제 코드와 강의 자료는 다음 URL에서 확인할 수 있습니다. 여러분의 코드를 작성하고 변형하는 데 도움이 됩니다.

- 강의 자료: jocoding.net/gptbitcoin
- 깃허브 링크: github.com/youtube-jocoding/gpt-bitcoin-book

온라인 강의

이 책의 내용은 유데미 또는 유튜브에서 〈GPT에게 맡기는 AI 비트코인 투자 자동화 – AI 에이전트 만들기〉라는 유료 온라인 강의로도 만날 수 있습니다.

- 유튜브 강의 : bit.ly/4dEegqS
- 유데미 강의 : udemy.com/course/gpt-bitcoin-ai-agent

추가 학습

추가로 파이썬 기초 학습이 필요하다면 조코딩 채널에서 무료로 공개된 강의를 시청해 보세요.

- 파이썬 기초 무료 강의: bit.ly/4eybWmP

본 강의는 업비트 거래소를 중심으로 진행합니다. 업비트가 아닌 빗썸 거래소로 진행하고 싶다면 다음 영상을 참고하세요.

- 빗썸을 활용한 자동 매매 강의: youtu.be/g71g8GKlmjE

목차

저자의 말 _4
책 소개 _5
이 책의 구성 _6
베타리더의 한마디 _8
이 책 사용법 _13

Part 01 최소 기능 제품 만들기

Chapter 01 프로그램 구조와 AI

대생성 AI의 시대 _23
   3대 언어 생성 AI, 챗GPT vs 클로드 vs 제미나이 _27

인간처럼 학습하고 판단하는 AI, 프로그램의 투자 판단 과정 구현하기 _29
   프로그램 구현을 위한 기술 스택과 서비스 _30
   준비 운동, 코딩 없이 데이터 기반 투자 판단 과정 훑어보기 _31

Chapter 02 환경 세팅

업비트 환경 세팅하기 _39
   업비트 가입하기 _39
   업비트 API 키 발급하기 _42

오픈AI 환경 세팅하기 _45
   테스트 키 발급 & 크레딧 충전하기 _45

파이썬 & VS code 환경 세팅하기 _50
   파이썬 설치하기 _51
   VS code 설치하기 _54

VS code 프로젝트 만들기_56

파이썬 라이브러리 설치하기_59

API 키 등록하기_62

Chapter 03 최소 기능 제품 만들기

최소 기능 제품을 만드는 과정_65

기능 1. 업비트 차트 데이터 가져오기_66

기능 2. AI에 데이터 제공하고 판단받기_69

기능 3. AI의 판단에 따라 자동 매매 진행하기_80

최소 기능 제품 보완하기_85

수수료 고려하기_86

최소 주문 가능 금액 고려하기_87

거래 동작 확인하기_88

자동 실행하기_89

Part 02 데이터 넣기

Chapter 04 거래소 데이터 넣기

개발 과정 짚어 보기_99

인간과 AI의 판단 과정_99

자동 매매 프로그램에서 설정해야 할 3가지 요소_100

거래소 데이터 넣기_102

초안 코드 수정하기_104

데이터 불러오기_116

목차

Chapter 05 보조 지표 넣기

보조 지표란?_125

보조 지표 데이터 불러오기_127
- 라이브러리 TA 활용하기_127
- 코드 통합하기_133

Chapter 06 공포탐욕지수 데이터 넣기

공포탐욕지수란?_143

공포탐욕지수 데이터 반영하기_144
- Fear and Greed Index API 활용하기_144

Chapter 07 최신 뉴스 데이터 넣기

최신 뉴스 데이터가 필요한 이유_165
- SerpAPI 시작하기_166
- Google News API로 최신 뉴스 데이터 가져오기_168

Chapter 08 차트 이미지 넣기

이미지를 분석하는 AI_185

셀레니움으로 브라우저 자동화하기_186
- 셀레니움 설치 & 브라우저 실행하기_187
- 스크린샷 저장하기_188
- 자동 클릭으로 시간 설정하기_192
- 자동 클릭으로 보조 지표 설정하기_198

GPT Vision 기능을 활용한 이미지 처리하기_203
- 코드 통합하기_204

Chapter 09 영상 데이터 넣기

경제적으로 영상 데이터를 학습시키는 방법_235
    영상 자막 추출하기_235
    자막 데이터 가져오기_239

Part 03 시스템 고도화하기

Chapter 10 구조화된 데이터 출력하기

100% 확실한 JSON 응답 얻는 방법_259
    JSON 응답 구조화하기_260

Chapter 11 투자 비율 설정 기능 구현

리스크 감소를 위한 투자 비율 설정_267
    투자 비율 설정하기_267

Chapter 12 투자 전략 & 성향 설정하기

투자 전략 & 성향 메시지의 역할_275
    전략 & 투자 성향 설정하기_276

목차

Part 04 재귀 개선 시스템 구현하기

Chapter 13 투자 데이터 DB 기록하기

기록 저장하기 _285
  기록 저장하기 _286
  코드 최적화 & 결과 확인하기 _293

Chapter 14 스스로 회고하고 개선하기

스스로 회고하는 AI _313
  반성 칼럼 추가하기 _313

Chapter 15 모니터링 시스템 구현하기

Streamlit 라이브러리 기초 _327
  Streamlit 설치하기 _328
  Streamlit 실행하기 _330

웹사이트 대시보드 만들기 _332

Part 05 클라우드 배포

Chapter 16

클라우드 배포하기

클라우드 컴퓨터란?_343
    AWS 회원 가입 및 2단계 인증 설정하기_344
    EC2 서버 만들기_346

코드 저장소, 깃허브_352
    깃허브에 코드 저장하기_353
    깃허브 코드를 클라우드 컴퓨터로 불러오기_357

서버 환경 설정하기_364
    기본 설정하기_364
    가상 환경 생성하기_365

클라우드 배포 시 자주 발생하는 문제_368
    EC2 크롤링 막힘 문제 해결하기_368
    크롬 드라이버 문제 해결하기_371

수정한 코드 재배포하기_377
    깃허브에 저장된 코드 변경하기_377
    깃허브에 새 파일 업로드하기_380
    깃허브 코드를 클라우드 컴퓨터로 불러오기_381

목차

조코딩의 AI 비트코인 자동 매매 시스템 만들기

Part 06 AI 에이전트 클라우드 운영하기

Chapter 17 클라우드 서버 운영하기

코드 초기화 & 재설정하기 _387
　코드 초기화하기 _387
　코드 재업로드하기 _388

운영 코드 활성화하기 _392
　실행 확인하기 _392
　자동 실행 설정하기 _394

백그라운드에서 실행하기 _395
　백그라운드에서 실행하기 _396
　로그 파일 확인하기 _397

Streamlit 웹 모니터링 실행하기 _398
　포트 열기 _399
　백그라운드에서 대시보드 실행하기 _403
　고정 IP 할당하기 _404

찾아보기 _406

Part 01

최소 기능 제품 만들기

Chapter 01 프로그램 구조와 AI

Chapter 02 환경 세팅

Chapter 03 최소 기능 제품 만들기

01 프로그램 구조와 AI

이 책에서 우리가 만들 프로그램은 GPT를 활용한 AI 비트코인 투자 자동 프로그램, 즉 AI 에이전트입니다. 단순히 사용자가 입력한 적정 금액에 맞춰 기계처럼 사고파는 것이 아니라 데이터, 보조 지표, 차트 이미지, 뉴스, 개인의 투자 철학 등을 입력해 AI가 스스로 매수 및 매도 결정을 내리는 방식입니다. 이 프로그램은 어떻게 구성되어 있고, 어떤 AI를 활용할지 살펴보겠습니다.

| 학습 목표

AI 비트코인 자동 투자 프로그램의 구조와 구현에 필요한 기술 스택을 알아봅니다. 학습 과정에서 자주 등장하는 투자 용어도 함께 살펴봅니다.

| 핵심 키워드

- 생성 AI
- 챗GPT
- 클로드
- 업비트
- 비트코인

대생성 AI의 시대

생성 AI가 보편화되기 이전까지 비트코인 투자 자동화 시스템은 단순히 프로그래밍된 고정된 전략을 사용했습니다. 즉, 시장 상황에 따라 그때그때 종합적인 판단을 내리는 게 아니라 프로그래밍을 기반으로 정량적인 전략을 고정적으로 사용해왔습니다. 당시 제가 주로 사용하던 전략은 변동성 돌파 전략$^{Volatility\ Breakout}$으로, 어제의 변동 폭에 따라서 오늘 그 변동 폭의 몇 배 이상 상승했을 때만 매수를 하고, 종가에 무조건 매도를 하는 고정된 전략이었습니다. 그래서 시장 상황이 어떻게 변하든 뉴스, 여론의 감성 등 정성적인 요소들을 잘 반영하지 못하고 프로그램은 단순히 프로그래밍된 대로만 동작했습니다.

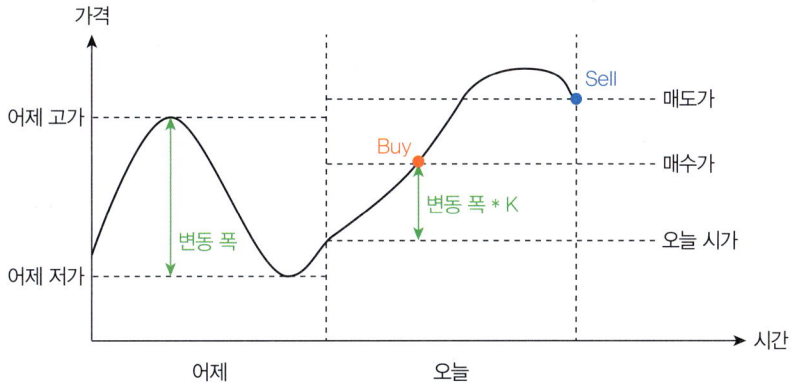

생성 AI가 보편화되기 이전 비트코인 투자 자동화 시스템의 고정된 전략

> 💡 **용어 사전**
>
> **변동성 돌파 전략**: 변동성 돌파 전략은 가격이 크게 움직일 때 그 방향으로 매매하는 방식입니다. 특정 범위를 벗어나면 매수하거나 매도하여 수익을 노리는 전략입니다.
>
> **매수**: 자산을 구매하는 것을 뜻합니다. 예를 들어, 비트코인의 가격이 오를 것 같을 때 매수합니다.
>
> **종가**: 거래가 끝나는 시점의 가격을 의미합니다. 하루의 마지막 거래 가격이 종가입니다.
>
> **매도**: 자산을 파는 것을 말합니다. 비트코인의 가격이 떨어질 것 같을 때 매도하여 이익을 실현할 수 있습니다.

그렇게 2024년, 대생성 AI 시대가 열렸습니다. 챗GPT^{ChatGPT}를 필두로 클로드^{Claude}, 제미나이^{Gemini} 등 초거대 AI들이 등장하면서 인간과 자연스럽게 대화를 나눌 수 있을 정도의 인공지능이 등장했습니다. 이제는 단순히 대화를 주고받는 텍스트뿐만 아니라 LMM$^{Large\ Multimodal\ Model}$ 모델을 활용해 이미지, 소리, 비디오 등 다양한 유형의 데이터를 동시에 처리할 수 있게 되었습니다. 2024년 오픈AI^OpenAI가 GPT-4o 데모에서 공개한 것처럼 그래프를 입력하면 AI가 그래프를 이해하고 분석한 다음 설명까지 하는 수준에 도달했죠.

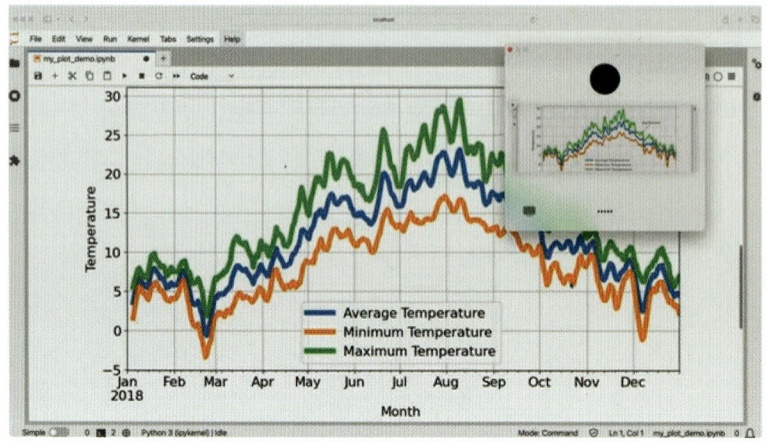

그래프를 인식하고 설명하는 GPT-4o(출처: OpenAI 공식 채널)

또, 이전까지 다소 제한적이었던 AI에 입력할 수 있는 데이터의 양, 즉 **컨텍스트**^Context의 길이도 늘고 있습니다. 예를 들어, 구글의 제미나이는 200만 토큰^Token에 달하는 컨텍스트를 제공할 수 있는데, 이는 2시간 분량의 영상, 22시간 분량의 오디오, 6만 줄 이상의 코드, 140만 단어에 해당합니다. 즉, 이제 AI가 인간처럼 엄청나게 많은 양의 데이터를 보고, 듣고 종합해서 추론 및 판단이 가능한 시점이 되었습니다.

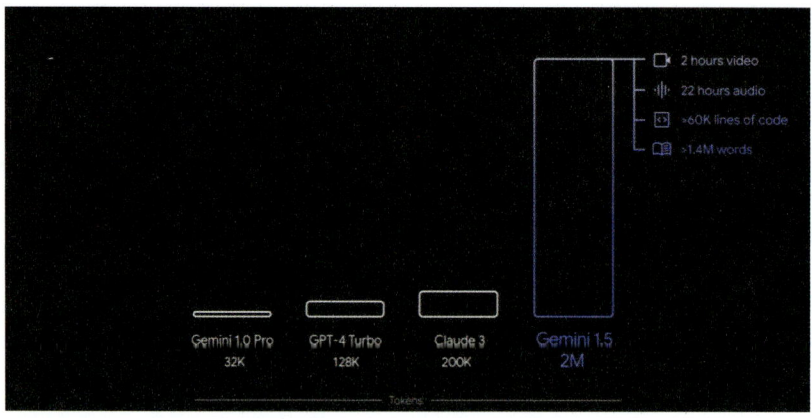

제미나이가 처리 가능한 컨텍스트 길이(출처: deepmind.google/technologies)

> 💡 **용어 사전** **토큰**Token
>
> 텍스트를 작게 나눈 단위로, 단어, 문장의 일부, 혹은 심지어 하나의 문자일 수 있습니다. 모델이 텍스트를 이해하고 처리하기 쉽게 텍스트를 토큰으로 변환한 후 이를 학습하거나 예측에 사용합니다. 한글은 단어가 길고 조사, 띄어쓰기 등 언어의 특성으로 영어보다 토큰량 소모가 많은 편입니다.

AI의 성능은 시간이 갈수록 향상되고 있습니다. 심지어 지금 이 순간에도 인간의 능력을 앞지르고 있죠. 전 세계에서 가장 영향력 있는 매거진 『TIME』에서 언급한 내용에 따르면 이미 AI는 필기 인식, 음성 인식, 이미지 인식, 코드 생성 등 다양한 영역에서 인간의 인식 수준을 뛰어넘었습니다.

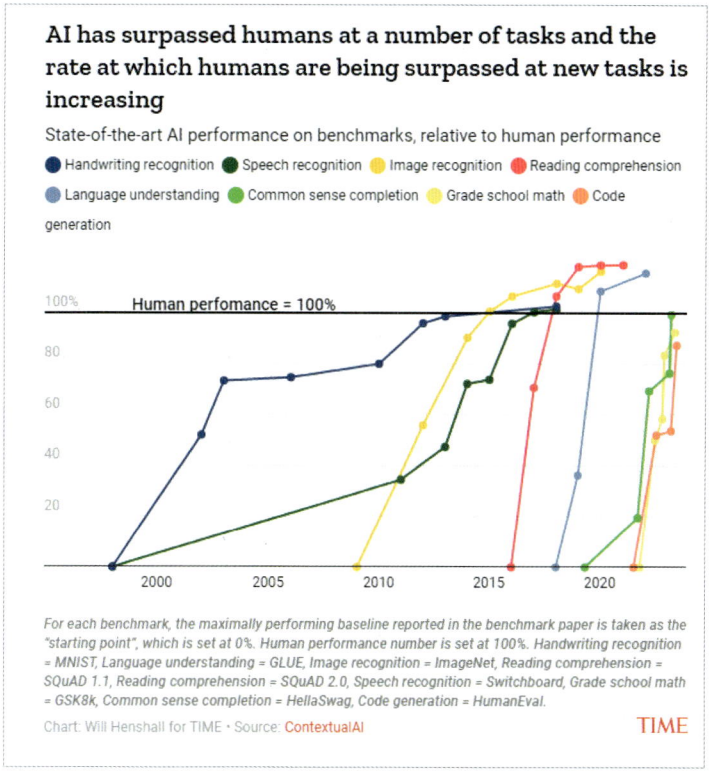

AI가 인간을 능가하는 영역과 능가 수준(출처: 『TIME』)

글로벌 기업은 AI의 성장 속도에 더욱 박차를 가하고 있습니다. **코파일럿**Copilot을 개발한 마이크로소프트Microsoft는 2024년 빌드 행사에서 이미 차기 모델을 준비하고 있다고 발표했습니다.

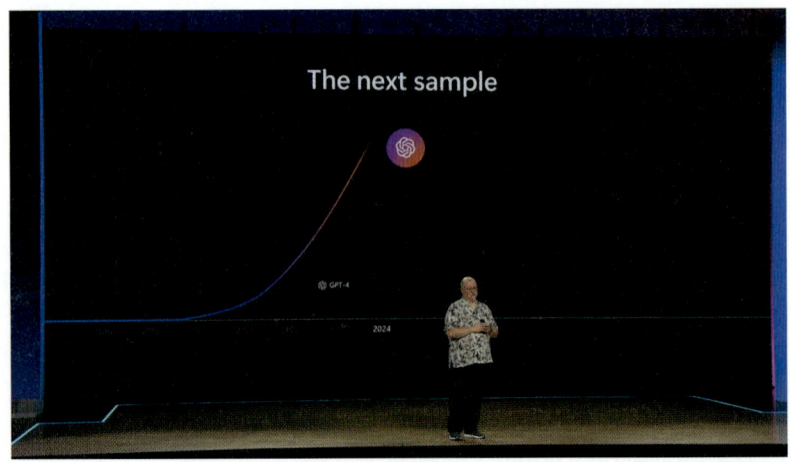

마이크로소프트 빌드 행사에서 공개한 차세대 AI 기술(출처: Microsoft Developer 채널)

제미나이를 개발한 구글Google 역시 2024년 I/O에서 AI에게 제공할 수 있는 데이터의 양을 점차 늘려서 인피니트 컨텍스트Infinite Context, 즉 무한한 컨텍스트를 제공하겠다고 발표하기도 했습니다.

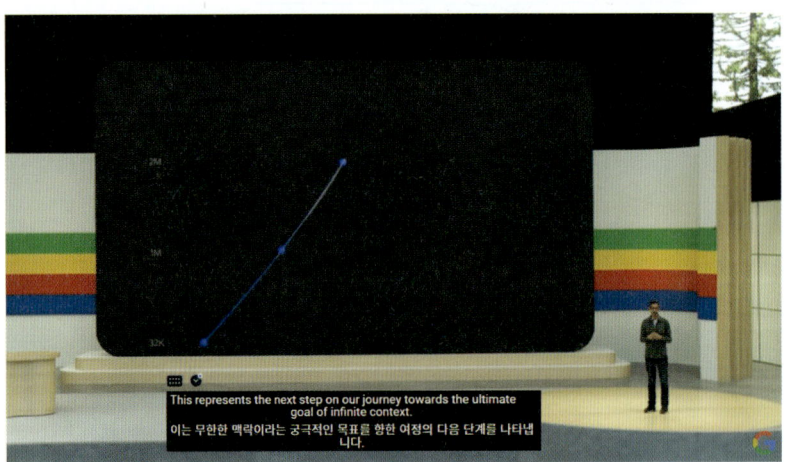

2024년 구글 I/O에서 발표한 '인피니트 컨텍스트'(출처: Google 채널)

즉, AI를 활용해 구축한 시스템은 AI의 성장에 따라 성능이 향상된다는 뜻입니다. 예를 들어, 자동 매매 시스템을 구축해 두면 AI의 성능 향상에 따라 판단에 대한 정확도가 높아지고, 컨텍스트 길이가 늘어남에 따라 전달할 수 있는 데이터의 양도 늘어나는 셈입니다.

3대 언어 생성 AI, 챗GPT vs 클로드 vs 제미나이

챗GPT, 클로드, 제미나이는 모두 AI 언어 모델이지만 각기 다른 개발사와 특성, 사용 사례를 가지고 있습니다. 간단하게 이들의 특징과 차이를 요약 정리하면 다음과 같습니다.

1. 챗GPT

GPT-4를 기반으로 한 언어 모델로, 대화, 문서 작성, 코드 생성, 데이터 분석 등 다양한 작업을 수행할 수 있는 범용 AI입니다. 챗GPT는 사전 학습된 대규모 데이터로부터 인간과 비슷한 자연어 이해 및 생성 능력을 갖추고 있으며, 특히 **대화형 인터페이스**와 API 통합을 통해 널리 사용됩니다.

- **강점**: 범용성, 다양한 플러그인, 커뮤니티 지원, 실시간 상호 작용

오픈AI의 챗GPT

2. 클로드

안정성에 중점을 둔 언어 모델로, 윤리적인 AI 개발을 목표로 설계되었습니다. 클로드는 사용자의 요청에 안전하게 응답하도록 설계되었으며, **AI의 책임성과 투명성**을 중시합니다. 대화형 AI로 챗GPT와 비슷한 기능을 제공하지만, **AI 안전성**에 특별히 초점을 맞추고 있습니다.

- **강점**: 안전성, 윤리적 AI, 사용자 피드백에 따른 정교한 조정

앤트로픽의 클로드

3. 제미나이

제미나이는 구글의 언어 모델로, **웹 검색 및 정보 검색**에서 강력한 성능을 자랑합니다. 구글의 방대한 검색 데이터와 기술을 기반으로, 대규모 지식과 사실 기반의 정확한 정보를 제공합니다. 챗봇 기능 외에도 **웹 탐색 능력**이 뛰어나며, 최신 정보를 제공하는 데에 강점이 있습니다.

- **강점**: 정보 검색 능력, 구글 생태계와의 연동, 정확성

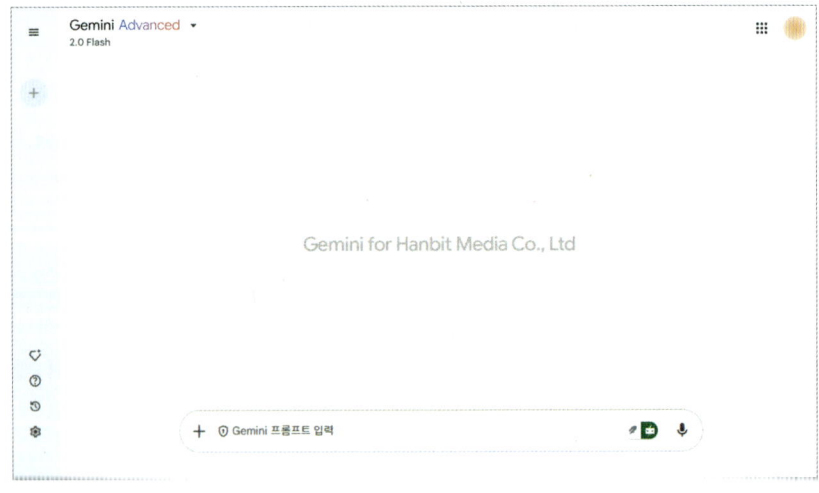

구글의 제미나이

각 모델은 각기 다른 목적과 상황에 맞게 선택할 수 있습니다. 이 책에서 주요하게 사용할 언어 모델은 **클로드와 GPT**입니다. 클로드를 활용하면 개발에 대한 사전 지식이 없어도 코드 작성과 오류 검증을 진행할 수 있죠. GPT에서는 API를 가져올 예정입니다. 이 API를 우리가 만들 비트코인 매매 프로그램에 활용해 스스로 판단하는 두뇌 역할을 부여할 것입니다.

> 💡 **용어 사전** API
>
> API(Application Programming Interface)는 소프트웨어 간 데이터를 주고받거나 기능을 사용할 수 있도록 돕는 인터페이스입니다. 예를 들어, 날씨 정보를 제공하는 API를 활용하면 애플리케이션에서 직접 기상 데이터를 가져올 수 있습니다. 이를 통해 개발자는 필요한 기능을 직접 구현하지 않고도 외부 서비스를 쉽게 활용할 수 있습니다. API는 웹, 운영체제, 라이브러리 등 다양한 형태로 제공되며, 효율적인 소프트웨어 개발을 가능하게 합니다.

인간처럼 학습하고 판단하는 AI, 프로그램의 투자 판단 과정 구현하기

일반적으로 인간이 투자 판단을 내릴 때는 각종 데이터, 차트, 보조 지표, 차트, 뉴스, 커뮤니티 의견, 대가들의 투자 철학 등 정량적인 수치 뿐만 아니라 정성적인 부분까지도 함께 종합적으로 고려하여 매수할지 매도할지 또는 보유할지 판단합니다.

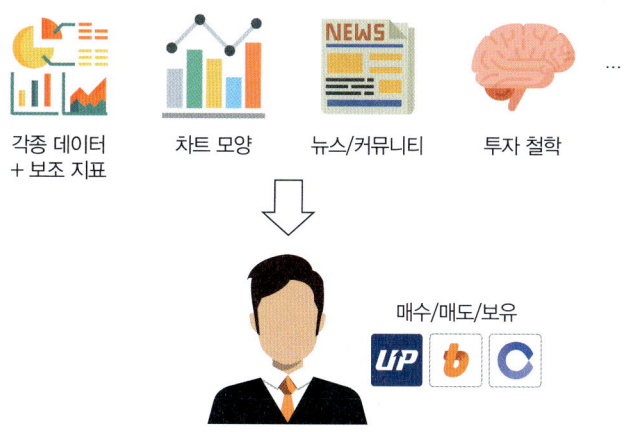

인간의 투자 판단 과정

AI가 투자 판단을 하는 과정도 동일합니다. AI에게 각종 데이터, 보조 지표, 차트 이미지, 뉴스, 커뮤니티 게시물, 대가들의 투자 철학을 입력하면 AI는 정량적인 수치 뿐만 아니라 정성적인 부분까지도 함께 종합적으로 판단하여 자동으로 매수 또는 매도를 합니다. 마치 인간이 투자 판단을 하는 것처럼 데이터를 습득하고, 이 데이터에 기반해 판단하는 과정을 구현하면 AI를 활용한 자동 매매 프로그램이 가능합니다.

이 책에서 구현할 프로그램은 전략을 세우고 데이터를 모은 다음 GPT가 이를 기반으로 매수를 할지 매도를 할지 투자 판단을 합니다. 그런 다음 거래소 API를 이용해 거래를 진행합니다. 거래 내역은 매매 기록으로 쌓고, 이 기록을 다시 데이터로 활용하여 GPT가 판단을 개선하도록 재귀적인 구조를 만들 것입니다. 즉, 단순히 매매만 하는 것이 아니라 회고 및 재귀 개선 과정에서 왜 그런 판단을 했는지 이유도 기록됩니다. 이 기록을 기반으로 AI는 회고하고 다음 판단을 위한 자료로 활용합니다. 그리고 이 구조를 실시간으로 모니터링할 수 있는 웹사이트까지 만들어 보겠습니다.

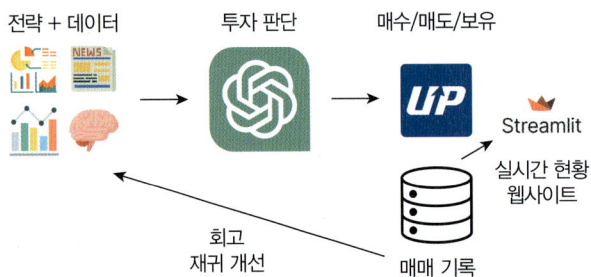

이 책에서 구현할 AI 자동 매매 프로그램의 동작 과정

프로그램 구현을 위한 기술 스택과 서비스

이 프로그램을 구현하면서 활용할 기술 스택과 AI, 서비스 그리고 AI에게 제공할 데이터를 정리하면 다음과 같습니다.

기술 스택
- 파이썬
- 셀레니움
- JSON

서비스
- **클로드**: 코드 작성 및 디버깅 도구
- **GPT**: 투자 판단

- **업비트**: 거래소 API를 활용한 매수/매도
- **Streamlit**: 실시간 현황 웹사이트

프로그램이 학습할 데이터
- 거래소 데이터
- 차트 데이터(OHLCV + 보조 지표)
- 차트 이미지
- 공포탐욕지수
- 유튜브 자막
- 이전 매매 데이터(회고용)

준비 운동, 코딩 없이 데이터 기반 투자 판단 과정 훑어보기

본격적으로 프로그램을 구현하기 전 AI를 활용하여 코딩 없이 데이터를 기반으로 투자 판단을 내리는 과정을 살펴보겠습니다. 업비트^{Upbit}는 한국의 대표적인 가상 자산(암호 화폐) 거래소로, 비트코인, 이더리움 등 다양한 암호 화폐 거래를 지원하며, 사용자 친화적인 인터페이스와 강력한 보안 시스템을 갖추고 있습니다. 우리는 이 업비트 거래소를 활용하겠습니다.

01 분석을 요청할 차트 이미지를 캡처하기 위해 업비트 홈페이지(upbit.com)에 접속합니다. 업비트 신규 회원 가입은 모바일 앱으로만 가능하므로 우선 회원 가입 없이 차트만 확인하겠습니다. 상단 메뉴에서 [거래소]를 클릭합니다.

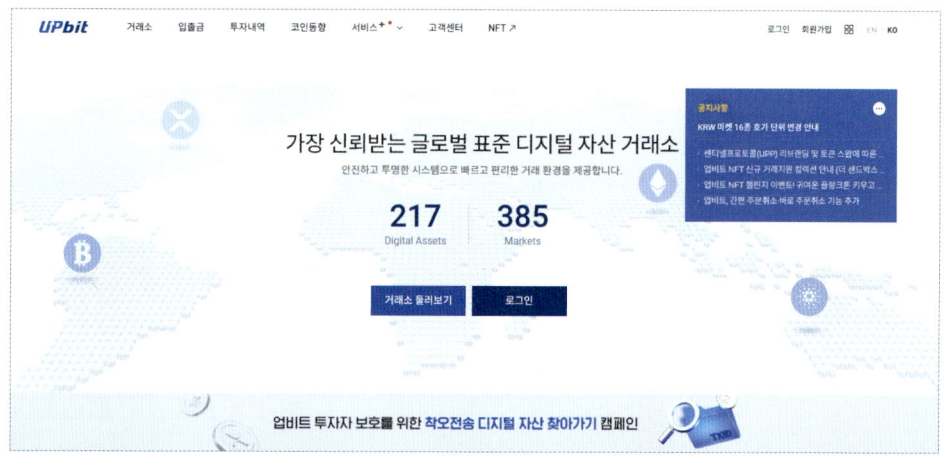

02 거래소 페이지 첫 화면은 비트코인 차트입니다. 이 차트를 캡처 도구를 이용해 캡처합니다. 캡처 도구는 캡처 프로그램 또는 윈도우와 맥의 화면 캡처 단축키를 활용해도 무방합니다.

💡 **Tip.** 윈도우 전체 화면 캡처 단축키 [PrtScn], 맥 전체 화면 캡처 [Command] + [Shift] + [3]

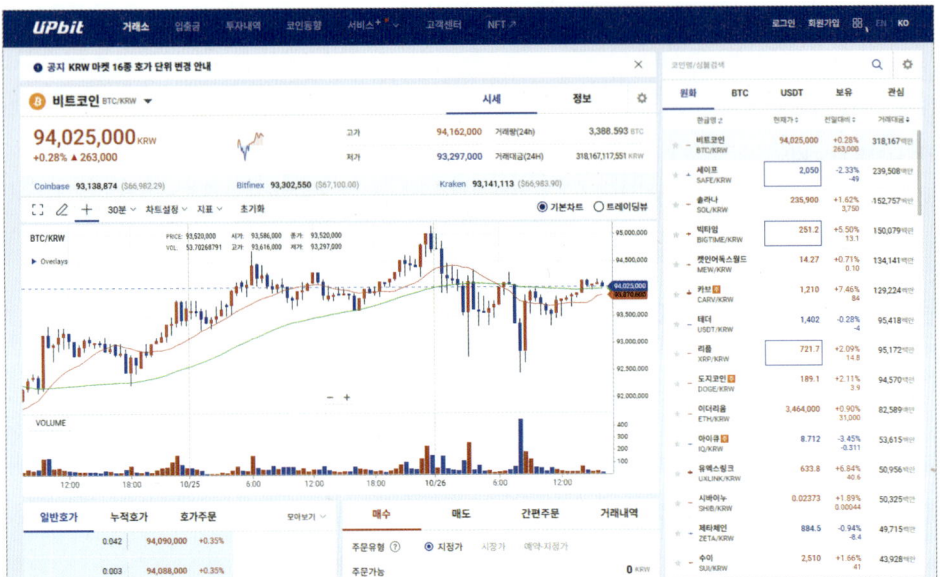

03 AI가 이미지를 분석하는 과정을 살펴보겠습니다. 챗GPT, 클로드, 제미나이 등 여러 생성 AI 중 챗GPT를 선택하겠습니다. 챗GPT 홈페이지에 접속한 다음 구글, 마이크로소프트, 애플 계정으로 회원 가입 또는 로그인을 진행합니다.

🔗 챗GPT 홈페이지: chatgpt.com

04 메시지 입력창 왼쪽의 첨부 아이콘을 클릭하고 업비트에서 캡처한 차트 이미지를 첨부하거나 이미지 파일을 드래그 앤 드롭으로 붙여넣습니다.

05 AI에게 '투자 전문가'라는 역할을 설정하고 현재 상황에 따라 매수, 매도, 보유 중 어떤 옵션이 가장 좋은지 결정한 다음 응답은 JSON 형식으로 요청하겠습니다. 다음 프롬프트를 챗GPT 입력창에 입력합니다.

당신은 투자 전문가입니다. 현재 상황을 보고 '매수', '매도', '보유' 중 어떤 옵션이 가장 좋은지 결정해 주세요. JSON 형식으로 응답해 주세요.
응답 예시:
{"decision":"구매","이유":"기술적 이유"},
{"decision":"판매","이유":"기술적 이유"},
{"decision":"보류","이유":"기술적 이유"}

1. 비트코인 현재가: 126,119,665원으로 소폭 상승 (+0.28%) 중입니다. (25년 3월 기준)
2. 거래량: 최근 24시간 거래량은 3,388,593 BTC로 비교적 활발한 거래가 이루어지고 있습니다.
3. 단기 추세: 최근 시세가 단기적으로 상승한 뒤 횡보 중이며, 93,300,000원~94,100,000원 구간에서 저항을 받고 있습니다.
4. 이동 평균선: 단기 이동 평균선(빨간색)이 가격 아래에 있어 현재 단기 상승을 나타내지만, 장기적으로는 횡보세에 가까운 모습입니다.
5. 거래량 변화: 시세 변동에 따른 거래량 증가가 크지 않아, 추가 상승이나 하락의 명확한 신호는 부족합니다. 이러한 시장 상황으로 인해 추가적인 방향성을 확인하기 위한 보류 또는 관망 전략이 적합할 수 있습니다.

{"decision": "보류", "이유": "현재 비트코인의 가격이 단기적으로 상승한 이후 일정한 가격대에서 횡보하고 있으며, 거래량도 증가하지 않는 상태입니다. 추가적인 가격 움직임의 신호가 부족하므로 가격의 방향성을 더 확인한 후 판단하는 것이 좋습니다."}

용어 사전 JSON
JSON은 데이터를 구조화하여 키-값 쌍으로 저장하고 교환하기 위한 경량 포맷으로, 사람이 읽기 쉽고 여러 프로그래밍 언어에서 사용합니다.

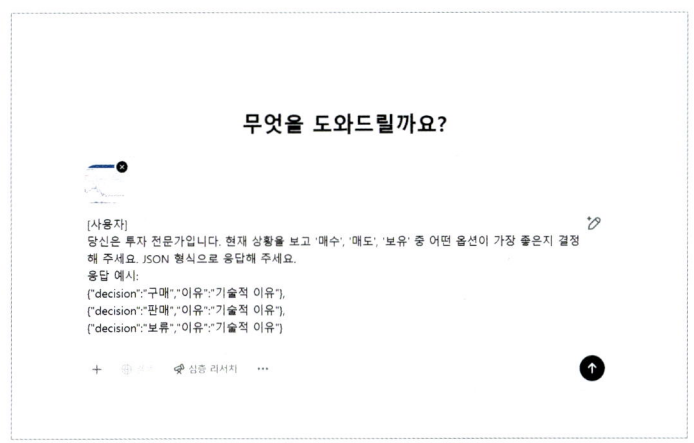

이렇게 챗GPT는 첨부한 스크린샷을 분석하고 요청한 형식에 맞게 응답을 합니다. 이 책에서 우리가 구현할 프로그램의 원리가 이 과정과 같습니다. 단, 직접 입력하지 않고 프로그래밍으로 데이터를 보내고 응답을 받는 방식을 이용합니다. 먼저 **파이썬**Python이라는 프로그래밍 언어로 프롬프트와 데이터를 **챗GPT API**로 전송합니다. 그러면 API는 **JSON 형식**으로 **응답**을 주고 우리는 이 응답을 **투자**하는 데 활용할 것입니다.

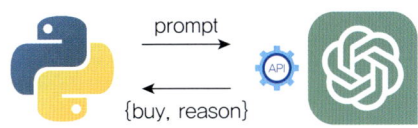

데이터 기반 투자 판단 원리

코딩 없이 이 과정이 가능한 이유는 대부분 코딩을 챗GPT, 클로드와 같은 AI에게 맡기기 때문입니다. 진행 중 이해되지 않거나 궁금한 내용은 AI에게 물으면 한 줄 한 줄 친절하게 답변을 해줍니다. 예를 들어, 완성한 코드가 이해되지 않을 때 클로드에 코드 전체를 붙여 넣고 "이 코드에 대해 한 줄, 한 줄 중학생도 이해할 수 있게 설명해 주세요."라고 요청하면 됩니다.

클로드를 활용해 코드를 파악하고 작성하는 과정

따라서 코딩을 깊게 알 필요는 없지만, 파이썬 기초 정도를 학습해 두면 AI가 작성하는 코드를 읽고 이해할 수 있어 진행 과정을 쉽게 파악할 수 있습니다.

💡 **Tip.** 파이썬 기초 강의는 조코딩 유튜브 채널에서 무료로 제공하고 있습니다. 환경 세팅부터 입출력, 프로그래밍 과정과 최종 코드까지 모두 제공하고 있으니 파이썬 학습이 필요하다면 해당 강의를 참고하세요.

🔗 파이썬 기초 강의: bit.ly/4cbNYgI

이처럼 생성 AI는 자연어, 즉 일상에서 대화하듯이 편한 언어로 무엇을 원하는지 설명만 하면 여러분의 전략을 이해하고 대신 판단을 내려줍니다. 하지만 AI는 완벽하지 않으므로 아무리 전략을 잘 세우고 데이터를 많이 넣어도 틀린 판단을 할 수 있습니다. **그 결과 원금 손실이 발생할 수 있으므로 투자의 책임은 투자자 본인에게 있음을 명심해야 합니다.** 또, 이 책에서 구현할 자동 매매 구조는 기본적인 틀만 제공할 뿐 구체적인 투자 전략, 투자 철학, 데이터는 여러분이 자유롭게 변형할 수 있습니다.

02 환경 세팅

어떤 일이든 시작할 때 가장 중요한 것은 환경을 구축하는 것입니다. 이번 챕터에서는 본격적인 프로그램 구현에 필요한 언어, 편집기, 라이브러리, API 키를 등록하는 과정을 살펴보겠습니다. 자동 매매 프로그램의 핵심 기능이 될 API는 코인 거래소 중 가장 이용자 수가 많은 업비트와 오픈AI를 활용할 예정입니다. 프로그래밍 언어는 파이썬, 편집기는 Visual Studio Code(이하 VS code)를 사용하겠습니다.

▎학습 목표

API를 발급받는 과정을 통해 API의 개념을 익히고 친숙해질 수 있습니다. 개발 환경인 VS Code에서 파이썬과 파이썬 라이브러리 설치, API 키를 등록하면서 구현할 프로그램의 전체 틀을 잡을 수 있습니다.

▎핵심 키워드

- 업비트
- 오픈AI
- API
- 크레딧
- 파이썬
- Visual Studio Code
- 라이브러리

업비트 환경 세팅하기

업비트는 웹사이트가 아닌 앱에서 회원 가입이 필요합니다. 또, 직접 앱이나 웹사이트를 조작하는 게 아니라 앱을 통해 자동 매매를 할 예정이므로 API 키 발급이 필요합니다. 먼저 스마트폰에 업비트 앱을 내려받고 가입을 진행하겠습니다.

업비트 가입하기

01 스마트폰의 구글 플레이 스토어나 앱 스토어에서 "업비트"를 검색해 업비트 공식 앱을 다운받고 회원 가입을 진행합니다.

02 회원 가입 후 신분증 및 본인 명의의 은행 계좌 인증을 통해 고객 확인 완료 과정을 진행합니다. 고객 확인 완료가 되어야 업비트로 거래가 가능합니다.

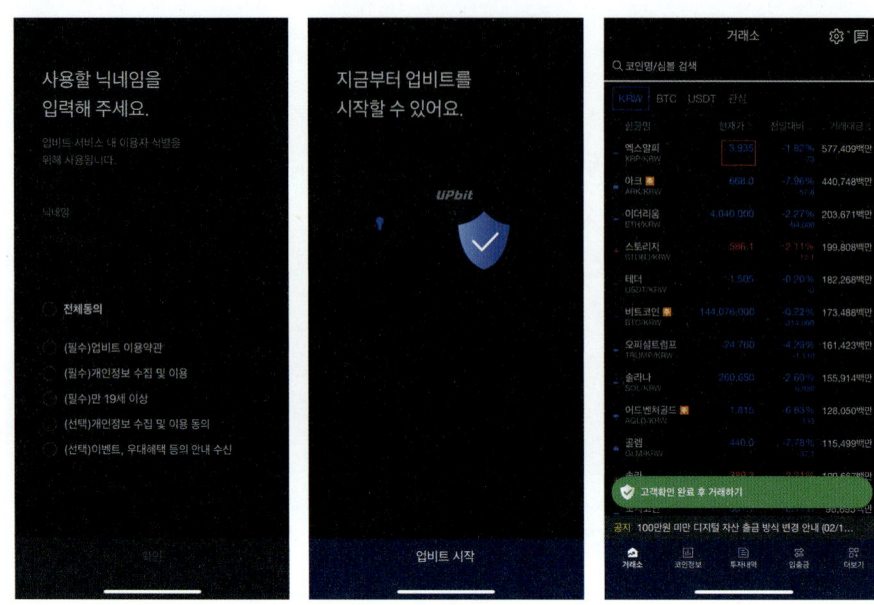

03 하단 내비게이션에서 [입출금]을 탭한 다음 [KRW 입금]을 탭합니다.

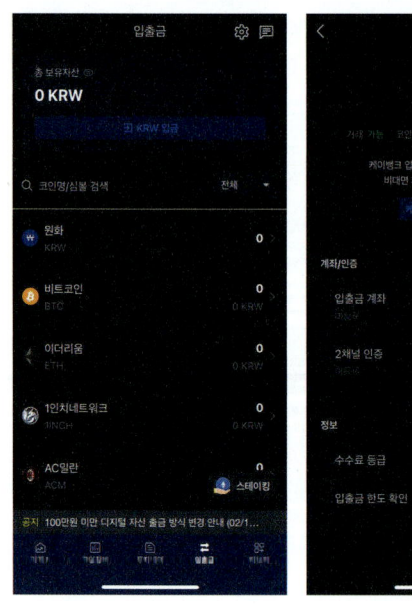
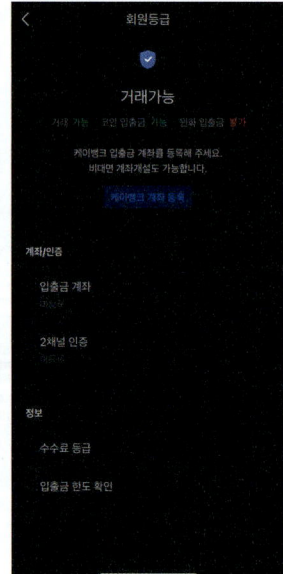

04 업비트는 **케이뱅크**라는 인터넷 은행과 연결되어 있어 해당 은행 계좌를 통해서 원화를 입금할 수 있습니다. 개설해 둔 케이뱅크 계좌가 있다면 [케이뱅크 계좌 등록]을 탭해 입출금 계좌를 등록하고, 없다면 구글 플레이 스토어나 앱스토어에서 "케이뱅크"를 검색해 앱을 다운받아서 계좌를 개설하고 업비트의 입출금 계좌와 연결합니다.

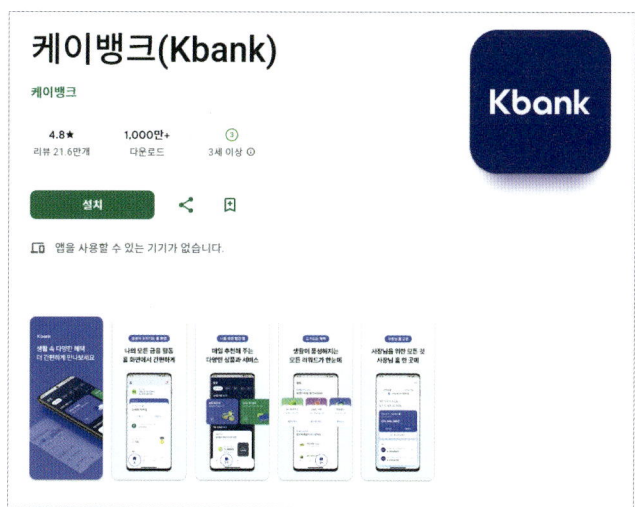

05 더 강력한 보안을 위해 [2채널 인증]을 통해 네이버, 카카오톡, 하나인증서 등으로 인증 방식을 추가합니다. 모든 과정을 완료하면 이제 케이뱅크 앱과 연결해 투자할 금액을 입금합니다.

업비트 API 키 발급하기

01 파이썬을 이용해 자동 매매를 할 것이므로 API 키 발급이 필요합니다. 업비트 웹 페이지에서 [고객센터 → Open API 안내 → Open API 사용하기]를 클릭합니다.

🔗 업비트 고객센터: upbit.com/service_center/notice

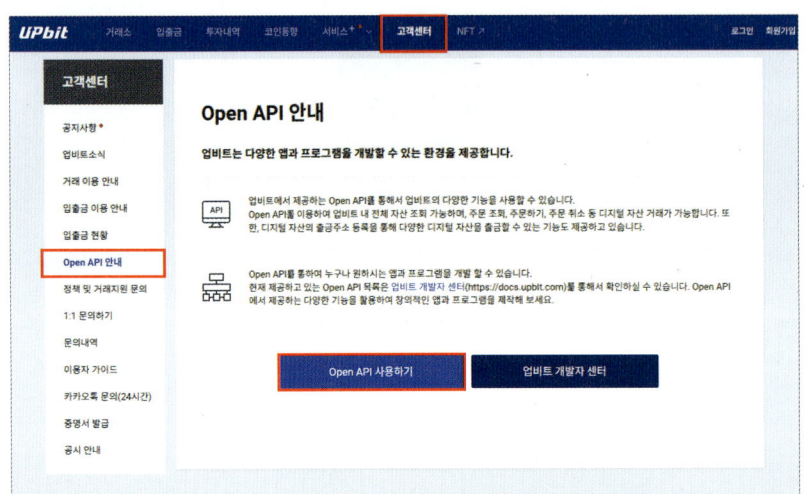

02 로그인 화면이 뜨면 [QR 코드 로그인]을 클릭합니다. 스마트폰에 설치한 업비트 앱을 실행하고 안내에 따라 QR 코드를 스캔해 로그인을 진행합니다.

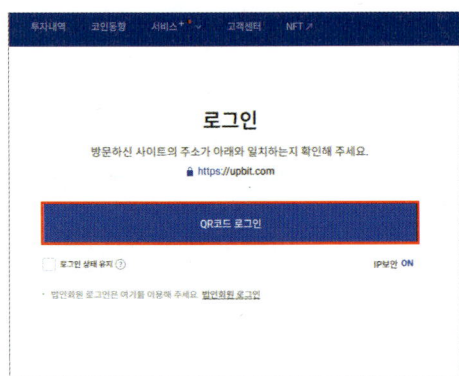

03 로그인을 완료했다면 API 키를 발급받겠습니다. [Open API Key 관리] 메뉴에서 [자산 조회], [주문 조회], [주문하기] 3가지를 체크합니다. IP 주소 등록란에는 현재 사용하는 인터넷 IP 주소를 입력합니다. IP 주소를 입력함으로써 해당 인터넷 환경에서만 이 API 키에 접근할 수 있도록 제한을 걸 수 있습니다. 마지막으로 [개인정보 수집 및 이용 동의]에 체크하고 [Open API 키 발급받기]를 클릭합니다.

> **Tip.** IP 주소를 확인하려면 구글에서 "**What is my IP**"를 검색하면 현재 사용 중인 IP 주소를 확인할 수 있습니다. 단, 공용 네트워크에서 확인한 IP 주소는 타인과 공유될 수 있고 보안 위험이 있을 수 있으므로 주의해야 합니다.

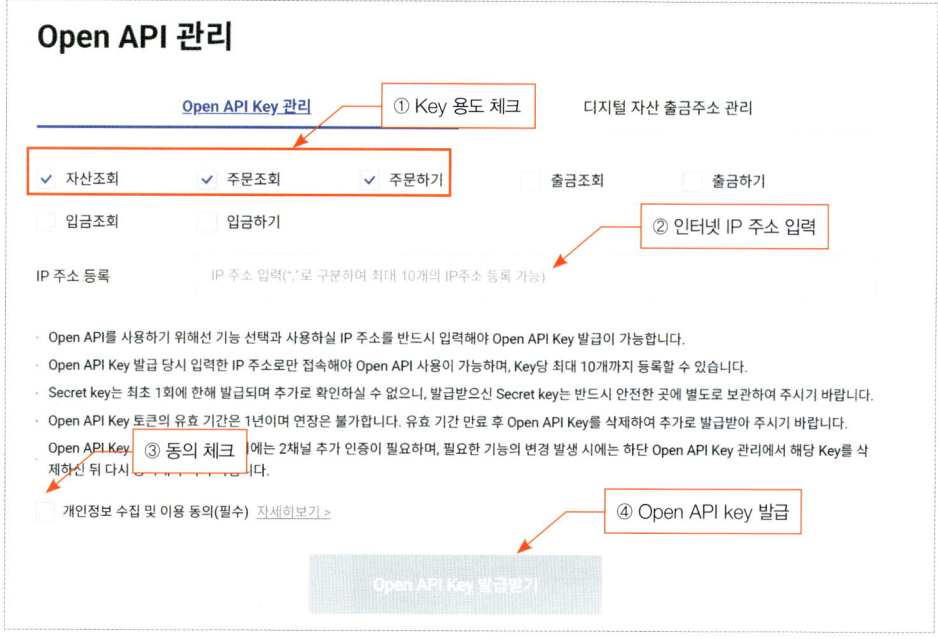

04 네이버, 카카오톡 또는 하나 인증서를 통해 2채널 인증을 진행합니다.

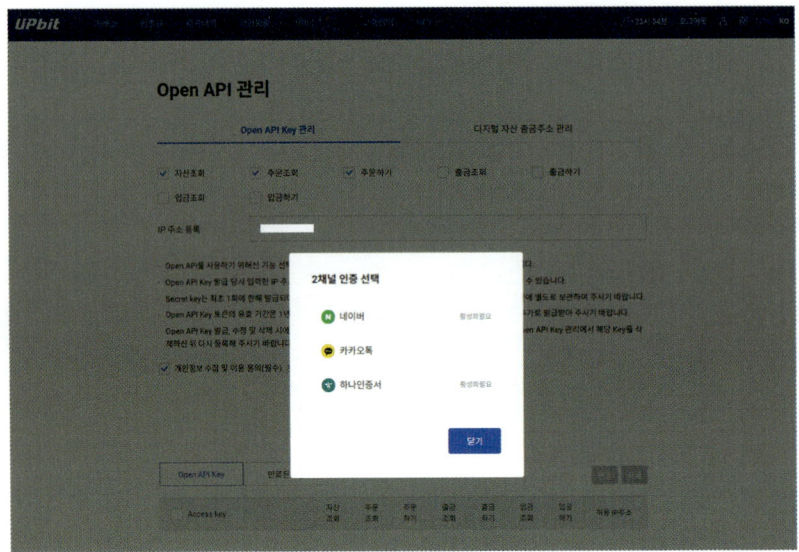

05 인증을 완료하면 Access key와 Secret key가 발급됩니다. 각 키의 오른쪽 [복사] 버튼을 클릭해 메모장에 잘 저장합니다. 이 키는 거래를 진행하기 위해 업비트 계정에 접근할 수 있는 권한을 부여받은 것이므로 **반드시 외부에 노출되지 않도록 합니다.**

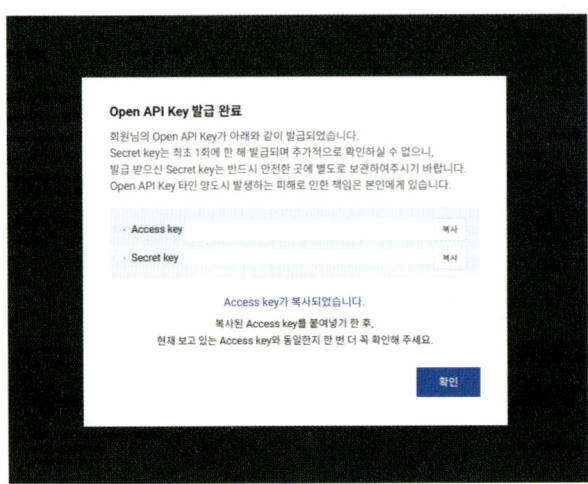

오픈AI 환경 세팅하기

GPT를 이용해서 투자 판단을 내리고 자동 매매를 진행하기 위해 GPT API 키를 발급받아 사용할 예정입니다. API를 사용하려면 크레딧이 충전되어 있어야 하므로 API를 발급하고 크레딧을 충전하겠습니다. 여기서 주의할 점은 챗GPT 플러스 플랜을 구독하고 있어도 API 비용은 별개로 발생하므로 크레딧 충전이 따로 필요합니다.

테스트 키 발급 & 크레딧 충전하기

01 오픈AI 플랫폼에 접속한 다음 회원 가입 또는 로그인을 진행합니다.

🔗 오픈AI 플랫폼: platform.openai.com

02 로그인을 하고 오른쪽 상단 계정 아이콘 왼쪽의 [Start building] 아이콘을 클릭합니다.

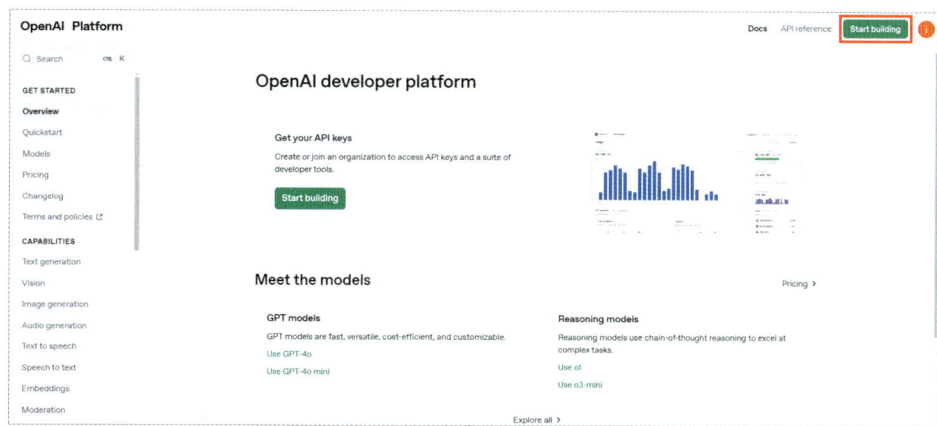

02 환경 세팅   **45**

03 테스트 키를 생성하기 전 조직 및 팀 초대 과정을 거칩니다. 입력할 내용이 없다면 비워 둔 채로 [Create organization → Continue] 버튼을 눌러 진행합니다.

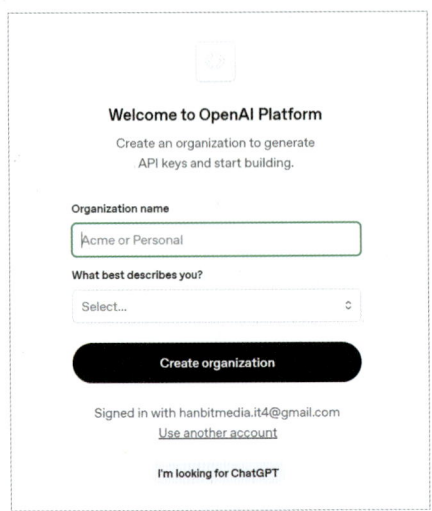

04 'API key name'과 'Project name'은 원하는 이름을 입력하거나 입력된 그대로 두고 진행 해도 문제없습니다. 아래 [Generate API Key]를 클릭하면 테스트 키를 생성합니다. 생성 된 키 오른쪽의 [Copy]를 눌러 메모장에 붙여 넣어 두고 [Continue] 버튼을 클릭합니다.

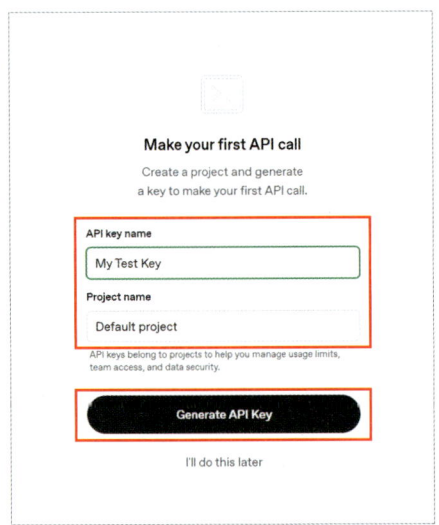
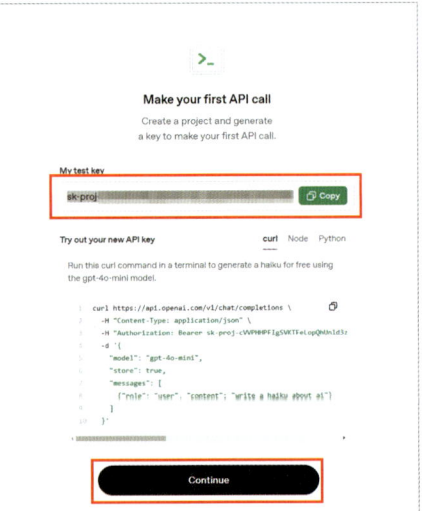

05 API 사용을 위한 크레딧 충전 단계입니다. 원하는 금액을 선택한 다음 [Purchase credits]를 클릭하면 카드 정보를 입력할 수 있는 창이 뜹니다. 결제할 카드 정보를 입력하고 [Add payment method]를 클릭합니다.

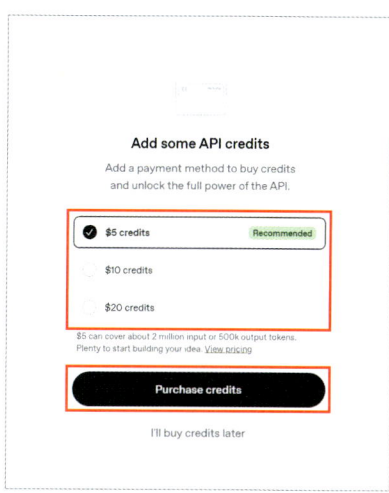
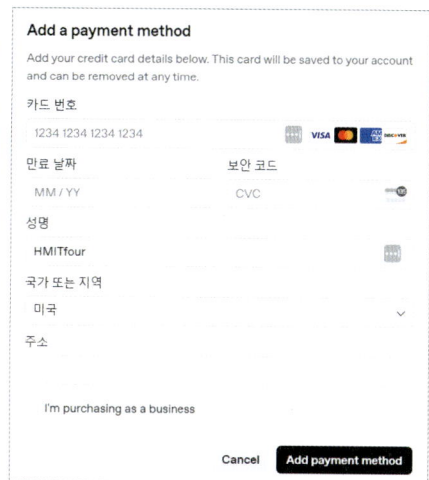

06 'Start building' 단계를 거치고 다시 왼쪽 메뉴에서 [Billing]을 클릭하면 현재 크레딧 잔고를 확인할 수 있습니다. [Add to credit balance]를 클릭해 앞서 등록한 카드로 크레딧을 충전하거나 [Enable auto recharge]를 클릭하면 크레딧이 소진될 때 자동으로 충전되도록 할 수 있습니다.

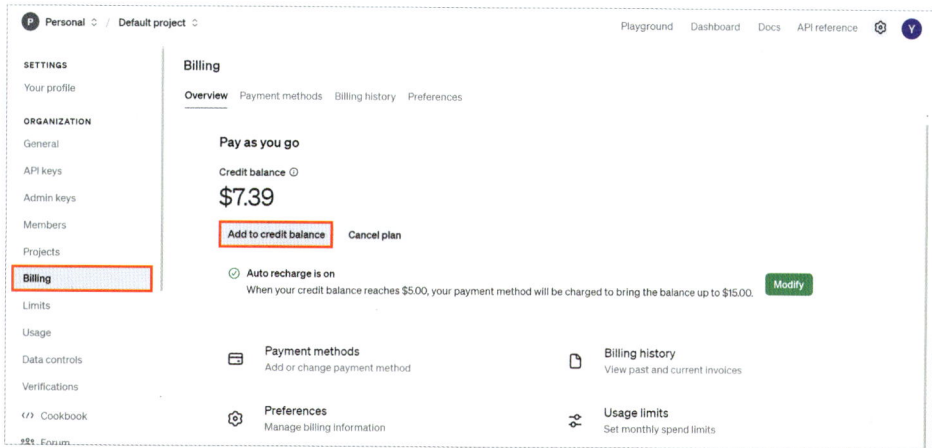

오픈AI API 키 발급받기

01 카드 등록과 크레딧 충전이 완료되면 API 키를 발급받을 수 있습니다. API 키는 인증에 사용하는 **비공개 API 키**Secret API key로, 오픈AI에서 제공하는 다양한 AI 모델을 이용할 수 있습니다. **프로젝트** 단위로 관리할 수 있어 프로젝트에 맞는 API 키를 발급받아 사용할 수 있습니다. 왼쪽 상단의 [Default project]를 클릭하고 [Create project]를 눌러 새 프로젝트를 생성합니다.

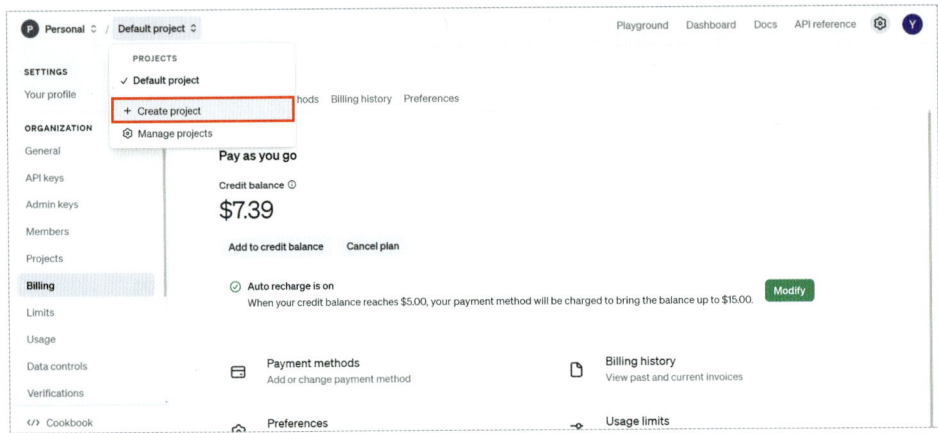

02 'Create a new project' 창이 뜨면 프로젝트 이름을 입력하고 [Create]를 눌러 새 프로젝트를 생성합니다. 저는 "bitcoin"으로 이름을 지정했습니다.

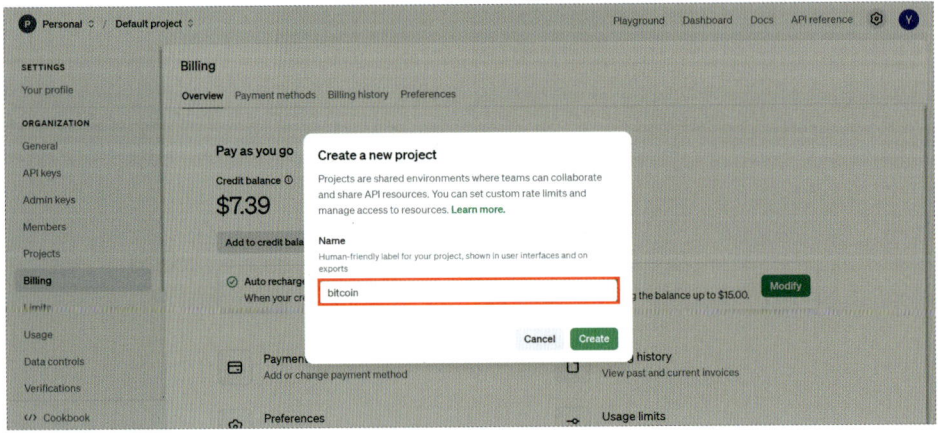

03 프로젝트가 생성되면 왼쪽 메뉴에서 [API keys] 메뉴를 클릭해 API 키를 발급할 수 있습니다. [Create new secret key]를 클릭합니다.

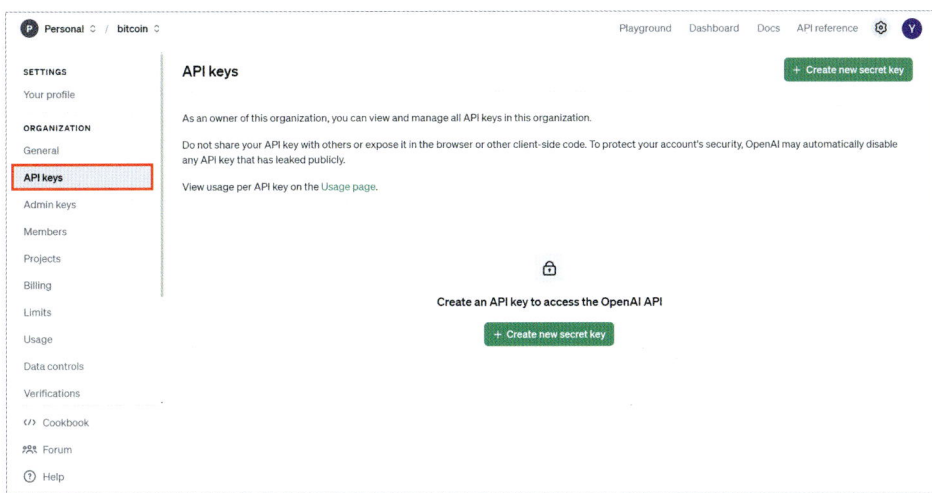

04 'Create new secret key' 창이 뜨면 'Owned by'는 [You], Name은 원하는 이름으로, Project는 앞서 만든 프로젝트의 이름을 클릭하여 선택, 'Permissions'은 [All]을 선택하고 [Create secret key]를 눌러 키를 생성합니다. 저는 'Name'을 "bitcoin"이라고 설정했습니다.

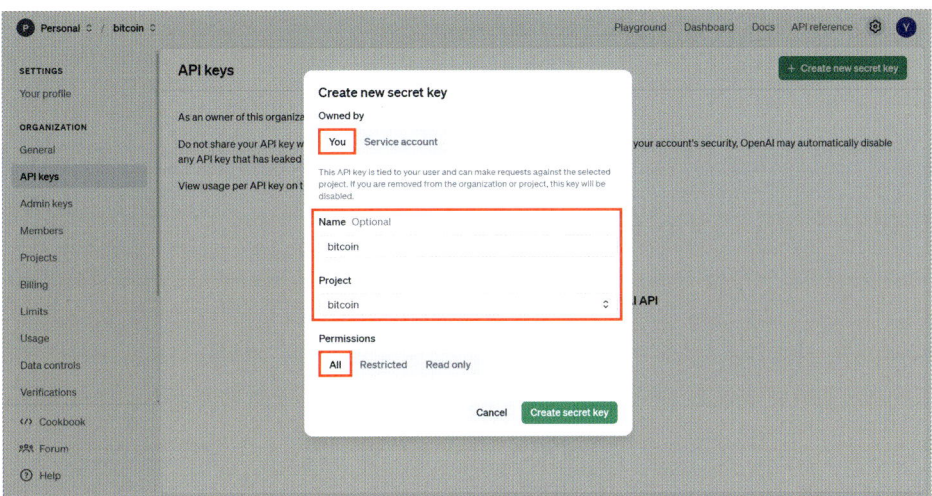

05 OpenAI API를 코드에서 호출할 때 사용할 시크릿 키가 생성되었습니다. 이 키가 외부에 노출되면 누군가 이 키를 사용해 내 계정의 크레딧을 소진할 수 있으므로 메모장과 같은 노출되지 않는 곳에 복사해 안전하게 보관합니다.

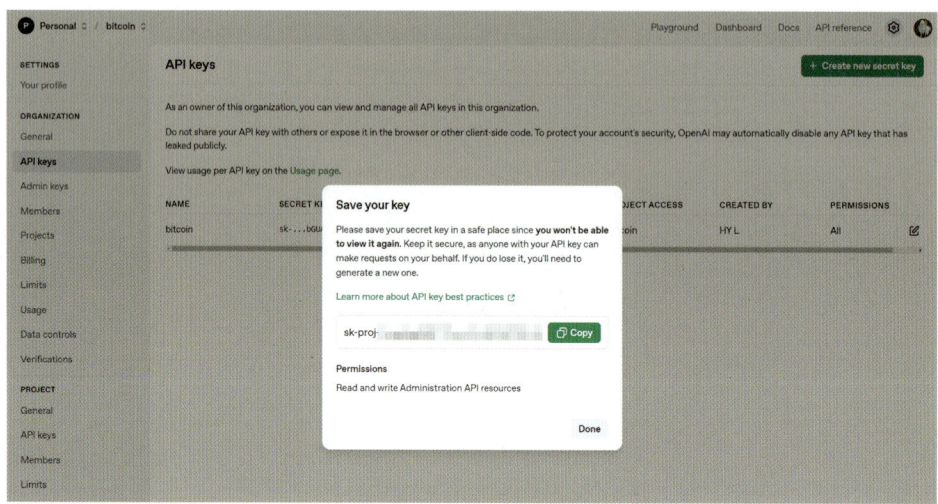

> **❓ 궁금해요** **오픈AI API는 어디에 활용할 수 있나요?**
>
> 오픈AI에서 받은 API 키는 챗GPT, DALL · E, Whisper 등 오픈AI에서 제공하는 AI 모델의 기능을 외부 프로그램 또는 서비스와 연결할 수 있습니다. 오픈AI 외에도 구글, 유튜브, 카카오 등 많은 IT 기업이 오픈 API를 제공합니다. 오픈 API의 반대 개념으로 프라이빗 API가 있습니다. 이는 외부로 공개하지 않고 내부 시스템, 내부 서비스 간 연동에만 사용하는 API를 뜻합니다. 오픈 API를 사용하려면 반드시 API 키를 발급받아 사용자 인증이 필요하며, API 키는 공개 저장소나 웹에 유출되지 않도록 주의해야 합니다.

파이썬 & VS code 환경 세팅하기

우리가 만들 프로그램은 **파이썬**이라는 프로그래밍 언어와 **Visual Studio Code**(이하 VS code)라는 편집기를 사용할 예정입니다. 파이썬은 간결한 문법과 강력한 라이브러리를 제공하는 프로그래밍 언어로, 데이터 분석, 웹 개발, 머신러닝 등 다양한 분야에서 널리 사용합니다. VS code는 마이크로소프트가 개발한 코드 편집기로, 파이썬을 포함한 여러 언어의 코드 작성과 디버깅을 쉽게 할 수 있도록 다양한 확장 기능을 지원합니다.

이번에는 파이썬과 VS code를 설치하고 프로그램에 필요한 라이브러리를 설치한 다음 발급받은 업비트와 오픈AI의 API 키를 등록해 보겠습니다.

파이썬 설치하기

01 파이썬 홈페이지에 접속해 [Downloads]를 클릭한 다음 가운데 [Download Python] 버튼을 클릭하면 파이썬을 설치할 수 있습니다. 이 경로로 설치할 경우 가장 최신 버전이 설치됩니다.

🔗 python.org

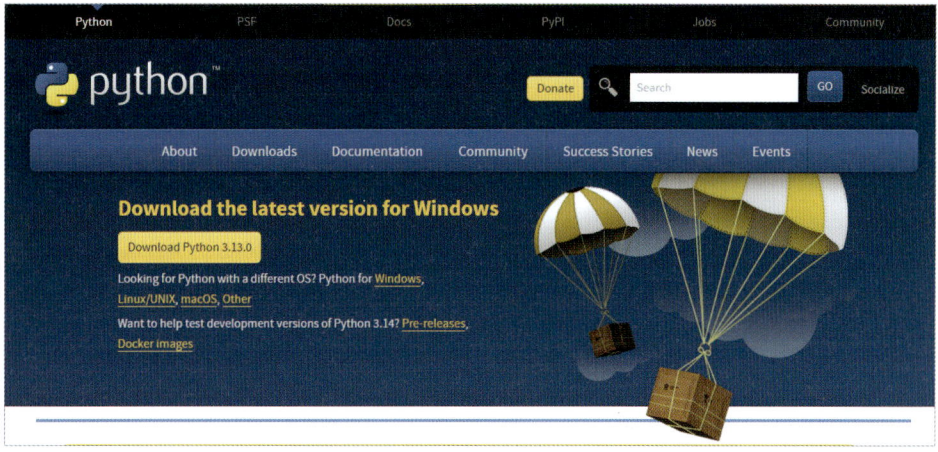

파이썬은 가장 안정적인 프로그래밍 언어 중 하나로, 버전이 최신화되어도 큰 차이는 없지만 책에서 다루는 버전과 실습 시 버전의 차이가 커지면 라이브러리 호환성, 의존성 등의 문제가 발생할 수 있습니다. 이런 경우 책에서 다루는 것과 동일한 이전 버전을 설치하는 방법도 있습니다.

책에서 다루는 파이썬 버전은 **3.9.13**으로, 현재보다 이전 버전입니다. 이전 버전을 설치하려면 다운로드 버튼 아래 [Windows], [macOS] 중 사용하는 환경을 클릭합니다. 저는 [Windows] 환경에서 파이썬을 설치하겠습니다.

02 [Ctrl] + [F] 키를 눌러 "3.9.13"을 검색합니다. [Windows Installer 64-bit]를 클릭해 다운로드합니다.

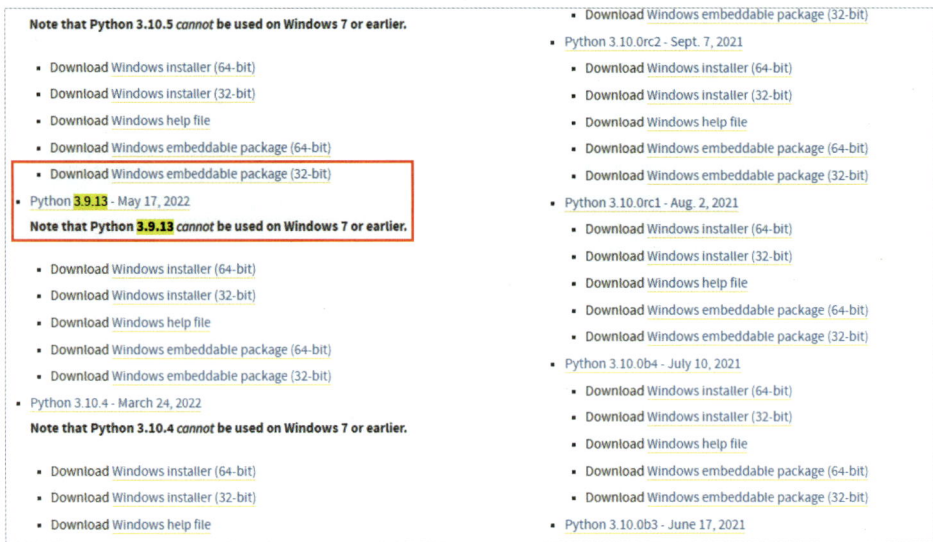

03 다운로드한 설치 파일을 실행합니다. 주의할 점은 파이썬 경로 설정을 위해 반드시 **[Add Python 3.9 to PATH]**에 체크하고 설치를 진행합니다.

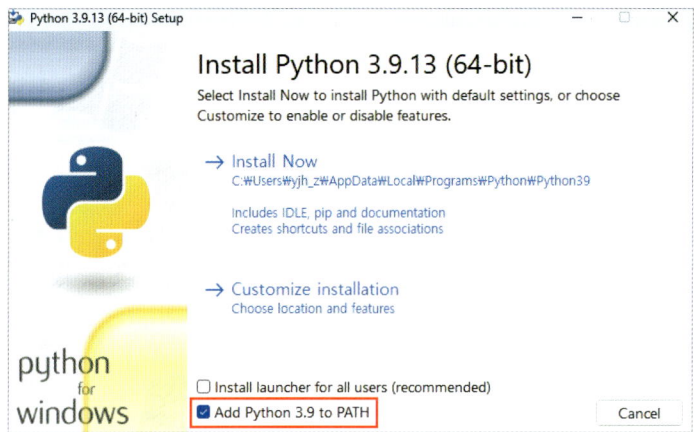

04 모든 항목을 체크한 후 [Next], 그리고 또 모든 항목을 체크하고 [Install]을 클릭해 설치를 완료합니다.

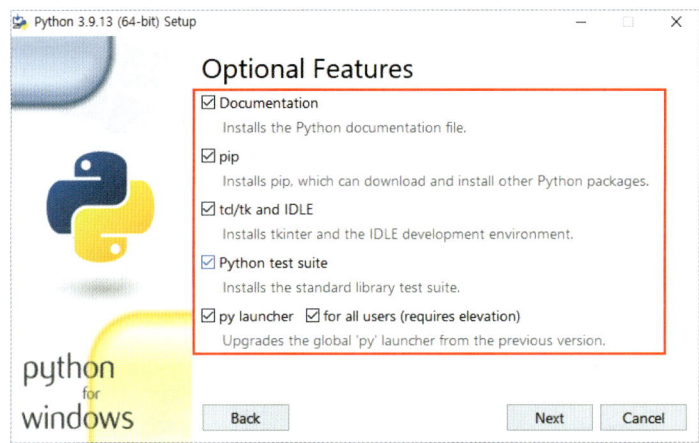

VS code 설치하기

01 VS code 홈페이지에 접속해서 오른쪽 상단의 [Download] 버튼을 클릭합니다.

🔗 Visual Studio Code 홈페이지: code.visualstudio.com

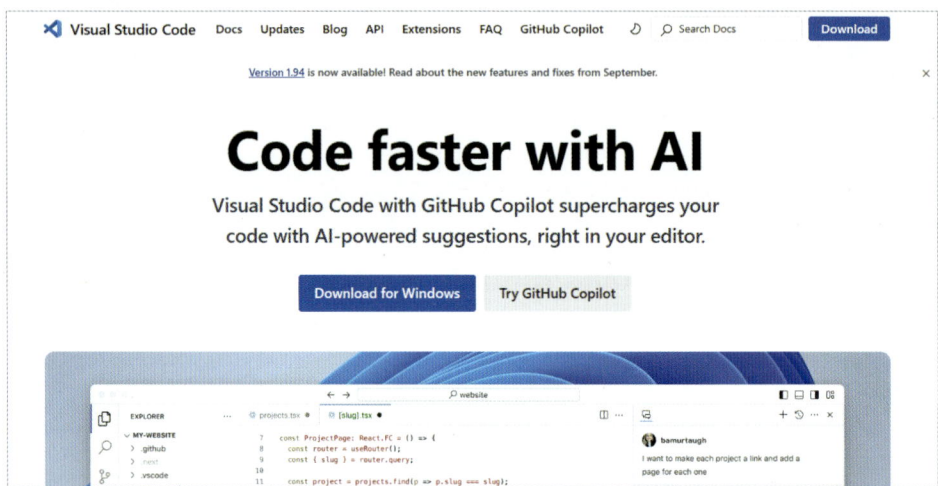

02 실행 환경을 선택하고 다운로드 버튼을 클릭해 설치합니다.

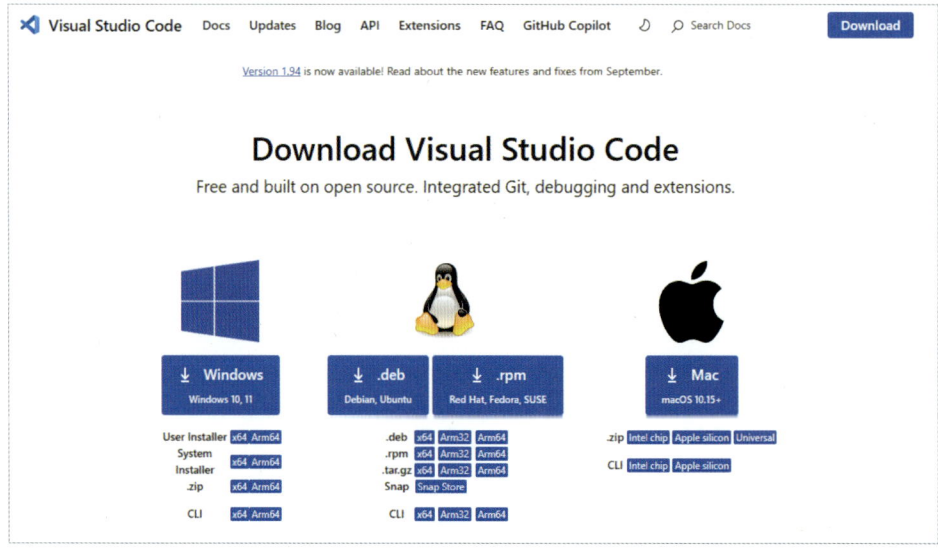

03 다운로드가 완료되면 설치 파일을 실행해 라이선스 동의를 선택하고 [다음], 추가 작업에는 전체 항목을 체크하고 [다음]을 클릭해 설치를 진행합니다.

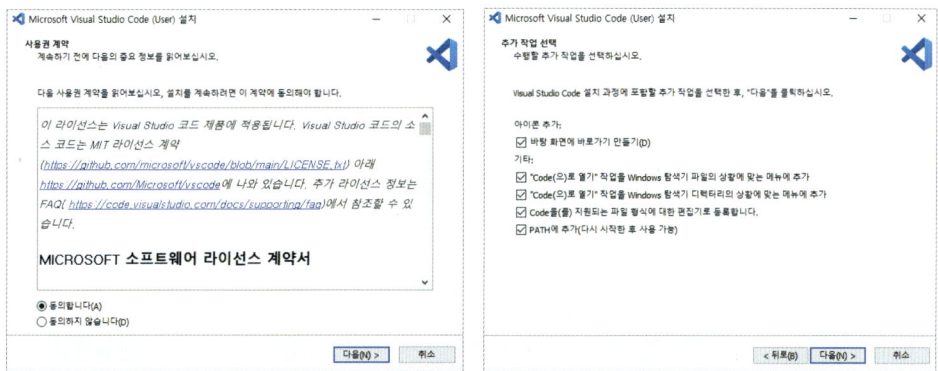

04 설치가 완료되면 VS code가 실행됩니다.

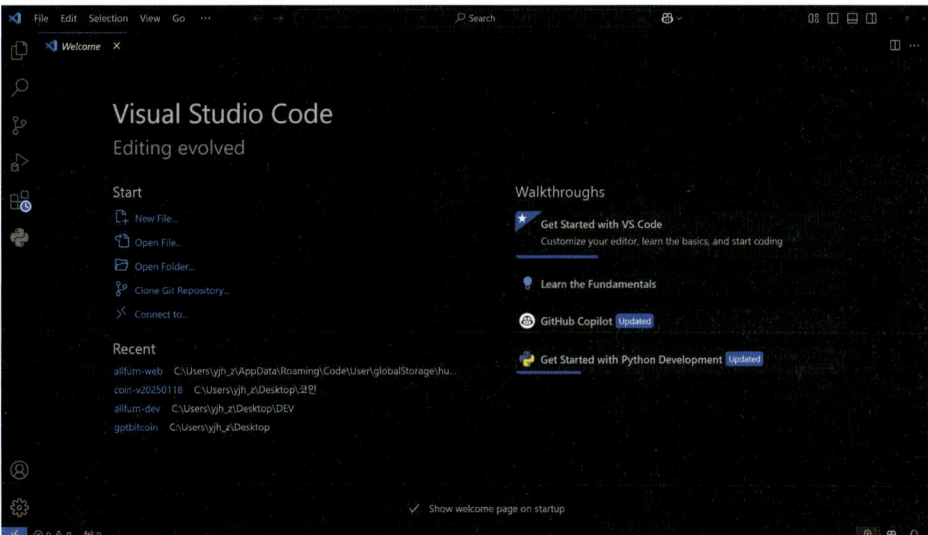

VS code 프로젝트 만들기

01 VS code에서 프로젝트는 하나의 프로그램이나 기능을 만들기 위해 필요한 파일과 설정을 모아 놓은 폴더 같은 역할을 합니다. 프로젝트를 만들어 보겠습니다. 왼쪽 상단에서 [File → Open Folder]를 선택합니다.

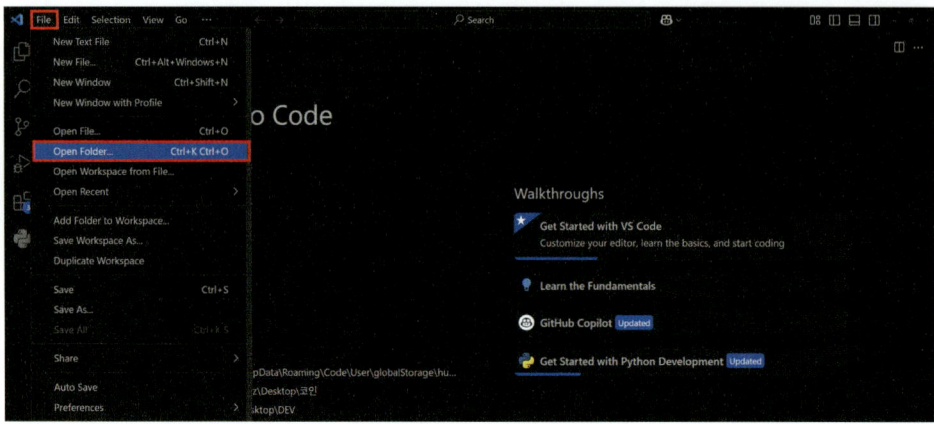

02 내 PC의 C 드라이브에 폴더를 하나 만듭니다. 폴더 이름은 "gptbitcoin"으로 하겠습니다. 생성한 폴더를 클릭하고 [폴더 선택]을 클릭합니다.

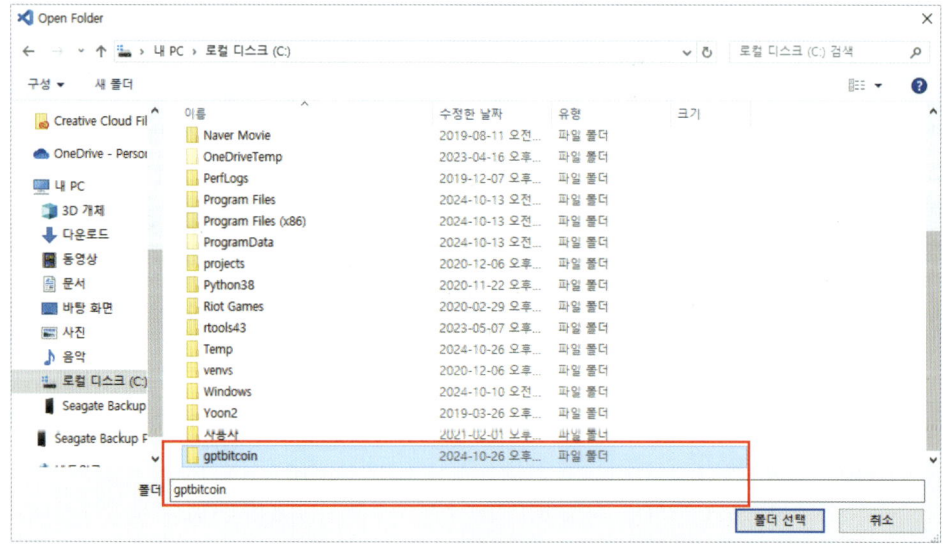

03 VS code 왼쪽의 **EXPLORER** 영역에 생성한 폴더가 열리면 폴더 안에 새로운 파일을 만듭니다. 폴더 이름 위에 마우스 커서를 얹은 다음 오른쪽 [New File] 아이콘을 클릭합니다. 파일명은 파이썬 확장자를 사용해 **test.py**라고 입력합니다.

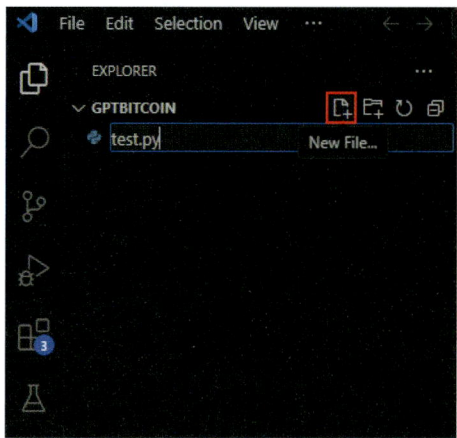

04 파이썬 설치가 처음이라면 PC에 설치한 파이썬과 별개로 VS code에서 파이썬이 원활하게 실행될 수 있도록 확장 프로그램 설치가 필요합니다. 왼쪽 메뉴 중 **[Extensions]**를 클릭합니다.

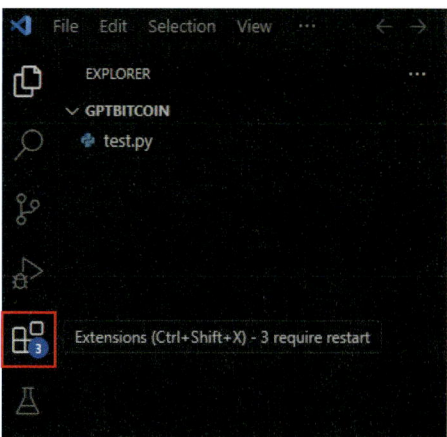

05 왼쪽 상단 검색창에 "python"을 입력하고 파이썬 확장 프로그램을 선택해서 [Install]을 클릭합니다.

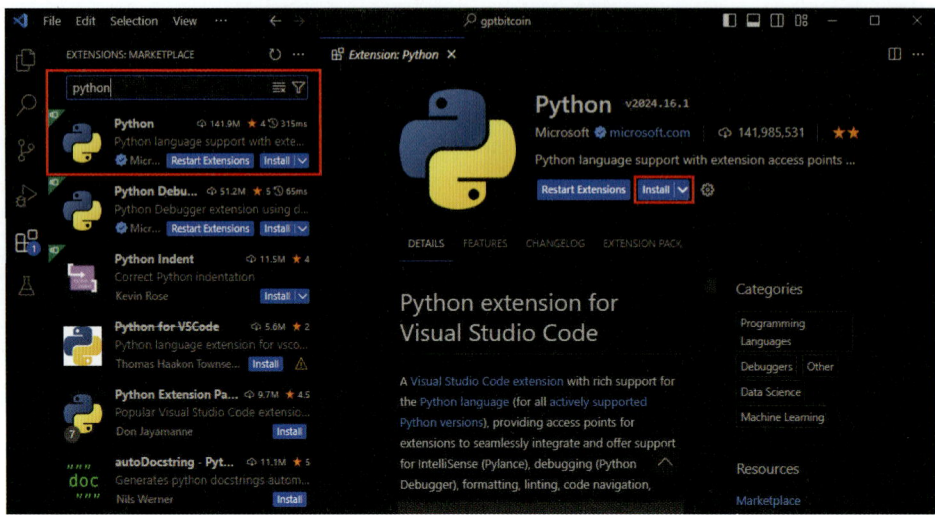

06 잘 설치되었는지 테스트를 위해 간단한 코드를 입력해 보겠습니다. 다시 왼쪽 메뉴에서 [Explorer]를 클릭합니다. 만들어 둔 test.py를 클릭해 오른쪽 코드 입력창이 열리면 `print('Hello World')`를 입력하고 [Shift] + [Ctrl] 키를 눌러 코드를 실행합니다. 또는 오른쪽 상단의 [Run Python File]을 클릭합니다.

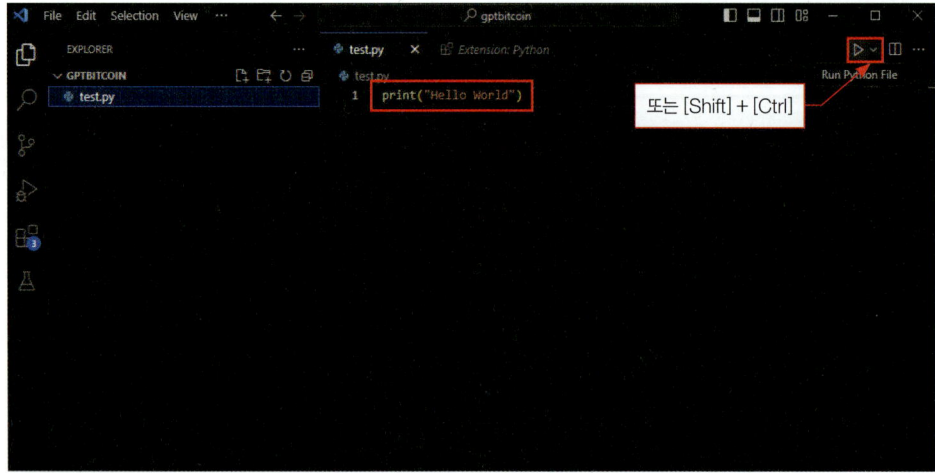

07 하단에 터미널 창이 뜨고 "Hello World"가 잘 출력됐다면 환경 설정이 모두 완료된 것입니다.

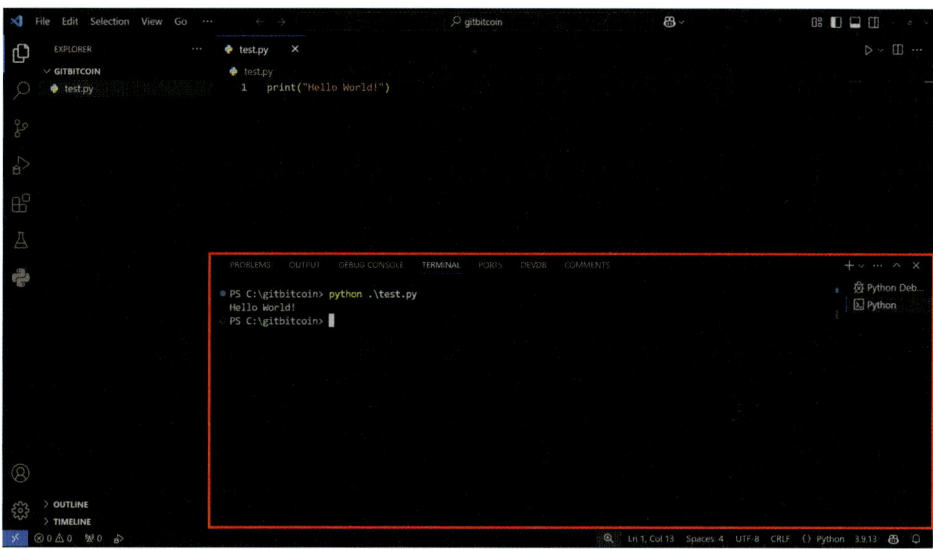

> **Tip.** VS code 설치 과정에서 오류가 발생하면 다음 영상을 참고하세요.
> 🔗 파이썬 무료 기초 강의: bit.ly/43tWV2B

파이썬 라이브러리 설치하기

파이썬은 특정 기능을 쉽게 구현할 수 있도록 **라이브러리**Library라는 도구를 제공합니다. 라이브러리는 다양한 함수, 클래스, 모듈 등이 포함되어 있어 개발자가 모든 기능을 일일이 작성하지 않고도 효율적으로 프로그램을 개발할 수 있게 해줍니다. 파이썬 라이브러리는 크게 2가지로 나눌 수 있습니다.

- **표준 라이브러리**: 파이썬을 설치하면 기본으로 제공되는 라이브러리입니다. 파일 입출력, 날짜와 시간 처리, 문자열 조작, 네트워크 통신 등 기본적인 작업을 수행할 수 있습니다. 대표적인 모듈로는 os, sys, datetime, math 등이 있습니다.
- **외부 라이브러리**: 파이썬 커뮤니티에서 개발한 라이브러리로, 특정 기능이나 작업에 특화되어 있습니다. 외부 라이브러리는 파이썬 패키지 인덱스(PyPI)를 통해 쉽게 설치할 수 있으며 pip라는 명령어로 관리합니다. 대표적인 외부 라이브러리로는 NumPy, Pandas, Matplotlib, Requests, TensorFlow 등이 있습니다.

우리가 구현할 자동 매매 프로그램에 사용할 라이브러리는 API키나 데이터베이스 연결 정보 같이 민감한 정보를 코드에 직접 입력하지 않고 관리하게 도와주는 python-dotenv 그리고 오픈AI와 업비트 API를 파이썬으로 쉽게 사용할 수 있도록 도와주는 openai와 pyupbit입니다.

라이브러리를 설치하는 방법은 크게 2가지가 있습니다. 직접 터미널에 pip install [라이브러리 이름]을 입력해 하나씩 설치하거나 라이브러리 설치용 파일을 만들어 여러 개를 한 번에 설치하는 방법입니다. 두 번째 방법을 사용하면 추후 서버에 프로젝트를 배포할 때도 필요한 라이브러리들을 한 번에 관리할 수 있습니다.

01 먼저 [TERMINAL]에서 설치 명령어를 입력하는 방법입니다. VS code 하단의 [TERMINAL]을 클릭한 다음 `pip install openai`를 입력하고 [Enter] 키를 클릭하면 곧장 라이브러리가 설치되는 것을 확인할 수 있습니다.

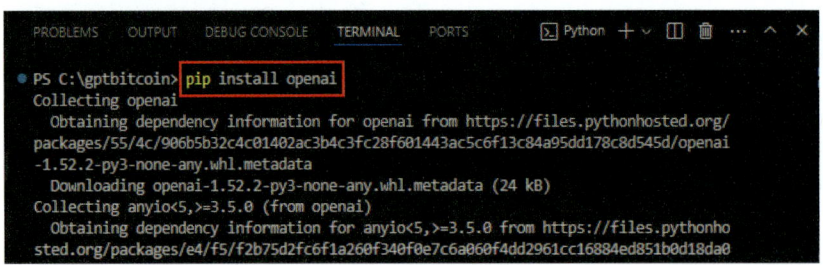

02 또 다른 방법은 한 번에 여러 개의 라이브러리를 설치하는 방법입니다. [New File] 아이콘을 클릭하고 같은 폴더에 requirements.txt 파일을 생성합니다.

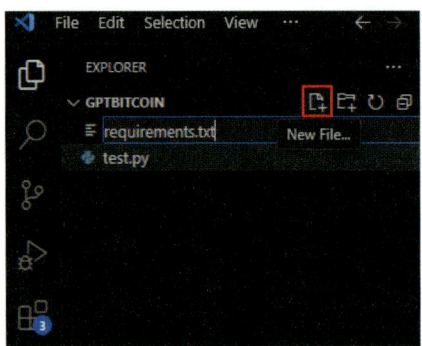

03 새로 만든 파일을 클릭하고 python-dotenv, openai, pyupbit를 한 줄에 하나씩 입력합니다.

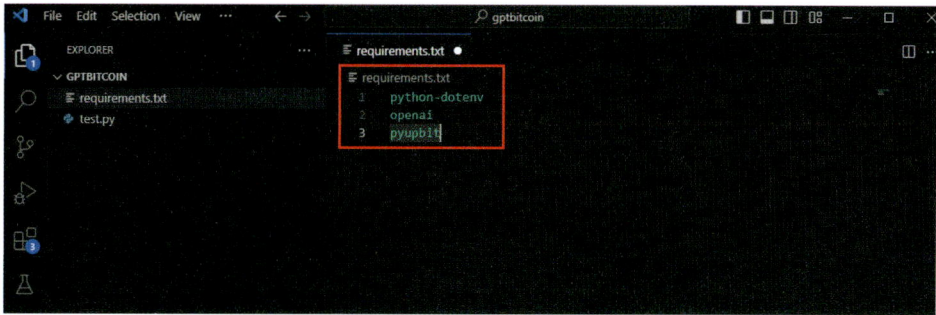

04 모두 입력한 다음 터미널에 pip install -r requirements.txt를 입력하고 [Enter] 키를 누르면 파일에 작성한 라이브러리들이 한 번에 설치됩니다.

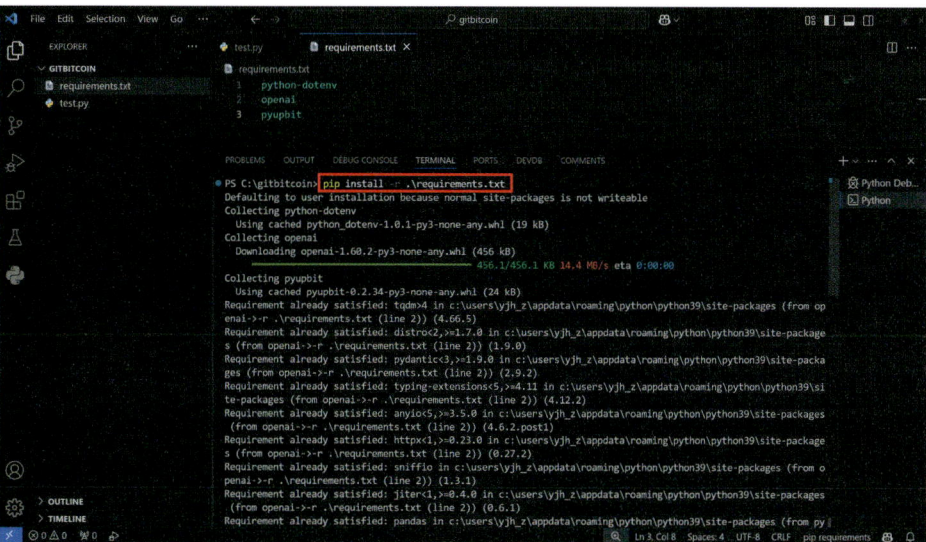

API 키 등록하기

01 업비트와 오픈AI에서 받은 API 키를 등록하겠습니다. [New File]을 눌러 **.env** 파일을 만들고, 앞서 저장해 두었던 업비트의 **access key**와 **secret key** 그리고 오픈AI의 **API 키**를 붙여 넣습니다. 업비트의 access key 앞에는 UPBIT_ACCESS_KEY=, secret key 앞에는 UPBIT_SECRET_KEY=, 오픈AI API 키 앞에는 OPENAI_API_KEY=를 작성하고 값은 큰 따옴표로 감싸 줍니다. 이렇게 하면 매번 API 키를 입력하지 않고도 편리하게 사용할 수 있습니다.

```
.env
UPBIT_ACCESS_KEY="업비트 access key"
UPBIT_SECRET_KEY="업비트 secret key"
OPENAI_API_KEY="오픈AI API 키"
```

02 .env 파일 안에 있는 변수들을 불러오려면 **test.py** 파일에 import os와 from dotenv import load_dotenv를 추가 입력합니다. 그런 다음 load_dotenv()를 호출하여 환경 변수를 불러옵니다. API 키를 불러오려면 os.getenv() 함수를 사용해 UPBIT_ACCESS_KEY 등을 입력하면 됩니다.

> **Tip.** os 모듈은 운영체제와 상호 작용하는 기능을 제공하며 환경 변수를 읽을 때 사용하고 dotenv 모듈은 .env 파일을 읽어오는 기능을 제공합니다.

```
test.py
import os
from dotenv import load_dotenv
load_dotenv() # .env 파일을 읽어오는 함수.
```

> **? 궁금해요** **import 와 from**
>
> import는 파이썬에서 다른 모듈 전체를 가져와서 모듈명.함수명 형태로 사용하는 키워드입니다. from import는 특정 모듈에서 원하는 함수나 변수만 선택적으로 가져와서 모듈명 없이 직접 사용할 수 있게 해주는 키워드입니다. 두 키워드의 주요 차이점은 import가 모듈 전체를 가져와 이름 충돌 위험이 적고 안전한 반면, from import는 필요한 것만 가져와 코드가 간단하지만 이름 충돌 가능성이 있다는 점입니다.

import와 from import의 간단한 사용 예시를 살펴보겠습니다.

- import 사용 예시 코드
  ```
  import random
  num = random.randint(1, 6)   # 주사위 굴리기
  ```

- from import 사용 예시 코드
  ```
  from datetime import datetime
  current_time = datetime.now()   # 현재 시간 가져오기
  ```

두 키워드의 특징을 다시 한번 요약하면, import는 모듈 전체를 가져와서 모듈명.함수명 형태로 사용하며, from import는 필요한 기능만 가져와서 모듈명 없이 직접 사용할 수 있습니다.

03 다음과 같이 print 문(출력문)을 작성한 후 test.py를 실행하면 os.getenv() 함수로 특정 API 키를 불러와 해당하는 API 키가 터미널에 출력되는 것을 확인할 수 있습니다. 이렇게 API 키를 환경 변수에 넣고 불러오는 것까지 완료했습니다.

test.py
```
import os
from dotenv import load_dotenv
load_dotenv()

print(os.getenv("UPBIT_ACCESS_KEY"))
print(os.getenv("UPBIT_SECRET_KEY"))
print(os.getenv("OPENAI_API_KEY"))
```

03 최소 기능 제품 만들기

AI 자동 매매 프로그램을 본격적으로 만들기 전에 AI 기반의 자동 매매가 어떤 식으로 동작하는지 원리를 쉽게 이해할 수 있도록 최소 기능 제품을 먼저 만들어보겠습니다. 최소 기능 제품을 기반으로 이후 기능을 하나씩 추가하고 보완하면서 완성시켜 나가겠습니다.

학습 목표

최소 기능 제품의 역할을 파악하고 구현하는 과정을 통해 자동 매매 프로그램의 동작 원리와 기능을 확인할 수 있습니다.

핵심 키워드

- MVP
- 차트 데이터
- 일봉 데이터

최소 기능 제품을 만드는 과정

최소 기능 제품, 즉 **MVP**Minimum Viable Product란, 제품 또는 서비스 개발 초기 단계에서 최소한의 핵심 기능만 포함하여 빠르게 개발한 결과물을 말합니다. 이렇게 빠르게 개발한 다음 피드백을 통해 개선하고 가능성을 검증하기 위한 과정으로, 개발 비용과 시간을 절약하면서도 원하는 기능에 집중할 수 있습니다. 우리가 만들 자동 매매 프로그램의 최소 기능 제품은 다음 3가지 기능을 갖춥니다.

최소 기능 제품의 핵심 기능
1. 업비트 차트 가져오기(30일 일봉)
2. AI에게 차트 주고 투자 판단받기(buy, sell, hold)
3. 받은 투자 판단에 따라 자동 매매하기

이 3가지 기능을 구현하면 AI를 기반으로 판단을 내려 자동 매매를 하는 프로그램이 완성됩니다. 첫 번째로 업비트의 30일치 일봉 데이터를 가져오고, 두 번째로 AI에게 이 차트 데이터를 보여 줍니다. 여기서 AI가 [Buy], [Sell], [Hold] 중 한 가지 판단을 내리면, 세 번째로 프로그램이 자동 매매를 실행하도록 만들겠습니다. 이렇게 구현이 완료되면 실제로 동작하는 AI 기반의 자동 매매 최소 기능 제품이 완성됩니다.

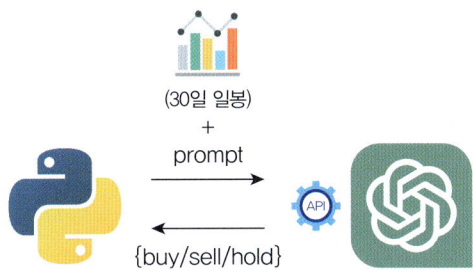

최소 기능 제품 구현 과정

기능 1. 업비트 차트 데이터 가져오기

01 먼저 최소 기능 제품을 구현할 코드를 작성하기 위해 새 파일을 만들겠습니다. VS code를 실행하고 앞서 만든 [gptbitcoin] 폴더 하위에 **mvp.py**라는 새 파일을 만듭니다.

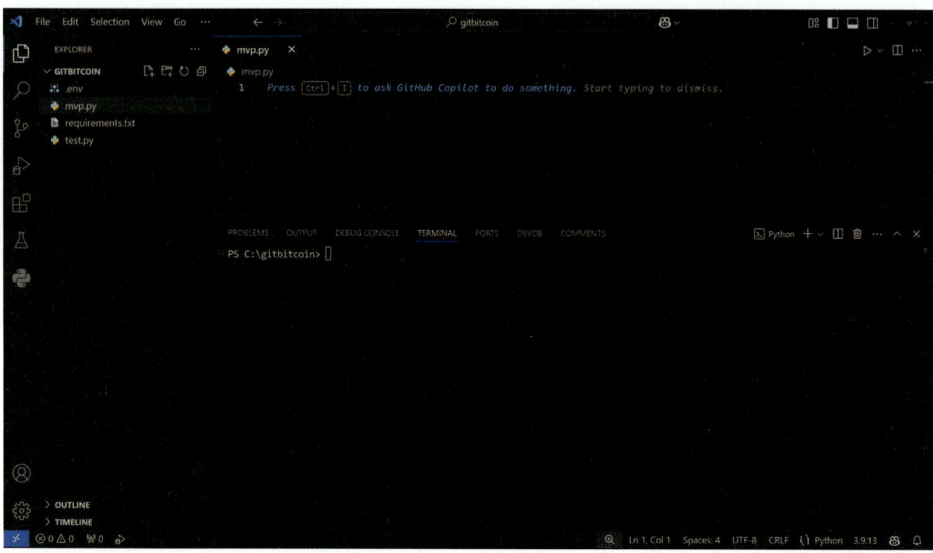

02 test.py에 작성했던 API 키를 불러오는 코드를 그대로 복사해서 옮겨온 다음 출력할 필요가 없는 print 문은 제거합니다.

```
mvp.py
import os
from dotenv import load_dotenv
load_dotenv()

print(os.getenv("UPBIT_ACCESS_KEY"))
print(os.getenv("UPBIT_SECRET_KEY"))
print(os.getenv("OPENAI_API_KEY"))
```

03 이제 이 파일에 최소 기능 제품의 핵심 기능 3가지를 하나씩 구현해 보겠습니다. 먼저 앞서 설치한 pyupbit 라이브러리를 사용해 업비트에서 30일치 일봉 데이터를 가져오겠습니다. 라이브러리를 불러오기 위해 `import pyupbit`를 사용합니다.

```
mvp.py
```
```python
import os
from dotenv import load_dotenv
load_dotenv()

import pyupbit
```

> **❓ 궁금해요** **pyupbit 라이브러리**
>
> pypupbit 라이브러리는 업비트 거래소의 API를 쉽게 사용할 수 있도록 도와주는 파이썬 라이브러리로, 시세 조회, 주문 실행, 계좌 정보 조회 등의 기능을 제공하며, 업비트 API를 보다 간편하게 활용할 수 있도록 설계되었습니다. 개발 환경 세팅부터 API 활용법, 매수, 매도, 주문 취소 등에 코드 작성 과정을 깃허브에서 자세히 설명하고 있습니다. 더 상세한 pyupbit 라이브러리 사용법은 다음 링크를 참고하세요.
>
> 🔗 pyupbit 깃허브 주소: github.com/sharebook-kr/pyupbit

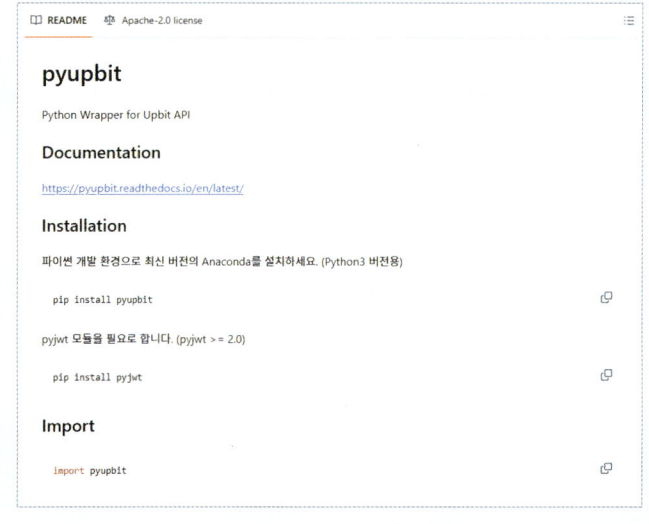

04 차트 데이터를 가져오려면 pyupbit 모듈의 `get_ohlcv()` 함수를 사용합니다. 이 함수는 특정 마켓의 OHLCV 데이터를 불러옵니다. OHLCV란 Open, High, Low, Close, Volume의 약자로, 각각 시가, 고가, 저가, 종가, 거래량을 뜻합니다. 예를 들어 KRW-BTC 마켓의 데이터를 가져오려면 `pyupbit.get_ohlcv("KRW-BTC")`라고 입력합니다.

다음 코드를 보면 df라는 이름으로 `pyupbit.get_ohlcv("KRW-BTC")`를 선언하였습니다. 이때 시가, 고가, 저가, 종가, 거래량인 데이터를 출력하기 위해 `print(df.tail())`이라고 작성한 것을 확인할 수 있습니다. 여기서 `.tail()`의 역할은 최근 5일의 데이터를 출력하는 것입니다.

mvp.py

```
import os
from dotenv import load_dotenv
load_dotenv()

import pyupbit
df = pyupbit.get_ohlcv("KRW-BTC")
print(df.tail())
```

💡 용어 사전

시가(Open): 첫 번째 거래 가격
고가(High): 최고 거래 가격
저가(Low): 최저 거래 가격
종가(Close): 마지막 거래 가격
거래량(Volume): 거래된 수량
거래 금액(Value): 거래된 총 금액

05 다음 30일치 일봉 데이터를 불러오기 위해 count, interval 파라미터를 사용해 다음과 같이 코드를 수정하고 출력문에 `.tail()`도 삭제합니다. 이 코드를 실행하면 최근 30일치 일봉 데이터가 잘 출력되는 것을 확인할 수 있습니다.

mvp.py

```
import os
from dotenv import load_dotenv
```

```
load_dotenv()

import pyupbit
df = pyupbit.get_ohlcv("KRW-BTC", count=30, interval="day")
print(df.tail())
print(df)
```

```
PS C:\gitbitcoin> python ./mvp.py
                           open         high          low        close        volume         value
2025-01-10 09:00:00  139748000.0  143886000.0  139687000.0  142457000.0   3145.421156  4.464380e+11
2025-01-11 09:00:00  142614000.0  142617000.0  141175000.0  141771000.0   1137.286503  1.614139e+11
2025-01-12 09:00:00  141768000.0  143245000.0  141002000.0  142086000.0   1181.136999  1.676744e+11
2025-01-13 09:00:00  142074000.0  143500000.0  137500000.0  142108000.0   4243.489921  5.941556e+11
2025-01-14 09:00:00  142108000.0  144999000.0  141684000.0  143501000.0   2548.983111  3.655501e+11
2025-01-15 09:00:00  143546000.0  147724000.0  142997000.0  147309000.0   3708.088650  5.393044e+11
2025-01-16 09:00:00  147309000.0  147804000.0  144102000.0  146670000.0   3192.450194  4.665994e+11
2025-01-17 09:00:00  146750000.0  155509000.0  146661000.0  152345000.0   4834.721595  7.319772e+11
2025-01-18 09:00:00  152434000.0  156530000.0  151533000.0  155801000.0   3748.133802  5.778274e+11
2025-01-19 09:00:00  155720000.0  159999000.0  150903000.0  154000000.0   7113.546553  1.115328e+12
2025-01-20 09:00:00  154000000.0  163325000.0  151518000.0  153225000.0  10945.253248  1.729137e+12
2025-01-21 09:00:00  153225000.0  158490000.0  151038000.0  157571000.0   4441.840770  6.886406e+11
2025-01-22 09:00:00  157571000.0  157791000.0  154486000.0  154999000.0   2227.733369  3.477224e+11
2025-01-23 09:00:00  154999000.0  158920000.0  152000000.0  155112000.0   4954.030265  7.694230e+11
2025-01-24 09:00:00  155112000.0  159000000.0  154000000.0  157146000.0   2922.352401  4.575884e+11
2025-01-25 09:00:00  157170000.0  157832000.0  156889000.0  157200000.0   1044.632980  1.642749e+11
2025-01-26 09:00:00  157200000.0  157933000.0  156000000.0  156100000.0   1222.937086  1.922307e+11
2025-01-27 09:00:00  156100000.0  157075000.0  151260000.0  154919000.0   5043.136558  7.755371e+11
2025-01-28 09:00:00  154919000.0  156658000.0  153782000.0  155919000.0   1883.024672  2.928052e+11
2025-01-29 09:00:00  155919000.0  159455000.0  155765000.0  158859000.0   2110.068370  3.322361e+11
2025-01-30 09:00:00  158859000.0  160559000.0  157860000.0  158139000.0   2346.609902  3.742470e+11
2025-01-31 09:00:00  158182000.0  159669000.0  155600000.0  156580000.0   2143.157461  3.384141e+11
```

기능 2. AI에 데이터 제공하고 판단받기

01 출력한 30일치 일봉 데이터를 AI에게 넘겨주고 투자 판단을 내려보겠습니다. 이 기능을 구현하기 위해 오픈 API를 사용하겠습니다. 오픈AI 홈페이지에 접속하고 로그인한 다음 오른쪽 상단의 [Playground]를 클릭합니다.

🔗 오픈AI 플랫폼: platform.openai.com

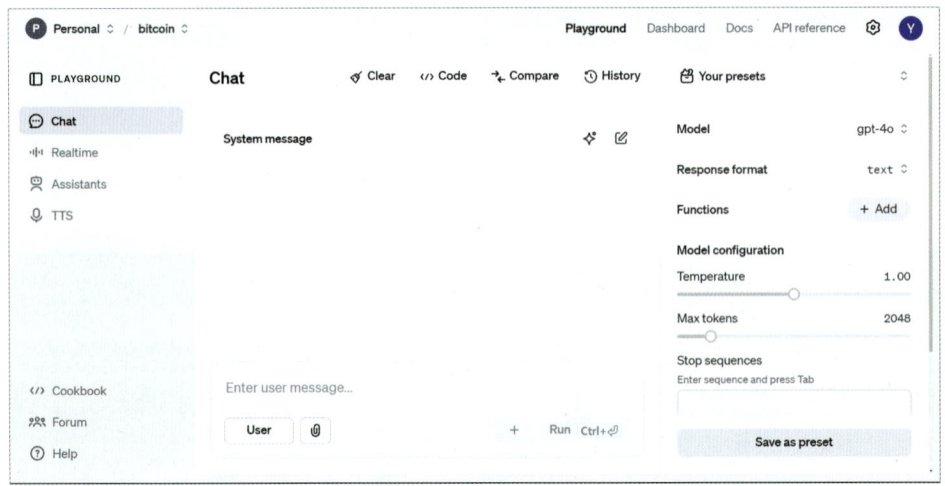

🤔 궁금해요 **Playground가 뭐예요?**

오픈AI의 챗GPT Playground는 API를 테스트할 수 있는 웹 인터페이스로, 개발자들이 다양한 설정을 바꿔 가며 실험할 수 있는 '놀이터' 같은 공간입니다. 예를 들어 System message는 AI에게 지시 사항을 입력해 AI의 역할이나 행동 지침을 설정할 수 있습니다. 일반 챗GPT에게 "안녕?"이라고 입력하면 그에 대한 답변을 하지만, System message는 "너는 반말로 대답해야 한다."라고 지시 사항을 적 수 있습니다.

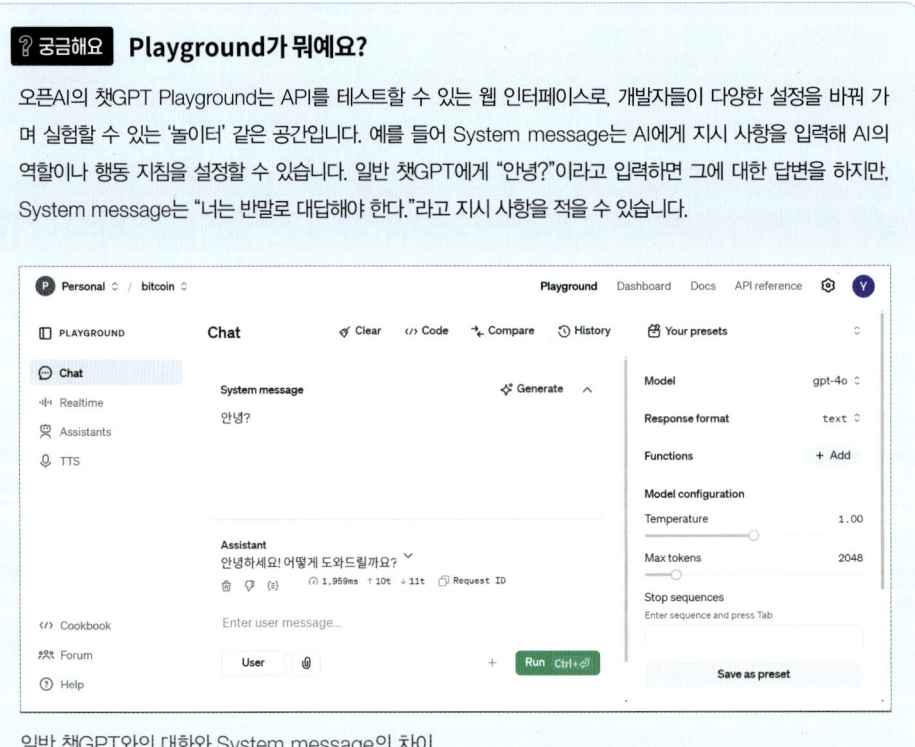

일반 챗GPT와의 대화와 System message의 차이

이외에 오른쪽 메뉴에서 원하는 모델을 선택하는 것부터 응답의 길이를 정하거나 [Stop Sequences]를 설정해 특정 단어가 나오면 멈추게 할 수도 있습니다. 또, 얼마나 무작위로 답변을 할지 수치를 조절하거나 최대 길이 등도 이 Playground에서 설정할 수 있습니다.

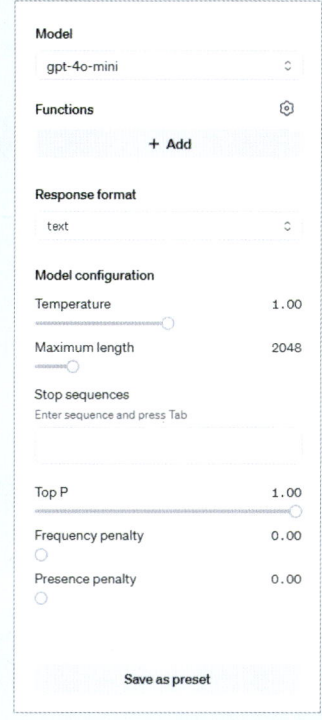

Playground에서 제공하는 챗GPT 응답 조절을 위한 파라미터

02 System message에 입력할 프롬프트를 작성하겠습니다. 프롬프트는 영어로 작성하면 전달이 더 명확해집니다. 영문 프롬프트는 먼저 한글로 입력한 다음 챗GPT, 클로드와 같은 생성 AI 또는 DeepL과 같은 번역 AI를 활용하면 쉽게 작성할 수 있습니다.

[한글] 당신은 비트코인 투자 전문가입니다. 제공된 차트 데이터를 바탕으로 현재 매수, 매도, 혹은 보유 중 무엇을 해야 할지 알려 주세요.

[영어] You are an expert in Bitcoin investing. Tell me whether to buy, sell, or hold at the moment based on the chart data provided.

03 영어 프롬프트를 System message에 붙여 넣습니다.

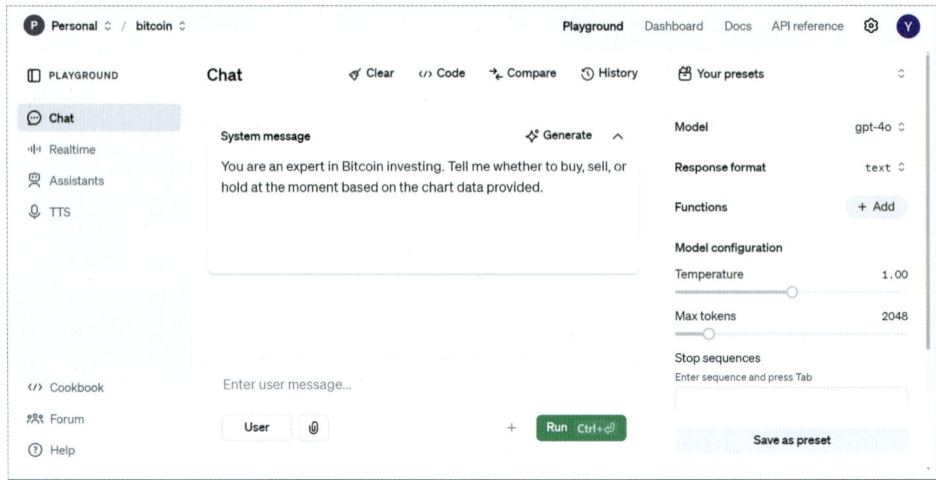

04 응답 형식은 오른쪽 Response Format에 [json_object]를 선택하여 `decision: "buy"` 와 같은 형식의 데이터로 답변하도록 설정합니다. 예시를 통해 AI가 buy, sell, hold 중 판단을 내리고 그 이유도 함께 **JSON 형식**으로 제공하도록 프롬프트를 추가합니다.

You are an expert in Bitcoin investing. Tell me whether to buy, sell, or hold at the moment based on the chart data provided. Response in Json format.

Response Example:
{decision: "buy", "reason": "some technical reason"}
{decision: "sell", "reason": "some technical reason"}
{decision: "hold", "reason": "some technical reason"}

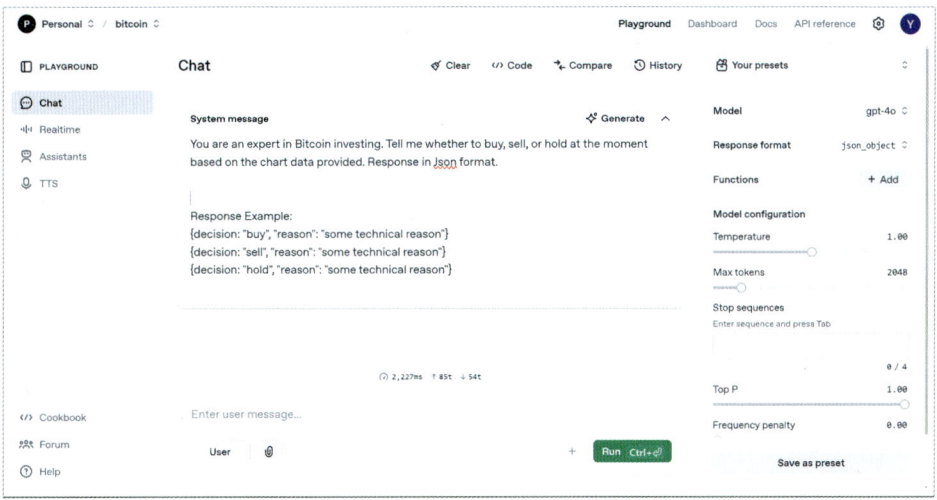

05 이제 앞서 첫 번째 기능을 구현하면서 출력한 차트 데이터를 AI에게 제공합니다. 그러나 30일치 일봉 데이터는 **데이터프레임**Data Frame이라는 표 형식이므로 GPT가 쉽게 이해할 수 있도록 JSON으로 변환해야 합니다. **mvp.py** 파일에서 **to_json()** 메서드를 입력한 다음 이 코드를 실행하면 데이터를 JSON 형식으로 변환합니다. 이렇게 나온 JSON 형식 실행 결과 전체를 복사합니다.

mvp.py

```python
import os
from dotenv import load_dotenv
load_dotenv()

import pyupbit
df = pyupbit.get_ohlcv("KRW-BTC", count=30, interval="day")
print(df.to_json())
```

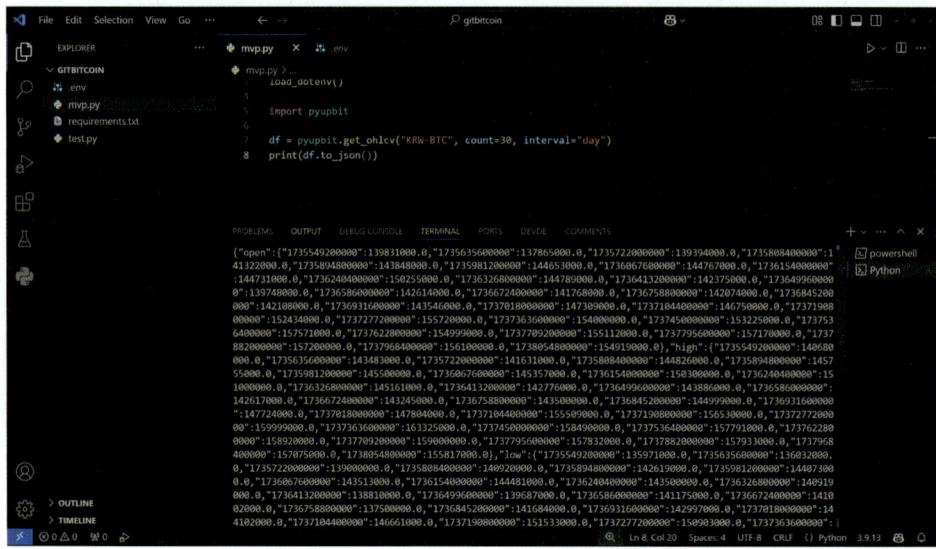

06 복사한 실행 결과를 Playground로 돌아와 **User** 메시지 입력창에 붙여 넣습니다.

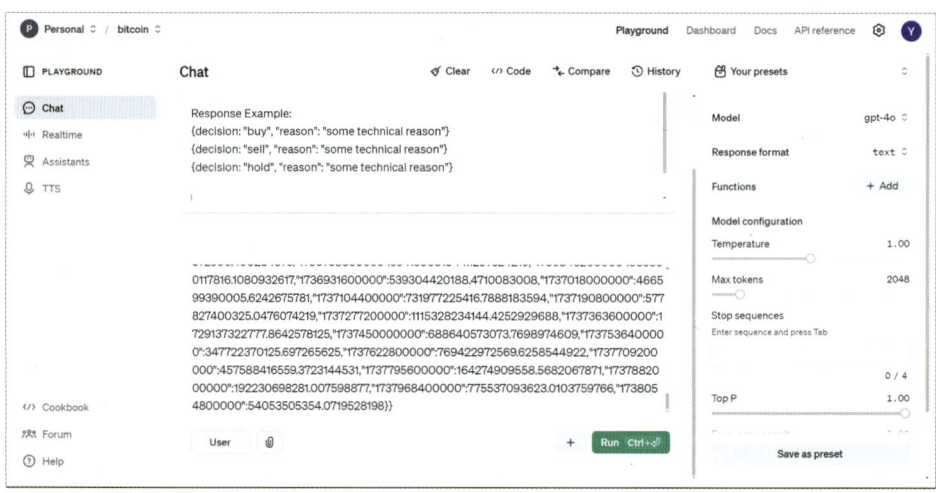

07 System message와 User에 입력을 모두 마쳤다면 GPT가 요청한 대로 잘 응답하는지 테스트하기 위해 [Run] 버튼을 클릭합니다. 요청한 대로 buy, sell, hold 중 하나를 선택하고 그 이유를 JSON 형식으로 응답하는 것을 확인할 수 있습니다. 응답이 제대로 나오는지

74 Part 01 최소 기능 제품 만들기

확인했으니 System message와 User에 입력한 텍스트를 그대로 코드로 가져가겠습니다. 오른쪽 상단의 [</> Code]를 클릭합니다.

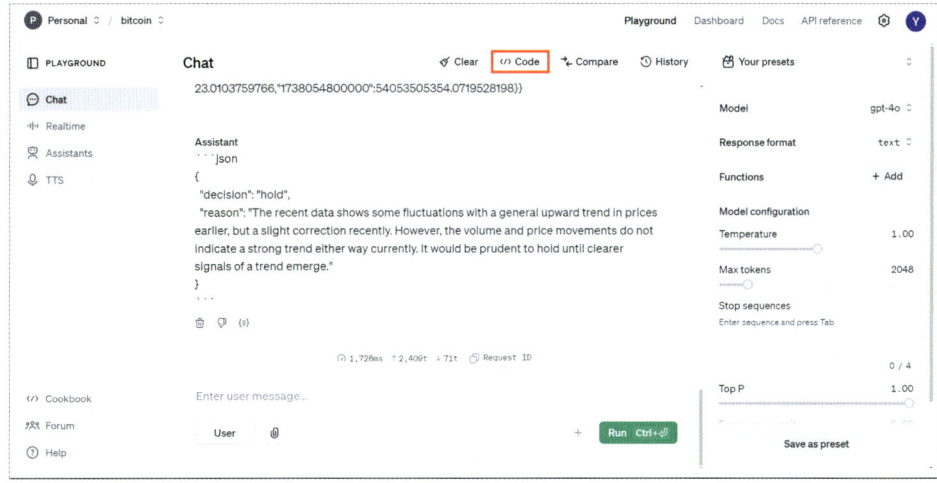

08 코드 창에서 지금까지 설정한 내용을 코드 형태로 확인할 수 있습니다. 상단의 복사 아이콘을 클릭해 코드 전체를 복사합니다.

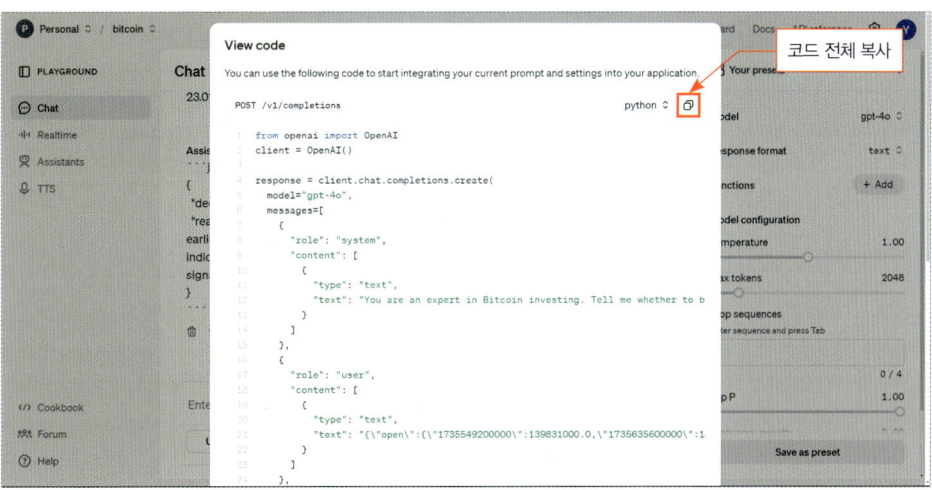

03 최소 기능 제품 만들기   **75**

09 VS code로 돌아와 복사한 코드를 **mvp.py**에 붙여 넣습니다. 이후 User 메시지에 입력된 차트 데이터를 우리가 가져온 실제 차트 데이터로 대체하면 됩니다.

mvp.py
```
import os
from dotenv import load_dotenv
load_dotenv()

# 1. 업비트 차트 데이터 가져오기 (30일 데이터)
import pyupbit
df = pyupbit.get_ohlcv("KRW-BTC", count=30, interval="day")
print(df.to_json())

# 2. OpenAI에게 데이터 제공하고 판단받기
from openai import OpenAI
client = OpenAI()

response = client.chat.completions.create(
  model="gpt-4o",
  messages=[
    {
      "role": "system",
      "content": [
        {
          "type": "text",
          "text": "You are an expert in Bitcoin investing. Tell me whether to buy, sell, or hold at the moment based on the chart data provided. Response in Json format.\n\nResponse Example:\n{decision: \"buy\", \"reason\": \"some technical reason\"}\n{decision: \"sell\", \"reason\": \"some technical reason\"}\n{decision: \"hold\", \"reason\": \"some technical reason\"}\n\n\n"
        }
      ]
    },
    {
      "role": "user",
      "content": [
        {
          "type": "text",
          "text": "```User 메시지에 입력된 차트 데이터```"
        }
      ]
    },
```

```
    {
      "role": "assistant",
      "content": [
        {
          "type": "text",
          "text": "{\n  \"decision\": \"hold\",\n  \"reason\": \"The chart data indicates some volatility with recent high price peaks and dips, but there is no clear uptrend or downtrend. Although there was significant trading volume and value spikes recently, likely driven by short-term market sentiment, it's advisable to hold as the market may stabilize or trend clearer soon. The decision avoids potential losses from premature selling or buying.\"\n}\n```"
        }
      ]
    }
  ],
  response_format={
    "type": "text"
  },
  temperature=1,
  max_completion_tokens=2048,
  top_p=1,
  frequency_penalty=0,
  presence_penalty=0
)
```

10 Playground에서 실행했던 대로 AI의 응답을 출력할 수 있게 **mvp.py**의 최하단에 다음과 같이 출력문을 추가합니다.

mvp.py
```
import os
from dotenv import load_dotenv
load_dotenv()

# 1. 업비트 차트 데이터 가져오기 (30일 데이터)
import pyupbit
df = pyupbit.get_ohlcv("KRW-BTC", count=30, interval="day")
print(df.to_json())

# 2. OpenAI에게 데이터 제공하고 판단받기
from openai import OpenAI
client = OpenAI()
```

```
(중략)

    response_format={
      "type": "text"
    },
    temperature=1,
    max_completion_tokens=2048,
    top_p=1,
    frequency_penalty=0,
    presence_penalty=0
)

print(response)
```

11 해당 코드는 매번 차트 데이터를 따로 출력 후 수동으로 content 영역의 문자열을 바꿔야 하는 번거로움이 있습니다. 이를 해소하기 위해 `df.to_json()`을 활용하여 실행할 때마다 해당 날짜의 차트 데이터를 입력하도록 코드를 수정합니다. 또, `temperature`, `max_completion_tokens`와 같이 불필요한 코드는 삭제합니다.

```python
# mvp.py
import os
from dotenv import load_dotenv
load_dotenv()

# 1. 업비트 차트 데이터 가져오기 (30일 데이터)
import pyupbit
df = pyupbit.get_ohlcv("KRW-BTC", count=30, interval="day")

# 2. OpenAI에게 데이터 제공하고 판단받기
from openai import OpenAI
client = OpenAI()

response = client.chat.completions.create(
  model="gpt-4o",
  messages=[
    {
      "role": "system",
      "content": [
        {
```

```
          "type": "text",
          "text": "You are an expert in Bitcoin investing. Tell me whether to buy, sell, or hold at the moment based on the chart data provided. Response in Json format.\n\nResponse Example:\n{decision: \"buy\", \"reason\": \"some technical reason\"}\n{decision: \"sell\", \"reason\": \"some technical reason\"}\n{decision: \"hold\", \"reason\": \"some technical reason\"}\n\n\n"
        }
      ]
    },
    {
      "role": "user",
      "content": [
        {
          "type": "text",
          "text": "```앞서 출력한 차트 데이터```",
          "text": df.to_json()
        }
      ]
    },
    {
      "role": "assistant",
      "content": [
        {
          "type": "text",
          "text": "{\n  \"decision\": \"hold\",\n  \"reason\": \"The chart data indicates some volatility with recent high price peaks and dips, but there is no clear uptrend or downtrend. Although there was significant trading volume and value spikes recently, likely driven by short-term market sentiment, it's advisable to hold as the market may stabilize or trend clearer soon. The decision avoids potential losses from premature selling or buying.\"\n}\n```"
        }
      ]
    }
  ],
  response_format={
    "type": "text"
  },
  temperature=1,
  max_completion_tokens=2048,
  top_p=1,
  frequency_penalty=0,
  presence_penalty=0
)
print(response)
```

12 지금까지 작성한 코드를 실행했을 때 불필요한 내용은 출력하도록 print 문을 다음과 같이 수정합니다. 코드를 실행하면 content 부분만 깔끔하게 출력하는 것을 확인할 수 있습니다.

```
mvp.py
```
(생략)

```
print(response.choices[0].message.content)
```

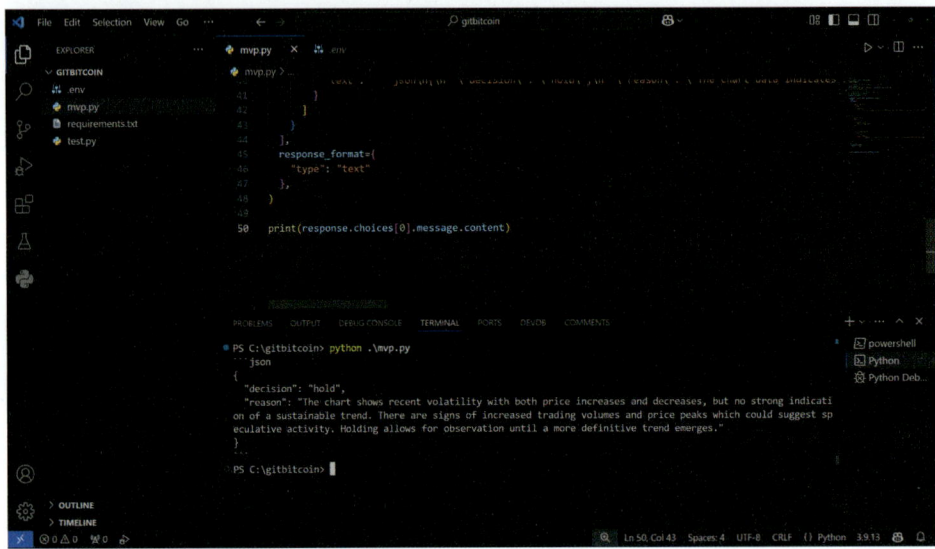

이렇게 업비트에서 가져온 30일치 일봉 데이터를 AI에게 넘기고 AI가 데이터를 분석해 매수할지 매도할지 판단하고 그 이유를 설명하는 과정을 구현했습니다.

기능 3. AI의 판단에 따라 자동 매매 진행하기

01 AI에게 투자 판단을 받았으니 다음으로 판단에 따라 실제로 자동 매매를 진행해 보겠습니다. 앞서 AI의 응답을 JSON 형식으로 요청했기 때문에 실행 결과는 분자열(str)이지만 JSON 형태입니다. print 문을 다음과 같이 수정하고 실행하면 데이터 타입이 문자열인 것을 확인할 수 있습니다.

```
mvp.py
(생략)
print(response.choices[0].message.content)

result =response.choices[0].message.content
print(result)
print(type(result))
```

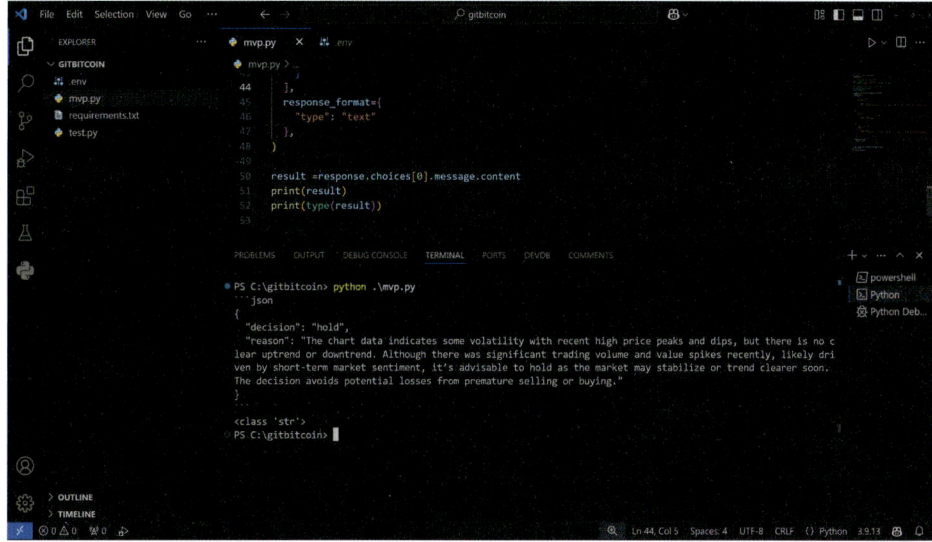

02 여기서 decision 값만 추출하려면 파이썬의 **딕셔너리**Dictionary 자료형으로 변환이 필요합니다. import json으로 JSON 모듈을 불러오고, result 변수에 담긴 JSON 데이터를 json.loads() 함수를 사용해 문자열을 파이썬 딕셔너리로 변환합니다. 변경한 코드를 다시 실행해 보면 출력 결과는 동일하지만 데이터의 형식이 딕셔너리(dict)로 바뀐 것을 확인할 수 있습니다.

💡 **Tip.** 딕셔너리는 키(key)와 값(value) 쌍으로 데이터를 저장하는 변경 가능한 자료형입니다. 해시 테이블을 기반으로 동작하며 키를 이용해 빠르게 값을 조회할 수 있습니다.

```
mvp.py
(생략)
result =response.choices[0].message.content
```

03 최소 기능 제품 만들기 **81**

```
print(type(result))   #response type이 str인 것을 확인

import json
result =json.loads(result)
print(result)
print(type(result))
```

```
{'decision': 'hold', 'reason'
Although there was significant
may stabilize or trend clearer
<class 'dict'>
PS C:\gitbitcoin>
```

> **? 궁금해요** **JSON 모듈이란?**
>
> JSON 모듈은 데이터를 JSON 형식으로 변환하거나 JSON 데이터를 파이썬 객체로 변환해 주는 내장 모듈입니다. 주로 dumps()로 파이썬 객체를 JSON 문자열로 변환하고, loads()로 JSON 문자열을 파이썬 객체로 변환하는 작업에 사용합니다.

03 이제 result['decision'] 값에 따라 buy, sell, hold 동작을 구현해 보겠습니다. 이때 if 조건문을 사용합니다. 예를 들어, if result['decision'] == 'buy'라면 매수를, elif result['decision'] == 'sell'이라면 매도를, else로 보유를 구현할 수 있습니다.

mvp.py
```
(생략)
if result['decision'] == "buy":
# 매수
elif result['decision'] == "sell":
# 매도
elif result['decision'] == "hold":
# 보유
```

04 각 기능을 구현하기 위해 업비트의 Exchange API를 사용해 주문을 넣는 기능을 사용하겠습니다.

💡 **Tip.** 업비트 API 코드는 깃허브(github.com/sharebook-kr/pyupbit)에서 확인할 수 있습니다.

먼저 로그인 과정을 구현하겠습니다. 이전에 환경 설정 과정에서 **.env** 파일에 저장한 access key와 secret key를 가져온 다음 access key를 가져오는 코드 **os.getenv()**의 **'UPBIT_ACCESS_KEY'**를 access key 대신 넣고, secret key를 가져오는 코드도 교체합니다. 그러면 access key와 secret key를 불러와서 **upbit** 객체를 만든 것을 확인할 수 있습니다. 이렇게 로그인 기능을 간단하게 구현했습니다.

```
mvp.py
(생략)
result =response.choices[0].message.content

import json
result =json.loads(result)
print(result)
print(type(result))
import pyupbit

access = os.getenv('UPBIT_ACCESS_KEY')
secret = os.getenv('UPBIT_SECRET_KEY')
upbit = pyupbit.Upbit(access, secret)
```

05 다음으로 매수하는 함수를 작성합니다. 마찬가지로 업비트 API에서 시장가 매수, 매도 주문 코드를 가져와 다음과 같이 코드를 수정합니다.

```
mvp.py
(생략)
import pyupbit

access = os.getenv('UPBIT_ACCESS_KEY')
secret = os.getenv('UPBIT_SECRET_KEY')
upbit = pyupbit.Upbit(access, secret)

if result['decision'] == "buy":
# 매수
  print(upbit.buy_market_order("KRW-BTC",10000))
elif result['decision'] == "sell":
# 매도
  print(upbit.sell_market_order("KRW-BTC",30))
elif result['decision'] == "hold":
```

```
# 보유
  pass
```

06 매수와 매도를 얼마나 해야 할지 지정해야 합니다. 간단하게 구현하려면 전량 매수로 지정하는 것이 좋습니다. 잔고를 모두 사용해 구매하고 팔 수 있도록 다음과 같이 코드를 수정합니다.

mvp.py

```
if result['decision'] == "buy":
 # 보유 현금 전량 매수
    print(upbit.buy_market_order("KRW-BTC",10000))
    print(upbit.buy_market_order("KRW-BTC",upbit.get_balance("KRW")))
elif result['decision'] == "sell":
# 보유 코인 전량 매도
    print(upbit.sell_market_order("KRW-BTC",30))
    print(upbit.sell_market_order("KRW-BTC",upbit.get_balance("KRW-BTC")))
elif result['decision'] == "hold":
# 보유
  pass
```

07 매수, 매도를 한 다음 그 판단에 대한 이유도 설명하도록 다음과 같이 코드를 수정합니다.

mvp.py

```
if result['decision'] == "buy":
 # 보유 현금 전량 매수
    print(upbit.buy_market_order("KRW-BTC",upbit.get_balance("KRW")))
    print(result["reason"])
elif result['decision'] == "sell":
# 보유 코인 전량 매도
    print(upbit.sell_market_order("KRW-BTC",upbit.get_balance("KRW-BTC")))
    print(result["reason"])
elif result['decision'] == "hold":
# 보유
    print(result['reason'])
```

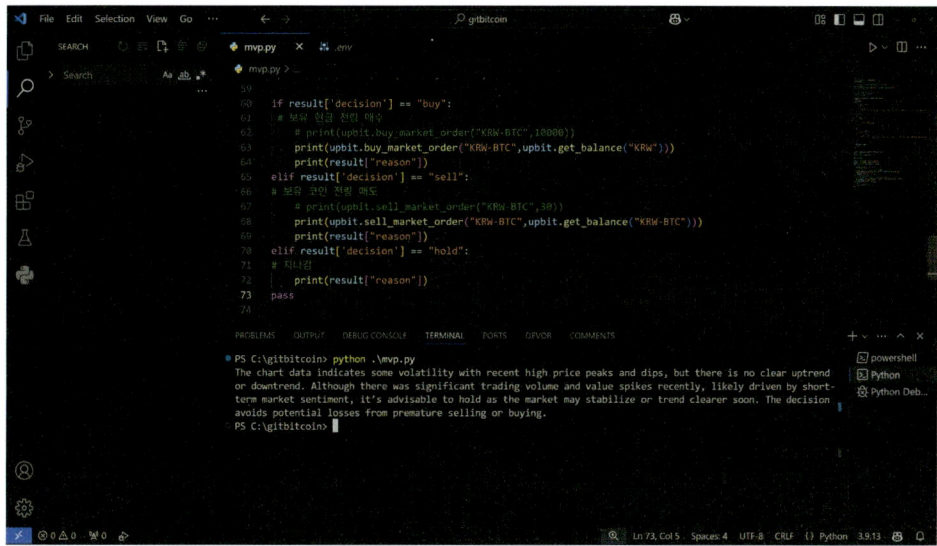

이렇게 최소 기능 제품을 구현하는 모든 코드가 완성되었습니다. 물론 이 단계는 최소한의 기능만 구현한 것이며 이후에는 다양한 데이터를 추가하고 AI의 판단을 나의 투자 성향이나 패턴에 맞게 설정해 나가겠습니다.

최소 기능 제품 보완하기

지금까지 업비트 차트 데이터를 가져와 AI에게 판단을 받은 다음 자동 매매를 진행하고 그 이유를 받기까지 총 3가지 기능으로 자동 매매 프로그램의 최소 기능을 모두 구현했습니다. 이 코드만으로 AI 자동 매매가 어느 정도 작동하지만 수수료, 최소 주문 가능 금액 등을 고려해 자동 매매가 가능하도록 디테일한 수정이 필요합니다.

거래에 대한 자세한 내용은 업비트 홈페이지의 [고객센터 → 거래 이용 안내] 페이지를 참고합니다.

🔗 업비트 거래 이용 안내: support.upbit.com/hc/ko/articles/4403838454809-거래-이용-안내

업비트 거래 이용 안내 페이지

수수료 고려하기

업비트 고객센터의 거래 이용 안내 페이지를 보면 수수료가 발생한다는 것을 알 수 있습니다. KRW 마켓 기준으로 현재 수수료가 0.05%인데, 이 부분을 고려하지 않고 전액을 매수에 활용하면 거래가 불가능합니다.

이 문제를 해결하려면 전체 금액을 my_krw 변수로 잡아준 다음 0.05% 수수료를 제외한 금액을 매수에 사용해야 합니다. 이를 위해 my_krw * 0.9995를 사용하여 수수료를 제외한 금액을 계산해 매수에 사용할 수 있습니다.

```
mvp.py
(생략)
if result['decision'] == "buy":
# 보유 현금 조회
    my_krw = upbit.get_balance("KRW") # 수수료를 제외한 보유 현금 전량 매수
    print(upbit.buy_market_order("KRW-BTC",my_krw*0.9995))
    print(result["reason"])
(생략)
```

최소 주문 가능 금액 고려하기

업비트는 거래 시 최소 주문 가능 금액이 있습니다. 원화 마켓 기준으로 5000원 이상이어야 주문이 가능합니다. 즉, 수수료를 제외한 금액이 5000원을 넘지 않으면 매수 코드가 실행되지 않아야 합니다.

4. 최소 주문가능 금액

KRW 마켓	BTC 마켓	USDT 마켓
5,000 KRW	0.00005 BTC	0.5 USDT

이를 조건문으로 처리하면 수수료를 제외한 금액이 5000원이 넘을 때만 매수가 이루어지도록 수정이 필요합니다. 매도도 마찬가지입니다. 보유한 BTC의 원화 가치를 계산해 5000원을 넘어야만 거래가 가능하도록 설정해야 합니다. 이때 현재 **BTC 가격**을 알아야 하므로 매도 호가인 ask_price를 가져와 BTC의 원화 가치를 계산할 수 있습니다. 이 금액이 5000원을 넘으면 매도를 진행하도록 다음과 같이 코드를 보완합니다.

```
mvp.py
```
```python
(생략)
if result['decision'] == "buy":
        my_krw = upbit.get_balance("KRW")
        # 최소 주문 가능 금액
        if my_krw*0.9995 > 5000 :
                print(upbit.buy_market_order("KRW-BTC",my_krw*0.9995))
        else :
                print(result["reason"])

elif result['decision'] == "sell" :
# 보유 코인 조회
        my_btc =upbit.get_balance("KRW-BTC")
 # 현재 매도 호가 조회
        current_price =
        pyupbit.get_orderbook(ticker="KRW-BTC")['orderbook_units'][0]["ask_price"]

        if my_btc*current_price > 5000 :
                print(upbit.sell_market_order("KRW-BTC",upbit.get_balance("KRW-BTC")))
else :
        print(result["reason"])
```

거래 동작 확인하기

거래 시 단순히 이유만 출력하는 것이 아니라 "매수를 실행했습니다.", "매도를 실행했습니다." 와 같은 메시지를 추가해 거래 동작을 좀 더 명확하게 확인할 수 있도록 코드를 보완하겠습니다. 만약 거래가 실패했다면 "5000원 미만으로 거래 실패"와 같은 메시지를 출력해 거래 실패 이유도 알 수 있도록 합니다.

```
mvp.py
```
```python
(생략)
if result['decision'] == "buy":
        my_krw = upbit.get_balance("KRW")
        # 최소 주문 가능 금액
        if my_krw*0.9995 > 5000 :
                print(upbit.buy_market_order("KRW-BTC",my_krw*0.9995))
                print("buy:",result['reason'])
        else :
```

```
                print("krw 5000원 미만")
elif result['decision'] == "sell" :
# 보유 코인 조회
        my_btc =upbit.get_balance("KRW-BTC")
 # 현재 매도 호가 조회
            current_price = pyupbit.get_orderbook(ticker="KRW-BTC")['orderbook_units'][0]
["ask_price"]

        if my_btc*current_price > 5000 :
                print(upbit.sell_market_order("KRW-BTC",upbit.get_balance("KRW-BTC")))
print("sell:",result['reason'])
        else :
                print("btc 5000원 미만")
else :
    print("hold:",result["reason"])
```

자동 실행하기

코드를 계속 클릭하여 실행하는 것은 번거로우므로 자동으로 10초마다 반복 실행되도록 만들어 보겠습니다. 이를 위해 전체 코드를 한 칸 들여쓰기 해서 함수 안에 넣고 def로 trading 함수를 만듭니다. 그리고 이 함수를 실행하면 아래의 모든 코드가 실행되도록 합니다. 또, 무한 반복을 위해 while True를 사용하고 import time을 통해 time.sleep()으로 일정 간격을 둡니다.

mvp.py
```
import os
from dotenv import load_dotenv
load_dotenv()
 # 자동 실행을 위한 함수 설정
def ai_trading():

(중략)

 # 재귀적으로 계속 실행
while True:
    import time
        # 10초마다 실행
    time.sleep(10)
        ai_trading()
```

단, 이 코드는 매우 단순한 코드로, 30일치 일봉 데이터만을 가지고 판단을 내리며 10초마다 데이터를 API로 전송합니다. 따라서 방대한 양의 데이터를 반복 호출하여 API 비용이 많이 발생할 수 있습니다. 오픈AI의 API 가격 정책을 확인하면 토큰당 요금을 확인할 수 있습니다.

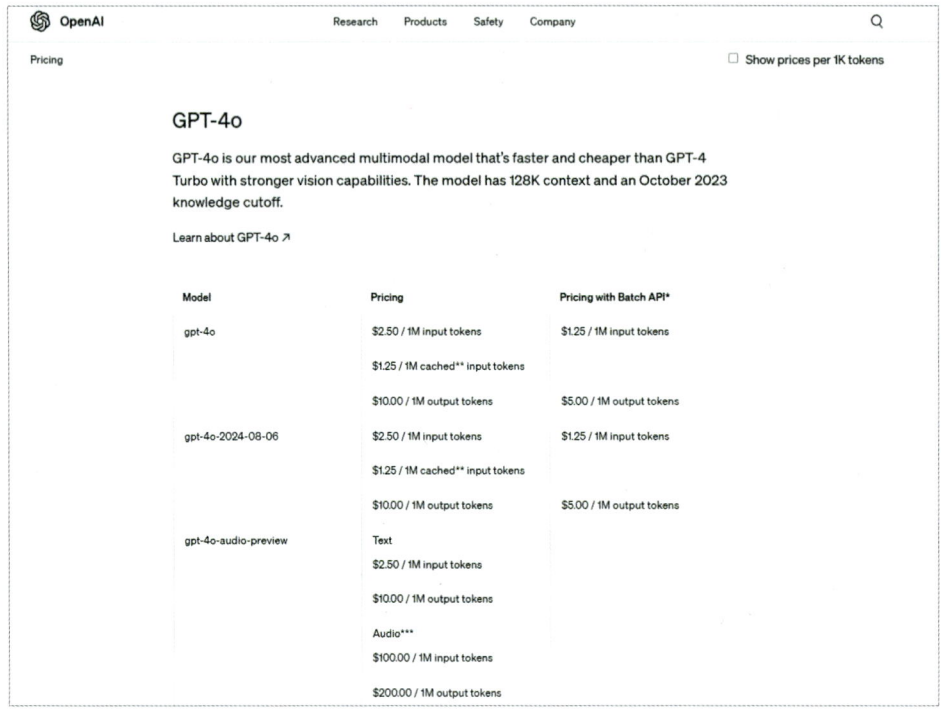

GPT-4o API 요금제(출처: openai.com/api/pricing)

따라서 불필요하게 프로그램이 동작하지 않도록 매도 매수를 하기 전에 AI의 판단과 이유를 먼저 출력하고, 조건에 따라 실행할 수 있도록 다음과 같이 코드를 수정합니다.

mvp.py

```
(생략)
import pyupbit

access = os.getenv('UPBIT_ACCESS_KEY')
secret = os.getenv('UPBIT_SECRET_KEY')
upbit = pyupbit.Upbit(access, secret)
```

```
print("### AI Decision: ",result['decision'].upper(), "###")
print("### Reason: ",result['reason'],"###")
```

(생략)

이렇게 코드를 개선해 입금된 원화와 비트코인 비중을 50대 50으로 맞추고, 자동 매매 코드를 실행해 보면 처음에는 AI가 [Hold]를 판단해 아무 동작도 실행되지 않았지만, 그 후 [Sell] 신호가 나와 실제로 비트코인을 매도한 결과를 볼 수 있습니다.

mvp.py
```
(생략)
 if result['decision'] == "buy":
    # 매수
        my_krw =upbit.get_balance("KRW")
        if my_krw*0.9995 > 5000:
            print("### Buy Order Executed ###")
            print(upbit.buy_market_order("KRW-BTC",my_krw*0.9995))

        else :
            print("### Buy Order Failed: Insufficient KRW (less than 5000 KRW) ###")
    elif result['decision'] == "sell":
    # 매도
        my_btc =upbit.get_balance("KRW-BTC")
        current_price = pyupbit.get_orderbook(ticker="KRW-BTC")['orderbook_units'][0]
["ask_price"]

        if my_btc*current_price > 5000 :
            print("### Sell Order Executed ###")
            print(upbit.sell_market_order("KRW-BTC",upbit.get_balance("KRW-BTC")))
        else :
            print("### Sell Order Failed: Insufficient BTC (less than 5000 KRW) ###")
    elif result['decision'] == "hold":
        # 보유
        print("### Hold Order No Executed ###")
        print("hold:",result["reason"])
(생략)
```

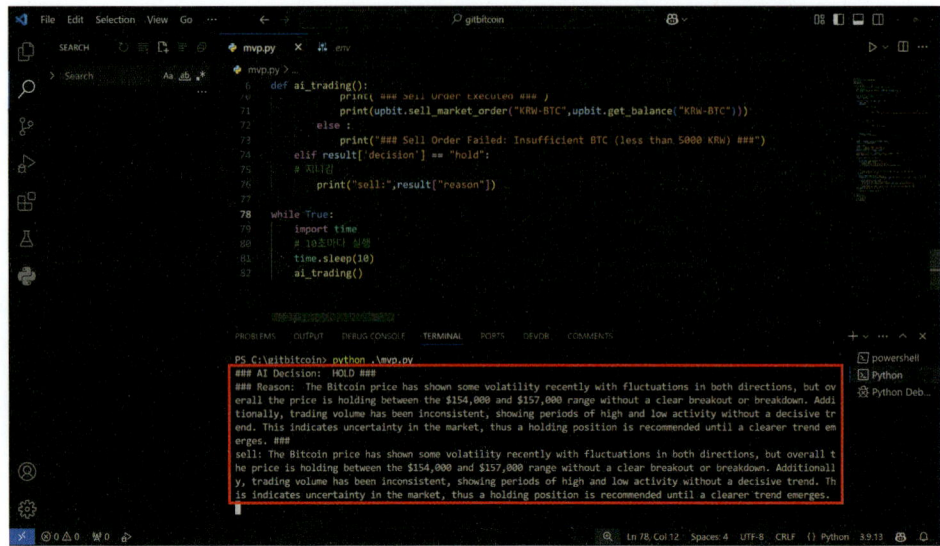

업비트를 확인해 보면 비트코인이 전량 매도되어 모두 원화로 전환된 것을 확인할 수 있습니다.

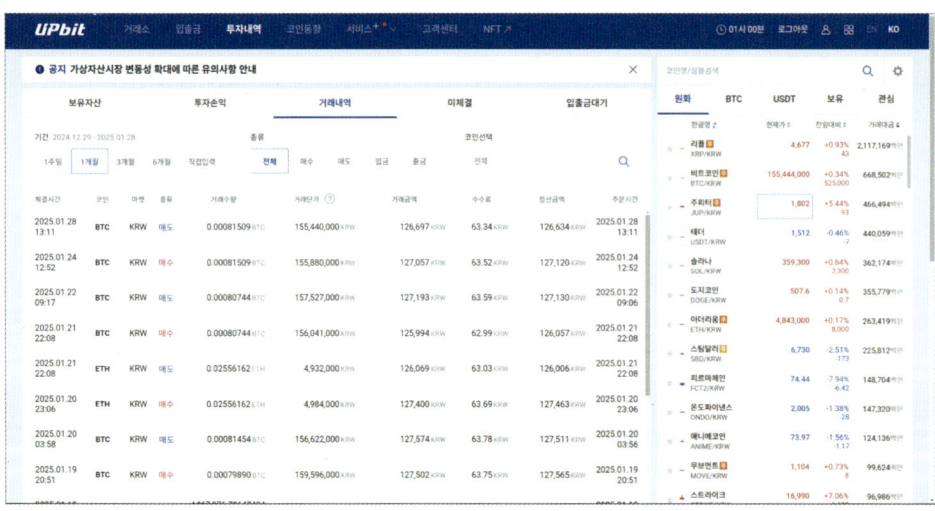

지금까지 작성한 전체 코드를 정리하면 다음과 같습니다.

```
# mvp.py
import os
from dotenv import load_dotenv
import json
load_dotenv()

def ai_trading():
    # 1. 업비트 차트 데이터 가져오기 (30일 데이터)
    import pyupbit
    df = pyupbit.get_ohlcv("KRW-BTC", count=30, interval="day")
    # print(df.to_json())

    # 2. 오픈AI에게 데이터 제공하고 판단받기
    from openai import OpenAI
    client = OpenAI()

    response = client.chat.completions.create(
        model="gpt-4o",
        messages=[
            {
                "role": "system",
                "content": [
                    {
                        "type": "text",
                        "text": "You are an expert in Bitcoin investing. Tell me whether to buy, sell, or hold at the moment based on the chart data provided. Response in Json format.\n\nResponse Example:\n{decision: \"buy\", \"reason\": \"some technical reason\"}\n{decision: \"sell\", \"reason\": \"some technical reason\"}\n{decision: \"hold\", \"reason\": \"some technical reason\"}\n\n\n"
                    }
                ]
            },
            {
                "role": "user",
                "content": [
                    {
                        "type": "text",
                        "text": df.to_json()
                    }
                ]
            }
        ],
        response_format={
```

```
            "type": "json_object"  # text 대신 json_object로 수정
        }
    )

    result = response.choices[0].message.content
    result = json.loads(result)

    import pyupbit
    access = os.getenv('UPBIT_ACCESS_KEY')
    secret = os.getenv('UPBIT_SECRET_KEY')
    upbit = pyupbit.Upbit(access, secret)

    print("### AI Decision: ",result['decision'].upper(), "###")
    print("### Reason: ",result['reason'],"###")


    if result['decision'] == "buy":
    # 매수
        my_krw =upbit.get_balance("KRW")
        if my_krw*0.9995 > 5000:
            print("### Buy Order Executed ###")
            print(upbit.buy_market_order("KRW-BTC",my_krw*0.9995))
        else :
            print("### Buy Order Failed: Insufficient KRW (less than 5000 KRW) ###")
    elif result['decision'] == "sell":
    # 매도
        my_btc =upbit.get_balance("KRW-BTC")
        current_price = pyupbit.get_orderbook(ticker="KRW-BTC")['orderbook_units'][0]["ask_price"]

        if my_btc*current_price > 5000 :
            print("### Sell Order Executed ###")
            print(upbit.sell_market_order("KRW-BTC",upbit.get_balance("KRW-BTC")))
        else :
            print("### Sell Order Failed: Insufficient BTC (less than 5000 KRW) ###")
    elif result['decision'] == "hold":
        # 보유
        print("### Hold Order No Executed ###")
        print("hold:",result["reason"])

while True:
    import time
    # 10초마다 실행
    time.sleep(10)
    ai_trading()
```

이렇게 AI 기반 자동 매매 프로그램의 최소 기능 제품을 완성했습니다. 하지만 이 방식은 단순히 30일치 일봉 데이터만으로 AI가 판단을 내리기 때문에 정확도가 높지 않을 수 있습니다. 또한, 투자 방식도 무척 단순합니다. 이어질 'Part 02 데이터 넣기'에서는 여러분의 투자 철학을 반영하고, 보조 지표나 공포탐욕지수, 최신 뉴스 데이터 등을 포함해 종합적으로 판단할 수 있도록 AI에 데이터를 추가해 나가겠습니다.

Part 02

데이터 넣기

Chapter 04 거래소 데이터 넣기
Chapter 05 보조 지표 넣기
Chapter 06 공포탐욕지수 데이터 넣기
Chapter 07 최신 뉴스 데이터 넣기
Chapter 08 차트 이미지 넣기
Chapter 09 영상 데이터 넣기

04 거래소 데이터 넣기

AI 자동 매매 프로그램이 거래를 판단하는 데 쓰이는 가장 기본적인 데이터는 거래소의 데이터입니다. 이번 챕터에서는 거래소의 주요 데이터 3가지, 현재 투자 상태, 오더북, 차트 데이터를 알아보고, 클로드를 활용해 데이터를 불러오는 코드를 작성해 보겠습니다.

| 학습 목표

업비트의 주요 데이터를 불러올 수 있도록 Chapter 03에서 구현한 MVP 프로그램을 보완합니다.

| 핵심 키워드

- 거래소 데이터
- 현재 투자 상태
- 오더북
- 차트 데이터

개발 과정 짚어 보기

지금까지 업비트에서 차트 데이터를 가져오고 AI에게 데이터를 제공한 다음 받은 피드백으로 자동 매매를 진행하는 최소 기능 제품을 구현해 보았습니다. 이 과정에서 가장 중요한 영역은 데이터를 가져오고 AI에게 제공하는 것입니다. 본격적으로 시작하기 앞서 다시 한번 전체적인 그림을 되짚고 앞으로 어떤 것을 구현할지 코드와 연결지으면서 우리가 개발할 자동 매매 프로그램이 어떤 기능을 가지고 어떻게 동작하는지 살펴보겠습니다.

인간과 AI의 판단 과정

이해를 돕기 위해 먼저 인간이 투자 판단을 내리고 매매하는 과정과 비교해 보겠습니다. 인간은 투자 판단을 하기 앞서 데이터를 보고 자신의 개인적인 전략과 성향에 따라 매수와 매도를 진행합니다. 예를 들어, 뉴스를 봤는데 트럼프가 비트코인을 지지한다는 뉴스가 나오고, 차트에서 이동평균선이 골든크로스를 형성했으며, 대가들의 조언에 따르면 지금이 좋은 시장이라는 데이터를 습득합니다. 본인이 상승장 추세에 따르는 전략과 공격적인 투자 성향을 가지고 있다면 자산의 80%를 매수한다는 판단을 내릴 수 있겠죠. 이처럼 인간 역시 데이터를 습득하고 자신의 전략과 성향에 따라 투자를 판단하는 과정을 반복합니다.

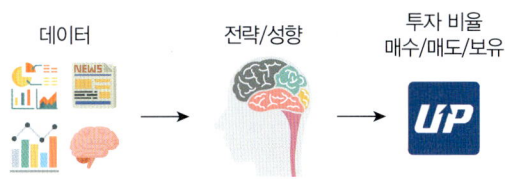

인간의 투자 판단 과정

여기서 전략과 성향 부분을 GPT 같은 AI 모델로 교체하면 인간이 판단을 내리는 것과 같은 방식으로 자동 매매 프로그램이 작동합니다. AI에게 뉴스 데이터, 차트 데이터, 전문가의 분석 등 다양한 데이터를 입력하면 설정해 둔 사용자의 전략과 성향에 따라 GPT가 매수, 매도, 보유를 판단합니다. 그리고 앞서 최소 기능에서 구현했듯이 그 판단을 내린 이유까지 구현해 데이터로 활용합니다.

AI의 투자 판단 과정

자동 매매 프로그램에서 설정해야 할 3가지 요소

AI가 데이터에 기반해 판단을 내리고 매수, 매도, 보유하는 과정을 반복하려면 3가지 요소를 설정해야 합니다. 첫 번째는 **실행 주기**입니다. 예를 들어, 몇 시간마다 또는 특정 속보와 같은 이벤트가 발생할 때마다 실행하도록 설정할 수 있죠. 앞서 작성한 최소 기능 코드에서 다음 부분에 해당합니다. 이 코드는 10초에 1번씩 ai_trading()을 실행합니다. 이런 식으로 실행 주기를 설정할 수 있습니다.

```python
# mvp.py
import os
from dotenv import load_dotenv
load_dotenv()

def ai_trading():
    import pyupbit
    df = pyupbit.get_ohlcv("KRW-BTC", count=30, interval="day")

(중략)

while True:
    import time
    time.sleep(10)
    ai_trading()
```

둘째, **입력 데이터**입니다. 차트 데이터뿐만 아니라 뉴스, 공포탐욕지수 등 다양한 데이터를 입력할 수 있습니다. 앞서 작성한 최소 기능 코드에서 다음 부분에 해당합니다.

```python
# mvp.py
import os
from dotenv import load_dotenv
```

```
load_dotenv()

def ai_trading():
    #1. 업비트 차트 데이터 가져오기(30일 일봉)
    import pyupbit
    df = pyupbit.get_ohlcv("KRW-BTC", count=30, interval="day")

(생략)
```

셋째, 투자 판단에 대한 **전략과 성향**을 설정할 수 있습니다. 예를 들어, 거래량이 터지면 매수하거나 하락할 때 매수한 후 상승할 때 매도하는 등 원하는 전략을 설정하고, 공격적인 투자 성향을 명시하거나 특정 인물의 투자 철학을 반영할 수도 있습니다. 여기에 세계적 투자가인 워런 버핏의 투자 철학을 그대로 반영할 수도 있겠죠. 앞서 작성한 최소 기능 코드에서 다음 부분에 해당합니다.

mvp.py
```
import os
from dotenv import load_dotenv
load_dotenv()

(중략)

#2. AI에게 데이터 제공하고 판단받기
from openai import OpenAI
client = OpenAI()

response = client.chat.completions.create(
model="gpt-4o",
messages=[
        {
        "role": "system",
        "content": [
            {
            "type":"text",
            "text":"You are an expert in Bitcoin investing. Tell me whether to buy, sell, or hold at the moment based on the chart data provided."
            }
        ]
        },

(생략)
```

이처럼 GPT와 같은 AI 모델의 장점은 이런 전략이나 성향을 비수치적인 표현, 즉 일상에서 사용하는 언어와 문장으로도 처리할 수 있다는 것입니다. 예전에는 코드를 통해 숫자로 명확히 지표를 설정해야 했습니다. 예를 들어, "거래량이 1000건 이상"이라는 식으로 수치로 입력해야 했죠. 그러나 초거대 AI 모델이 나오면서 굳이 숫자로 정할 필요 없이 "거래량이 터지면", "하락할 때 물타기하고 상승할 때 판다."와 같이 일상에서 쓰는 정성적인 표현만으로도 처리할 수 있습니다. 덕분에 코딩이나 투자 분야의 전문가가 아니어도 본인의 전략과 성향을 AI에 쉽게 반영할 수 있습니다. 이제 본격적으로 데이터와 성향, 전략을 자동 매매 프로그램에 어떻게 적용하는지 살펴보겠습니다.

단, 주의할 점은 '투자에는 정답이 없다'는 것입니다. 제가 보여드리는 것은 예시일 뿐이며 여러분은 본인의 투자 취향에 맞게 설정해야 합니다. 만약 본인의 투자 성향은 안전 지향적인데, AI에 공격적인 성향을 설정하면 의도하지 않은 결과를 받을 수 있습니다. 따라서 본인의 투자 성향이나 데이터를 습득하는 패턴을 가급적 그대로 AI에 반영하는 것이 좋습니다. 이 프로그램에 입력하는 모든 데이터와 성향은 어디까지나 예시일 뿐이니 본인의 취향에 맞게 설정해 투자를 진행하기 바랍니다.

거래소 데이터 넣기

거래소에서 가져올 수 있는 대표적인 데이터는 현재 투자 상태, 오더북 그리고 차트 데이터입니다. **현재 투자 상태**란 내가 보유한 현금과 비트코인의 양을 뜻하고, **오더북**은 매수세와 매도세가 얼마나 강한지를 알 수 있는 중요한 자료로, 매수와 매도 주문의 실시간 목록을 보여 주는 거래 내역 데이터베이스입니다. 주로 주식, 암호 화폐, 선물 같은 금융 상품의 거래소에서 사용합니다. 오더북은 시장의 거래 흐름과 유동성을 이해하는 데 매우 유용합니다. 오더북의 주요 구성 요소는 다음과 같습니다.

오더북의 주요 구성 요소

구성 요소	설명
매도호가(Sell Orders)	판매자가 원하는 가격과 수량을 표시. 일반적으로 높은 가격부터 정렬됨
매수호가(Buy Orders)	구매자가 제시하는 가격과 수량을 표시. 일반적으로 낮은 가격부터 정렬됨
호가 스프레드(Spread)	가장 낮은 매도 가격과 가장 높은 매수 가격의 차이. 시장 유동성을 나타냄
거래량(Volume)	각 가격에서 거래 가능한 상품의 총 수량

차트 데이터는 특정 자산의 가격 변화와 거래량을 시각적으로 표현한 데이터로, 특정 시간대의 시가, 종가, 고가, 저가와 거래량 정보를 포함합니다. 이를 통해 투자자들은 가격 추세와 시장 심리를 분석할 수 있습니다. 우리가 구현할 프로그램에서는 한 달, 즉 30일치 일봉 OHLCV 데이터와 하루 단위, 즉 24시간의 시간봉 OHLCV 데이터를 가져오려고 합니다. 하지만 이건 단순한 예시일 뿐이니 여러분의 투자 전략에 따라 200일이나 365일치 데이터를 가져오도록 얼마든지 변경할 수 있습니다.

이렇게 거래소에서 가져올 데이터 3가지와 역할을 정리하면 다음과 같습니다.

거래소 데이터 3가지

- **현재 투자 상태**: 보유 자산과 주문 내역을 파악해 전략 실행 기준을 확인
- **오더북**: 실시간 매수·매도 흐름을 분석해 최적의 거래 가격 결정
- **차트 데이터**: 과거 가격 및 거래량 추세를 분석해 진입·청산 시점을 예측

pyupbit 라이브러리를 불러와 이 3가지 데이터를 가져오는 코드를 작성할 수 있습니다. pyupbit 라이브러리의 사용법은 깃허브 페이지에서 라이브러리를 보고 하나씩 입력하면 됩니다.

🔗 pyupbit 깃허브: github.com/sharebook-kr/pyupbit

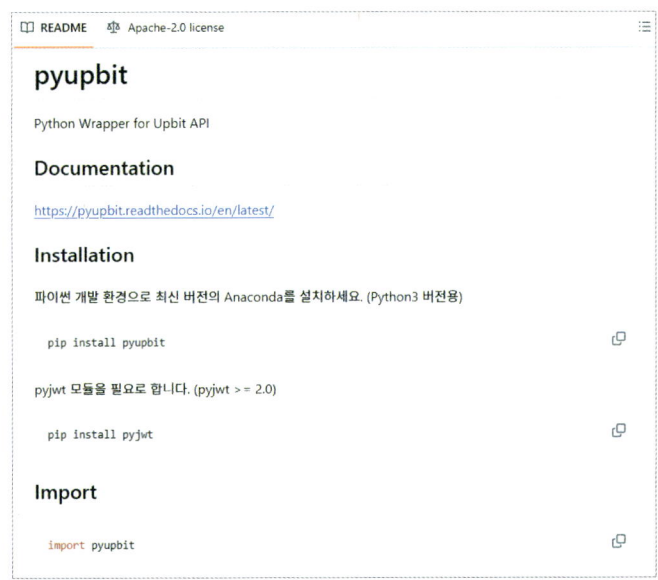

pyupbit 깃허브

코드 작성 과정은 챗GPT, 클로드, 제미나이 등 여러 생성 AI 중 가장 선호하는 AI를 활용하면 됩니다. 이 책에서는 **클로드 3.5 소넷** 모델을 이용합니다.

> 💡 **Tip.** 2025년 2월 25일, 클로드 3.7 소넷이 출시되었으며, 이전 버전인 3.5 소넷은 pro 모델로 유료로만 사용 가능합니다.

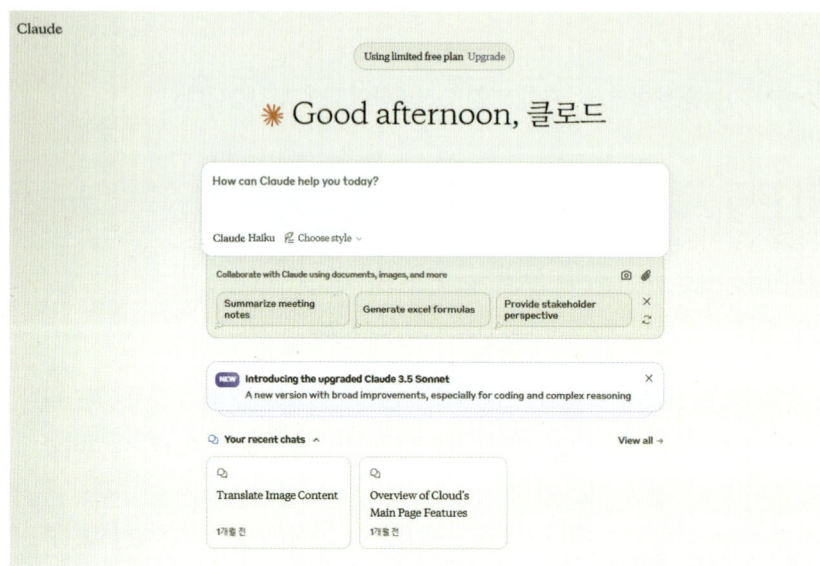

코드 작성을 도울 클로드

본격적으로 클로드와 pyupbit 라이브러리 깃허브 페이지를 이용해 거래소 데이터를 불러오는 코드를 작성해 보겠습니다. 클로드와 같은 생성 AI를 활용해 코드를 작성할 때 주의할 점은 같은 프롬프트를 입력해도 매번 결과가 조금씩 다를 수 있다는 것입니다. 즉, 같은 프롬프트와 자료를 입력해도 클로드가 생성하는 코드가 조금씩 달라지므로 이 책과 동일한 결과를 내려면 깃허브(github.com/youtube-jocoding/gpt-bitcoin-book)에 업로드한 코드를 활용하세요.

초안 코드 수정하기

01 먼저 클로드 채팅 창에 다음 프롬프트를 입력하고 앞서 작성한 **mvp.py** 코드 전체를 붙여 넣어 초안 분석을 요청합니다. 코드는 텍스트를 복사해서 넣을 수도 있고 파일을 채팅 창으로 끌어와 첨부할 수 있습니다.

파이썬 비트코인 AI 자동 매매 프로그램을 만들고 있습니다. 다음 초안 코드를 기반으로 수정 및 보완하고자 합니다. 우선 다음 코드가 어떤 식으로 동작하는지 파악해 주세요.

[mvp.py 파일 첨부]

 네, 이 코드를 분석해드리겠습니다. 주요 기능별로 살펴보겠습니다.

1. 초기 설정
```python
import os
from dotenv import load_dotenv
load_dotenv()
```
- 환경 변수(env 파일)에서 업비트 API 키를 불러오기 위한 설정입니다.

2. 데이터 수집
```python
df = pyupbit.get_ohlcv("KRW-BTC", count=30, interval="day")
```
- 업비트 API를 통해 비트코인의 30일간의 일봉 데이터(시가, 고가, 저가, 종가, 거래량)를 가져옵니다.

3. AI 분석
```python
response = client.chat.completions.create(...)
```
- OpenAI의 GPT-4 모델을 사용하여 차트 데이터를 분석합니다.
- AI에게 매수/매도/보유 중 하나를 선택하도록 요청합니다.
- 응답은 JSON 형식으로 받습니다 (결정과 그 이유를 포함).

4. 거래 실행
- AI의 결정에 따라 세 가지 경우로 나뉩니다.

매수 결정 시:
```python
if result['decision'] == "buy":
    my_krw = upbit.get_balance("KRW")
```

```
        if my_krw*0.9995 > 5000:
            upbit.buy_market_order("KRW-BTC",my_krw*0.9995)
```
- 보유 원화의 99.95%(수수료 고려)를 사용하여 시장가 매수
- 최소 주문금액 5000원 체크

매도 결정 시:
```python
elif result['decision'] == "sell":
    my_btc = upbit.get_balance("KRW-BTC")
    current_price = pyupbit.get_orderbook(ticker="KRW-BTC")['orderbook_units'][0]
["ask_price"]
    if my_btc*current_price > 5000:
        upbit.sell_market_order("KRW-BTC",upbit.get_balance("KRW-BTC"))
```
- 보유 중인 모든 비트코인을 시장가 매도
- 최소 주문 금액 5000원 체크

보유 결정 시:
- 아무 행동도 하지 않고 이유만 출력

5. 반복 실행
```python
while True:
    time.sleep(10)
    ai_trading()
```
- 10초마다 위 과정을 반복 실행합니다.

주요 개선이 필요해 보이는 부분들:
1. 에러 처리가 부족합니다(API 오류, 네트워크 문제 등).
2. 로깅 시스템이 없습니다.
3. 거래 수수료가 하드코딩되어 있습니다.
4. 최소 주문금액이 하드코딩되어 있습니다.
5. 매매 전략이 단순합니다(전액 매수/매도).

이러한 부분들을 개선하시겠습니까?

02 코드를 이해시켰으니 이번엔 pyupbit 라이브러리 사용법을 알려 주겠습니다. pyupbit 깃허브 페이지에서 사용법을 복사합니다. 깃허브에 로그인한 다음 오른쪽 상단의 [Edit file] 아이콘을 클릭해 전체 코드를 복사하거나 **README.md** 파일을 내려받습니다.

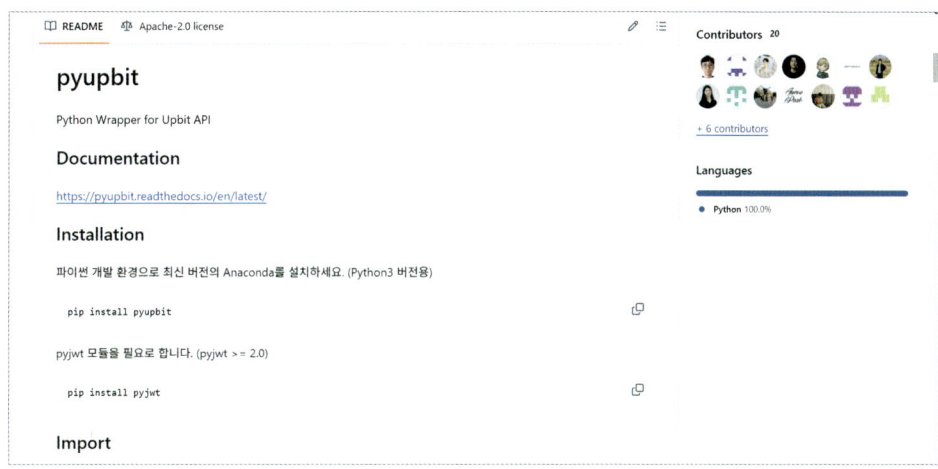

03 복사한 pyupbit 라이브러리 텍스트 또는 내려받은 **README.md** 파일을 클로드 채팅 창에 붙여 넣고 현재 투자 상태, 오더북, 30일치 일봉 OHLCV, 24시간 시간봉 OHLCV 데이터를 추가해달라고 요청합니다. 그러면 앞서 첨부한 코드에 라이브러리 사용법과 요청 사항을 적용해 수정된 코드를 작성합니다.

첨부한 텍스트는 pyupbit 라이브러리 사용 방법입니다. 현재 투자 상태, 오더북(호가 데이터), 차트 데이터 (30일 일봉 ohlcv, 24시간 시간 봉 ohlcv) 데이터를 추가하고자 합니다. 앞서 입력한 코드를 수정해 주세요.

[복사한 pyupbit 라이브러리 페이지 텍스트 첨부]

네, pyupbit 라이브러리 문서를 참고하여 데이터 수집 부분을 개선하도록 하겠습니다. 더 자세한 분석을 위해 데이터를 확장하고자 하는 의도를 잘 이해했습니다.
주요 개선 사항:
1. `CryptoDataCollector` 클래스 추가
   - 데이터 수집 로직을 체계적으로 구조화
   - 각 기능별 메서드 분리로 유지 보수성 향상

- 예외 처리 강화

2. 현재 투자 상태 분석 추가
- 보유 현금
- 보유 암호 화폐 수량
- 평균 매수가
- 현재가
- 총 자산 가치
- 미실현 손익

3. 호가 데이터 분석 추가
- 매수/매도 호가 총량
- 상위 5호가 정보
- 타임스탬프

4. 차트 데이터 확장
- 30일 일봉 데이터
- 24시간 시간봉 데이터
- 5일/20일 이동평균선 추가

5. AI 분석 개선
- 더 상세한 시스템 프롬프트
- 신뢰도 점수 추가
- 리스크 레벨 평가

6. 에러 처리 강화
- 각 단계별 예외 처리
- 메인 루프의 안정성 개선

7. 실행 주기 조정
- 10초에서 1분으로 변경 (API 호출 제한 고려)

이 코드를 실행하기 전에 .env 파일에 UPBIT_ACCESS_KEY와 UPBIT_SECRET_KEY가 올바르게 설정되어 있는지 확인해 주세요. 추가적인 수정이나 보완이 필요한 부분이 있다면 말씀해 주세요.

04 클로드가 작성한 코드가 잘 동작하는지 확인하기 위해 새 파일에서 실행해 보겠습니다. VS code 왼쪽 메뉴 상단에서 [New File] 아이콘을 클릭해 새 파일을 만들고 파일명은 **autotrade.py**를 입력합니다.

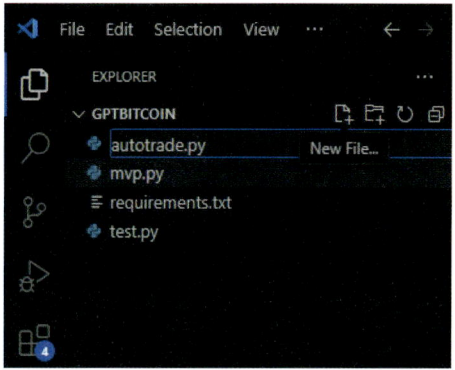

05 클로드가 작성한 코드를 전체 복사하여 **autotrade.py** 파일에 붙여 넣습니다. 코드를 살펴보면 기존의 **mvp.py**와 코드 형태가 많이 달라진 것을 확인할 수 있습니다.

대표적으로 time, pandas, datetime 3가지 모듈을 살펴보자면, 먼저 **time 모듈**은 파이썬의 시간 관련 기능을 제공하는 내장 모듈로, 프로그램을 일정 시간 동안 멈추게 하거나(sleep) 현재 시간을 초 단위로 얻는 등의 기능을 제공합니다.

pandas 모듈은 데이터 분석을 위해 사용되는 핵심 라이브러리로, 데이터를 테이블 형태의 DataFrame으로 다루어 효율적인 데이터 처리, 분석, 조작을 가능하게 해줍니다. 엑셀의 스프레드시트처럼 행과 열로 구성된 데이터를 쉽게 다룰 수 있게 해주는 도구입니다.

datetime 모듈은 날짜와 시간을 다루기 위한 내장 모듈로, 날짜와 시간을 생성, 형식화, 연산하는 기능을 제공합니다. 현재 시간 가져오기, 날짜 간의 차이 계산, 특정 형식으로 날짜, 시간 출력 등의 작업을 할 수 있습니다.

autotrade.py

```
import os
from dotenv import load_dotenv
import json
import pyupbit
```

```python
import pandas as pd
from datetime import datetime, timedelta
load_dotenv()

class CryptoDataCollector:
    def __init__(self, ticker="KRW-BTC"):
        self.ticker = ticker
        self.access = os.getenv('UPBIT_ACCESS_KEY')
        self.secret = os.getenv('UPBIT_SECRET_KEY')
        self.upbit = pyupbit.Upbit(self.access, self.secret)

    def get_current_status(self):
        """현재 투자 상태 조회"""
        try:
            krw_balance = float(self.upbit.get_balance("KRW"))  # 보유 현금
            crypto_balance = float(self.upbit.get_balance(self.ticker))  # 보유 암호화폐
            avg_buy_price = float(self.upbit.get_avg_buy_price(self.ticker))  # 평균 매수가
            current_price = float(pyupbit.get_current_price(self.ticker))  # 현재가

            total_value = krw_balance + (crypto_balance * current_price)

            return {
                "krw_balance": krw_balance,
                "crypto_balance": crypto_balance,
                "avg_buy_price": avg_buy_price,
                "current_price": current_price,
                "total_value": total_value,
                "unrealized_profit": ((current_price - avg_buy_price) * crypto_balance) if crypto_balance else 0
            }
        except Exception as e:
            print(f"Error in get_current_status: {e}")
            return None

    def get_orderbook_data(self):
        """호가 데이터 조회"""
        try:
            orderbook = pyupbit.get_orderbook(ticker="KRW-BTC")

            if not orderbook or len(orderbook) == 0:
                return None
```

```python
            orderbook = orderbook[0]  # 첫 번째 요소가 현재 호가 정보

            ask_prices = []
            ask_sizes = []
            bid_prices = []
            bid_sizes = []

            for unit in orderbook['orderbook_units'][:5]:
                ask_prices.append(unit['ask_price'])
                ask_sizes.append(unit['ask_size'])
                bid_prices.append(unit['bid_price'])
                bid_sizes.append(unit['bid_size'])

            return {
                "timestamp": datetime.fromtimestamp(orderbook['timestamp'] / 1000).strftime('%Y-%m-%d %H:%M:%S'),
                "total_ask_size": float(orderbook['total_ask_size']),
                "total_bid_size": float(orderbook['total_bid_size']),
                "ask_prices": ask_prices,
                "ask_sizes": ask_sizes,
                "bid_prices": bid_prices,
                "bid_sizes": bid_sizes
            }
        except Exception as e:
            print(f"Error in get_orderbook_data: {e}")
            return None

    def get_ohlcv_data(self):
        """차트 데이터 수집"""
        try:
            # 30일 일봉 데이터
            daily_data = pyupbit.get_ohlcv(self.ticker, interval="day", count=30)

            # 24시간 시간봉 데이터
            hourly_data = pyupbit.get_ohlcv(self.ticker, interval="minute60", count=24)

            # 이동평균선 계산
            daily_data['MA5'] = daily_data['close'].rolling(window=5).mean()
            daily_data['MA20'] = daily_data['close'].rolling(window=20).mean()

            # DataFrame을 dict로 변환 시 datetime index 처리
            daily_data_dict = []
            for index, row in daily_data.iterrows():
```

```python
                day_data = row.to_dict()
                day_data['date'] = index.strftime('%Y-%m-%d')
                daily_data_dict.append(day_data)

            hourly_data_dict = []
            for index, row in hourly_data.iterrows():
                hour_data = row.to_dict()
                hour_data['date'] = index.strftime('%Y-%m-%d %H:%M:%S')
                hourly_data_dict.append(hour_data)

            return {
                "daily_data": daily_data_dict,
                "hourly_data": hourly_data_dict
            }
        except Exception as e:
            print(f"Error in get_ohlcv_data: {e}")
            return None

def ai_trading():
    try:
        collector = CryptoDataCollector("KRW-BTC")

        # 1. 현재 투자 상태 조회
        current_status = collector.get_current_status()
        print("\n=== Current Investment Status ===")
        print(json.dumps(current_status, indent=2))

        # 2. 호가 데이터 조회
        orderbook_data = collector.get_orderbook_data()
        print("\n=== Current Orderbook ===")
        print(json.dumps(orderbook_data, indent=2))

        # 3. 차트 데이터 수집
        ohlcv_data = collector.get_ohlcv_data()

        # 4. OpenAI에 데이터 제공
        from openai import OpenAI
        client = OpenAI()

        # 분석을 위한 데이터 준비
        analysis_data = {
            "current_status": current_status,
            "orderbook": orderbook_data,
            "ohlcv": ohlcv_data
```

```python
            }

        response = client.chat.completions.create(
            model="gpt-4",
            messages=[
                {
                    "role": "system",
                    "content": """You are an expert in Bitcoin investing. Analyze the provided data and make a decision based on:
                    1. Current market status
                    2. Orderbook analysis (market depth)
                    3. Technical analysis (OHLCV data)
                    4. Current position status

                    Your response should be in the following format:
                    {
                        "decision": "<buy/sell/hold>",
                        "reason": "<detailed analysis>",
                        "risk_level": "<low/medium/high>",
                        "confidence_score": <0-100>
                    }"""
                },
                {
                    "role": "user",
                    "content": f"Please analyze this market data and provide your decision: {json.dumps(analysis_data)}"
                }
            ]
        )

        result_text = response.choices[0].message.content
        # 응답에서 JSON 부분만 추출
        try:
            result = json.loads(result_text)
        except json.JSONDecodeError:
            # JSON 파싱 실패 시 텍스트에서 JSON 형식 찾기
            import re
            json_match = re.search(r'\{.*\}', result_text, re.DOTALL)
            if json_match:
                result = json.loads(json_match.group())
            else:
                raise Exception("Failed to parse AI response")

        print("\n=== AI Analysis Result ===")
```

```python
        print(json.dumps(result, indent=2))

        # 5. 거래 실행
        if result['decision'] == "buy" and result.get('confidence_score', 0) > 70:
            krw = collector.upbit.get_balance("KRW")
            if krw > 5000:  # 최소 주문 금액
                order = collector.upbit.buy_market_order(collector.ticker, krw * 0.9995)

                print("\n=== Buy Order Executed ===")
                print(json.dumps(order, indent=2))

        elif result['decision'] == "sell" and result.get('confidence_score', 0) > 70:
            btc = collector.upbit.get_balance(collector.ticker)
            current_price = pyupbit.get_current_price(collector.ticker)

            if btc * current_price > 5000:
                order = collector.upbit.sell_market_order(collector.ticker, btc)
                print("\n=== Sell Order Executed ===")
                print(json.dumps(order, indent=2))

    except Exception as e:
        print(f"Error in ai_trading: {e}")

if __name__ == "__main__":
    import time

    print("Starting Bitcoin Trading Bot...")
    while True:
        try:
            ai_trading()
            time.sleep(60)  # 1분 간격으로 실행
        except Exception as e:
            print(f"Error in main loop: {e}")
            time.sleep(60)  # 에러 발생 시에도 1분 대기
```

06 현재 코드를 그대로 실행해 보면 실행은 잘 되나 get_orderbook_data 함수에서 null이 반환되는 것을 확인할 수 있습니다. 이는 pyubit에서 제공하는 pyupbit.get_orderbook (ticker="KRW-BTC")라는 함수가 일반적인 배열이 아니라 키(key)와 값(value)으로 된 딕셔너리(dict) 타입을 반환하기 때문입니다. 따라서 다음과 같이 코드를 일부 삭제합니다.

autotrade.py

(생략)

```
    def get_orderbook_data(self):
        """호가 데이터 조회"""
        try:
            orderbook = pyupbit.get_orderbook(ticker="KRW-BTC")
            
            if not orderbook or len(orderbook) == 0:
                return None
            
            orderbook = orderbook[0]
            
            ask_prices = []
            ask_sizes = []
            bid_prices = []
            bid_sizes = []
            
            for unit in orderbook['orderbook_units'][:5]:
                ask_prices.append(unit['ask_price'])
                ask_sizes.append(unit['ask_size'])
                bid_prices.append(unit['bid_price'])
                bid_sizes.append(unit['bid_size'])
            
            return {
                "timestamp": datetime.fromtimestamp(orderbook['timestamp'] / 1000).strftime('%Y-%m-%d %H:%M:%S'),
                "total_ask_size": float(orderbook['total_ask_size']),
                "total_bid_size": float(orderbook['total_bid_size']),
                "ask_prices": ask_prices,
                "ask_sizes": ask_sizes,
                "bid_prices": bid_prices,
                "bid_sizes": bid_sizes
            }
        except Exception as e:
            print(f"Error in get_orderbook_data: {e}")
            return None
```

(생략)

이처럼 AI를 사용하여 코딩을 할 때는 생성 AI의 특성상 매번 답변이 달라질 수 있으므로 반드시 코드 작성 요청 전에는 이전 코드를 학습시키고, 클로드가 생성한 코드는 디버깅 과정을 거쳐야 합니다.

데이터 불러오기

01 앞서 클로드가 작성한 코드에서 우리가 원하는 현재 투자 상태, 오더북(호가 데이터), 차트 데이터(30일 일봉 ohlcv, 24시간 시간 봉 ohlcv) 데이터가 잘 출력되는지 확인하겠습니다. 오픈AI에 요청하는 부분을 추가하고 무한으로 반복되는 부분을 [Ctrl] + [/] 키를 눌러 주석 처리를 하고 파일을 실행합니다.

```
autotrade.py
```

```python
(생략)

def ai_trading():
    try:
        collector = CryptoDataCollector("KRW-BTC")

        # 1. 현재 투자 상태 조회
        current_status = collector.get_current_status()
        print("\n=== Current Investment Status ===")
        print(json.dumps(current_status, indent=2))

        # 2. 호가 데이터 조회
        orderbook_data = collector.get_orderbook_data()
        print("\n=== Current Orderbook ===")
        print(json.dumps(orderbook_data, indent=2))

        # 3. 차트 데이터 수집
        ohlcv_data = collector.get_ohlcv_data()
        print("\n=== OHLCV Data ===")
        print(json.dumps(ohlcv_data, indent=2))

    (이하 주석)

    except Exception as e:
        print(f"Error in ai_trading: {e}")
```

```
if __name__ == "__main__":
    import time

    print("Starting Bitcoin Trading Bot...")
    ai_trading()

    # while True:
    #     try:
    #         ai_trading()
    #         time.sleep(60)  # 1분 간격으로 실행
    #     except Exception as e:
    #         print(f"Error in main loop: {e}")
    #         time.sleep(60)  # 에러 발생 시에도 1분 대기
```

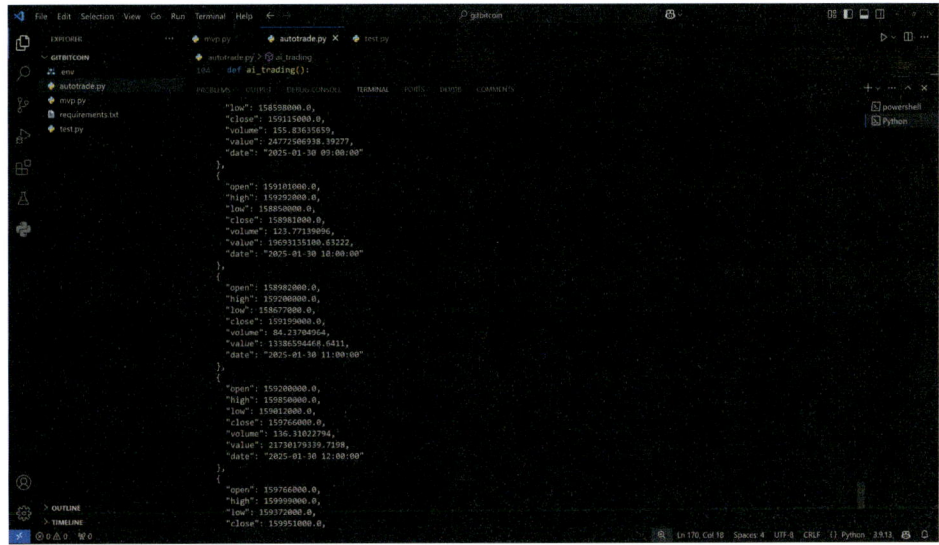

02 우선 [현재 투자 상태]를 받아오는 함수부터 살펴보겠습니다. 코드를 보면 현재 보유한 현금, 보유 BTC의 양, 평균 매수가, 현재가를 확인할 수 있습니다. 더 정확하게 확인하기 위해 다음과 같이 출력문을 작성한 다음 실행하면 현재 투자 상태를 잘 받아오는 것을 확인할 수 있습니다.

autotrade.py

(생략)
```python
    def get_current_status(self):
        """현재 투자 상태 조회"""
        try:
            krw_balance = float(self.upbit.get_balance("KRW"))  # 보유 현금
            crypto_balance = float(self.upbit.get_balance(self.ticker))  # 보유 암호 화폐
            avg_buy_price = float(self.upbit.get_avg_buy_price(self.ticker))  # 평균 매수가
            current_price = float(pyupbit.get_current_price(self.ticker))  # 현재가

            print("보유 중인 모든 암호 화폐의 잔고 및 단가 :: ",self.upbit.get_balances())
            print("보유 현금 :: ",krw_balance)
            print("보유 암호 화폐 :: ",crypto_balance)
            print("평균 매수가 :: ",avg_buy_price)
            print("현재가 :: ",current_price)


            total_value = krw_balance + (crypto_balance * current_price)

            return {
                "krw_balance": krw_balance,
                "crypto_balance": crypto_balance,
                "avg_buy_price": avg_buy_price,
                "current_price": current_price,
                "total_value": total_value,
                "unrealized_profit": ((current_price - avg_buy_price) * crypto_balance) if crypto_balance else 0
            }
        except Exception as e:
            print(f"Error in get_current_status: {e}")
            return None
```
(생략)

[스크린샷: VS Code에서 autotrade.py 실행 결과 화면]

03 다음으로 [호가 데이터]를 가져오는 함수를 살펴보겠습니다. 해당 함수도 마찬가지로 출력문을 사용해 orderbook 데이터를 확인해 보겠습니다.

autotrade.py

```python
(생략)
def get_orderbook_data(self):
    """호가 데이터 조회"""
    try:
        orderbook = pyupbit.get_orderbook(ticker="KRW-BTC")

        print("호가 데이터 :: ",orderbook)

        if not orderbook or len(orderbook) == 0:
            return None

        ask_prices = []
        ask_sizes = []
        bid_prices = []
        bid_sizes = []

        for unit in orderbook['orderbook_units'][:5]:
            ask_prices.append(unit['ask_price'])
```

04 거래소 데이터 넣기 **119**

```
                ask_sizes.append(unit['ask_size'])
                bid_prices.append(unit['bid_price'])
                bid_sizes.append(unit['bid_size'])

            return {
                "timestamp": datetime.fromtimestamp(orderbook['timestamp'] / 1000).strftime('%Y-%m-%d %H:%M:%S'),
                "total_ask_size": float(orderbook['total_ask_size']),
                "total_bid_size": float(orderbook['total_bid_size']),
                "ask_prices": ask_prices,
                "ask_sizes": ask_sizes,
                "bid_prices": bid_prices,
                "bid_sizes": bid_sizes
            }
        except Exception as e:
            print(f"Error in get_orderbook_data: {e}")
            return None
(생략)
```

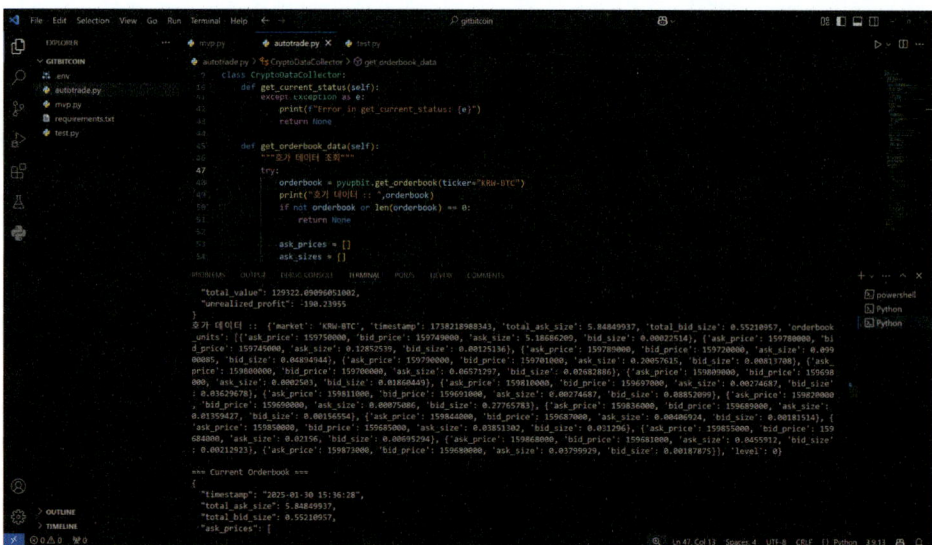

04 마지막으로 차트 데이터(30일 일봉, ohlcv, 24시간 시간 봉 ohlcv)도 잘 받아오는지 확인해 보겠습니다.

autotrade.py

```
(생략)
def get_ohlcv_data(self):
    """차트 데이터 수집"""
    try:
        # 30일 일봉 데이터
        daily_data = pyupbit.get_ohlcv(self.ticker, interval="day", count=30)

        print("30일 일봉 데이터 :: ",daily_data)

        # 24시간 시간봉 데이터
        hourly_data = pyupbit.get_ohlcv(self.ticker, interval="minute60", count=24)

        print("24시간 시간봉 데이터 :: ",hourly_data)

        # 이동평균선 계산
        daily_data['MA5'] = daily_data['close'].rolling(window=5).mean()
        daily_data['MA20'] = daily_data['close'].rolling(window=20).mean()

        # DataFrame을 dict로 변환 시 datetime index 처리
        daily_data_dict = []
        for index, row in daily_data.iterrows():
            day_data = row.to_dict()
            day_data['date'] = index.strftime('%Y-%m-%d')
            daily_data_dict.append(day_data)

        hourly_data_dict = []
        for index, row in hourly_data.iterrows():
            hour_data = row.to_dict()
            hour_data['date'] = index.strftime('%Y-%m-%d %H:%M:%S')
            hourly_data_dict.append(hour_data)

        return {
            "daily_data": daily_data_dict,
            "hourly_data": hourly_data_dict
        }
    except Exception as e:
```

```
            print(f"Error in get_ohlcv_data: {e}")
            return None
(생략)
```

이렇게 현재 투자 상태, 오더북, 호가 데이터 그리고 차트 데이터를 모두 가져오는 것을 확인했습니다.

05 보조 지표 넣기

보조 지표는 거래 데이터 중에서도 가격, 거래량, 시간 등을 나타내는 데이터로, 추세와 매매 신호를 분석할 수 있는 또 다른 지표를 뜻합니다. 주요 지표와 더불어 자동 매매 프로그램이 매수, 매도를 판단하는 데 중요한 데이터입니다. 이번 챕터에서는 TA 라이브러리로 보조 지표를 불러오는 방법을 살펴보겠습니다.

학습 목표

TA 라이브러리를 활용해 볼린저 밴드, RSI, ATR 등 여러 보조 지표를 추가할 수 있습니다. 이 과정을 통해 매매 과정에 어떤 데이터를 참고해야 하는지 파악하고, 코드를 통합하는 방법을 학습할 수 있습니다.

핵심 키워드

- 보조 지표
- TA
- 이동평균선
- 볼린저 밴드
- RSI

보조 지표란?

보조 지표란 금융 시장에서 가격, 거래량, 시간 등 과거 데이터를 수학적 방식으로 분석하여 추세 확인과 매매 신호를 보조적으로 제공하는 도구로, 간단하게 차트 데이터를 이용해 추가 지표들을 만드는 개념입니다. 주로 추세, 모멘텀, 변동성, 거래량을 분석하는 데 활용합니다. 예를 들어, 이동평균선을 추가하면 평균적인 가격 흐름을 알 수 있습니다. 여기 50일 이동평균선 등을 추가해 그래프의 흐름을 파악할 수 있습니다. 업비트에서는 [지표] 메뉴에서 다양한 보조 지표를 추가할 수 있습니다.

대표적인 보조 지표를 정리하면 다음과 같습니다.

대표적인 보조 지표

- **이동평균선**Moving Average, MA: 가격의 평균값을 선으로 표시해 추세를 파악
- **RSI**Relative Strength Index: 과매수와 과매도 상태를 분석해 가격 반전 가능성을 예측
- **MACD**Moving Average Convergence Divergence: 단기와 장기 이동평균선의 차이를 활용해 추세와 모멘텀 분석
- **볼린저 밴드**Bollinger Bands: 가격 변동성 범위를 나타내며, 상·하단선에서 반등 가능성을 예측
- **스토캐스틱**Stochastic Oscillator: 현재 가격이 특정 기간의 최고가와 최저가 범위에서 어디에 위치하는지 측정

- **ATR**Average True Range: 시장의 변동성을 분석해 리스크 관리에 활용
- **거래량 이동평균**Volume Moving Average: 거래량의 평균값으로 시장 강도와 추세를 확인
- **OBV**On-Balance Volume: 거래량과 가격의 관계를 분석해 자금 흐름을 추적

이처럼 다양한 보조 지표 중 개인의 취향이나 투자 철학에 따라 가장 정확하다고 판단되는 지표를 선택해서 추가하면 됩니다.

보조 지표를 쉽게 다루기 위한 대표적인 라이브러리로 **TA**Technical Analysis가 있습니다. 이 라이브러리는 OHLCV 데이터만 있으면 다양한 보조 지표들을 간편하게 추가할 수 있는 파이썬 라이브러리입니다.

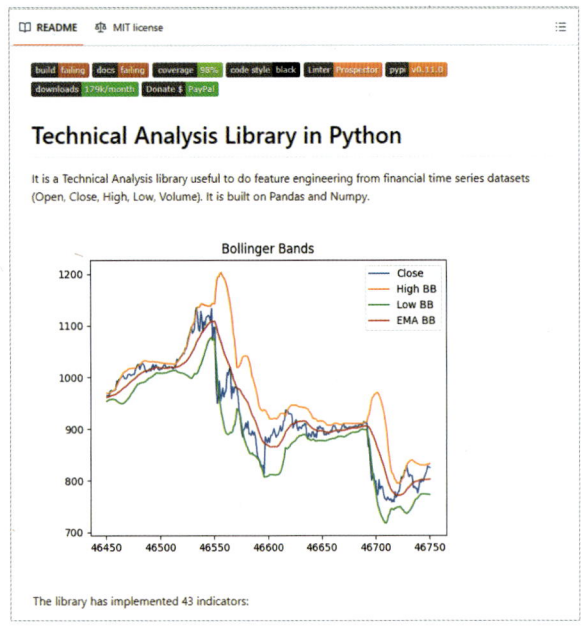

TA 라이브러리 깃허브

TA 라이브러리를 활용해 보조 지표를 추가하는 코드를 작성해 보겠습니다.

보조 지표 데이터 불러오기

라이브러리 TA 활용하기

01 먼저 TA 라이브러리 깃허브 페이지로 이동합니다. 라이브러리 사용법 페이지의 전체 텍스트를 복사합니다.

🔗 TA 라이브러리 깃허브: github.com/bukosabino/ta

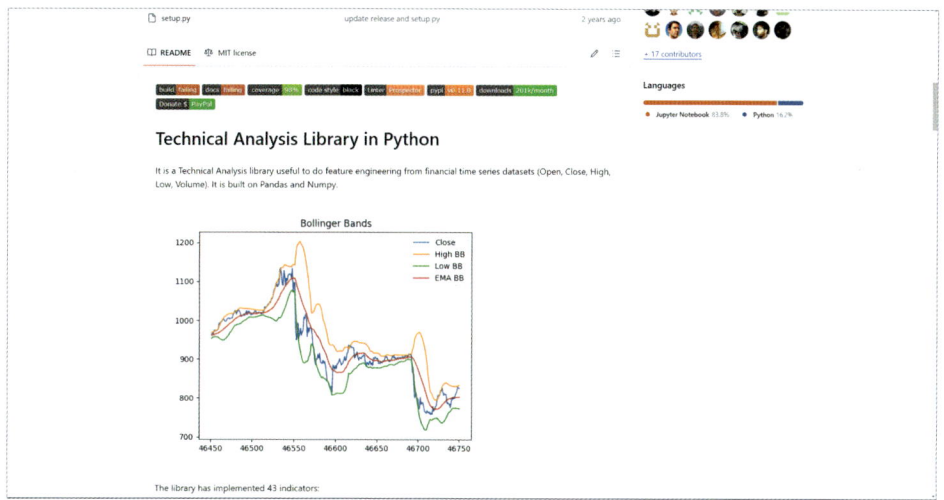

02 클로드에 복사한 TA 라이브러리 페이지 내용을 붙여 넣고, 일봉과 시간봉에 보조 지표 추가를 요청합니다. 추가로 "think step by step"이라는 문구를 프롬프트에 추가하면 AI가 더 명확하게 단계를 나누어 볼린저 밴드, RSI, MACD, 이동평균선 등 다양한 지표들이 추가된 코드를 생성해 줍니다.

 첨부한 페이지는 ta 라이브러리 사용법입니다. 이 라이브러리 사용법과 앞서 작성한 코드를 참고해 일봉과 시간봉에 보조 지표를 추가한 코드를 작성해 주세요.
Think step by step.

기술적 분석을 위한 보조 지표를 추가하는 코드를 단계별로 작성해 보겠습니다.

1. 먼저 필요한 보조 지표를 선정하겠습니다.
- 볼린저 밴드 (Bollinger Bands)
- RSI (Relative Strength Index)
- MACD (Moving Average Convergence Divergence)
- 이동평균선 (Moving Averages)
- ATR (Average True Range)

2. 기존 코드의 `get_ohlcv_data` 함수를 수정하여 보조 지표를 추가하겠습니다.

주요 변경 사항 및 특징:

1. `EnhancedCryptoDataCollector` **클래스 생성**
   - 기존 `CryptoDataCollector`를 확장하여 기술적 분석 기능 추가
   - `ta` 라이브러리 활용하여 다양한 기술적 지표 계산

2. `add_technical_indicators` **메서드 추가**
   - 볼린저 밴드: 상단/중간/하단 밴드
   - RSI: 상대강도지수
   - MACD: MACD 라인, 시그널 라인, MACD 히스토그램
   - 이동평균선: 5일, 20일, 60일, 120일
   - ATR: 평균 실제 범위

3. `get_ohlcv_data` **메서드 개선**
   - 일봉과 시간봉 데이터에 모든 기술적 지표 추가
   - 날짜/시간 정보 포함하여 데이터 반환

4. `analyze_market_data` **함수 추가**
   - 현재 투자 상태와 기술적 분석 결과를 종합적으로 출력
   - 최신 기술적 지표 값들을 보기 쉽게 표시

이 코드를 실행하면 비트코인의 현재 시장 상태와 함께 다양한 기술적 지표를 확인할 수 있습니다. 추가된 지표들은 투자 결정을 내릴 때 참고할 수 있는 중요한 정보를 제공합니다.

03 클로드가 생성한 코드를 테스트하기 위해 **test.py** 파일에 코드를 붙여 넣습니다. 코드를 실행하기 전에 ta 라이브러리를 설치하겠습니다. 터미널에서 `pip install ta` 명령어를 입력해 설치를 진행합니다.

```
pip install ta
```

04 requirements.txt 파일에도 라이브러리를 추가합니다.

```
requirements.txt
python-dotenv
openai
pyupbit
ta
```

> **? 궁금해요 ta 모듈이란**
>
> ta 모듈이란, 파이썬에서 금융 기술적 분석을 위한 라이브러리로, RSI, MACD, 볼린저 밴드 등 다양한 기술적 지표를 쉽게 계산할 수 있게 해주는 도구입니다. 주식이나 암호 화폐 거래에서 사용되는 기술적 분석 지표들을 pandas DataFrame에 손쉽게 추가할 수 있습니다.

05 이제 **test.py**에 붙여 넣은 코드를 실행해 보조 지표가 잘 추가됐는지 확인할 수 있습니다.

```
text.py
import os
from dotenv import load_dotenv
import json
import pyupbit
import pandas as pd
import ta
from datetime import datetime, timedelta

load_dotenv()

class EnhancedCryptoDataCollector:
    def __init__(self, ticker="KRW-BTC"):
```

```python
        self.ticker = ticker
        self.access = os.getenv('UPBIT_ACCESS_KEY')
        self.secret = os.getenv('UPBIT_SECRET_KEY')
        self.upbit = pyupbit.Upbit(self.access, self.secret)

    def add_technical_indicators(self, df):
        """기술적 분석 지표 추가"""

        # 볼린저 밴드
        indicator_bb = ta.volatility.BollingerBands(close=df['close'])
        df['bb_high'] = indicator_bb.bollinger_hband()
        df['bb_mid'] = indicator_bb.bollinger_mavg()
        df['bb_low'] = indicator_bb.bollinger_lband()

        # RSI
        df['rsi'] = ta.momentum.RSIIndicator(close=df['close']).rsi()

        # MACD
        macd = ta.trend.MACD(close=df['close'])
        df['macd'] = macd.macd()
        df['macd_signal'] = macd.macd_signal()
        df['macd_diff'] = macd.macd_diff()

        # 이동평균선
        df['sma_5'] = ta.trend.SMAIndicator(close=df['close'], window=5).sma_indicator()
        df['sma_20'] = ta.trend.SMAIndicator(close=df['close'], window=20).sma_indicator()
        df['sma_60'] = ta.trend.SMAIndicator(close=df['close'], window=60).sma_indicator()
        df['sma_120'] = ta.trend.SMAIndicator(close=df['close'], window=120).sma_indicator()

        # ATR
        df['atr'] = ta.volatility.AverageTrueRange(
            high=df['high'],
            low=df['low'],
            close=df['close']
        ).average_true_range()

        return df

    def get_current_status(self):
        """현재 투자 상태 조회"""
```

```python
        try:
            krw_balance = float(self.upbit.get_balance("KRW"))
            crypto_balance = float(self.upbit.get_balance(self.ticker))
            avg_buy_price = float(self.upbit.get_avg_buy_price(self.ticker))
            current_price = float(pyupbit.get_current_price(self.ticker))

            print(f"보유 현금: {krw_balance:,.0f} KRW")
            print(f"보유 암호 화폐: {crypto_balance:.8f} {self.ticker}")
            print(f"평균 매수가: {avg_buy_price:,.0f} KRW")
            print(f"현재가: {current_price:,.0f} KRW")

            total_value = krw_balance + (crypto_balance * current_price)

            return {
                "krw_balance": krw_balance,
                "crypto_balance": crypto_balance,
                "avg_buy_price": avg_buy_price,
                "current_price": current_price,
                "total_value": total_value,
                "unrealized_profit": ((current_price - avg_buy_price) * crypto_balance)
if crypto_balance else 0
            }
        except Exception as e:
            print(f"Error in get_current_status: {e}")
            return None

    def get_ohlcv_data(self):
        """차트 데이터 수집 및 기술적 분석"""
        try:
            # 일봉 데이터 (최근 30일)
            daily_data = pyupbit.get_ohlcv(self.ticker, interval="day", count=30)
            daily_data = self.add_technical_indicators(daily_data)

            # 시간봉 데이터 (최근 24시간)
            hourly_data = pyupbit.get_ohlcv(self.ticker, interval="minute60", count=24)
            hourly_data = self.add_technical_indicators(hourly_data)

            # DataFrame을 dict로 변환 (datetime index 처리)
            daily_data_dict = []
            for index, row in daily_data.iterrows():
                day_data = row.to_dict()
                day_data['date'] = index.strftime('%Y-%m-%d')
                daily_data_dict.append(day_data)
```

```python
                hourly_data_dict = []
                for index, row in hourly_data.iterrows():
                    hour_data = row.to_dict()
                    hour_data['date'] = index.strftime('%Y-%m-%d %H:%M:%S')
                    hourly_data_dict.append(hour_data)

                return {
                    "daily_data": daily_data_dict,
                    "hourly_data": hourly_data_dict
                }
        except Exception as e:
            print(f"Error in get_ohlcv_data: {e}")
            return None

def analyze_market_data():
    try:
        collector = EnhancedCryptoDataCollector("KRW-BTC")

        # 1. 현재 투자 상태 조회
        current_status = collector.get_current_status()
        print("\n=== Current Investment Status ===")
        print(json.dumps(current_status, indent=2))

        # 2. 기술적 분석 데이터 수집
        technical_data = collector.get_ohlcv_data()

        if technical_data and technical_data['daily_data']:
            latest_data = technical_data['daily_data'][-1]
            print("\n=== Latest Technical Analysis ===")
            print(f"Date: {latest_data['date']}")
            print(f"RSI: {latest_data['rsi']:.2f}")
            print(f"MACD: {latest_data['macd']:.2f}")
            print(f"Bollinger Bands: {latest_data['bb_low']:.0f} - {latest_data['bb_mid']:.0f} - {latest_data['bb_high']:.0f}")
            print(f"ATR: {latest_data['atr']:.0f}")

        return technical_data

    except Exception as e:
        print(f"Error in analyze_market_data: {e}")
        return None

if __name__ == "__main__":
    analyze_market_data()
```

```
보유 암호화폐: 0.00080953 KRW-BTC
평균 매수가: 159,984,000 KRW
현재가: 159,591,000 KRW

=== Current Investment Status ===
{
    "krw_balance": 0.48299051,
    "crypto_balance": 0.00080953,
    "avg_buy_price": 159984000.0,
    "current_price": 159591000.0,
    "total_value": 129194.18522051001,
    "unrealized_profit": -318.14529
}

=== Latest Technical Analysis ===
Date: 2025-01-30
RSI: 69.32
MACD: 3711142.22
Bollinger Bands: 140563155 - 152311550 - 164059945
ATR: 4340304
PS C:\gitbitcoin>
```

출력 결과를 보면 기존 OHLCV 데이터 외에도 볼린저 밴드(BB), RSI, MACD 등의 데이터가 잘 추가된 것을 확인할 수 있습니다. 이 중 필요한 보조 지표만 선택해서 사용하거나 AI에게 추가 보조 지표를 추천받을 수도 있습니다. 이는 각자의 투자 철학에 맞게 선택하면 됩니다.

코드 통합하기

01 이제 자동 매매 코드와 보조 지표 추가 코드를 통합하겠습니다. **autotrade.py** 코드에서 확인하고자 했던 print 문은 삭제하고 openai에 투자 판단을 했던 코드와 무한으로 반복되던 코드를 선택한 다음 다시 [Ctrl] + [/] 키를 눌러 주석을 해제합니다. 통합하고 싶은 코드가 완성되었다면 **autotrade.py**를 복사해 클로드에 붙여 넣고 보조 지표가 추가된 데이터를 AI 자동 매매 코드에 반영하여 더 나은 수익률을 기대할 수 있도록 코드 통합을 요청합니다.

방금 생성한 보조 지표가 추가된 코드를 AI 자동 매매 코드에도 반영해 좀 더 수익률이 높은 투자를 하고자 합니다. 두 코드를 통합해 주세요.

기술적 분석 지표를 활용한 AI 트레이딩 시스템을 구현하겠습니다.

주요 개선 사항을 설명드리겠습니다.

1. 기술적 지표 확장:
- RSI와 StochRSI를 통한 과매수/과매도 판단

- 볼린저 밴드의 상대적 위치(pband) 추가
- MACD 시그널 라인과의 교차 분석
- 다양한 기간의 이동평균선 추가
- ATR을 통한 변동성 측정

2. AI 분석 강화:
- 기술적 지표들을 고려한 더 정교한 프롬프트 설계
- 리스크 관리 요소 추가
- 포지션 크기 제안 기능 추가

3. 매매 실행 개선:
- 신뢰도 점수와 제안된 포지션 크기를 고려한 매매
- 부분 매수/매도 기능 구현
- 수수료를 고려한 주문 금액 계산

4. 모니터링 강화:
- 상세한 로깅 추가
- 수익률 계산 및 표시
- 기술적 지표 현황 실시간 모니터링

5. 에러 처리 강화:
- 각 단계별 상세한 예외 처리
- 네트워크 오류 등에 대한 재시도 로직

이 시스템은 기술적 분석과 AI의 판단을 결합하여 더 안정적이고 수익성 높은 트레이딩을 수행할 수 있도록 설계되었습니다. 실전 투자에 사용하기 전에 충분한 백테스팅과 모의 투자를 하길 바랍니다.

02 클로드가 생성한 응답을 확인해 보면 자동 매매 코드를 업데이트하면서 10초마다 실행되던 API 호출 간격을 10분으로 변경해 API 호출 빈도를 줄이는 등 일부 내용을 개선하거나 오류 발생 시 자동으로 재시도하는 기능 등을 추가한 것을 확인할 수 있습니다. 이제 별도의 add_technical_indicators 함수가 생겼으며 ai_trading 함수 안에서 데이터를 불러와 보조 지표를 추가하는 부분을 확인할 수 있습니다. 이제 이 코드 전제를 복사해 autotrade.py 파일에 붙여 넣고 저장합니다.

autotrade.py

```python
import os
from dotenv import load_dotenv
import json
import pyupbit
import pandas as pd
import ta
from datetime import datetime, timedelta
from openai import OpenAI
import time

load_dotenv()

class EnhancedCryptoTrader:
    def __init__(self, ticker="KRW-BTC"):
        self.ticker = ticker
        self.access = os.getenv('UPBIT_ACCESS_KEY')
        self.secret = os.getenv('UPBIT_SECRET_KEY')
        self.upbit = pyupbit.Upbit(self.access, self.secret)
        self.client = OpenAI()

    def add_technical_indicators(self, df):
        """기술적 분석 지표 추가"""
        # 볼린저 밴드
        indicator_bb = ta.volatility.BollingerBands(close=df['close'])
        df['bb_high'] = indicator_bb.bollinger_hband()
        df['bb_mid'] = indicator_bb.bollinger_mavg()
        df['bb_low'] = indicator_bb.bollinger_lband()
        df['bb_pband'] = indicator_bb.bollinger_pband()

        # RSI
        df['rsi'] = ta.momentum.RSIIndicator(close=df['close']).rsi()

        # MACD
        macd = ta.trend.MACD(close=df['close'])
        df['macd'] = macd.macd()
        df['macd_signal'] = macd.macd_signal()
        df['macd_diff'] = macd.macd_diff()

        # 이동평균선
        df['ma5'] = ta.trend.SMAIndicator(close=df['close'], window=5).sma_indicator()
        df['ma20'] = ta.trend.SMAIndicator(close=df['close'], window=20).sma_indicator()
```

```python
        df['ma60'] = ta.trend.SMAIndicator(close=df['close'], window=60).sma_indicator()
        df['ma120'] = ta.trend.SMAIndicator(close=df['close'], window=120).sma_indicator()

        # ATR
        df['atr'] = ta.volatility.AverageTrueRange(
            high=df['high'], low=df['low'], close=df['close']
        ).average_true_range()

        return df

    def get_current_status(self):
        """현재 투자 상태 조회"""
        try:
            krw_balance = float(self.upbit.get_balance("KRW"))
            crypto_balance = float(self.upbit.get_balance(self.ticker))
            avg_buy_price = float(self.upbit.get_avg_buy_price(self.ticker))
            current_price = float(pyupbit.get_current_price(self.ticker))

            print("\n=== Current Investment Status ===")
            print(f"보유 현금: {krw_balance:,.0f} KRW")
            print(f"보유 코인: {crypto_balance:.8f} {self.ticker}")
            print(f"평균 매수가: {avg_buy_price:,.0f} KRW")
            print(f"현재가: {current_price:,.0f} KRW")

            total_value = krw_balance + (crypto_balance * current_price)
            unrealized_profit = ((current_price - avg_buy_price) * crypto_balance) if crypto_balance else 0
            profit_percentage = ((current_price / avg_buy_price) - 1) * 100 if crypto_balance else 0

            print(f"미실현 손익: {unrealized_profit:,.0f} KRW ({profit_percentage:.2f}%)")

            return {
                "krw_balance": krw_balance,
                "crypto_balance": crypto_balance,
                "avg_buy_price": avg_buy_price,
                "current_price": current_price,
                "total_value": total_value,
                "unrealized_profit": unrealized_profit,
                "profit_percentage": profit_percentage
            }
```

```python
        except Exception as e:
            print(f"Error in get_current_status: {e}")
            return None

    def get_orderbook_data(self):
        """호가 데이터 조회"""
        try:
            orderbook = pyupbit.get_orderbook(ticker=self.ticker)
            if not orderbook or len(orderbook) == 0:
                return None

            ask_prices = []
            ask_sizes = []
            bid_prices = []
            bid_sizes = []

            for unit in orderbook['orderbook_units'][:5]:
                ask_prices.append(unit['ask_price'])
                ask_sizes.append(unit['ask_size'])
                bid_prices.append(unit['bid_price'])
                bid_sizes.append(unit['bid_size'])

            return {
                "timestamp": datetime.fromtimestamp(orderbook['timestamp'] / 1000).strftime('%Y-%m-%d %H:%M:%S'),
                "total_ask_size": float(orderbook['total_ask_size']),
                "total_bid_size": float(orderbook['total_bid_size']),
                "ask_prices": ask_prices,
                "ask_sizes": ask_sizes,
                "bid_prices": bid_prices,
                "bid_sizes": bid_sizes
            }
        except Exception as e:
            print(f"Error in get_orderbook_data: {e}")
            return None

    def get_ohlcv_data(self):
        """차트 데이터 수집 및 기술적 분석"""
        try:
            daily_data = pyupbit.get_ohlcv(self.ticker, interval="day", count=30)
            daily_data = self.add_technical_indicators(daily_data)

            hourly_data = pyupbit.get_ohlcv(self.ticker, interval="minute60", count=24)
            hourly_data = self.add_technical_indicators(hourly_data)
```

```python
            # DataFrame을 dict로 변환
            daily_data_dict = []
            for index, row in daily_data.iterrows():
                day_data = row.to_dict()
                day_data['date'] = index.strftime('%Y-%m-%d')
                daily_data_dict.append(day_data)

            hourly_data_dict = []
            for index, row in hourly_data.iterrows():
                hour_data = row.to_dict()
                hour_data['date'] = index.strftime('%Y-%m-%d %H:%M:%S')
                hourly_data_dict.append(hour_data)

            # 최신 기술적 지표 출력
            print("\n=== Latest Technical Indicators ===")
            print(f"RSI: {daily_data['rsi'].iloc[-1]:.2f}")
            print(f"MACD: {daily_data['macd'].iloc[-1]:.2f}")
            print(f"BB Position: {daily_data['bb_pband'].iloc[-1]:.2f}")

            return {
                "daily_data": daily_data_dict[-7:],  # 최근 7일만
                "hourly_data": hourly_data_dict[-6:],  # 최근 6시간만
                "latest_indicators": {
                    "rsi": daily_data['rsi'].iloc[-1],
                    "macd": daily_data['macd'].iloc[-1],
                    "macd_signal": daily_data['macd_signal'].iloc[-1],
                    "bb_position": daily_data['bb_pband'].iloc[-1]
                }
            }
        except Exception as e:
            print(f"Error in get_ohlcv_data: {e}")
            return None

    def get_ai_analysis(self, analysis_data):
        """AI 분석 및 매매 신호 생성"""
        try:
            # 데이터 최적화
            optimized_data = {
                "current_status": analysis_data["current_status"],
                "orderbook": {
                    "timestamp": analysis_data["orderbook"]["timestamp"],
                    "total_ask_size": analysis_data["orderbook"]["total_ask_size"],
                    "total_bid_size": analysis_data["orderbook"]["total_bid_size"],
```

```python
                    "ask_prices": analysis_data["orderbook"]["ask_prices"][:3],
                    "bid_prices": analysis_data["orderbook"]["bid_prices"][:3],
                },
                "ohlcv": analysis_data["ohlcv"]
            }

            prompt = """분석해서 다음 JSON 형식으로 응답하세요:
{
    "decision": "buy/sell/hold",
    "reason": "분석 설명",
    "risk_level": "low/medium/high",
    "confidence_score": 0-100
}"""

            response = self.client.chat.completions.create(
                model="gpt-4",
                messages=[
                    {"role": "system", "content": prompt},
                    {"role": "user", "content": f"Market data for analysis: {json.dumps(optimized_data)}"}
                ]
            )

            result_text = response.choices[0].message.content

            try:
                result = json.loads(result_text)
            except json.JSONDecodeError:
                import re
                json_match = re.search(r'\{.*\}', result_text, re.DOTALL)
                if json_match:
                    result = json.loads(json_match.group())
                else:
                    raise Exception("Failed to parse AI response")

            return result

        except Exception as e:
            print(f"Error in get_ai_analysis: {e}")
            return None

    def execute_trade(self, decision, confidence_score):
        """매매 실행"""
        try:
```

```python
            if decision == "buy" and confidence_score > 70:
                krw = self.upbit.get_balance("KRW")
                if krw > 5000:  # 최소 주문금액
                    order = self.upbit.buy_market_order(self.ticker, krw * 0.9995)
                    print("\n=== Buy Order Executed ===")
                    print(json.dumps(order, indent=2))

            elif decision == "sell" and confidence_score > 70:
                btc = self.upbit.get_balance(self.ticker)
                current_price = pyupbit.get_current_price(self.ticker)

                if btc * current_price > 5000:
                    order = self.upbit.sell_market_order(self.ticker, btc)
                    print("\n=== Sell Order Executed ===")
                    print(json.dumps(order, indent=2))

        except Exception as e:
            print(f"Error in execute_trade: {e}")

def ai_trading():
    try:
        trader = EnhancedCryptoTrader("KRW-BTC")

        # 1. 현재 투자 상태 조회
        current_status = trader.get_current_status()

        # 2. 호가 데이터 조회
        orderbook_data = trader.get_orderbook_data()

        # 3. 차트 데이터 수집
        ohlcv_data = trader.get_ohlcv_data()

        # 4. AI 분석을 위한 데이터 준비
        if all([current_status, orderbook_data, ohlcv_data]):
            analysis_data = {
                "current_status": current_status,
                "orderbook": orderbook_data,
                "ohlcv": ohlcv_data
            }

            # 5. AI 분석 실행
            ai_result = trader.get_ai_analysis(analysis_data)

            if ai_result:
```

```python
                print("\n=== AI Analysis Result ===")
                print(json.dumps(ai_result, indent=2))

                # 6. 매매 실행
                trader.execute_trade(ai_result['decision'], ai_result['confidence_score'])

    except Exception as e:
        print(f"Error in ai_trading: {e}")

if __name__ == "__main__":
    print("Starting Enhanced Bitcoin Trading Bot...")
    print("Press Ctrl+C to stop")

    while True:
        try:
            ai_trading()
            time.sleep(600)  # 10분 대기
        except KeyboardInterrupt:
            print("\nTrading bot stopped by user")
            break
        except Exception as e:
            print(f"Error in main loop: {e}")
            time.sleep(60)  # 에러 발생 시에도 60초 대기
```

06 공포탐욕지수 데이터 넣기

공포탐욕지수는 사람들이 지금 시장이 불안해서 팔고 싶어 하는지, 아니면 더 오를 것 같아서 사고 싶어 하는지를 보여 주는 지표입니다. 이번 챕터에서는 자동 매매 프로그램이 매수, 매도, 보유 판단을 보다 정교하게 할 수 있도록 이 공포탐욕지수 데이터를 코드에 반영하는 과정을 다루겠습니다.

| 학습 목표

공포탐욕지수가 투자 판단에 어떤 역할을 하는 데이터인지 파악하고, Fear and Greed Index API를 활용해 데이터를 쉽게 불러올 수 있습니다.

| 핵심 키워드

- 공포탐욕지수
- Fear and Greed Index API

공포탐욕지수란?

공포탐욕지수Fear & Greed Index란 투자자들의 심리를 공포와 탐욕의 두 축으로 측정한 지표로, 비트코인 같은 변동성이 큰 자산의 매매에 유용하게 활용합니다. 이 지수는 0점에서 100점 사이의 숫자로 나타내며, 0은 극도의 공포Extreme Fear, 100은 극도의 탐욕Extreme Greed 그리고 가운데는 중립Neutral 구간을 의미합니다. 극도의 공포는 투자자들이 시장에 대한 두려움을 느끼고 자산을 매도하는 경향이 강한 반면 극도의 탐욕은 투자자들이 시장에 대한 낙관론에 의해 과매수 상태에 가까워집니다. 그리고 중립 구간은 시장 심리가 안정적이며, 뚜렷한 추세가 없습니다. 즉, 극도의 공포일 때는 저가 매수 기회일 수 있고, 반대로 극도의 탐욕일 때는 고점일 가능성이 높아 조정이 필요할 수 있다는 심리적 지표로 활용됩니다.

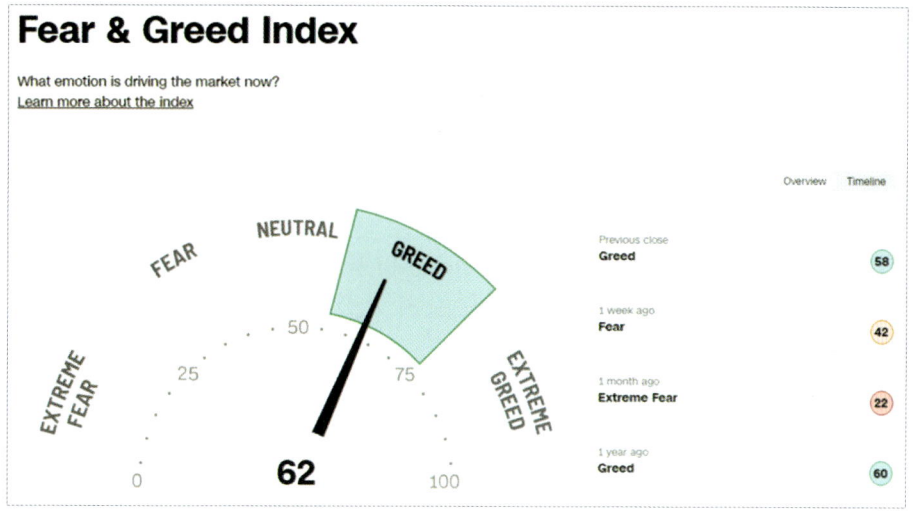

공포탐욕지수(출처: Alternative.me)

이 공포탐욕지수는 Alternative.me라는 사이트에서 제공하는 Fear and Greed Index API를 이용할 수 있습니다. 이 지수는 변동성, 시장 모멘텀, 거래량, 소셜미디어, 지배력, 추세 같은 5가지 소스의 데이터를 종합해 점수를 산출합니다.

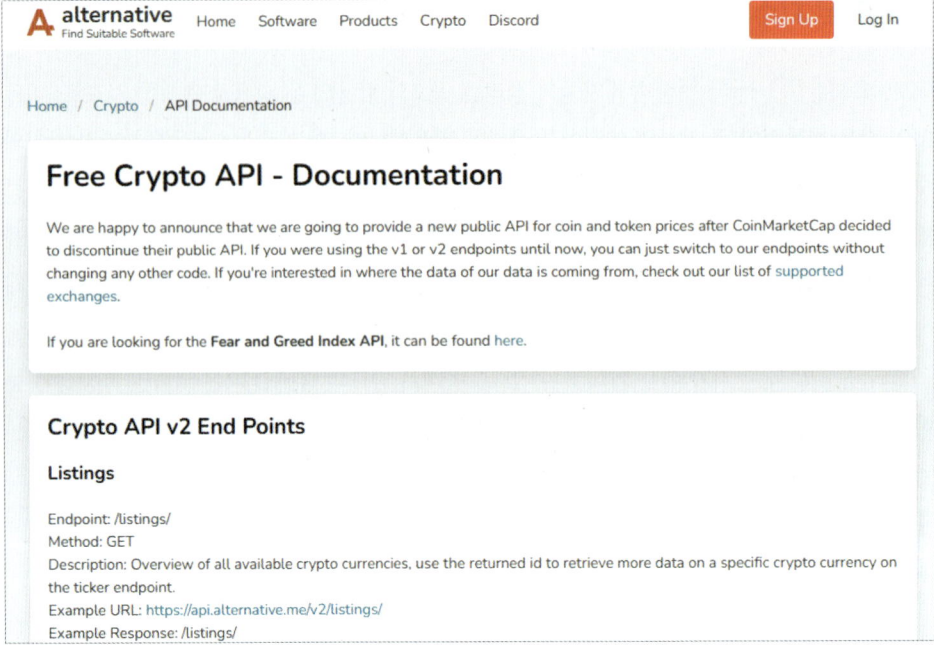

Fear and Greed Index API(출처: alternative.me/crypto/api)

이 사이트에서 제공하는 Fear and Greed Index API를 사용하면 공포탐욕지수 데이터를 API로 받아올 수 있습니다. API 사용법을 참고하여 이 지수를 자동 매매 코드에 반영해 좀 더 정교한 판단을 내리도록 하겠습니다.

공포탐욕지수 데이터 반영하기

Fear and Greed Index API 활용하기

01 먼저 alternative에서 제공하는 Fear and Greed Index 페이지로 이동합니다. 스크롤을 내려 'Fear and Greed Index API' 섹션의 전체 텍스트를 복사합니다.

🔗 Fear and Greed Index: alternative.me/crypto/fear-and-greed-index

Fear and Greed Index API

Rules:

- You may not use our data to impersonate us or to create a service that could be confused with our offering.
- You must properly acknowledge the source of the data and prominently reference it accordingly.
- Commercial use is allowed as long as the attribution is given right next to the display of the data. Please contact us in case of questions.
- This applies to all of our fear and greed data, not just the API.

API: https://api.alternative.me/
Endpoint: /fng/
Method: GET
Description: Get the latest data of the Fear and Greed Index.
Optional Parameters:

- limit, [int]: Limit the number of returned results. The default value is '1', use '0' for all available data. Please note that the field "time_until_update" will only be returned for the latest value (in other words: when the value '1' is used).
- format, [string]: Choose to either receive the data part formatted as regular JSON or formatted as CSV for easy pasting in spreadsheets, use either 'json' or 'csv' respectively. The default is 'json'.
- date_format, [string]: Choose to either receive the date part formatted for the United States (MM/DD/YYYY), for China and Korea (YYYY/MM/DD) or for the rest of the world (DD/MM/YYYY). Use 'us', 'cn', 'kr' or 'world' respectively. The default is an empty string which will return the date in unixtime, unless format is set to 'csv'. When "format" is set to 'csv' the default "date_format" is 'world'.

Example URL: https://api.alternative.me/fng/
Example URL: https://api.alternative.me/fng/?limit=10
Example URL: https://api.alternative.me/fng/?limit=10&format=csv
Example URL: https://api.alternative.me/fng/?limit=10&format=csv&date_format=us

---

02 클로드에 복사한 API 사용법 텍스트 전체를 붙여 넣고 코드 작성을 요청합니다.

💡 **Tip.** requests 모듈은 HTTP 요청을 쉽게 보낼 수 있게 해주는 파이썬 라이브러리입니다.

 다음은 공포탐욕지수에 대한 API 사용 방법입니다. 공포탐욕지수 데이터를 반영해 좀 더 정교한 판단을 내릴 수 있도록 코드에 반영해 주세요.

[API 사용법 텍스트 첨부]

 네, 공포탐욕지수를 활용하여 더 정교한 매매 판단을 할 수 있도록 코드를 개선하겠습니다.

주요 변경 및 개선 사항은 다음과 같습니다.

1. 공포탐욕지수 관련 기능 추가
  - `get_fear_greed_index()` 메서드 추가
  - 7일간의 데이터를 조회하여 추세 분석
  - 현재 지수값, 분류, 추세, 평균값 등 제공

2. AI 분석 로직 개선
- 공포탐욕지수 데이터를 분석 데이터에 포함
- 프롬프트에 공포탐욕지수 관련 분석 지침 추가
- 시장 심리 상태에 대한 분석 추가

3. 매매 실행 로직 개선(`execute_trade`)
- 공포탐욕지수에 따른 매매 비율 동적 조정
- 극도의 공포 상태(0-25)에서는 더 과감한 매수
- 극도의 탐욕 상태(75-100)에서는 더 과감한 매도
- 중간 영역에서는 보수적인 매매 실행

4. 메인 로직 수정
- 공포탐욕지수 데이터 조회 및 분석 단계 추가
- AI 분석 시 공포탐욕지수 데이터 포함
- 매매 실행 시 공포탐욕지수 고려

이러한 개선 사항들을 통해 시장의 전반적인 심리를 고려한 더 정교한 매매 결정이 가능해졌습니다. 특히 극단적인 시장 상황(극도의 공포/탐욕)에서 더 효과적인 매매가 가능할 것입니다.

이를 반영한 코드는 다음과 같습니다.

```python
import os
from dotenv import load_dotenv
import json
import pyupbit
import pandas as pd
import ta
from datetime import datetime, timedelta
from openai import OpenAI
import time
import requests

load_dotenv()

class EnhancedCryptoTrader:
    def __init__(self, ticker="KRW-BTC"):
        self.ticker = ticker
        self.access = os.getenv('UPBIT_ACCESS_KEY')
        self.secret = os.getenv('UPBIT_SECRET_KEY')
        self.upbit = pyupbit.Upbit(self.access, self.secret)
```

```python
        self.client = OpenAI()
        self.fear_greed_api = "https://api.alternative.me/fng/"

    def get_fear_greed_index(self, limit=7):
        """공포탐욕지수 데이터 조회"""
        try:
            response = requests.get(f"{self.fear_greed_api}?limit={limit}")
            if response.status_code == 200:
                data = response.json()

                # 최신 공포탐욕지수 출력
                latest = data['data'][0]
                print("\n=== Fear and Greed Index ===")
                print(f"Current Value: {latest['value']} ({latest['value_classification']})")

                # 7일간의 데이터 가공
                processed_data = []
                for item in data['data']:
                    processed_data.append({
                        'date': datetime.fromtimestamp(int(item['timestamp'])).strftime('%Y-%m-%d'),
                        'value': int(item['value']),
                        'classification': item['value_classification']
                    })

                # 추세 분석
                values = [int(item['value']) for item in data['data']]
                avg_value = sum(values) / len(values)
                trend = 'Improving' if values[0] > avg_value else 'Deteriorating'

                return {
                    'current': {
                        'value': int(latest['value']),
                        'classification': latest['value_classification']
                    },
                    'history': processed_data,
                    'trend': trend,
                    'average': avg_value
```

```python
                }
                return None
        except Exception as e:
            print(f"Error in get_fear_greed_index: {e}")
            return None

    def add_technical_indicators(self, df):
        """기술적 분석 지표 추가"""
        # 기존 코드와 동일
        # ... [이전 기술적 지표 코드 유지]
        return df

    def get_current_status(self):
        """현재 투자 상태 조회"""
        # 기존 코드와 동일
        # ... [이전 상태 조회 코드 유지]

    def get_orderbook_data(self):
        """호가 데이터 조회"""
        # 기존 코드와 동일
        # ... [이전 호가 데이터 코드 유지]

    def get_ohlcv_data(self):
        """차트 데이터 수집 및 기술적 분석"""
        # 기존 코드와 동일
        # ... [이전 OHLCV 데이터 코드 유지]

    def get_ai_analysis(self, analysis_data):
        """AI 분석 및 매매 신호 생성"""
        try:
            # 데이터 최적화
            optimized_data = {
                "current_status": analysis_data["current_status"],
                "orderbook": {
                    "timestamp": analysis_data["orderbook"]["timestamp"],
                    "total_ask_size": analysis_data["orderbook"]["total_ask_size"],
                    "total_bid_size": analysis_data["orderbook"]["total_bid_size"],
                    "ask_prices": analysis_data["orderbook"]["ask_prices"][:3],
```

```python
                    "bid_prices": analysis_data["orderbook"]["bid_prices"][:3],
                },
                "ohlcv": analysis_data["ohlcv"],
                "fear_greed": analysis_data["fear_greed"]  # 공포탐욕지수 데이터 추가
            }

            prompt = """Analyze the cryptocurrency market based on the following data and generate trading signals:
1. Technical Indicators (RSI, MACD, Bollinger Bands, etc.)
2. Order Book Data (Buy/Sell Volume)
3. Fear & Greed Index

Please consider the following key points:
- Fear & Greed Index below 20 (Extreme Fear) may present buying opportunities
- Fear & Greed Index above 80 (Extreme Greed) may present selling opportunities
- The trend of the Fear & Greed Index is also a crucial indicator

Please respond in the following JSON format:
{
    "decision": "buy/sell/hold",
    "reason": "detailed analysis explanation",
    "risk_level": "low/medium/high",
    "confidence_score": 0-100,
    "market_sentiment": "current market sentiment analysis"
}"""

            response = self.client.chat.completions.create(
                model="gpt-4",
                messages=[
                    {"role": "system", "content": prompt},
                    {"role": "user", "content": f"Market data for analysis: {json.dumps(optimized_data)}"}
                ]
            )

            result_text = response.choices[0].message.content

            try:
                result = json.loads(result_text)
```

```python
            except json.JSONDecodeError:
                import re
                json_match = re.search(r'\{.*\}', result_text, re.DOTALL)
                if json_match:
                    result = json.loads(json_match.group())
                else:
                    raise Exception("Failed to parse AI response")
            
            return result
        
        except Exception as e:
            print(f"Error in get_ai_analysis: {e}")
            return None
    
    def execute_trade(self, decision, confidence_score, fear_greed_value):
        """매매 실행 (공포탐욕지수 고려)"""
        try:
            # 공포탐욕지수에 따른 매매 비율 조정
            if decision == "buy":
                # 극도의 공포 상태(0-25)에서는 더 과감한 매수
                if fear_greed_value <= 25:
                    trade_ratio = 0.9995  # 최대 매수
                elif fear_greed_value <= 40:
                    trade_ratio = 0.7  # 중간 매수
                else:
                    trade_ratio = 0.5  # 소액 매수
                
                if confidence_score > 70:
                    krw = self.upbit.get_balance("KRW")
                    if krw > 5000:
                        order = self.upbit.buy_market_order(self.ticker, krw * trade_ratio)
                        print("\n=== Buy Order Executed ===")
                        print(f"Trade Ratio: {trade_ratio * 100}%")
                        print(json.dumps(order, indent=2))
            
            elif decision == "sell":
                # 극도의 탐욕 상태(75-100)에서는 더 과감한 매도
                if fear_greed_value >= 75:
                    trade_ratio = 1.0  # 전량 매도
```

```python
                    elif fear_greed_value >= 60:
                        trade_ratio = 0.7  # 일부 매도
                    else:
                        trade_ratio = 0.5  # 소량 매도

                    if confidence_score > 70:
                        btc = self.upbit.get_balance(self.ticker)
                        current_price = pyupbit.get_current_price(self.ticker)

                        if btc * current_price > 5000:
                            sell_amount = btc * trade_ratio
                            order = self.upbit.sell_market_order(self.ticker, sell_amount)
                            print("\n=== Sell Order Executed ===")
                            print(f"Trade Ratio: {trade_ratio * 100}%")
                            print(json.dumps(order, indent=2))

        except Exception as e:
            print(f"Error in execute_trade: {e}")

def ai_trading():
    try:
        trader = EnhancedCryptoTrader("KRW-BTC")

        # 1. 현재 투자 상태 조회
        current_status = trader.get_current_status()

        # 2. 호가 데이터 조회
        orderbook_data = trader.get_orderbook_data()

        # 3. 차트 데이터 수집
        ohlcv_data = trader.get_ohlcv_data()

        # 4. 공포탐욕지수 조회
        fear_greed_data = trader.get_fear_greed_index()

        # 5. AI 분석을 위한 데이터 준비
        if all([current_status, orderbook_data, ohlcv_data, fear_greed_data]):
            analysis_data = {
                "current_status": current_status,
```

```
                "orderbook": orderbook_data,
                "ohlcv": ohlcv_data,
                "fear_greed": fear_greed_data
            }

            # 6. AI 분석 실행
            ai_result = trader.get_ai_analysis(analysis_data)

            if ai_result:
                print("\n=== AI Analysis Result ===")
                print(json.dumps(ai_result, indent=2))

                # 7. 매매 실행 (공포탐욕지수 고려)
                trader.execute_trade(
                    ai_result['decision'],
                    ai_result['confidence_score'],
                    fear_greed_data['current']['value']
                )

    except Exception as e:
        print(f"Error in ai_trading: {e}")

if __name__ == "__main__":
    print("Starting Enhanced Bitcoin Trading Bot with Fear & Greed Index...")
    print("Press Ctrl+C to stop")

    while True:
        try:
            ai_trading()
            time.sleep(600)  # 10분 대기
        except KeyboardInterrupt:
            print("\nTrading bot stopped by user")
            break
        except Exception as e:
            print(f"Error in main loop: {e}")
            time.sleep(60)  # 에러 발생 시 60초 대기
```

03 공포탐욕지수를 가져오기 위해 클로드는 get_fear_greed_index라는 함수를 작성했습니다. 해당 함수가 잘 동작하는지 확인하기 위해 test.py의 일부 코드를 수정하고 출력문을

추가합니다. 실행 결과를 확인해 보면 공포탐욕지수 70을 잘 받아오는 것을 확인할 수 있습니다.

test.py

```python
from datetime import datetime, timedelta
import requests

url = "https://api.alternative.me/fng/"

def get_fear_greed_index(limit=7):
    """공포탐욕지수 데이터 조회"""
    try:
        response = requests.get(f"{url}?limit={limit}")
        if response.status_code == 200:
            data = response.json()

            # 최신 공포탐욕지수 출력
            latest = data['data'][0]
            print("\n=== Fear and Greed Index ===")
            print(f"Current Value: {latest['value']} ({latest['value_classification']})")

            # 7일간의 데이터 가공
            processed_data = []
            for item in data['data']:
                processed_data.append({
                    'date': datetime.fromtimestamp(int(item['timestamp'])).strftime('%Y-%m-%d'),
                    'value': int(item['value']),
                    'classification': item['value_classification']
                })

            # 추세 분석
            values = [int(item['value']) for item in data['data']]
            avg_value = sum(values) / len(values)
            trend = 'Improving' if values[0] > avg_value else 'Deteriorating'

            print(values)

            return {
                'current': {
                    'value': int(latest['value']),
```

```
                    'classification': latest['value_classification']
                },
                'history': processed_data,
                'trend': trend,
                'average': avg_value
            }

        return None
    except Exception as e:
        print(f"Error in get_fear_greed_index: {e}")
        return None

get_fear_greed_index()
```

```
PS C:\gitbitcoin> python .\test.py

=== Fear and Greed Index ===
Current Value: 70 (Greed)
[70, 72, 72, 71, 73, 75, 75]
PS C:\gitbitcoin>
```

04 값을 잘 받아오는 것을 확인했으니 기존 코드와 통합해 보겠습니다.

autotrade.py

```
import os
from dotenv import load_dotenv
import json
import pyupbit
import pandas as pd
import ta
from datetime import datetime, timedelta
from openai import OpenAI
import time
import requests

load_dotenv()

class EnhancedCryptoTrader:
    def __init__(self, ticker="KRW-BTC"):
        self.ticker = ticker
        self.access = os.getenv('UPBIT_ACCESS_KEY')
```

```python
            self.secret = os.getenv('UPBIT_SECRET_KEY')
            self.upbit = pyupbit.Upbit(self.access, self.secret)
            self.client = OpenAI()
            self.fear_greed_api = "https://api.alternative.me/fng/"

    def get_fear_greed_index(self, limit=7):
        """공포탐욕지수 데이터 조회"""
        try:
            response = requests.get(f"{self.fear_greed_api}?limit={limit}")
            if response.status_code == 200:
                data = response.json()

                # 최신 공포탐욕지수 출력
                latest = data['data'][0]
                print("\n=== Fear and Greed Index ===")
                print(f"Current Value: {latest['value']} ({latest['value_classification']})")

                # 7일간의 데이터 가공
                processed_data = []
                for item in data['data']:
                    processed_data.append({
                        'date': datetime.fromtimestamp(int(item['timestamp'])).strftime('%Y-%m-%d'),
                        'value': int(item['value']),
                        'classification': item['value_classification']
                    })

                # 추세 분석
                values = [int(item['value']) for item in data['data']]
                avg_value = sum(values) / len(values)
                trend = 'Improving' if values[0] > avg_value else 'Deteriorating'

                return {
                    'current': {
                        'value': int(latest['value']),
                        'classification': latest['value_classification']
                    },
                    'history': processed_data,
                    'trend': trend,
                    'average': avg_value
                }

        return None
```

```python
        except Exception as e:
            print(f"Error in get_fear_greed_index: {e}")
            return None

    def add_technical_indicators(self, df):
        """기술적 분석 지표 추가"""
        # 볼린저 밴드
        indicator_bb = ta.volatility.BollingerBands(close=df['close'])
        df['bb_high'] = indicator_bb.bollinger_hband()
        df['bb_mid'] = indicator_bb.bollinger_mavg()
        df['bb_low'] = indicator_bb.bollinger_lband()
        df['bb_pband'] = indicator_bb.bollinger_pband()

        # RSI
        df['rsi'] = ta.momentum.RSIIndicator(close=df['close']).rsi()

        # MACD
        macd = ta.trend.MACD(close=df['close'])
        df['macd'] = macd.macd()
        df['macd_signal'] = macd.macd_signal()
        df['macd_diff'] = macd.macd_diff()

        # 이동평균선
        df['ma5'] = ta.trend.SMAIndicator(close=df['close'], window=5).sma_indicator()
        df['ma20'] = ta.trend.SMAIndicator(close=df['close'], window=20).sma_indicator()
        df['ma60'] = ta.trend.SMAIndicator(close=df['close'], window=60).sma_indicator()
        df['ma120'] = ta.trend.SMAIndicator(close=df['close'], window=120).sma_indicator()

        # ATR
        df['atr'] = ta.volatility.AverageTrueRange(
            high=df['high'], low=df['low'], close=df['close']
        ).average_true_range()

        return df

    def get_current_status(self):
        """현재 투자 상태 조회"""
        try:
            krw_balance = float(self.upbit.get_balance("KRW"))
            crypto_balance = float(self.upbit.get_balance(self.ticker))
            avg_buy_price = float(self.upbit.get_avg_buy_price(self.ticker))
```

```python
            current_price = float(pyupbit.get_current_price(self.ticker))

            print("\n=== Current Investment Status ===")
            print(f"보유 현금: {krw_balance:,.0f} KRW")
            print(f"보유 코인: {crypto_balance:.8f} {self.ticker}")
            print(f"평균 매수가: {avg_buy_price:,.0f} KRW")
            print(f"현재가: {current_price:,.0f} KRW")

            total_value = krw_balance + (crypto_balance * current_price)
            unrealized_profit = ((current_price - avg_buy_price) * crypto_balance) if crypto_balance else 0
            profit_percentage = ((current_price / avg_buy_price) - 1) * 100 if crypto_balance else 0

            print(f"미실현 손익: {unrealized_profit:,.0f} KRW ({profit_percentage:.2f}%)")

            return {
                "krw_balance": krw_balance,
                "crypto_balance": crypto_balance,
                "avg_buy_price": avg_buy_price,
                "current_price": current_price,
                "total_value": total_value,
                "unrealized_profit": unrealized_profit,
                "profit_percentage": profit_percentage
            }
        except Exception as e:
            print(f"Error in get_current_status: {e}")
            return None

    def get_orderbook_data(self):
        """호가 데이터 조회"""
        try:
            orderbook = pyupbit.get_orderbook(ticker=self.ticker)
            if not orderbook or len(orderbook) == 0:
                return None

            ask_prices = []
            ask_sizes = []
            bid_prices = []
            bid_sizes = []

            for unit in orderbook['orderbook_units'][:5]:
                ask_prices.append(unit['ask_price'])
```

```python
                ask_sizes.append(unit['ask_size'])
                bid_prices.append(unit['bid_price'])
                bid_sizes.append(unit['bid_size'])

            return {
                "timestamp": datetime.fromtimestamp(orderbook['timestamp'] / 1000).strftime('%Y-%m-%d %H:%M:%S'),
                "total_ask_size": float(orderbook['total_ask_size']),
                "total_bid_size": float(orderbook['total_bid_size']),
                "ask_prices": ask_prices,
                "ask_sizes": ask_sizes,
                "bid_prices": bid_prices,
                "bid_sizes": bid_sizes
            }
        except Exception as e:
            print(f"Error in get_orderbook_data: {e}")
            return None

    def get_ohlcv_data(self):
        """차트 데이터 수집 및 기술적 분석"""
        try:
            daily_data = pyupbit.get_ohlcv(self.ticker, interval="day", count=30)
            daily_data = self.add_technical_indicators(daily_data)

            hourly_data = pyupbit.get_ohlcv(self.ticker, interval="minute60", count=24)
            hourly_data = self.add_technical_indicators(hourly_data)

            # DataFrame을 dict로 변환
            daily_data_dict = []
            for index, row in daily_data.iterrows():
                day_data = row.to_dict()
                day_data['date'] = index.strftime('%Y-%m-%d')
                daily_data_dict.append(day_data)

            hourly_data_dict = []
            for index, row in hourly_data.iterrows():
                hour_data = row.to_dict()
                hour_data['date'] = index.strftime('%Y-%m-%d %H:%M:%S')
                hourly_data_dict.append(hour_data)

            # 최신 기술적 지표 출력
            print("\n=== Latest Technical Indicators ===")
            print(f"RSI: {daily_data['rsi'].iloc[-1]:.2f}")
            print(f"MACD: {daily_data['macd'].iloc[-1]:.2f}")
```

```python
            print(f"BB Position: {daily_data['bb_pband'].iloc[-1]:.2f}")

            return {
                "daily_data": daily_data_dict[-7:],  # 최근 7일만
                "hourly_data": hourly_data_dict[-6:],  # 최근 6시간만
                "latest_indicators": {
                    "rsi": daily_data['rsi'].iloc[-1],
                    "macd": daily_data['macd'].iloc[-1],
                    "macd_signal": daily_data['macd_signal'].iloc[-1],
                    "bb_position": daily_data['bb_pband'].iloc[-1]
                }
            }
        except Exception as e:
            print(f"Error in get_ohlcv_data: {e}")
            return None

    def get_ai_analysis(self, analysis_data):
        """AI 분석 및 매매 신호 생성"""
        try:
            # 데이터 최적화
            optimized_data = {
                "current_status": analysis_data["current_status"],
                "orderbook": {
                    "timestamp": analysis_data["orderbook"]["timestamp"],
                    "total_ask_size": analysis_data["orderbook"]["total_ask_size"],
                    "total_bid_size": analysis_data["orderbook"]["total_bid_size"],
                    "ask_prices": analysis_data["orderbook"]["ask_prices"][:3],
                    "bid_prices": analysis_data["orderbook"]["bid_prices"][:3],
                },
                "ohlcv": analysis_data["ohlcv"],
                "fear_greed": analysis_data["fear_greed"]  # 공포탐욕지수 데이터 추가
            }

            prompt = """Analyze the cryptocurrency market based on the following data
and generate trading signals:
1. Technical Indicators (RSI, MACD, Bollinger Bands, etc.)
2. Order Book Data (Buy/Sell Volume)
3. Fear & Greed Index

Please consider the following key points:
- Fear & Greed Index below 20 (Extreme Fear) may present buying opportunities
- Fear & Greed Index above 80 (Extreme Greed) may present selling opportunities
- The trend of the Fear & Greed Index is also a crucial indicator
```

```
Please respond in the following JSON format:
{
    "decision": "buy/sell/hold",
    "reason": "detailed analysis explanation",
    "risk_level": "low/medium/high",
    "confidence_score": 0-100,
    "market_sentiment": "current market sentiment analysis"
}"""

            response = self.client.chat.completions.create(
                model="gpt-4",
                messages=[
                    {"role": "system", "content": prompt},
                    {"role": "user", "content": f"Market data for analysis: {json.dumps(optimized_data)}"}
                ]
            )

            result_text = response.choices[0].message.content

            try:
                result = json.loads(result_text)
            except json.JSONDecodeError:
                import re
                json_match = re.search(r'\{.*\}', result_text, re.DOTALL)
                if json_match:
                    result = json.loads(json_match.group())
                else:
                    raise Exception("Failed to parse AI response")

            return result

    except Exception as e:
        print(f"Error in get_ai_analysis: {e}")
        return None

def execute_trade(self, decision, confidence_score, fear_greed_value):
    """매매 실행 (공포탐욕지수 고려)"""
    try:
        # 공포탐욕지수에 따른 매매 비율 조정
        if decision == "buy":
            # 극도의 공포 상태(0-25)에서는 더 과감한 매수
            if fear_greed_value <= 25:
                trade_ratio = 0.9995  # 최대 매수
```

```python
                    elif fear_greed_value <= 40:
                        trade_ratio = 0.7  # 중간 매수
                    else:
                        trade_ratio = 0.5  # 소액 매수

                    if confidence_score > 70:
                        krw = self.upbit.get_balance("KRW")
                        if krw > 5000:
                            order = self.upbit.buy_market_order(self.ticker, krw * trade_ratio)
                            print("\n=== Buy Order Executed ===")
                            print(f"Trade Ratio: {trade_ratio * 100}%")
                            print(json.dumps(order, indent=2))

                elif decision == "sell":
                    # 극도의 탐욕 상태(75-100)에서는 더 과감한 매도
                    if fear_greed_value >= 75:
                        trade_ratio = 1.0  # 전량 매도
                    elif fear_greed_value >= 60:
                        trade_ratio = 0.7  # 일부 매도
                    else:
                        trade_ratio = 0.5  # 소량 매도

                    if confidence_score > 70:
                        btc = self.upbit.get_balance(self.ticker)
                        current_price = pyupbit.get_current_price(self.ticker)

                        if btc * current_price > 5000:
                            sell_amount = btc * trade_ratio
                            order = self.upbit.sell_market_order(self.ticker, sell_amount)
                            print("\n=== Sell Order Executed ===")
                            print(f"Trade Ratio: {trade_ratio * 100}%")
                            print(json.dumps(order, indent=2))

        except Exception as e:
            print(f"Error in execute_trade: {e}")

def ai_trading():
    try:
        trader = EnhancedCryptoTrader("KRW-BTC")

        # 1. 현재 투자 상태 조회
        current_status = trader.get_current_status()
```

```python
        # 2. 호가 데이터 조회
        orderbook_data = trader.get_orderbook_data()

        # 3. 차트 데이터 수집
        ohlcv_data = trader.get_ohlcv_data()

        # 4. 공포탐욕지수 조회
        fear_greed_data = trader.get_fear_greed_index()

        # 5. AI 분석을 위한 데이터 준비
        if all([current_status, orderbook_data, ohlcv_data, fear_greed_data]):
            analysis_data = {
                "current_status": current_status,
                "orderbook": orderbook_data,
                "ohlcv": ohlcv_data,
                "fear_greed": fear_greed_data
            }

            # 6. AI 분석 실행
            ai_result = trader.get_ai_analysis(analysis_data)

            if ai_result:
                print("\n=== AI Analysis Result ===")
                print(json.dumps(ai_result, indent=2))

                # 7. 매매 실행 (공포탐욕지수 고려)
                trader.execute_trade(
                    ai_result['decision'],
                    ai_result['confidence_score'],
                    fear_greed_data['current']['value']
                )

    except Exception as e:
        print(f"Error in ai_trading: {e}")

if __name__ == "__main__":
    print("Starting Enhanced Bitcoin Trading Bot with Fear & Greed Index...")
    print("Press Ctrl+C to stop")

    while True:
        try:
            ai_trading()
            time.sleep(600)  # 10분 대기
        except KeyboardInterrupt:
```

```
            print("\nTrading bot stopped by user")
            break
    except Exception as e:
        print(f"Error in main loop: {e}")
        time.sleep(60)  # 에러 발생 시 60초 대기
```

이렇게 공포탐욕지수를 가져와 자동 매매 시스템 프롬프트에 추가까지 완료했습니다.

07 최신 뉴스 데이터 넣기

뉴스 데이터를 활용하면 시장 심리와 외부 요인을 반영해 자동 매매 프로그램의 의사 결정을 개선할 수 있습니다. 덕분에 프로그램은 갑작스러운 시장 변화에 빠르게 대응하고 더 정밀한 매매 전략을 수립할 수 있습니다. 이번 챕터에서는 여러 검색 엔진의 결과를 수집, 분석하는 SerpAPI와 Google News API로 최신 뉴스 데이터를 자동 매매 프로그램에 학습시켜 보겠습니다.

| 학습 목표

뉴스 데이터를 활용해 자동 매매 프로그램의 의사 결정을 개선하는 방법을 익히고, SerpAPI와 Google News API를 활용하여 최신 시장 정보를 수집·분석하는 기술을 습득할 수 있습니다.

| 핵심 키워드

- SerpAPI
- Google News API

최신 뉴스 데이터가 필요한 이유

자동 매매 프로그램에 뉴스 데이터를 활용하면 시장 심리와 외부 요인을 반영해 프로그램이 더 나은 결정을 내릴 수 있도록 도와줍니다. 예를 들어, 특정 국가의 규제 발표나 금리 인상과 같은 이벤트는 암호 화폐 시장에 큰 영향을 미칠 수 있어 이러한 정보를 반영하지 않으면 프로그램이 잘못된 매매 결정을 내릴 가능성이 높아집니다. 또, 뉴스는 투자자들의 심리에 영향을 미칩니다. 긍정적인 뉴스는 매수 심리를, 부정적인 뉴스는 매도 심리를 유발할 수 있기 때문에 프로그램이 이를 분석하고 반영할 수 있다면 더 효과적인 매매 전략을 세울 수 있습니다. 차트 데이터나 오더북 데이터만으로는 예측하기 어려운 외부 요인을 뉴스 데이터가 보완하는 역할을 합니다.

특히 자동 매매 알고리즘이 뉴스 데이터를 분석해 특정 키워드나 이벤트에 반응한다면, 프로그램의 정밀도와 시장 대응 능력이 크게 향상됩니다. 이런 방식으로 뉴스 데이터를 활용하면 프로그램이 시장의 갑작스러운 변화에도 빠르게 적응하고, 보다 신뢰할 수 있는 결과를 도출할 수 있습니다.

뉴스 데이터를 가져오는 방법은 다양하지만, 이 책에서는 **SerpAPI**라는 서비스를 이용해 뉴스 데이터를 불러오겠습니다.

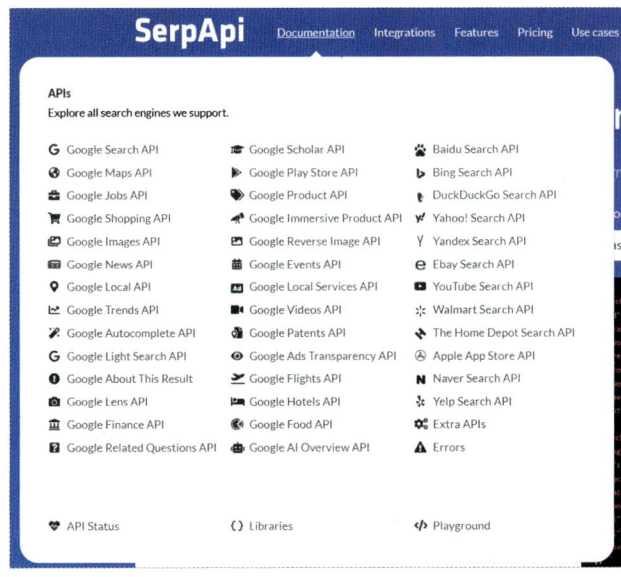

SerpAPI에서 제공하는 API들(serpapi.com)

SerpAPI는 구글, 네이버, 빙 등 검색 엔진의 다양한 검색 결과를 API로 제공하는 서비스로, 각 사이트의 데이터를 스크레이핑해 사용자가 일일이 데이터를 수집할 필요 없이 검색 엔진 데이터를 빠르고 정확하게 사용할 수 있습니다. 또 다른 강점은 100번의 요청까지 무료라는 것입니다.

SerpAPI에서 제공하는 다양한 검색 엔진 중에서도 우리는 Google News API를 활용해 최신 뉴스 데이터를 매매 프로그램에 넣어 보겠습니다. 단, 이 챕터의 목적은 뉴스 데이터를 반영하는 방법을 설명하는 것이므로 주로 보던 뉴스 사이트가 있다면 크롤링으로 직접 데이터를 수집해서 가져오거나 다른 API를 사용해도 무방하다는 점을 참고하세요.

SerpAPI 시작하기

01 먼저 SerpAPI 페이지로 이동한 다음 오른쪽 상단 [Register]를 클릭해 이메일이나 구글 또는 깃허브 계정으로 회원 가입을 진행합니다.

🔗 SerpAPI: serpapi.com

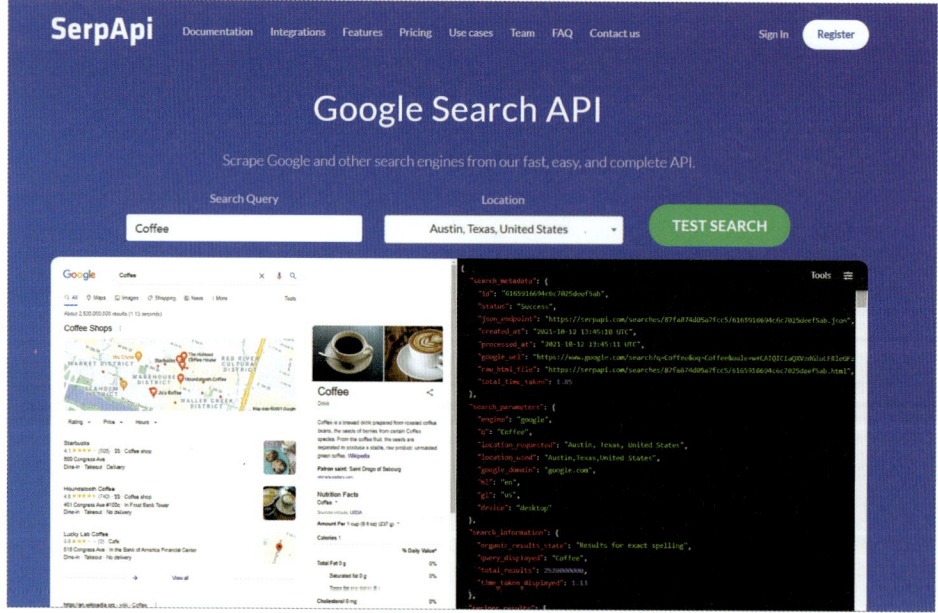

02 회원 가입 후 로그인을 마치면 상단 메뉴에서 [Documentation → Google News API]를 클릭해 Google News API 페이지로 이동합니다.

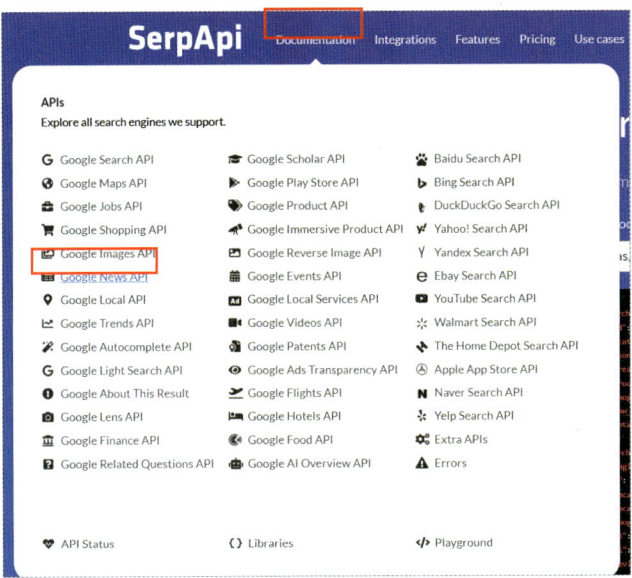

03 SerpAPI에서 제공하는 Google News API 사용법 페이지를 확인할 수 있습니다.

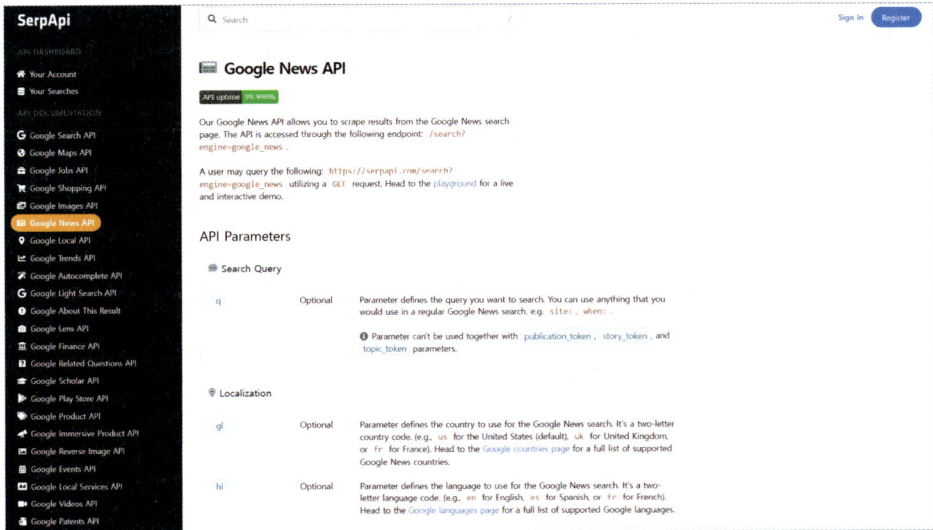

Google News API로 최신 뉴스 데이터 가져오기

01 이제 Google News API를 이용해 구글 뉴스에서 비트코인을 검색하면 관련된 최신 뉴스 제목, 시간대가 포함된 데이터를 가져오겠습니다. Google News API를 사용하기 위해서는 **GET 요청**으로 받아오거나 **SerpApi 라이브러리**를 설치하는 2가지 방법이 있습니다. 이번 예제에서는 설치 없이 간단하게 GET 요청으로 진행하겠습니다.

Google News API 페이지의 전체 텍스트를 복사한 다음 클로드에 문서로 붙여 넣고 다음과 같이 뉴스를 가져와 자동 매매 프로그램에 반영하는 코드 작성을 요청합니다.

다음 문서는 Google News API 사용법입니다. SerpAPI를 활용해 최신 뉴스 헤드라인을 불러온 다음 자동 매매 코드에 반영해 주세요. requests를 이용해 GET 요청으로 api 요청을 통해 응답을 받아오도록 코드를 작성해 주세요.
[Google News API 페이지 전체 텍스트 첨부]

구글 뉴스 API를 활용하여 비트코인 관련 뉴스를 가져오고 자동 매매에 반영하는 코드를 작성해드리겠습니다.

주요 변경 및 추가사항을 설명드리겠습니다.

1. `get_crypto_news()` 메서드 추가
   - SerpAPI를 사용하여 비트코인 관련 최신 뉴스를 가져옴
   - 상위 5개의 관련성 높은 뉴스를 처리

2. `analyze_news_sentiment()` 메서드 추가
   - GPT-4를 활용하여 뉴스의 감성을 분석
   - 뉴스의 전반적인 시장 분위기와 거래 신호를 생성

3. `get_ai_analysis()` 메서드 개선
   - 기존 분석 데이터에 뉴스 감성 분석 결과를 통합
   - 더 포괄적인 시장 분석을 제공

4. 환경 변수 추가
   - SerpAPI 키를 환경 변수에서 로드하도록 설정

사용을 위해서는 다음과 같은 환경 변수를 설정해야 합니다.

```
SERPAPI_KEY=your_serpapi_key
UPBIT_ACCESS_KEY=your_upbit_key
UPBIT_SECRET_KEY=your_upbit_secret
OPENAI_API_KEY=your_openai_key
```

이제 이 프로그램은 기술적 지표, 공포탐욕지수뿐만 아니라 최신 뉴스 분석까지 고려하여 더 종합적인 매매 결정을 내릴 수 있습니다. 추가 수정이나 보완이 필요하신 부분이 있다면 말씀해 주세요.

02 클로드가 작성한 코드가 잘 동작하는지 확인하기 위해 get_crypto_news 함수만 떼어내 test.py에 붙여 넣습니다.

test.py

```python
import os
from dotenv import load_dotenv
import json
import pyupbit
import pandas as pd
import ta
from datetime import datetime, timedelta
from openai import OpenAI
import time
import requests

load_dotenv()

serpapi_key = os.getenv('SERPAPI_KEY')

def get_crypto_news():
    """비트코인 관련 최신 뉴스 조회"""
    try:
        base_url = "https://serpapi.com/search.json"
        params = {
            "engine": "google_news",
            "q": "bitcoin crypto trading",
            "api_key": serpapi_key,
            "gl": "us",    # 미국 뉴스
```

```python
            "hl": "en"  # 영어 뉴스
        }
        
        response = requests.get(base_url, params=params)
        if response.status_code == 200:
            news_data = response.json()
            
            if 'news_results' not in news_data:
                return None
            
            processed_news = []
            for news in news_data['news_results'][:5]:  # 상위 5개 뉴스만 처리
                processed_news.append({
                    'title': news.get('title', ''),
                    'link': news.get('link', ''),
                    'source': news.get('source', {}).get('name', ''),
                    'date': news.get('date', ''),
                    'snippet': news.get('snippet', '')
                })
            
            print("\n=== Latest Crypto News ===")
            for news in processed_news:
                print(f"\nTitle: {news['title']}")
                print(f"Source: {news['source']}")
                print(f"Date: {news['date']}")
            
            return processed_news
        
        return None
    except Exception as e:
        print(f"Error in get_crypto_news: {e}")
        return None

get_crypto_news()
```

03 이때 SerpApi의 API 키 역시 env.py에 추가해야 합니다. API 키를 확인하기 위해 SerpAPI 페이지에서 왼쪽 사이드바 상단의 [Your Account]를 클릭합니다. 가운데 'Your Private API Key'의 API 키를 복사합니다.

💡 **Tip.** [Your Account]에 접근하려면 로그인한 계정의 메일과 휴대폰 번호를 인증하고 SerpAPI를 구독한 상태여야 합니다.

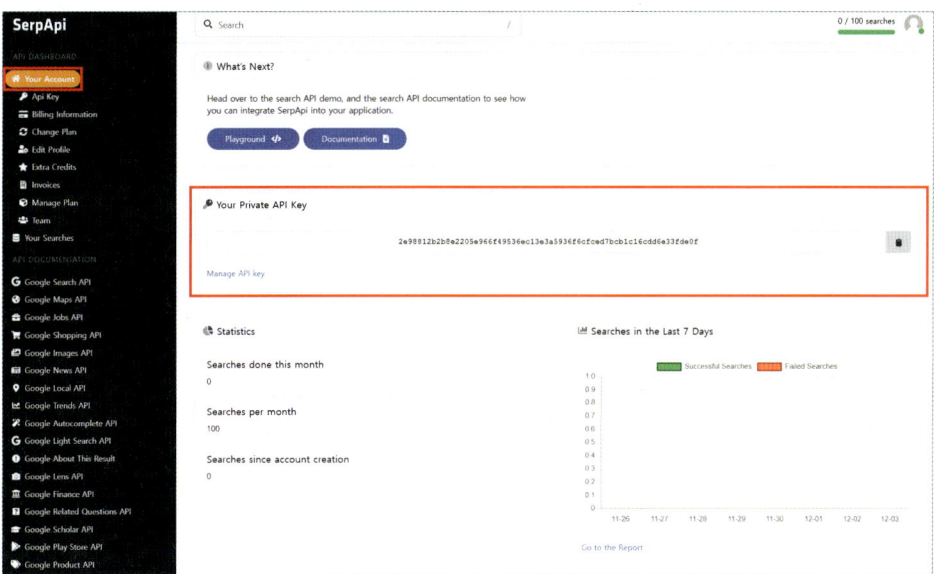

04 복사한 API 키를 .env 파일에 추가합니다.

```
.env
UPBIT_ACCESS_KEY="vr…."
UPBIT_ACCESS_KEY="vr…."
UPBIT_ACCESS_KEY="vr…."
SERPAPI_KEY="vr…."
```

05 이제 test.py에 입력한 테스트 코드를 실행하면 최신 뉴스 데이터를 불러오는 것을 확인할 수 있습니다.

```
=== Latest Crypto News ===
Title: The World's Most Trustworthy Crypto Exchanges
Source: Forbes
Date: 01/28/2025, 03:00 PM, +0000 UTC

Title: Bitcoin clings to 100K ahead of tomorrow's FOMC meeting
Source: Crypto Briefing
Date: 01/28/2025, 10:31 PM, +0000 UTC

Title: How Lunar New Year brightens Bitcoin and crypto trading
Source: Cointelegraph
Date: 01/28/2025, 10:18 PM, +0000 UTC

Title: I made thousands through Bitcoin... but the truth caught up with me
Source: This is Money
Date: 01/29/2025, 09:11 PM, +0000 UTC

Title: Why Is Crypto Going Down? Fake DeepSeek Tokens Affect Thousands of Traders
Source: Finance Magnates
Date: 01/29/2025, 08:07 AM, +0000 UTC
PS C:\gitbitcoin>
```

06 test.py 코드가 잘 동작하는 것을 확인했으니 autotrade.py 코드에 적용합니다. 적용하기 위해 클로드를 이용하거나 직접 test.py의 함수를 autotrade.py에 적용해도 좋습니다.

autotrade.py
```python
import os
from dotenv import load_dotenv
import json
import pyupbit
import pandas as pd
import ta
from datetime import datetime, timedelta
from openai import OpenAI
import time
import requests

load_dotenv()

class EnhancedCryptoTrader:
    def __init__(self, ticker="KRW-BTC"):
        self.ticker = ticker
        self.access = os.getenv('UPBIT_ACCESS_KEY')
        self.secret = os.getenv('UPBIT_SECRET_KEY')
```

```python
        self.serpapi_key = os.getenv('SERPAPI_KEY')
        self.upbit = pyupbit.Upbit(self.access, self.secret)
        self.client = OpenAI()
        self.fear_greed_api = "https://api.alternative.me/fng/"

def get_crypto_news(self):
    """비트코인 관련 최신 뉴스 조회"""
    try:
        base_url = "https://serpapi.com/search.json"
        params = {
            "engine": "google_news",
            "q": "bitcoin crypto trading",
            "api_key": self.serpapi_key,
            "gl": "us",   # 미국 뉴스
            "hl": "en"    # 영어 뉴스
        }

        response = requests.get(base_url, params=params)
        if response.status_code == 200:
            news_data = response.json()

            if 'news_results' not in news_data:
                return None

            processed_news = []
            for news in news_data['news_results'][:5]:  # 상위 5개 뉴스만 처리
                processed_news.append({
                    'title': news.get('title', ''),
                    'link': news.get('link', ''),
                    'source': news.get('source', {}).get('name', ''),
                    'date': news.get('date', ''),
                    'snippet': news.get('snippet', '')
                })

            print("\n=== Latest Crypto News ===")
            for news in processed_news:
                print(f"\nTitle: {news['title']}")
                print(f"Source: {news['source']}")
                print(f"Date: {news['date']}")

            return processed_news

        return None
    except Exception as e:
```

```python
            print(f"Error in get_crypto_news: {e}")
            return None

    def get_fear_greed_index(self, limit=7):
        """공포탐욕지수 데이터 조회"""
        try:
            response = requests.get(f"{self.fear_greed_api}?limit={limit}")
            if response.status_code == 200:
                data = response.json()

                latest = data['data'][0]
                print("\n=== Fear and Greed Index ===")
                print(f"Current Value: {latest['value']} ({latest['value_classification']})")

                processed_data = []
                for item in data['data']:
                    processed_data.append({
                        'date': datetime.fromtimestamp(int(item['timestamp'])).strftime('%Y-%m-%d'),
                        'value': int(item['value']),
                        'classification': item['value_classification']
                    })

                values = [int(item['value']) for item in data['data']]
                avg_value = sum(values) / len(values)
                trend = 'Improving' if values[0] > avg_value else 'Deteriorating'

                return {
                    'current': {
                        'value': int(latest['value']),
                        'classification': latest['value_classification']
                    },
                    'history': processed_data,
                    'trend': trend,
                    'average': avg_value
                }

            return None
        except Exception as e:
            print(f"Error in get_fear_greed_index: {e}")
            return None

    def add_technical_indicators(self, df):
```

```python
        """기술적 분석 지표 추가"""
        # 볼린저 밴드
        indicator_bb = ta.volatility.BollingerBands(close=df['close'])
        df['bb_high'] = indicator_bb.bollinger_hband()
        df['bb_mid'] = indicator_bb.bollinger_mavg()
        df['bb_low'] = indicator_bb.bollinger_lband()
        df['bb_pband'] = indicator_bb.bollinger_pband()

        # RSI
        df['rsi'] = ta.momentum.RSIIndicator(close=df['close']).rsi()

        # MACD
        macd = ta.trend.MACD(close=df['close'])
        df['macd'] = macd.macd()
        df['macd_signal'] = macd.macd_signal()
        df['macd_diff'] = macd.macd_diff()

        # 이동평균선
        df['ma5'] = ta.trend.SMAIndicator(close=df['close'], window=5).sma_indicator()
        df['ma20'] = ta.trend.SMAIndicator(close=df['close'], window=20).sma_indicator()
        df['ma60'] = ta.trend.SMAIndicator(close=df['close'], window=60).sma_indicator()
        df['ma120'] = ta.trend.SMAIndicator(close=df['close'], window=120).sma_indicator()

        # ATR
        df['atr'] = ta.volatility.AverageTrueRange(
            high=df['high'], low=df['low'], close=df['close']
        ).average_true_range()

        return df

    def get_current_status(self):
        """현재 투자 상태 조회"""
        try:
            krw_balance = float(self.upbit.get_balance("KRW"))
            crypto_balance = float(self.upbit.get_balance(self.ticker))
            avg_buy_price = float(self.upbit.get_avg_buy_price(self.ticker))
            current_price = float(pyupbit.get_current_price(self.ticker))

            print("\n=== Current Investment Status ===")
            print(f"보유 현금: {krw_balance:,.0f} KRW")
            print(f"보유 코인: {crypto_balance:.8f} {self.ticker}")
```

```python
            print(f"평균 매수가: {avg_buy_price:,.0f} KRW")
            print(f"현재가: {current_price:,.0f} KRW")

            total_value = krw_balance + (crypto_balance * current_price)
            unrealized_profit = ((current_price - avg_buy_price) * crypto_balance) if crypto_balance else 0
            profit_percentage = ((current_price / avg_buy_price) - 1) * 100 if crypto_balance else 0

            print(f"미실현 손익: {unrealized_profit:,.0f} KRW ({profit_percentage:.2f}%)")

            return {
                "krw_balance": krw_balance,
                "crypto_balance": crypto_balance,
                "avg_buy_price": avg_buy_price,
                "current_price": current_price,
                "total_value": total_value,
                "unrealized_profit": unrealized_profit,
                "profit_percentage": profit_percentage
            }
        except Exception as e:
            print(f"Error in get_current_status: {e}")
            return None

    def get_orderbook_data(self):
        """호가 데이터 조회"""
        try:
            orderbook = pyupbit.get_orderbook(ticker=self.ticker)
            if not orderbook or len(orderbook) == 0:
                return None

            ask_prices = []
            ask_sizes = []
            bid_prices = []
            bid_sizes = []

            for unit in orderbook['orderbook_units'][:5]:
                ask_prices.append(unit['ask_price'])
                ask_sizes.append(unit['ask_size'])
                bid_prices.append(unit['bid_price'])
                bid_sizes.append(unit['bid_size'])

            return {
```

```python
                    "timestamp": datetime.fromtimestamp(orderbook['timestamp'] / 1000).
strftime('%Y-%m-%d %H:%M:%S'),
                    "total_ask_size": float(orderbook['total_ask_size']),
                    "total_bid_size": float(orderbook['total_bid_size']),
                    "ask_prices": ask_prices,
                    "ask_sizes": ask_sizes,
                    "bid_prices": bid_prices,
                    "bid_sizes": bid_sizes
                }
        except Exception as e:
            print(f"Error in get_orderbook_data: {e}")
            return None

    def get_ohlcv_data(self):
        """차트 데이터 수집 및 기술적 분석"""
        try:
            daily_data = pyupbit.get_ohlcv(self.ticker, interval="day", count=30)
            daily_data = self.add_technical_indicators(daily_data)

            hourly_data = pyupbit.get_ohlcv(self.ticker, interval="minute60", count=24)
            hourly_data = self.add_technical_indicators(hourly_data)

            daily_data_dict = []
            for index, row in daily_data.iterrows():
                day_data = row.to_dict()
                day_data['date'] = index.strftime('%Y-%m-%d')
                daily_data_dict.append(day_data)

            hourly_data_dict = []
            for index, row in hourly_data.iterrows():
                hour_data = row.to_dict()
                hour_data['date'] = index.strftime('%Y-%m-%d %H:%M:%S')
                hourly_data_dict.append(hour_data)

            print("\n=== Latest Technical Indicators ===")
            print(f"RSI: {daily_data['rsi'].iloc[-1]:.2f}")
            print(f"MACD: {daily_data['macd'].iloc[-1]:.2f}")
            print(f"BB Position: {daily_data['bb_pband'].iloc[-1]:.2f}")

            return {
                "daily_data": daily_data_dict[-7:],
                "hourly_data": hourly_data_dict[-6:],
                "latest_indicators": {
                    "rsi": daily_data['rsi'].iloc[-1],
```

```python
                    "macd": daily_data['macd'].iloc[-1],
                    "macd_signal": daily_data['macd_signal'].iloc[-1],
                    "bb_position": daily_data['bb_pband'].iloc[-1]
                }
            }
        except Exception as e:
            print(f"Error in get_ohlcv_data: {e}")
            return None

    def get_ai_analysis(self, analysis_data):
        """AI 분석 및 매매 신호 생성"""
        try:
            optimized_data = {
                "current_status": analysis_data["current_status"],
                "orderbook": {
                    "timestamp": analysis_data["orderbook"]["timestamp"],
                    "total_ask_size": analysis_data["orderbook"]["total_ask_size"],
                    "total_bid_size": analysis_data["orderbook"]["total_bid_size"],
                    "ask_prices": analysis_data["orderbook"]["ask_prices"][:3],
                    "bid_prices": analysis_data["orderbook"]["bid_prices"][:3],
                },
                "ohlcv": analysis_data["ohlcv"],
                "fear_greed": analysis_data["fear_greed"],
                "news": analysis_data["news"]  # 뉴스 데이터 추가
            }

            prompt = """Analyze the cryptocurrency market based on the following data
and generate trading signals:
1. Technical Indicators (RSI, MACD, Bollinger Bands, etc.)
2. Order Book Data (Buy/Sell Volume)
3. Fear & Greed Index
4. Recent News Sentiment

Please consider the following key points:
- Fear & Greed Index below 20 (Extreme Fear) may present buying opportunities
- Fear & Greed Index above 80 (Extreme Greed) may present selling opportunities
- The trend of the Fear & Greed Index is also a crucial indicator
- Analyze news sentiment and its potential impact on market movement

Please respond in the following JSON format:
{
    "decision": "buy/sell/hold",
    "reason": "detailed analysis explanation",
    "risk_level": "low/medium/high",
```

```python
            "confidence_score": 0-100,
        "market_sentiment": "current market sentiment analysis",
        "news_impact": "analysis of news sentiment impact"
    }"""

            response = self.client.chat.completions.create(
                model="gpt-4",
                messages=[
                    {"role": "system", "content": prompt},
                    {"role": "user", "content": f"Market data for analysis: {json.dumps(optimized_data)}"}
                ]
            )

            result_text = response.choices[0].message.content

            try:
                result = json.loads(result_text)
            except json.JSONDecodeError:
                import re
                json_match = re.search(r'\{.*\}', result_text, re.DOTALL)
                if json_match:
                    result = json.loads(json_match.group())
                else:
                    raise Exception("Failed to parse AI response")

            return result

        except Exception as e:
            print(f"Error in get_ai_analysis: {e}")
            return None

    def execute_trade(self, decision, confidence_score, fear_greed_value):
        """매매 실행 (공포탐욕지수 고려)"""
        try:
            if decision == "buy":
                if fear_greed_value <= 25:
                    trade_ratio = 0.9995
                elif fear_greed_value <= 40:
                    trade_ratio = 0.7
                else:
                    trade_ratio = 0.5

                if confidence_score > 70:
```

```python
                    krw = self.upbit.get_balance("KRW")
                    if krw > 5000:
                        order = self.upbit.buy_market_order(self.ticker, krw * trade_ratio)
                        print("\n=== Buy Order Executed ===")
                        print(f"Trade Ratio: {trade_ratio * 100}%")
                        print(json.dumps(order, indent=2))

            elif decision == "sell":
                if fear_greed_value >= 75:
                    trade_ratio = 1.0  # 전량 매도
                elif fear_greed_value >= 60:
                    trade_ratio = 0.7  # 일부 매도
                else:
                    trade_ratio = 0.5  # 소량 매도

                if confidence_score > 70:
                    btc = self.upbit.get_balance(self.ticker)
                    current_price = pyupbit.get_current_price(self.ticker)

                    if btc * current_price > 5000:
                        sell_amount = btc * trade_ratio
                        order = self.upbit.sell_market_order(self.ticker, sell_amount)
                        print("\n=== Sell Order Executed ===")
                        print(f"Trade Ratio: {trade_ratio * 100}%")
                        print(json.dumps(order, indent=2))

        except Exception as e:
            print(f"Error in execute_trade: {e}")

def ai_trading():
    try:
        trader = EnhancedCryptoTrader("KRW-BTC")

        # 1. 현재 투자 상태 조회
        current_status = trader.get_current_status()

        # 2. 호가 데이터 조회
        orderbook_data = trader.get_orderbook_data()

        # 3. 차트 데이터 수집
        ohlcv_data = trader.get_ohlcv_data()

        # 4. 공포탐욕지수 조회
```

```python
            fear_greed_data = trader.get_fear_greed_index()

            # 5. 뉴스 데이터 조회
            news_data = trader.get_crypto_news()

            # 6. AI 분석을 위한 데이터 준비
            if all([current_status, orderbook_data, ohlcv_data, fear_greed_data, news_data]):
                analysis_data = {
                    "current_status": current_status,
                    "orderbook": orderbook_data,
                    "ohlcv": ohlcv_data,
                    "fear_greed": fear_greed_data,
                    "news": news_data
                }

                # 7. AI 분석 실행
                ai_result = trader.get_ai_analysis(analysis_data)

                if ai_result:
                    print("\n=== AI Analysis Result ===")
                    print(json.dumps(ai_result, indent=2))

                    # 8. 매매 실행 (공포탐욕지수 고려)
                    trader.execute_trade(
                        ai_result['decision'],
                        ai_result['confidence_score'],
                        fear_greed_data['current']['value']
                    )

    except Exception as e:
        print(f"Error in ai_trading: {e}")

if __name__ == "__main__":
    print("Starting Enhanced Bitcoin Trading Bot with News Analysis...")
    print("Press Ctrl+C to stop")

    while True:
        try:
            ai_trading()
            time.sleep(600)  # 10분 대기
        except KeyboardInterrupt:
            print("\nTrading bot stopped by user")
            break
```

```
        except Exception as e:
            print(f"Error in main loop: {e}")
            time.sleep(60)  # 에러 발생 시 60초 대기
```

```
}
=== Sell Order Executed ===
Trade Ratio: 70.0%
{
  "uuid": "241bd416-2779-4b9d-9157-cb71c346fba3",
  "side": "ask",
  "ord_type": "market",
  "state": "wait",
  "market": "KRW-BTC",
  "created_at": "2025-01-30T17:08:53+09:00",
  "volume": "0.00056667",
  "remaining_volume": "0.00056667",
  "reserved_fee": "0",
  "remaining_fee": "0",
  "paid_fee": "0",
  "locked": "0.00056667",
  "executed_volume": "0",
  "trades_count": 0
}
```

실행 결과를 보면 비트코인 시장가 매도 주문을 넣었지만, 아직 체결되지 않고 대기 상태 (state: "wait")인 것을 볼 수 있습니다.

이렇게 mvp.py의 초안 코드 파일을 기반으로 거래소 데이터, 보조 지표, 공포탐욕지수, 최신 뉴스 데이터를 AI에 넣고 매수, 매도, 보유를 판단하도록 했습니다. 또, 실제로 거래까지 진행되는 것을 확인할 수 있었습니다. 이후에는 정확성을 높이기 위해 차트 이미지, 영상 데이터를 넣고 투자 판단을 맡겨 보겠습니다.

08 차트 이미지 넣기

비트코인 거래에서는 차트를 분석하여 가격 흐름과 시장 심리를 파악하는 것이 중요합니다. 패턴, 추세선, 지표 등을 시각적으로 해석하면 변동성을 예측하고 최적의 매매 시점을 결정하는 데 도움이 됩니다. AI는 단순히 텍스트를 읽을 뿐만 아니라 이미지, 영상, 소리까지 이해하고 분석하는 기능을 갖추고 있습니다. 이 기능을 활용해 AI가 차트를 데이터로서 활용할 수 있도록 차트 이미지를 넣어 보겠습니다.

▎학습 목표

브라우저 자동화 프레임워크인 셀레니움으로 브라우저 실행, 클릭, 캡처를 자동화할 수 있습니다. 이렇게 캡처한 이미지를 GPT Vision 기능으로 AI에 전달하는 과정을 구현할 수 있습니다.

▎핵심 키워드

- 셀레니움
- 자동화

이미지를 분석하는 AI

보통 차트를 분석할 때 데이터 자체를 보는 것도 중요하지만, 전체적인 추세나 흐름을 이미지로 보면 좀 더 직관적으로 파악할 수 있습니다. **LMM**Large Multimudal Models의 발전으로 이제 생성 AI는 텍스트뿐만 아니라 소리, 이미지, 비디오까지 입력할 수 있게 되었습니다. 오픈AI의 GPT에도 **Vision** 기능이 추가되어 GPT-4 버전 이후에는 이미지를 입력하면 그에 대한 분석을 할 수 있죠. GPT뿐만 아니라 구글의 **PaLM** 그리고 이 책에서 사용하는 주요 텍스트 AI인 클로드도 LMM이 적용된 대표적인 모델입니다.

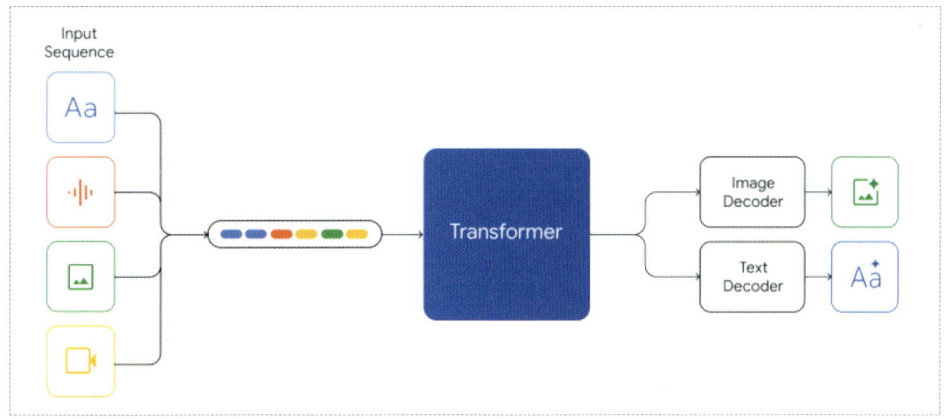

구글의 제미나이 LMM(출처: gemini_1_report.pdf)

예시로 업비트의 차트를 캡처 도구로 캡처한 다음 클로드에 붙여 넣고 간단하게 분석을 요청하면 다음처럼 가격 변동, 추세, 거래량 변동에 따른 시장 상황 예측 등을 볼 수 있습니다.

이 차트를 분석해 주세요.

※ 이 차트는 비트코인(BTC)의 시세와 거래량을 보여 주고 있습니다. 그래프의 가격 변동을 살펴보면, 전체적으로는 상승 추세를 보이고 있습니다. 특히 가격이 134,240,000 KRW까지 상승한 것을 볼 수 있습니다. 이와 함께 거래량도 높은 편으로, 이날 거래량은 18,152,402 BTC로 나타나고 있습니다. 이처럼 비트코인 가격과 거래량이 모두 크게 상승한 것을 통해 최근 비트코인 시장의 활황을 확인할 수 있습니다.

이 과정을 매매를 할 때마다 직접 하는 대신 셀레니움이라는 프레임워크를 활용해 자동으로 차트 이미지를 캡처하고 이를 AI에게 넘겨주는 과정을 구현하겠습니다.

셀레니움으로 브라우저 자동화하기

셀레니움Selenium은 브라우저 자동화 프레임워크로, 사용자의 개입 없이 자동으로 브라우저를 띄워서 스크린샷을 찍거나 클릭을 하는 등 다양한 동작을 수행할 수 있습니다. 우리가 할 작업은 AI가 차트 이미지를 분석할 수 있도록 업비트 거래소 페이지에서 차트 스크린샷을 캡처하고 자동 매매 프로그램에 넘기는 것입니다.

먼저 test.py에 간단한 셀레니움 활용 예제를 구현한 다음 자동 매매 코드와 통합하는 방법으로 진행하겠습니다. 셀레니움 공식 문서에 따라 셀레니움을 설치하고 파이썬에서 사용하는 방법을 살펴보겠습니다.

 셀레니움 공식 문서: selenium.dev/selenium/docs/api/py

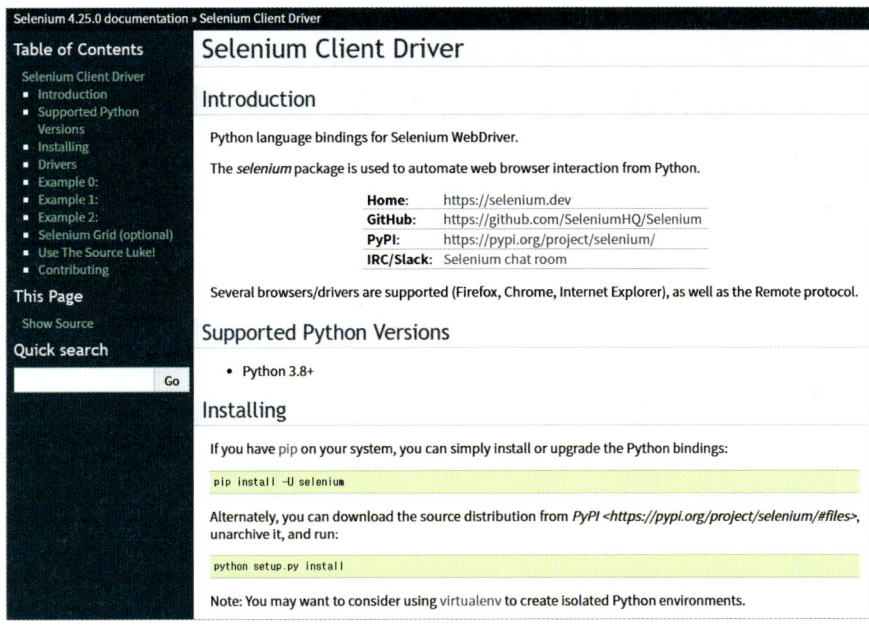

셀레니움 공식 문서 페이지

예제에 사용할 차트 이미지는 예시이므로 기존에 활용하던 트레이딩 뷰 차트나 바이낸스 차트가 있다면 이 방법을 응용해 차트 이미지를 캡처할 수 있습니다.

셀레니움 설치 & 브라우저 실행하기

01 VS code를 실행하고 터미널에 다음 명령을 입력해 셀레니움을 설치합니다.

```
pip install -U selenium
```

02 셀레니움 설치가 완료되면 **requirements.txt** 파일에 `selenium`을 추가하고 저장합니다.

03 이제 셀레니움을 사용해 브라우저를 자동으로 띄우고 기본 설정을 따라 동작하도록 test. py에 다음 코드를 입력합니다. `browser = webdriver.Chrome()`에서 크롬 대신 사용하는 웹 브라우저 이름을 입력하고 크롬을 사용한다면 그대로 입력합니다.

```
test.py
from selenium import webdriver

browser = webdriver.Chrome()
browser.get('http://selenium.dev/')
```

04 test.py를 실행하면 "크롬이 자동화된 테스트 소프트웨어에 의해 동작하고 있습니다."라는 메시지와 함께 크롬 브라우저에서 selenium.dev 페이지가 실행되는 것을 확인할 수 있습니다.

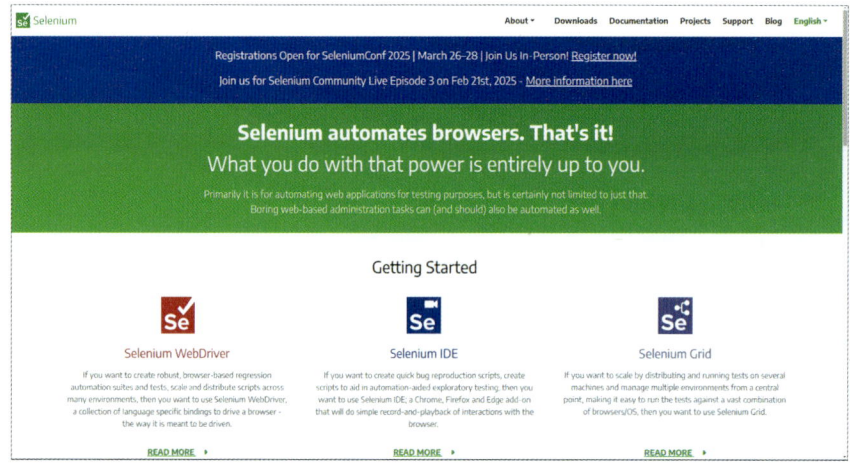

이렇게 브라우저를 제어하고 텍스트나 이미지를 가져오는 기능이 셀레니움의 주요 역할입니다. 이제 이 기능을 사용하여 차트 데이터를 캡처해 보겠습니다.

스크린샷 저장하기

01 이제 캡처한 차트 이미지를 저장하는 코드를 작성해 보겠습니다. 업비트에서 차트 왼쪽 상단의 전체 화면 아이콘을 클릭합니다.

02 전체 화면 페이지의 주소를 복사합니다.

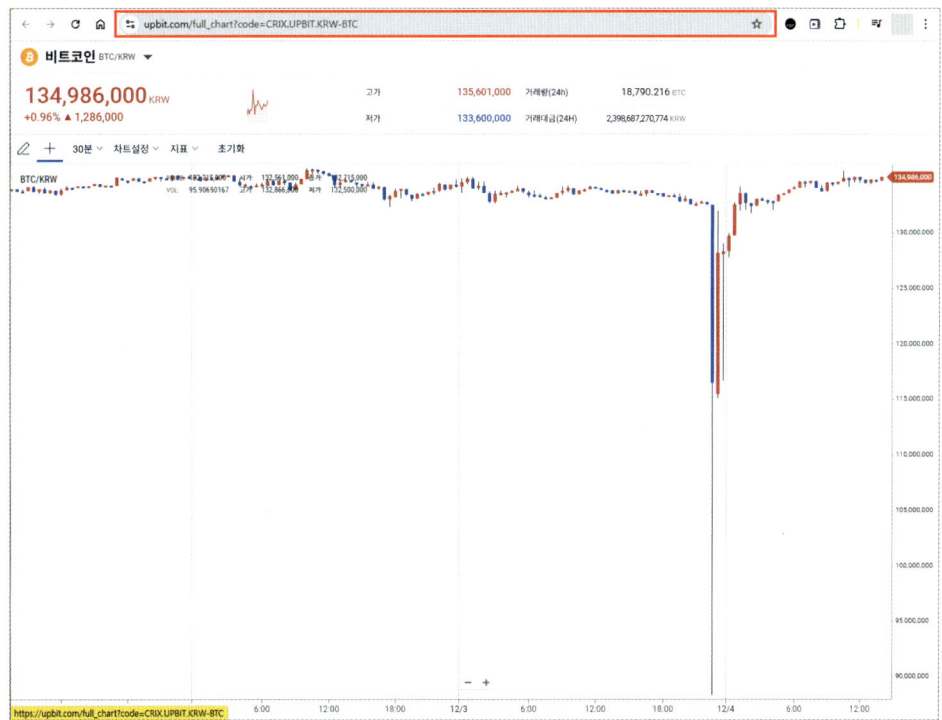

00 치트 이미지 넣기

03 복사한 차트 주소를 클로드에 붙여 넣고 다음과 같이 이미지를 저장하는 코드 작성을 요청합니다.

 파이썬과 셀레니움을 활용해 다음 주소의 전체 화면을 캡처한 다음 저장하는 코드를 작성해 주세요.
[차트 이미지 페이지 주소 첨부]

 파이썬과 셀레니움을 사용하여 웹 페이지의 전체 화면을 캡처하는 코드를 작성해드리겠습니다.
이 코드를 실행하기 전에 다음 사항들을 확인해 주세요.

1. selenium 패키지가 설치되어 있어야 합니다.
```bash
pip install selenium
```

2. Chrome WebDriver가 설치되어 있어야 합니다.

코드의 주요 특징:
1. 헤드리스 모드로 실행되어 브라우저 창이 보이지 않습니다
2. 페이지가 완전히 로드될 때까지 기다립니다
3. 전체 페이지 높이를 자동으로 계산합니다
4. 현재 시간을 포함한 파일명으로 스크린샷을 저장합니다
5. 에러 처리가 포함되어 있습니다

스크린샷은 코드가 실행되는 디렉터리에 'screenshot_[날짜시간].png' 형식으로 저장됩니다.
필요한 경우 output_path 매개변수를 사용하여 저장 경로와 파일명을 직접 지정할 수 있습니다.

04 클로드가 작성한 코드를 test.py에 붙여 넣고, 실행하기 전에 터미널에 다음 명령을 입력하고 실행해 웹 드라이버를 설치합니다.

```
pip install webdriver-manager
```

05 requirement.txt에도 **webdriver-manager**를 추가하고 저장합니다.

```
requirements.txt
python-dotenv
openai
pyupbit
ta
selenium
webdriver-manager
```

06 이제 **test.py**를 실행합니다. "스크린샷이 성공적으로 저장되었습니다."라는 메시지가 뜨고 VS code 왼쪽 폴더에 저장된 스크린샷 파일이 뜨면 성공적으로 스크린샷이 저장되었습니다.

> **Tip.** 만약 실행 중 오류가 발생한다면 오류 메시지를 복사해 클로드에 붙여 넣고 디버깅을 요청할 수 있습니다.

```python
test.py
from selenium import webdriver
from selenium.webdriver.chrome.service import Service
from selenium.webdriver.chrome.options import Options
from selenium.webdriver.support.ui import WebDriverWait
from selenium.webdriver.support import expected_conditions as EC
import time
from datetime import datetime

def capture_full_page(url, output_path=None):
    # 크롬 옵션 설정
    chrome_options = Options()
    chrome_options.add_argument('--headless')  # 헤드리스 모드
    chrome_options.add_argument('--start-maximized')  # 최대 창 크기
    chrome_options.add_argument('--disable-gpu')  # GPU 가속 비활성화
    chrome_options.add_argument('--no-sandbox')
    chrome_options.add_argument('--disable-dev-shm-usage')
    
    # WebDriver 설정
    driver = webdriver.Chrome(options=chrome_options)
    
    try:
        # 페이지 로드
        driver.get(url)
```

```python
    # 페이지가 완전히 로드될 때까지 대기
    time.sleep(5)  # 동적 콘텐츠 로딩을 위한 대기

    # 전체 페이지 높이 구하기
    total_height = driver.execute_script("return document.body.scrollHeight")

    # 브라우저 창 크기 설정
    driver.set_window_size(1920, total_height)

    # 현재 시간을 파일명에 포함
    if output_path is None:
        current_time = datetime.now().strftime("%Y%m%d_%H%M%S")
        output_path = f"screenshot_{current_time}.png"

    # 스크린샷 캡처
    driver.save_screenshot(output_path)
    print(f"Screenshot saved as: {output_path}")

except Exception as e:
    print(f"Error occurred: {str(e)}")

finally:
    driver.quit()

# 사용 예시
url = "https://upbit.com/exchange?code=CRIX.UPBIT.KRW-BTC"
capture_full_page(url)
```

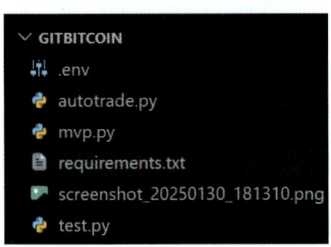

자동 클릭으로 시간 설정하기

01 보조 지표나 차트 설정 등 원하는 대로 변경한 차트를 분석 작업에 사용할 수 있도록 차트 설정을 클릭해 변경하고 캡처하는 과정을 셀레니움으로 자동화해 보겠습니다. 예시로 사용

할 설정은 [시간]과 [지표]입니다. [시간]은 **1시간**으로 변경하고 [지표]는 **볼린저 밴드**를 적용해 보겠습니다.

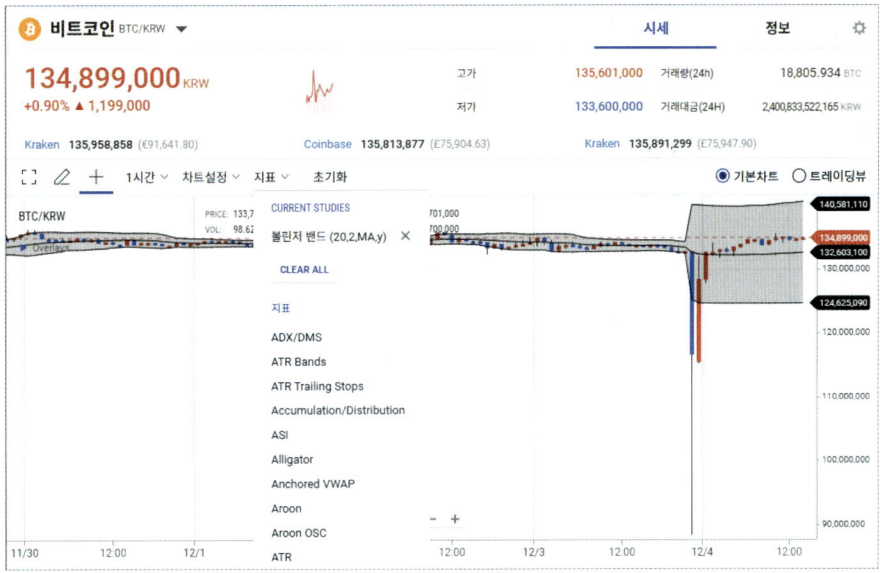

02 자동화를 위해 클릭하려는 버튼이 HTML의 어떤 요소인지 파악해야 합니다. 차트 페이지에서 [F12] 키를 클릭해 '**개발자 도구**' 창을 실행합니다.

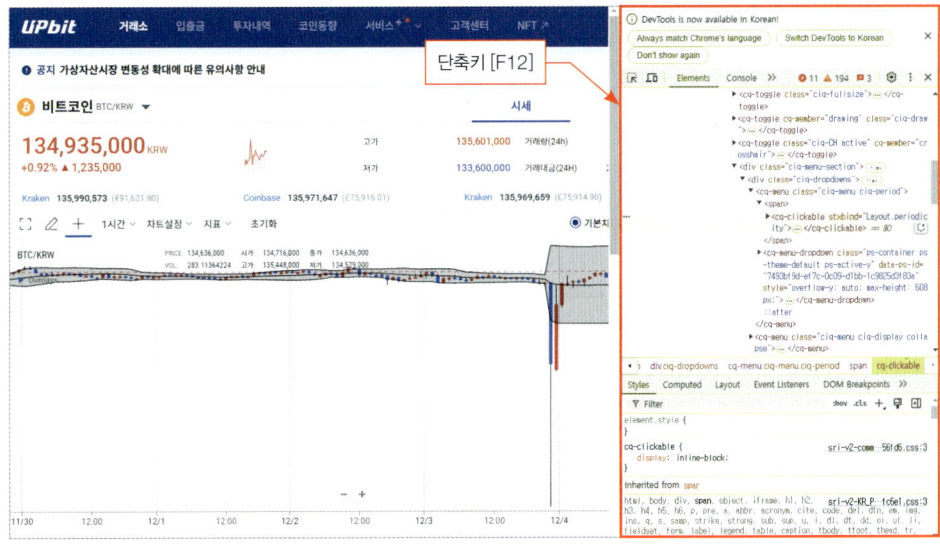

03 '개발자 도구' 창의 왼쪽 상단에 요소 선택 아이콘을 클릭한 다음 마우스 커서를 브라우저의 특정 영역으로 옮기면 해당 요소의 HTML 구조, CSS 스타일 등 상세 값을 볼 수 있습니다. 먼저 [30분] 시간 버튼을 클릭하면 오른쪽 개발자 도구에서 해당 버튼의 **DOM 구조**를 볼 수 있습니다.

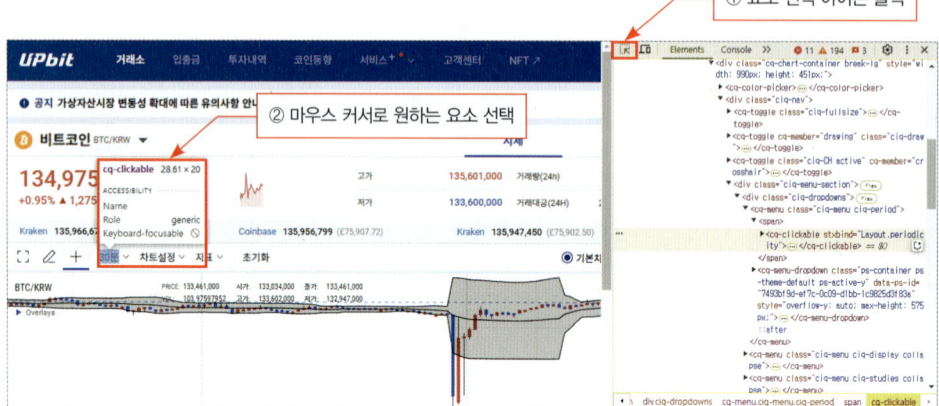

04 '개발자 도구' 창에서 해당 버튼의 요소를 마우스 오른쪽으로 클릭한 다음 [Copy → Copy full Xpath]를 클릭합니다.

Tip. full Xpath란 HTML에서 어디에 위치하는지를 나타내는 경로를 뜻합니다.

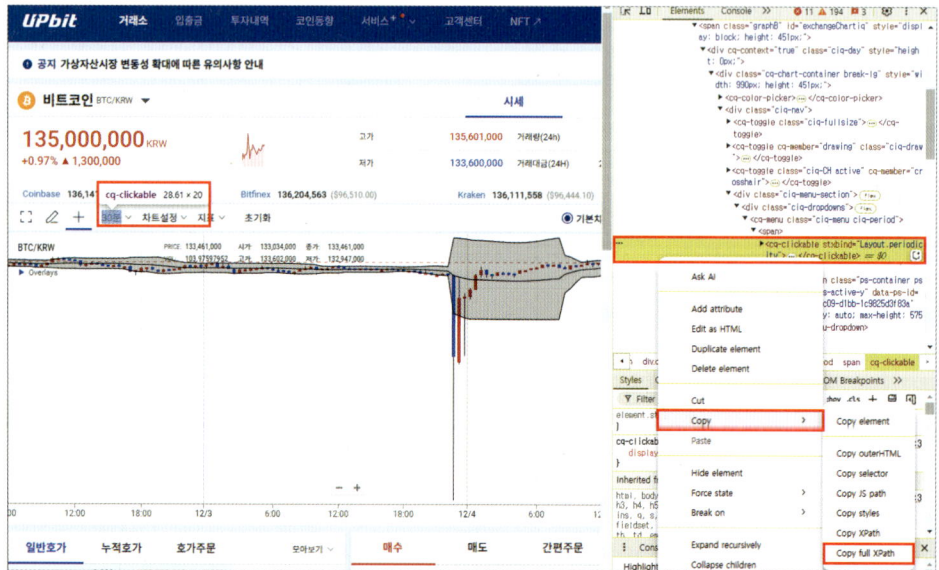

194 Part 02 데이터 넣기

05 이번에는 셀레니움이 변경할 [1시간] 버튼을 찾을 수 있도록 시간을 클릭해 [1시간]으로 바꾼 다음 똑같이 '개발자 도구' 창에서 해당 버튼의 요소를 마우스 오른쪽으로 클릭해 [Copy → Copy full Xpath]를 클릭합니다.

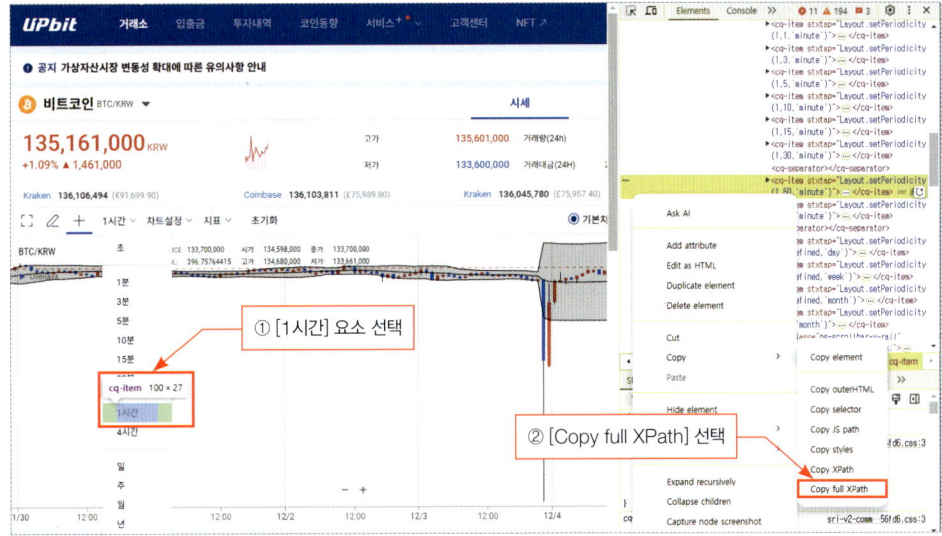

06 클로드에 클릭할 요소의 XPath 2개를 붙여 넣고 기본 설정인 30분이 아닌 1시간 단위로 설정을 변경한 다음 스크린샷을 찍는 코드를 요청합니다.

 차트를 캡처하기 전에 이 버튼을 눌러서 메뉴를 열고 [1시간]을 클릭할 수 있도록 코드를 수정해 주세요. 시간 버튼과 변경할 옵션의 XPath는 다음과 같습니다.

시간 버튼 XPath: /html/body/div[1]/div[2]/div[3]/div/section[1]/article[1]/div/span[2]/div/div/div[1]/div[1]/div/cq-menu[1]/span/cq-clickable

변경할 옵션 XPath: /html/body/div[1]/div[2]/div[3]/div/section[1]/article[1]/div/span[2]/div/div/div[1]/div[1]/div/cq-menu[1]/cq-menu-dropdown/cq-item[8]/translate

 네, XPath를 사용하여 차트의 시간 설정을 변경하도록 코드를 수정하겠습니다.

주요 변경 사항:
1. 헤드리스 모드를 비활성화했습니다(차트 조작이 필요하므로).

2. WebDriverWait를 추가하여 요소들이 클릭 가능할 때까지 대기하도록 했습니다.
3. XPath를 사용하여 시간 설정 버튼과 1시간 옵션을 클릭하는 코드를 추가했습니다.
4. 적절한 대기 시간을 추가하여 차트가 업데이트될 때까지 기다리도록 했습니다.

코드를 실행하면:
1. 브라우저가 열립니다.
2. 차트의 시간 설정 버튼을 클릭합니다.
3. 드롭다운 메뉴에서 1시간 옵션을 선택합니다.
4. 차트가 업데이트될 때까지 기다린 후 스크린샷을 저장합니다.

필요한 경우 대기 시간(time.sleep)을 조정하실 수 있습니다.

07 클로드가 생성한 코드를 복사해 **test.py**에서 실행하면 자동으로 크롬 브라우저가 열리고 옵션을 변경한 다음 스크린샷이 저장됩니다.

```
test.py
from selenium import webdriver
from selenium.webdriver.chrome.service import Service
from selenium.webdriver.chrome.options import Options
from selenium.webdriver.support.ui import WebDriverWait
from selenium.webdriver.support import expected_conditions as EC
from selenium.webdriver.common.by import By
import time
from datetime import datetime

def capture_full_page(url, output_path=None):
    # 크롬 옵션 설정
    chrome_options = Options()
    chrome_options.add_argument('--start-maximized')  # 최대 창 크기
    chrome_options.add_argument('--disable-gpu')  # GPU 가속 비활성화
    chrome_options.add_argument('--no-sandbox')
    chrome_options.add_argument('--disable-dev-shm-usage')
    
    # 헤드리스 모드는 차트 조작을 위해 비활성화
    
    # WebDriver 설정
    driver = webdriver.Chrome(options=chrome_options)
    wait = WebDriverWait(driver, 20)  # 최대 20초 대기
```

```python
    try:
        # 페이지 로드
        driver.get(url)

        # 페이지가 완전히 로드될 때까지 대기
        time.sleep(5)  # 초기 로딩 대기

        # 시간 설정 버튼 클릭
        time_button_xpath = "/html/body/div[1]/div[2]/div[3]/div/section[1]/article[1]/div/span[2]/div/div/div[1]/div[1]/div/cq-menu[1]/span/cq-clickable"
        time_button = wait.until(EC.element_to_be_clickable((By.XPATH, time_button_xpath)))
        time_button.click()

        # 잠시 대기하여 드롭다운 메뉴가 나타나도록 함
        time.sleep(1)

        # 1시간 옵션 클릭
        hour_option_xpath = "/html/body/div[1]/div[2]/div[3]/div/section[1]/article[1]/div/span[2]/div/div/div[1]/div[1]/div/cq-menu[1]/cq-menu-dropdown/cq-item[8]"
        hour_option = wait.until(EC.element_to_be_clickable((By.XPATH, hour_option_xpath)))
        hour_option.click()

        # 차트가 업데이트될 때까지 대기
        time.sleep(3)

        # 전체 페이지 높이 구하기
        total_height = driver.execute_script("return document.body.scrollHeight")

        # 브라우저 창 크기 설정
        driver.set_window_size(1920, total_height)

        # 현재 시간을 파일명에 포함
        if output_path is None:
            current_time = datetime.now().strftime("%Y%m%d_%H%M%S")
            output_path = f"screenshot_{current_time}.png"

        # 스크린샷 캡처
        driver.save_screenshot(output_path)
        print(f"Screenshot saved as: {output_path}")

    except Exception as e:
```

```
        print(f"Error occurred: {str(e)}")

    finally:
        driver.quit()

# 사용 예시
url = "https://upbit.com/exchange?code=CRIX.UPBIT.KRW-BTC"
capture_full_page(url)
```

08 저장된 스크린샷을 클릭하면 1시간으로 옵션이 변경된 차트를 확인할 수 있습니다. 만약 원하는 결과가 나오지 않는다면 전체 코드를 다시 한번 클로드에게 첨부하고 디버깅 과정을 거칩니다.

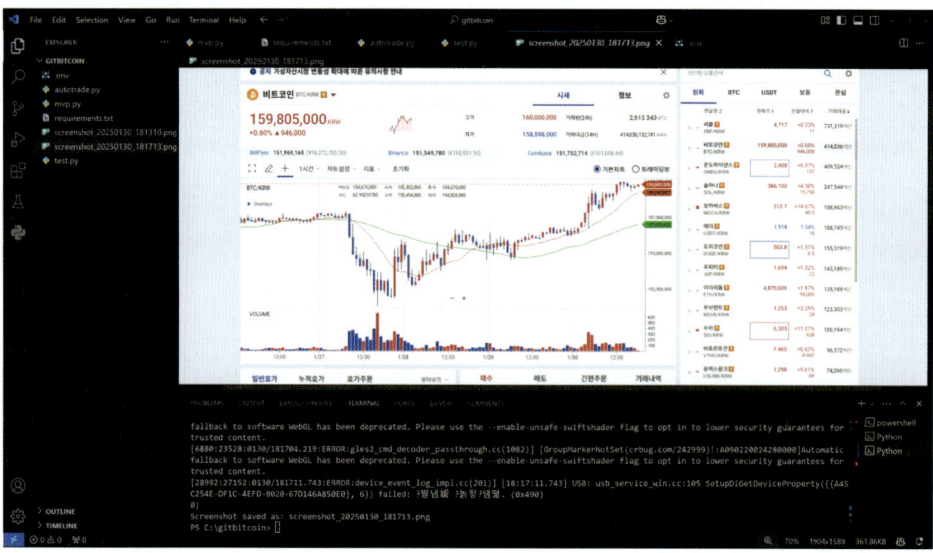

자동 클릭으로 보조 지표 설정하기

01 이번에는 보조 지표 중에서 [볼린저 밴드]를 자동으로 클릭해 보겠습니다. 방법은 시간을 설정할 때와 동일합니다. '개발자 도구' 창에서 요소 선택 도구를 클릭한 다음 [지표]를 클릭하고 full XPath를 복사합니다.

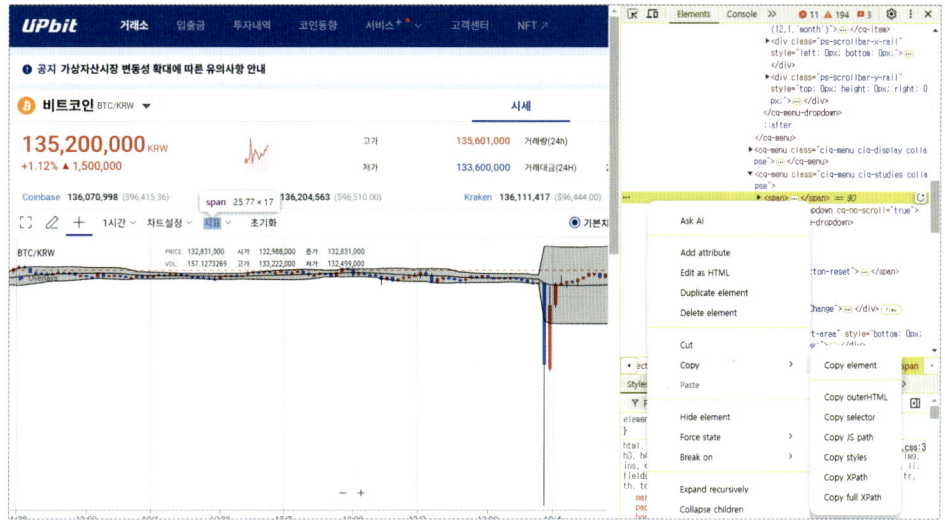

02 이번에는 [지표 → 볼린저 밴드]를 열고, '개발자 도구' 창의 요소 선택 도구를 클릭한 다음 [볼린저 밴드]를 클릭하고 full XPath를 복사합니다.

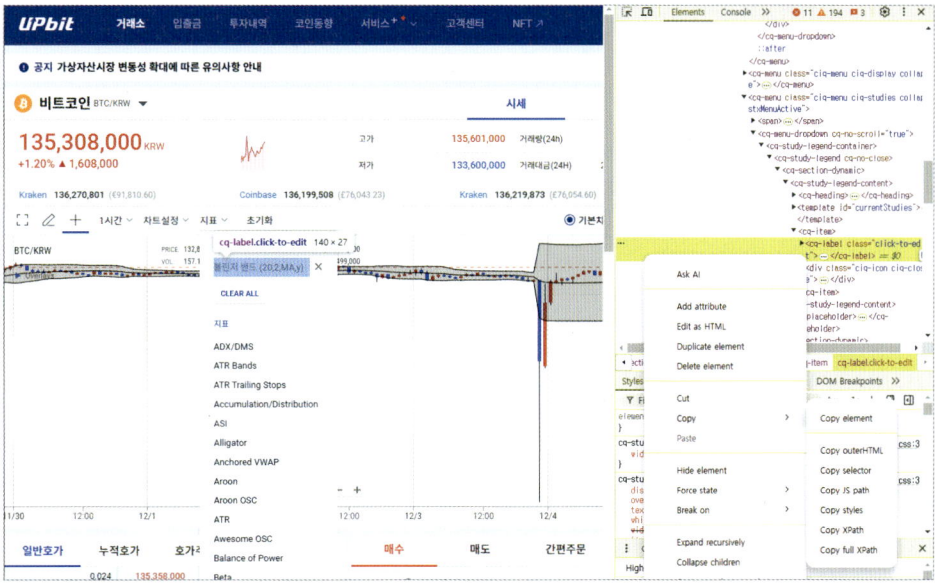

08 차트 이미지 넣기　**199**

03 클로드에 클릭할 요소의 XPath 2개를 붙여 넣고 지표를 [볼린저 밴드]로 변경한 다음 스크린샷을 찍는 코드를 요청합니다.

추가로 차트를 캡처하기 전에 이 버튼을 눌러서 메뉴를 열고 [볼린저 밴드]를 클릭할 수 있도록 코드를 수정해 주세요. 지표 버튼과 변경할 옵션의 XPath는 다음과 같습니다.

지표 버튼 XPath: /html/body/div[1]/div[2]/div[3]/div/section[1]/article[1]/div/span[2]/div/div/div[1]/div[1]/div/cq-menu[3]/span

변경할 옵션 XPath: /html/body/div[1]/div[2]/div[3]/div/section[1]/article[1]/div/span[2]/div/div/div[1]/div[1]/div/cq-menu[3]/cq-menu-dropdown/cq-scroll/cq-studies/cq-studies-content/cq-item[15]

볼린저 밴드 지표를 추가하도록 코드를 수정하겠습니다.

주요 변경 사항:
1. 지표 버튼을 클릭하는 코드 추가
2. 볼린저 밴드 옵션을 선택하는 코드 추가
3. 적절한 대기 시간 추가하여 지표가 차트에 표시될 때까지 기다리도록 설정

코드 실행 순서:
1. 브라우저가 열립니다.
2. 차트의 시간 설정을 1시간으로 변경합니다.
3. 지표 버튼을 클릭하여 메뉴를 엽니다.
4. 볼린저 밴드를 선택합니다.
5. 모든 변경 사항이 적용될 때까지 기다린 후 스크린샷을 저장합니다.

필요한 경우 대기 시간(time.sleep)을 조정하실 수 있습니다. 웹 페이지의 로딩 속도나 시스템 성능에 따라 적절히 조정하시면 됩니다.

04 클로드가 생성한 코드를 복사해 **test.py**에서 실행하면 자동으로 크롬 브라우저가 열리고 옵션을 변경한 다음 스크린샷이 저장됩니다.

test.py

```python
from selenium import webdriver
from selenium.webdriver.chrome.service import Service
from selenium.webdriver.chrome.options import Options
from selenium.webdriver.support.ui import WebDriverWait
from selenium.webdriver.support import expected_conditions as EC
from selenium.webdriver.common.by import By
import time
from datetime import datetime

def capture_full_page(url, output_path=None):
    # 크롬 옵션 설정
    chrome_options = Options()
    chrome_options.add_argument('--start-maximized')  # 최대 창 크기
    chrome_options.add_argument('--disable-gpu')  # GPU 가속 비활성화
    chrome_options.add_argument('--no-sandbox')
    chrome_options.add_argument('--disable-dev-shm-usage')

    # WebDriver 설정
    driver = webdriver.Chrome(options=chrome_options)
    wait = WebDriverWait(driver, 20)  # 최대 20초 대기

    try:
        # 페이지 로드
        driver.get(url)

        # 페이지가 완전히 로드될 때까지 대기
        time.sleep(5)  # 초기 로딩 대기

        # 시간 설정 버튼 클릭
        time_button_xpath = "/html/body/div[1]/div[2]/div[3]/div/section[1]/article[1]/div/span[2]/div/div/div[1]/div[1]/div/cq-menu[1]/span/cq-clickable"
        time_button = wait.until(EC.element_to_be_clickable((By.XPATH, time_button_xpath)))
        time_button.click()

        # 드롭다운 메뉴가 나타나도록 대기
        time.sleep(1)

        # 1시간 옵션 클릭
        hour_option_xpath = "/html/body/div[1]/div[2]/div[3]/div/section[1]/article[1]/div/span[2]/div/div/div[1]/div[1]/div/cq-menu[1]/cq-menu-dropdown/cq-item[8]"
        hour_option = wait.until(EC.element_to_be_clickable((By.XPATH, hour_option_
```

```
xpath)))
        hour_option.click()

        # 차트가 업데이트될 때까지 대기
        time.sleep(3)

        # 지표 버튼 클릭
        indicator_button_xpath = "/html/body/div[1]/div[2]/div[3]/div/section[1]/
article[1]/div/span[2]/div/div/div[1]/div[1]/div/cq-menu[3]/span"
        indicator_button = wait.until(EC.element_to_be_clickable((By.XPATH, indicator_
button_xpath)))
        indicator_button.click()

        # 드롭다운 메뉴가 나타나도록 대기
        time.sleep(1)

        # 볼린저 밴드 옵션 클릭
        bollinger_option_xpath = "/html/body/div[1]/div[2]/div[3]/div/section[1]/
article[1]/div/span[2]/div/div/div[1]/div[1]/div/cq-menu[3]/cq-menu-dropdown/cq-scroll/
cq-studies/cq-studies-content/cq-item[15]"
        bollinger_option = wait.until(EC.element_to_be_clickable((By.XPATH, bollinger_
option_xpath)))
        bollinger_option.click()

        # 지표가 차트에 표시될 때까지 대기
        time.sleep(3)

        # 전체 페이지 높이 구하기
        total_height = driver.execute_script("return document.body.scrollHeight")

        # 브라우저 창 크기 설정
        driver.set_window_size(1920, total_height)

        # 현재 시간을 파일명에 포함
        if output_path is None:
            current_time = datetime.now().strftime("%Y%m%d_%H%M%S")
            output_path = f"screenshot_{current_time}.png"

        # 스크린샷 캡처
        driver.save_screenshot(output_path)
        print(f"Screenshot saved as: {output_path}")

    except Exception as e:
        print(f"Error occurred: {str(e)}")
```

```
    finally:
        driver.quit()

# 사용 예시
url = "https://upbit.com/exchange?code=CRIX.UPBIT.KRW-BTC"
capture_full_page(url)
```

05 저장된 스크린샷을 클릭하면 지표 옵션이 변경된 차트를 확인할 수 있습니다.

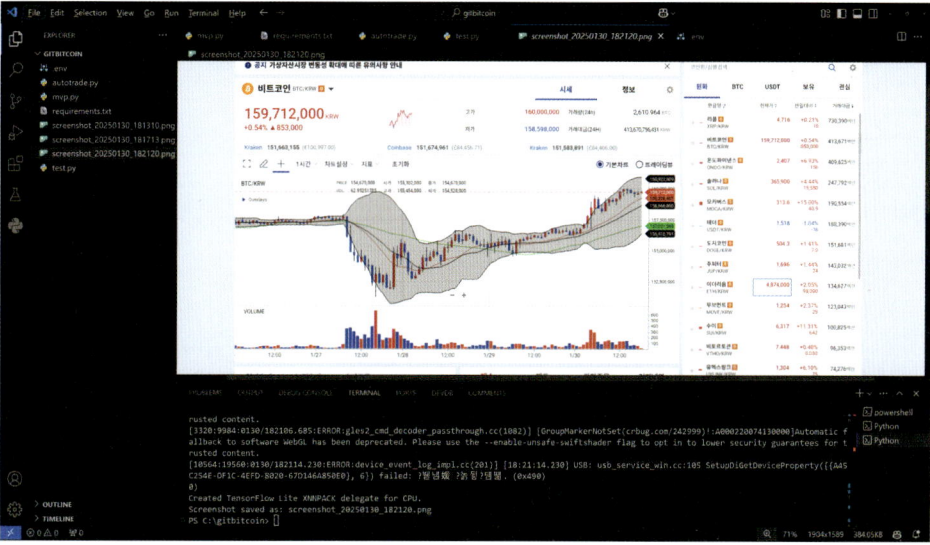

지금까지 브라우저 자동화 프레임워크인 셀레니움을 활용해 차트의 설정을 변경하고 자동으로 캡처한 다음 저장하는 과정을 구현했습니다. 이는 예시일 뿐이므로 차트의 시간 단위나 보조지표는 여러분이 원하는 대로 설정할 수 있습니다.

GPT Vision 기능을 활용한 이미지 처리하기

지금까지 작성한 코드를 통합하고, GPT API가 이미지를 이해할 수 있도록 코드를 수정해 보겠습니다. GPT는 사용자가 업로드한 이미지를 이해하여 텍스트를 추출하거나 문맥을 분석하는 등의 작업이 가능하도록 **GPT Vision**이라는 기능을 제공합니다. 이 과정을 구현하기 위해 오픈AI 플랫폼에서 제공하는 GPT Vision 가이드를 참고해 진행하겠습니다.

🔗 GPT Vision 가이드: platform.openai.com/docs/guides/vision

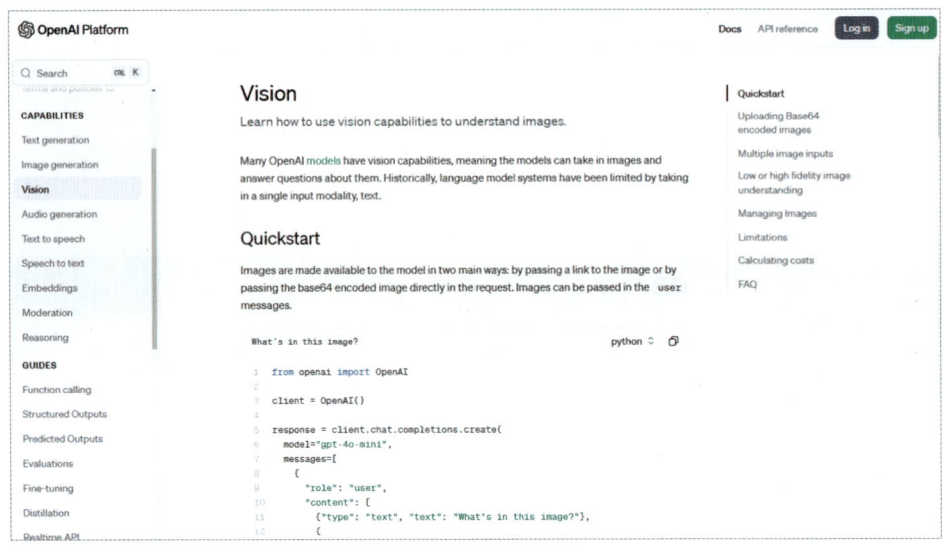

GPT Vision 가이드 문서

문서를 간단히 설명하면 GPT Vision이 이미지를 전송하는 방식은 크게 2가지입니다. 하나는 이미지의 URL을 첨부하여 메시지에 보내는 방식, 또 하나는 기존 이미지를 Base64로 인코딩하여 전송하는 방식입니다.

Base64란 이진 데이터를 테스트로 인코딩하는 방법입니다. 즉, 데이터를 64개의 문자(A–Z, a–z, 0–9, +, /)로 변환해 이메일, URL과 같은 텍스트 기반 시스템에서도 안전하게 전송할 수 있도록 만듭니다. 이 예제에서는 바로 이 Base64로 이미지를 인코딩해서 전달하는 방식을 적용하겠습니다.

코드 통합하기

01 먼저 GPT Vision 가이드와 지금까지 작성한 코드를 클로드에게 학습시키겠습니다. 가이드 문서의 텍스트, test.py 그리고 지금까지 완성한 autotrade.py까지 모두 클로드에 붙여 넣고 다음과 같이 프롬프트를 입력합니다. 요청한 작업이 많으므로 성능 향상을 위해 "Think step by step"을 마지막에 추가합니다.

> **Tip.** 생성 AI의 특성상 응답 결과가 조금씩 달라지므로 책에서 진행하는 완성 코드와 예제 코드 역시 다릅니다. 동일한 진행 과정을 원한다면 깃허브(github.com/youtube-jocoding)에서 완성된 코드 파일을 참고하세요.

 첨부한 오픈AI의 GPT Vision 문서를 참고해서 Uploading base64 Encoded images 방법으로, AI 자동 매매 코드에 캡처한 차트 이미지를 첨부하도록 코드를 수정해 주세요.

첨부 1: GPT Vision 가이드 문서
첨부 2: test.py
첨부 3: autotrade.py

Think step by step

 단계별로 코드를 수정하여 GPT Vision 기능을 통합해 보겠습니다.
먼저 캡처한 이미지를 base64로 인코딩하는 함수를 추가해야 합니다.

주요 변경 사항을 설명드리겠습니다.
1. 새로운 메서드 `capture_and_analyze_chart` 추가:
- 차트 캡처
- base64 인코딩
- OpenAI Vision API를 통한 차트 분석
- 임시 파일 관리

2. `get_ai_analysis` 메서드 개선:
- 차트 분석 결과를 기존 분석 데이터에 통합
- 프롬프트에 차트 분석 고려사항 추가
- 결과 포맷에 차트 분석 항목 추가

3. 주의사항:
- 적절한 에러 처리 포함
- 임시 파일 자동 삭제
- Vision API 호출 비용 고려

이제 AI 트레이딩 봇은 다음과 같은 추가 기능을 갖게 됩니다.
1. 실시간 차트 이미지 캡처
2. GPT-4 Vision을 통한 시각적 패턴 분석
3. 기술적 분석과 시각적 분석의 통합

이 코드를 사용하기 위해서는 OpenAI API 키가 필요하며, gpt-4o-mini 모델에 대한 접근 권한이 있어야 합니다. 추가적인 수정이나 최적화가 필요하신가요?

02 각 단계를 확인한 다음 하나의 코드로 통합을 요청합니다.

 수정한 코드를 하나의 자동 매매 프로그램 코드로 통합해 주세요.

 네, 수정된 코드를 하나의 완성된 자동 매매 프로그램으로 통합하겠습니다.

주요 변경 및 통합 사항:

1. 필요한 모든 라이브러리 임포트 통합
2. 차트 캡처 함수(`capture_full_page`) 추가
3. `capture_and_analyze_chart` 메서드 추가로 차트 이미지 분석 기능 통합
4. AI 분석 로직에 차트 분석 결과 통합
5. 에러 처리 및 임시 파일 관리 로직 추가

사용하기 위해 필요한 환경 설정:

1. 필요한 패키지 설치:
```bash
pip install selenium openai python-dotenv pyupbit pandas ta requests
```

2. .env 파일에 필요한 API 키 설정:
```
UPBIT_ACCESS_KEY=your_upbit_access_key
UPBIT_SECRET_KEY=your_upbit_secret_key
SERPAPI_KEY=your_serpapi
```

03 클로드가 작성한 코드를 복사해 **autotrade.py**에 붙여 넣습니다.

autotrade.py

```python
import os
from dotenv import load_dotenv
import json
import pyupbit
import pandas as pd
import ta
from datetime import datetime, timedelta
from openai import OpenAI
import time
import requests
import base64
from selenium import webdriver
from selenium.webdriver.chrome.options import Options
from selenium.webdriver.common.by import By
from selenium.webdriver.support.ui import WebDriverWait
from selenium.webdriver.support import expected_conditions as EC
from selenium.common.exceptions import TimeoutException

load_dotenv()

def capture_full_page(url, output_path):
    """웹 페이지 캡처 함수"""
    chrome_options = Options()
    chrome_options.add_argument('--headless')  # 헤드리스 모드
    chrome_options.add_argument('--start-maximized')
    chrome_options.add_argument('--disable-gpu')
    chrome_options.add_argument('--no-sandbox')
    chrome_options.add_argument('--disable-dev-shm-usage')

    driver = webdriver.Chrome(options=chrome_options)
    wait = WebDriverWait(driver, 20)

    try:
        driver.get(url)
        time.sleep(5)  # 초기 로딩 대기

        # 시간 설정 버튼 클릭
        time_button = wait.until(EC.element_to_be_clickable((By.XPATH,
            "/html/body/div[1]/div[2]/div[3]/div/section[1]/article[1]/div/span[2]/div/div/div[1]/div[1]/div/cq-menu[1]/span/cq-clickable")))
```

```python
        time_button.click()
        time.sleep(1)

        # 1시간 옵션 클릭
        hour_option = wait.until(EC.element_to_be_clickable((By.XPATH,
            "/html/body/div[1]/div[2]/div[3]/div/section[1]/article[1]/div/span[2]/div/div/div[1]/div[1]/div/cq-menu[1]/cq-menu-dropdown/cq-item[8]")))
        hour_option.click()
        time.sleep(3)

        # 전체 페이지 높이 구하기
        total_height = driver.execute_script("return document.body.scrollHeight")
        driver.set_window_size(1920, total_height)

        # 스크린샷 캡처
        driver.save_screenshot(output_path)
        print(f"Screenshot saved as: {output_path}")
        return True

    except Exception as e:
        print(f"Error in capture_full_page: {e}")
        return False

    finally:
        driver.quit()

class EnhancedCryptoTrader:
    def __init__(self, ticker="KRW-BTC"):
        self.ticker = ticker
        self.access = os.getenv('UPBIT_ACCESS_KEY')
        self.secret = os.getenv('UPBIT_SECRET_KEY')
        self.serpapi_key = os.getenv('SERPAPI_KEY')
        self.upbit = pyupbit.Upbit(self.access, self.secret)
        self.client = OpenAI()
        self.fear_greed_api = "https://api.alternative.me/fng/"

    def get_fear_greed_index(self, limit=7):
        """공포탐욕지수 데이터 조회"""
        try:
            response = requests.get(f"{self.fear_greed_api}?limit={limit}")
            if response.status_code == 200:
                data = response.json()
```

```python
            latest = data['data'][0]
            print("\n=== Fear and Greed Index ===")
            print(f"Current Value: {latest['value']} ({latest['value_classification']})")

            processed_data = []
            for item in data['data']:
                processed_data.append({
                    'date': datetime.fromtimestamp(int(item['timestamp'])).strftime('%Y-%m-%d'),
                    'value': int(item['value']),
                    'classification': item['value_classification']
                })

            values = [int(item['value']) for item in data['data']]
            avg_value = sum(values) / len(values)
            trend = 'Improving' if values[0] > avg_value else 'Deteriorating'

            return {
                'current': {
                    'value': int(latest['value']),
                    'classification': latest['value_classification']
                },
                'history': processed_data,
                'trend': trend,
                'average': avg_value
            }

        return None
    except Exception as e:
        print(f"Error in get_fear_greed_index: {e}")
        return None

def add_technical_indicators(self, df):
    """기술적 분석 지표 추가"""
    # 볼린저 밴드
    indicator_bb = ta.volatility.BollingerBands(close=df['close'])
    df['bb_high'] = indicator_bb.bollinger_hband()
    df['bb_mid'] = indicator_bb.bollinger_mavg()
    df['bb_low'] = indicator_bb.bollinger_lband()
    df['bb_pband'] = indicator_bb.bollinger_pband()

    # RSI
    df['rsi'] = ta.momentum.RSIIndicator(close=df['close']).rsi()
```

```python
            # MACD
            macd = ta.trend.MACD(close=df['close'])
            df['macd'] = macd.macd()
            df['macd_signal'] = macd.macd_signal()
            df['macd_diff'] = macd.macd_diff()

            # 이동평균선
            df['ma5'] = ta.trend.SMAIndicator(close=df['close'], window=5).sma_indicator()
            df['ma20'] = ta.trend.SMAIndicator(close=df['close'], window=20).sma_indicator()
            df['ma60'] = ta.trend.SMAIndicator(close=df['close'], window=60).sma_indicator()
            df['ma120'] = ta.trend.SMAIndicator(close=df['close'], window=120).sma_indicator()

            # ATR
            df['atr'] = ta.volatility.AverageTrueRange(
                high=df['high'], low=df['low'], close=df['close']
            ).average_true_range()

            return df

    def get_current_status(self):
        """현재 투자 상태 조회"""
        try:
            krw_balance = float(self.upbit.get_balance("KRW"))
            crypto_balance = float(self.upbit.get_balance(self.ticker))
            avg_buy_price = float(self.upbit.get_avg_buy_price(self.ticker))
            current_price = float(pyupbit.get_current_price(self.ticker))

            print("\n=== Current Investment Status ===")
            print(f"보유 현금: {krw_balance:,.0f} KRW")
            print(f"보유 코인: {crypto_balance:.8f} {self.ticker}")
            print(f"평균 매수가: {avg_buy_price:,.0f} KRW")
            print(f"현재가: {current_price:,.0f} KRW")

            total_value = krw_balance + (crypto_balance * current_price)
            unrealized_profit = ((current_price - avg_buy_price) * crypto_balance) if crypto_balance else 0
            profit_percentage = ((current_price / avg_buy_price) - 1) * 100 if crypto_balance else 0

            print(f"미실현 손익: {unrealized_profit:,.0f} KRW ({profit_
```

```python
                percentage:.2f}%)")

            return {
                "krw_balance": krw_balance,
                "crypto_balance": crypto_balance,
                "avg_buy_price": avg_buy_price,
                "current_price": current_price,
                "total_value": total_value,
                "unrealized_profit": unrealized_profit,
                "profit_percentage": profit_percentage
            }
        except Exception as e:
            print(f"Error in get_current_status: {e}")
            return None

    def get_orderbook_data(self):
        """호가 데이터 조회"""
        try:
            orderbook = pyupbit.get_orderbook(ticker=self.ticker)
            if not orderbook or len(orderbook) == 0:
                return None

            ask_prices = []
            ask_sizes = []
            bid_prices = []
            bid_sizes = []

            for unit in orderbook['orderbook_units'][:5]:
                ask_prices.append(unit['ask_price'])
                ask_sizes.append(unit['ask_size'])
                bid_prices.append(unit['bid_price'])
                bid_sizes.append(unit['bid_size'])

            return {
                "timestamp": datetime.fromtimestamp(orderbook['timestamp'] / 1000).strftime('%Y-%m-%d %H:%M:%S'),
                "total_ask_size": float(orderbook['total_ask_size']),
                "total_bid_size": float(orderbook['total_bid_size']),
                "ask_prices": ask_prices,
                "ask_sizes": ask_sizes,
                "bid_prices": bid_prices,
                "bid_sizes": bid_sizes
            }
        except Exception as e:
```

```python
            print(f"Error in get_orderbook_data: {e}")
            return None

    def get_ohlcv_data(self):
        """차트 데이터 수집 및 기술적 분석"""
        try:
            daily_data = pyupbit.get_ohlcv(self.ticker, interval="day", count=30)
            daily_data = self.add_technical_indicators(daily_data)

            hourly_data = pyupbit.get_ohlcv(self.ticker, interval="minute60", count=24)
            hourly_data = self.add_technical_indicators(hourly_data)

            daily_data_dict = []
            for index, row in daily_data.iterrows():
                day_data = row.to_dict()
                day_data['date'] = index.strftime('%Y-%m-%d')
                daily_data_dict.append(day_data)

            hourly_data_dict = []
            for index, row in hourly_data.iterrows():
                hour_data = row.to_dict()
                hour_data['date'] = index.strftime('%Y-%m-%d %H:%M:%S')
                hourly_data_dict.append(hour_data)

            print("\n=== Latest Technical Indicators ===")
            print(f"RSI: {daily_data['rsi'].iloc[-1]:.2f}")
            print(f"MACD: {daily_data['macd'].iloc[-1]:.2f}")
            print(f"BB Position: {daily_data['bb_pband'].iloc[-1]:.2f}")

            return {
                "daily_data": daily_data_dict[-7:],
                "hourly_data": hourly_data_dict[-6:],
                "latest_indicators": {
                    "rsi": daily_data['rsi'].iloc[-1],
                    "macd": daily_data['macd'].iloc[-1],
                    "macd_signal": daily_data['macd_signal'].iloc[-1],
                    "bb_position": daily_data['bb_pband'].iloc[-1]
                }
            }
        except Exception as e:
            print(f"Error in get_ohlcv_data: {e}")
            return None
    def capture_and_analyze_chart(self):
        """차트 캡쳐 및 분석"""
```

```python
        try:
            current_time = datetime.now().strftime("%Y%m%d_%H%M%S")
            screenshot_path = f"chart_{current_time}.png"

            url = f"https://upbit.com/exchange?code=CRIX.UPBIT.{self.ticker}"
            capture_success = capture_full_page(url, screenshot_path)

            if not capture_success:
                return None

            # 이미지를 base64로 인코딩
            with open(screenshot_path, "rb") as image_file:
                base64_image = base64.b64encode(image_file.read()).decode("utf-8")

            # OpenAI Vision API 호출
            response = self.client.chat.completions.create(
                model="gpt-4o-mini",
                messages=[
                    {
                        "role": "user",
                        "content": [
                            {
                                "type": "text",
                                "text": "Analyze this cryptocurrency chart and provide insights about: 1) Current trend 2) Key support/resistance levels 3) Technical indicator signals 4) Notable patterns"
                            },
                            {
                                "type": "image_url",
                                "image_url": {
                                    "url": f"data:image/png;base64,{base64_image}"
                                }
                            }
                        ]
                    }
                ],
                max_tokens=500
            )

            # 분석 결과 처리
            analysis_result = response.choices[0].message.content

            # 임시 파일 삭제
            os.remove(screenshot_path)
```

```python
            return analysis_result

    except Exception as e:
        print(f"Error in capture_and_analyze_chart: {e}")
        if os.path.exists(screenshot_path):
            os.remove(screenshot_path)
        return None

def get_crypto_news(self):
    """비트코인 관련 최신 뉴스 조회"""
    try:
        base_url = "https://serpapi.com/search.json"
        params = {
            "engine": "google_news",
            "q": "bitcoin crypto trading",
            "api_key": self.serpapi_key,
            "gl": "us",
            "hl": "en"
        }

        response = requests.get(base_url, params=params)
        if response.status_code == 200:
            news_data = response.json()

            if 'news_results' not in news_data:
                return None

            processed_news = []
            for news in news_data['news_results'][:5]:
                processed_news.append({
                    'title': news.get('title', ''),
                    'link': news.get('link', ''),
                    'source': news.get('source', {}).get('name', ''),
                    'date': news.get('date', ''),
                    'snippet': news.get('snippet', '')
                })

            print("\n=== Latest Crypto News ===")
            for news in processed_news:
                print(f"\nTitle: {news['title']}")
                print(f"Source: {news['source']}")
                print(f"Date: {news['date']}")
```

```python
                return processed_news

        return None
    except Exception as e:
        print(f"Error in get_crypto_news: {e}")
        return None

# [이전 코드의 나머지 메서드들은 그대로 유지...]
# get_fear_greed_index, add_technical_indicators, get_current_status,
# get_orderbook_data, get_ohlcv_data 메서드들은 변경 없이 유지

def get_ai_analysis(self, analysis_data):
    """AI 분석 및 매매 신호 생성"""
    try:
        # 차트 이미지 분석 수행
        chart_analysis = self.capture_and_analyze_chart()

        optimized_data = {
            "current_status": analysis_data["current_status"],
            "orderbook": {
                "timestamp": analysis_data["orderbook"]["timestamp"],
                "total_ask_size": analysis_data["orderbook"]["total_ask_size"],
                "total_bid_size": analysis_data["orderbook"]["total_bid_size"],
                "ask_prices": analysis_data["orderbook"]["ask_prices"][:3],
                "bid_prices": analysis_data["orderbook"]["bid_prices"][:3],
            },
            "ohlcv": analysis_data["ohlcv"],
            "fear_greed": analysis_data["fear_greed"],
            "news": analysis_data["news"],
            "chart_analysis": chart_analysis
        }

        prompt = """Analyze the cryptocurrency market based on the following data
and generate trading signals:
1. Technical Indicators (RSI, MACD, Bollinger Bands, etc.)
2. Order Book Data (Buy/Sell Volume)
3. Fear & Greed Index
4. Recent News Sentiment
5. Visual Chart Analysis Results

Please consider all available data including the visual chart analysis to provide a
comprehensive market assessment.

Please respond in the following JSON format:
```

```
{
    "decision": "buy/sell/hold",
    "reason": "detailed analysis explanation",
    "risk_level": "low/medium/high",
    "confidence_score": 0-100,
    "market_sentiment": "current market sentiment analysis",
    "news_impact": "analysis of news sentiment impact",
    "chart_analysis": "interpretation of visual patterns and signals"
}"""

            response = self.client.chat.completions.create(
                model="gpt-4",
                messages=[
                    {"role": "system", "content": prompt},
                    {"role": "user", "content": f"Market data for analysis: {json.dumps(optimized_data)}"}
                ]
            )

            result_text = response.choices[0].message.content

            try:
                result = json.loads(result_text)
            except json.JSONDecodeError:
                import re
                json_match = re.search(r'\{.*\}', result_text, re.DOTALL)
                if json_match:
                    result = json.loads(json_match.group())
                else:
                    raise Exception("Failed to parse AI response")

            return result

        except Exception as e:
            print(f"Error in get_ai_analysis: {e}")
            return None

    def execute_trade(self, decision, confidence_score, fear_greed_value):
        """매매 실행 (공포탐욕지수 고려)"""
        try:
            if decision == "buy":
                if fear_greed_value <= 25:
                    trade_ratio = 0.9995
                elif fear_greed_value <= 40:
```

```python
                    trade_ratio = 0.7
                else:
                    trade_ratio = 0.5

                if confidence_score > 70:
                    krw = self.upbit.get_balance("KRW")
                    if krw > 5000:
                        order = self.upbit.buy_market_order(self.ticker, krw * trade_ratio)
                        print("\n=== Buy Order Executed ===")
                        print(f"Trade Ratio: {trade_ratio * 100}%")
                        print(json.dumps(order, indent=2))

            elif decision == "sell":
                if fear_greed_value >= 75:
                    trade_ratio = 1.0
                elif fear_greed_value >= 60:
                    trade_ratio = 0.7
                else:
                    trade_ratio = 0.5

                if confidence_score > 70:
                    btc = self.upbit.get_balance(self.ticker)
                    current_price = pyupbit.get_current_price(self.ticker)

                    if btc * current_price > 5000:
                        sell_amount = btc * trade_ratio
                        order = self.upbit.sell_market_order(self.ticker, sell_amount)
                        print("\n=== Sell Order Executed ===")
                        print(f"Trade Ratio: {trade_ratio * 100}%")
                        print(json.dumps(order, indent=2))

        except Exception as e:
            print(f"Error in execute_trade: {e}")

def ai_trading():
    try:
        trader = EnhancedCryptoTrader("KRW-BTC")

        current_status = trader.get_current_status()
        orderbook_data = trader.get_orderbook_data()
        ohlcv_data = trader.get_ohlcv_data()
        fear_greed_data = trader.get_fear_greed_index()
        news_data = trader.get_crypto_news()
```

```python
            if all([current_status, orderbook_data, ohlcv_data, fear_greed_data, news_data]):
                analysis_data = {
                    "current_status": current_status,
                    "orderbook": orderbook_data,
                    "ohlcv": ohlcv_data,
                    "fear_greed": fear_greed_data,
                    "news": news_data
                }

                ai_result = trader.get_ai_analysis(analysis_data)

                if ai_result:
                    print("\n=== AI Analysis Result ===")
                    print(json.dumps(ai_result, indent=2))

                    trader.execute_trade(
                        ai_result['decision'],
                        ai_result['confidence_score'],
                        fear_greed_data['current']['value']
                    )

    except Exception as e:
        print(f"Error in ai_trading: {e}")

if __name__ == "__main__":
    print("Starting Enhanced Bitcoin Trading Bot with Chart Analysis...")
    print("Press Ctrl+C to stop")

    while True:
        try:
            ai_trading()
            time.sleep(600)  # 10분 대기
        except KeyboardInterrupt:
            print("\nTrading bot stopped by user")
            break
        except Exception as e:
            print(f"Error in main loop: {e}")
            time.sleep(60)  # 에러 발생 시 60초 대기
```

04 실행하기 앞서 최적화된 이미지를 AI가 판단할 수 있도록 **Pillow** 라이브러리를 활용하라고 요청합니다.

 Pillow 라이브러리를 활용하여 이미지를 최적화한 후 오픈AI에 요청하도록 코드를 수정해 주세요.

 네, 이미지 사이즈 최적화를 포함하여 차트 분석 부분을 개선하겠습니다. Pillow 라이브러리를 사용하여 이미지를 처리하도록 코드를 수정하겠습니다.

먼저 필요한 추가 import를 확인하겠습니다.

주요 변경 사항:
이미지 처리 관련 import 추가:
from PIL import Image
import io

차트 캡처 함수 개선:
이미지를 메모리에서 직접 Pillow Image 객체로 변환
오픈AI API 제한에 맞춰 이미지 크기 조정 (최대 2000x2000)
이미지 품질 최적화 (quality=85)

모델 변경:
gpt-4o-mini에서 gpt-4-vision-preview로 변경 (이미지 분석에 더 적합)

이 개선된 버전의 주요 장점들:
메모리 효율성:
이미지를 디스크에 저장하지 않고 메모리에서 직접 처리
최적화된 크기로 저장하여 스토리지 공간 절약

API 호환성:
오픈AI의 이미지 크기 제한을 준수
최적화된 이미지 품질로 분석 성능 유지

성능:
이미지 압축을 통한 네트워크 전송 속도 개선
메모리 사용량 최적화

이 코드를 사용할 때 주의할 점:

환경 설정:
Pillow 라이브러리 설치 필요:
pip install Pillow
충분한 메모리 확보 필요 (이미지 처리용)

에러 처리:
이미지 처리 관련 예외 상황 모니터링 필요
메모리 사용량 모니터링 권장

운영 고려 사항:
주기적인 임시 파일 정리
로그 모니터링을 통한 이미지 처리 성능 확인

추가로 개선하고 싶으신 부분이 있다면 말씀해 주세요.

> **궁금해요 Pillow 라이브러리란?**
>
> Pillow 라이브러리는 파이썬에서 이미지를 처리하고 조작하는 데 사용하는 라이브러리입니다. 스크린샷을 찍고 나서 이미지 크기를 조절하거나 이미지를 회전하는 등 이미지를 최적화하기 위해 사용합니다. 이전까지는 PIL(Python Imaging Library)이 파이썬의 대표적인 이미지 처리 라이브러리였지만, 더 이상 공식 지원되지 않아 현재는 Pillow로 대체되었습니다.

05 클로드가 작성한 코드를 적용하기 앞서 Pillow 라이브러리를 설치합니다.

```
pip install Pillow
```

06 라이브러리 설치가 완료되면 **requirements.txt**에도 추가합니다.

```
requirements.txt
python-dotenv
openai
```

```
pyupbit
ta
selenium
webdriver-manager
Pillow
```

07 크롬, 드라이버, 클릭 동작, 차트 캡처, 자동 매매 코드가 모두 연결되었으니 이제 auto trade.py를 실행합니다. 앞서 설정한 대로 지표와 시간 설정을 바꾸고 차트를 캡처하고 저장하는 것을 확인할 수 있습니다.

autotrade.py
```python
import os
from dotenv import load_dotenv
import json
import pyupbit
import pandas as pd
import ta
from datetime import datetime, timedelta
from openai import OpenAI
import time
import requests
import base64
from selenium import webdriver
from selenium.webdriver.chrome.options import Options
from selenium.webdriver.common.by import By
from selenium.webdriver.support.ui import WebDriverWait
from selenium.webdriver.support import expected_conditions as EC
from selenium.common.exceptions import TimeoutException
from PIL import Image
import io


load_dotenv()

def capture_full_page(url, output_path):
    """웹 페이지 캡처 함수"""
    chrome_options = Options()
    chrome_options.add_argument('--headless')  # 헤드리스 모드
    chrome_options.add_argument('--start-maximized')
    chrome_options.add_argument('--disable-gpu')
```

```
        chrome_options.add_argument('--no-sandbox')
        chrome_options.add_argument('--disable-dev-shm-usage')

        driver = webdriver.Chrome(options=chrome_options)
        wait = WebDriverWait(driver, 20)

        try:
            driver.get(url)
            time.sleep(5)  # 초기 로딩 대기

            # 시간 설정 버튼 클릭
            time_button = wait.until(EC.element_to_be_clickable((By.XPATH,
                "/html/body/div[1]/div[2]/div[3]/div/section[1]/article[1]/div/span[2]/div/div/div[1]/div[1]/div/cq-menu[1]/span/cq-clickable")))
            time_button.click()
            time.sleep(1)

            # 1시간 옵션 클릭
            hour_option = wait.until(EC.element_to_be_clickable((By.XPATH,
                "/html/body/div[1]/div[2]/div[3]/div/section[1]/article[1]/div/span[2]/div/div/div[1]/div[1]/div/cq-menu[1]/cq-menu-dropdown/cq-item[8]")))
            hour_option.click()
            time.sleep(3)

            # 전체 페이지 높이 구하기
            total_height = driver.execute_script("return document.body.scrollHeight")
            driver.set_window_size(1920, total_height)

            # 스크린샷 캡처
            png = driver.get_screenshot_as_png()

            # PIL Image로 변환
            img = Image.open(io.BytesIO(png))

            # 이미지 리사이즈 (OpenAI API 제한에 맞춤)
            img.thumbnail((2000, 2000))

            # 최적화된 이미지 저장
            img.save(output_path, optimize=True, quality=85)
            print(f"Optimized screenshot saved as: {output_path}")
            return True

        except Exception as e:
            print(f"Error in capture_full_page: {e}")
```

```python
            return False

    finally:
        driver.quit()


class EnhancedCryptoTrader:
    def __init__(self, ticker="KRW-BTC"):
        self.ticker = ticker
        self.access = os.getenv('UPBIT_ACCESS_KEY')
        self.secret = os.getenv('UPBIT_SECRET_KEY')
        self.serpapi_key = os.getenv('SERPAPI_KEY')
        self.upbit = pyupbit.Upbit(self.access, self.secret)
        self.client = OpenAI()
        self.fear_greed_api = "https://api.alternative.me/fng/"

def get_fear_greed_index(self, limit=7):
    """공포탐욕지수 데이터 조회"""
    try:
        response = requests.get(f"{self.fear_greed_api}?limit={limit}")
        if response.status_code == 200:
            data = response.json()

            latest = data['data'][0]
            print("\n=== Fear and Greed Index ===")
            print(f"Current Value: {latest['value']} ({latest['value_classification']})")

            processed_data = []
            for item in data['data']:
                processed_data.append({
                    'date': datetime.fromtimestamp(int(item['timestamp'])).strftime('%Y-%m-%d'),
                    'value': int(item['value']),
                    'classification': item['value_classification']
                })

            values = [int(item['value']) for item in data['data']]
            avg_value = sum(values) / len(values)
            trend = 'Improving' if values[0] > avg_value else 'Deteriorating'

            return {
                'current': {
                    'value': int(latest['value']),
```

```python
                        'classification': latest['value_classification']
                    },
                    'history': processed_data,
                    'trend': trend,
                    'average': avg_value
                }

            return None
        except Exception as e:
            print(f"Error in get_fear_greed_index: {e}")
            return None

    def add_technical_indicators(self, df):
        """기술적 분석 지표 추가"""
        # 볼린저 밴드
        indicator_bb = ta.volatility.BollingerBands(close=df['close'])
        df['bb_high'] = indicator_bb.bollinger_hband()
        df['bb_mid'] = indicator_bb.bollinger_mavg()
        df['bb_low'] = indicator_bb.bollinger_lband()
        df['bb_pband'] = indicator_bb.bollinger_pband()

        # RSI
        df['rsi'] = ta.momentum.RSIIndicator(close=df['close']).rsi()

        # MACD
        macd = ta.trend.MACD(close=df['close'])
        df['macd'] = macd.macd()
        df['macd_signal'] = macd.macd_signal()
        df['macd_diff'] = macd.macd_diff()

        # 이동평균선
        df['ma5'] = ta.trend.SMAIndicator(close=df['close'], window=5).sma_indicator()
        df['ma20'] = ta.trend.SMAIndicator(close=df['close'], window=20).sma_indicator()
        df['ma60'] = ta.trend.SMAIndicator(close=df['close'], window=60).sma_indicator()
        df['ma120'] = ta.trend.SMAIndicator(close=df['close'], window=120).sma_indicator()

        # ATR
        df['atr'] = ta.volatility.AverageTrueRange(
            high=df['high'], low=df['low'], close=df['close']
        ).average_true_range()
```

```python
        return df

    def get_current_status(self):
        """현재 투자 상태 조회"""
        try:
            krw_balance = float(self.upbit.get_balance("KRW"))
            crypto_balance = float(self.upbit.get_balance(self.ticker))
            avg_buy_price = float(self.upbit.get_avg_buy_price(self.ticker))
            current_price = float(pyupbit.get_current_price(self.ticker))

            print("\n=== Current Investment Status ===")
            print(f"보유 현금: {krw_balance:,.0f} KRW")
            print(f"보유 코인: {crypto_balance:.8f} {self.ticker}")
            print(f"평균 매수가: {avg_buy_price:,.0f} KRW")
            print(f"현재가: {current_price:,.0f} KRW")

            total_value = krw_balance + (crypto_balance * current_price)
            unrealized_profit = ((current_price - avg_buy_price) * crypto_balance) if 
crypto_balance else 0
            profit_percentage = ((current_price / avg_buy_price) - 1) * 100 if crypto_
balance else 0

            print(f"미실현 손익: {unrealized_profit:,.0f} KRW ({profit_
percentage:.2f}%)")

            return {
                "krw_balance": krw_balance,
                "crypto_balance": crypto_balance,
                "avg_buy_price": avg_buy_price,
                "current_price": current_price,
                "total_value": total_value,
                "unrealized_profit": unrealized_profit,
                "profit_percentage": profit_percentage
            }
        except Exception as e:
            print(f"Error in get_current_status: {e}")
            return None

    def get_orderbook_data(self):
        """호가 데이터 조회"""
        try:
```

```python
            orderbook = pyupbit.get_orderbook(ticker=self.ticker)
            if not orderbook or len(orderbook) == 0:
                return None

            ask_prices = []
            ask_sizes = []
            bid_prices = []
            bid_sizes = []

            for unit in orderbook['orderbook_units'][:5]:
                ask_prices.append(unit['ask_price'])
                ask_sizes.append(unit['ask_size'])
                bid_prices.append(unit['bid_price'])
                bid_sizes.append(unit['bid_size'])

            return {
                "timestamp": datetime.fromtimestamp(orderbook['timestamp'] / 1000).strftime('%Y-%m-%d %H:%M:%S'),
                "total_ask_size": float(orderbook['total_ask_size']),
                "total_bid_size": float(orderbook['total_bid_size']),
                "ask_prices": ask_prices,
                "ask_sizes": ask_sizes,
                "bid_prices": bid_prices,
                "bid_sizes": bid_sizes
            }
        except Exception as e:
            print(f"Error in get_orderbook_data: {e}")
            return None


    def get_ohlcv_data(self):
        """차트 데이터 수집 및 기술적 분석"""
        try:
            daily_data = pyupbit.get_ohlcv(self.ticker, interval="day", count=30)
            daily_data = self.add_technical_indicators(daily_data)

            hourly_data = pyupbit.get_ohlcv(self.ticker, interval="minute60", count=24)
            hourly_data = self.add_technical_indicators(hourly_data)

            daily_data_dict = []
            for index, row in daily_data.iterrows():
                day_data = row.to_dict()
                day_data['date'] = index.strftime('%Y-%m-%d')
                daily_data_dict.append(day_data)
```

```python
            hourly_data_dict = []
            for index, row in hourly_data.iterrows():
                hour_data = row.to_dict()
                hour_data['date'] = index.strftime('%Y-%m-%d %H:%M:%S')
                hourly_data_dict.append(hour_data)

            print("\n=== Latest Technical Indicators ===")
            print(f"RSI: {daily_data['rsi'].iloc[-1]:.2f}")
            print(f"MACD: {daily_data['macd'].iloc[-1]:.2f}")
            print(f"BB Position: {daily_data['bb_pband'].iloc[-1]:.2f}")

            return {
                "daily_data": daily_data_dict[-7:],
                "hourly_data": hourly_data_dict[-6:],
                "latest_indicators": {
                    "rsi": daily_data['rsi'].iloc[-1],
                    "macd": daily_data['macd'].iloc[-1],
                    "macd_signal": daily_data['macd_signal'].iloc[-1],
                    "bb_position": daily_data['bb_pband'].iloc[-1]
                }
            }
    except Exception as e:
        print(f"Error in get_ohlcv_data: {e}")
        return None
def capture_and_analyze_chart(self):
    """차트 캡처 및 분석"""
    try:
        current_time = datetime.now().strftime("%Y%m%d_%H%M%S")
        screenshot_path = f"chart_{current_time}.png"

        url = f"https://upbit.com/exchange?code=CRIX.UPBIT.{self.ticker}"
        capture_success = capture_full_page(url, screenshot_path)

        if not capture_success:
            return None

        # 이미지를 base64로 인코딩
        with open(screenshot_path, "rb") as image_file:
            base64_image = base64.b64encode(image_file.read()).decode("utf-8")

        # OpenAI Vision API 호출
        response = self.client.chat.completions.create(
            model="gpt-4o-mini",
```

```python
            messages=[
                {
                    "role": "user",
                    "content": [
                        {
                            "type": "text",
                            "text": "Analyze this cryptocurrency chart and provide insights about: 1) Current trend 2) Key support/resistance levels 3) Technical indicator signals 4) Notable patterns"
                        },
                        {
                            "type": "image_url",
                            "image_url": {
                                "url": f"data:image/png;base64,{base64_image}"
                            }
                        }
                    ]
                }
            ],
            max_tokens=500
        )

        # 분석 결과 처리
        analysis_result = response.choices[0].message.content

        # 임시 파일 삭제
        os.remove(screenshot_path)

        return analysis_result

    except Exception as e:
        print(f"Error in capture_and_analyze_chart: {e}")
        if os.path.exists(screenshot_path):
            os.remove(screenshot_path)
        return None


def get_crypto_news(self):
    """비트코인 관련 최신 뉴스 조회"""
    try:
        base_url = "https://serpapi.com/search.json"
        params = {
            "engine": "google_news",
            "q": "bitcoin crypto trading",
```

```python
                "api_key": self.serpapi_key,
                "gl": "us",
                "hl": "en"
            }

            response = requests.get(base_url, params=params)
            if response.status_code == 200:
                news_data = response.json()

                if 'news_results' not in news_data:
                    return None

                processed_news = []
                for news in news_data['news_results'][:5]:
                    processed_news.append({
                        'title': news.get('title', ''),
                        'link': news.get('link', ''),
                        'source': news.get('source', {}).get('name', ''),
                        'date': news.get('date', ''),
                        'snippet': news.get('snippet', '')
                    })

                print("\n=== Latest Crypto News ===")
                for news in processed_news:
                    print(f"\nTitle: {news['title']}")
                    print(f"Source: {news['source']}")
                    print(f"Date: {news['date']}")

                return processed_news

            return None
        except Exception as e:
            print(f"Error in get_crypto_news: {e}")
            return None


# [이전 코드의 나머지 메서드들은 그대로 유지...]
# get_fear_greed_index, add_technical_indicators, get_current_status,
# get_orderbook_data, get_ohlcv_data 메서드들은 변경 없이 유지


def get_ai_analysis(self, analysis_data):
    """AI 분석 및 매매 신호 생성"""
    try:
```

```python
        # 차트 이미지 분석 수행
        chart_analysis = self.capture_and_analyze_chart()

        optimized_data = {
            "current_status": analysis_data["current_status"],
            "orderbook": {
                "timestamp": analysis_data["orderbook"]["timestamp"],
                "total_ask_size": analysis_data["orderbook"]["total_ask_size"],
                "total_bid_size": analysis_data["orderbook"]["total_bid_size"],
                "ask_prices": analysis_data["orderbook"]["ask_prices"][:3],
                "bid_prices": analysis_data["orderbook"]["bid_prices"][:3],
            },
            "ohlcv": analysis_data["ohlcv"],
            "fear_greed": analysis_data["fear_greed"],
            "news": analysis_data["news"],
            "chart_analysis": chart_analysis
        }


        prompt = """Analyze the cryptocurrency market based on the following data
and generate trading signals:
1. Technical Indicators (RSI, MACD, Bollinger Bands, etc.)
2. Order Book Data (Buy/Sell Volume)
3. Fear & Greed Index
4. Recent News Sentiment
5. Visual Chart Analysis Results


Please consider all available data including the visual chart analysis to provide a
comprehensive market assessment.


Please respond in the following JSON format:
{
    "decision": "buy/sell/hold",
    "reason": "detailed analysis explanation",
    "risk_level": "low/medium/high",
    "confidence_score": 0-100,
    "market_sentiment": "current market sentiment analysis",
    "news_impact": "analysis of news sentiment impact",
    "chart_analysis": "interpretation of visual patterns and signals"
}"""
```

```python
            response = self.client.chat.completions.create(
                model="gpt-4",
                messages=[
                    {"role": "system", "content": prompt},
                    {"role": "user", "content": f"Market data for analysis: {json.dumps(optimized_data)}"}
                ]
            )

            result_text = response.choices[0].message.content

            try:
                result = json.loads(result_text)
            except json.JSONDecodeError:
                import re
                json_match = re.search(r'\{.*\}', result_text, re.DOTALL)
                if json_match:
                    result = json.loads(json_match.group())
                else:
                    raise Exception("Failed to parse AI response")

            return result

        except Exception as e:
            print(f"Error in get_ai_analysis: {e}")
            return None


    def execute_trade(self, decision, confidence_score, fear_greed_value):
        """매매 실행 (공포탐욕지수 고려)"""
        try:
            if decision == "buy":
                if fear_greed_value <= 25:
                    trade_ratio = 0.9995
                elif fear_greed_value <= 40:
                    trade_ratio = 0.7
                else:
                    trade_ratio = 0.5

                if confidence_score > 70:
                    krw = self.upbit.get_balance("KRW")
```

```python
                    if krw > 5000:
                        order = self.upbit.buy_market_order(self.ticker, krw * trade_ratio)
                        print("\n=== Buy Order Executed ===")
                        print(f"Trade Ratio: {trade_ratio * 100}%")
                        print(json.dumps(order, indent=2))

            elif decision == "sell":
                if fear_greed_value >= 75:
                    trade_ratio = 1.0
                elif fear_greed_value >= 60:
                    trade_ratio = 0.7
                else:
                    trade_ratio = 0.5

                if confidence_score > 70:
                    btc = self.upbit.get_balance(self.ticker)
                    current_price = pyupbit.get_current_price(self.ticker)

                    if btc * current_price > 5000:
                        sell_amount = btc * trade_ratio
                        order = self.upbit.sell_market_order(self.ticker, sell_amount)
                        print("\n=== Sell Order Executed ===")
                        print(f"Trade Ratio: {trade_ratio * 100}%")
                        print(json.dumps(order, indent=2))

        except Exception as e:
            print(f"Error in execute_trade: {e}")


def ai_trading():
    try:
        trader = EnhancedCryptoTrader("KRW-BTC")

        current_status = trader.get_current_status()
        orderbook_data = trader.get_orderbook_data()
        ohlcv_data = trader.get_ohlcv_data()
        fear_greed_data = trader.get_fear_greed_index()
        news_data = trader.get_crypto_news()

        if all([current_status, orderbook_data, ohlcv_data, fear_greed_data, news_data]):
            analysis_data = {
                "current_status": current_status,
```

```python
                "orderbook": orderbook_data,
                "ohlcv": ohlcv_data,
                "fear_greed": fear_greed_data,
                "news": news_data
            }

            ai_result = trader.get_ai_analysis(analysis_data)

            if ai_result:
                print("\n=== AI Analysis Result ===")
                print(json.dumps(ai_result, indent=2))

                trader.execute_trade(
                    ai_result['decision'],
                    ai_result['confidence_score'],
                    fear_greed_data['current']['value']
                )

    except Exception as e:
        print(f"Error in ai_trading: {e}")


if __name__ == "__main__":
    print("Starting Enhanced Bitcoin Trading Bot with Chart Analysis...")
    print("Press Ctrl+C to stop")

    while True:
        try:
            ai_trading()
            time.sleep(600)  # 10분 대기
        except KeyboardInterrupt:
            print("\nTrading bot stopped by user")
            break
        except Exception as e:
            print(f"Error in main loop: {e}")
            time.sleep(60)  # 에러 발생 시 60초 대기
```

지금까지 셀레니움을 활용해 브라우저를 자동으로 실행하고 클릭해 캡처한 이미지를 오픈AI에 전달하는 기능까지 구현했습니다. 코드를 통합하는 과정에서 오류가 발생하면 오류 메시지를 클로드에 알려 주고 디버깅하는 과정을 반복하면서 코드의 완성도를 높일 수 있습니다.

09 영상 데이터 넣기

영상 데이터는 시장 트렌드나 기업 발표, 뉴스 보도 등 중요한 정보를 시각적으로 제공해 자동 매매 프로그램이 시장 상황을 더 정확히 이해하는 데 도움을 줍니다. 뿐만 아니라 다양한 매체의 영상 정보를 분석하면 투자 판단의 정밀도가 향상될 수 있습니다.

물론 우리가 사용하는 AI는 멀티모달 모델이므로 영상을 그대로 넣어도 인식하고 분석할 수 있지만, 토큰 소모량을 줄이기 위해 youtube-transcript-api로 추출한 영상의 자막 데이터를 자동 매매 프로그램에 학습시켜 보겠습니다.

학습 목표

영상 데이터가 자동 매매 프로그램에 어떤 데이터가 되는지 확인하고, youtube-transcript-api로 영상의 자막을 추출해 프로그램에 학습시킬 수 있습니다.

핵심 키워드

- 영상 데이터
- 자막 추출
- youtube-transcript-api

경제적으로 영상 데이터를 학습시키는 방법

매매 판단을 내릴 AI가 파악해 두면 좋은 데이터 중 하나가 바로 영상입니다. LMM은 텍스트, 이미지, 영상, 소리 같이 여러 형태의 데이터를 학습할 수 있지만, 영상을 그대로 넣을 경우 오픈AI의 API를 호출할 때 토큰 소모가 커질 수밖에 없습니다. 따라서 토큰의 소모량을 줄이면서 영상 데이터를 활용하기 위해 이번 예제에서는 **youtube-transcript-api**를 이용해 영상의 자막을 추출해 텍스트 형태로 데이터를 넣는 방법을 살펴보겠습니다. youtube-transcript-api에 대한 가이드 문서는 깃허브에서 확인할 수 있습니다.

🔗 자막 추출 라이브러리: github.com/jdepoix/youtube-transcript-api

영상 자막 추출하기

01 먼저 youtube-transcript-api 라이브러리 설치를 위해 터미널에 다음 명령을 입력합니다.

```
pip install youtube-transcript-api
```

02 requirements.txt에도 라이브러리를 추가한 다음 저장합니다.

```
requirements.txt
python-dotenv
openai
pyupbit
ta
selenium
webdriver-manager
pillow
youtube-transcript-api
```

03 API 사용 방법은 간단합니다. 다음 두 줄을 test.py에 입력합니다.

test.py
```
from youtube_transcript_api import YouTubeTranscriptApi
YouTubeTranscriptApi.get_transcript(video_id)
```

04 이제 자막을 추출할 영상의 비디오 아이디를 입력해야 합니다. 비디오 아이디란 유튜브에서 영상의 주소창에서 v= 뒤에 있는 문자를 뜻합니다. 이 아이디를 복사합니다.

💡 **Tip.** 예시로 사용한 영상은 'Eric Muathe'의 RSI, MACD 차트를 분석하는 〈Single Line RSI and MACD Chart Analysis〉입니다. 해당 영상은 '크리에이티브 커먼즈 저작자 표시 라이선스(재사용 허용)' 영상으로, 저작권 걱정 없이 영상을 활용하려면 영상의 라이선스를 반드시 확인하는 것이 좋습니다.

05 복사한 비디오 아이디를 (video_id)에 입력하고 큰따옴표로 감싼 다음 print 문으로 수정해서 실행하면 시간 데이터와 자막 데이터가 출력되는 것을 확인할 수 있습니다.

test.py
```
from youtube_transcript_api import YouTubeTranscriptApi
print(YouTubeTranscriptApi.get_transcript("TWINrTppUl4"))
```

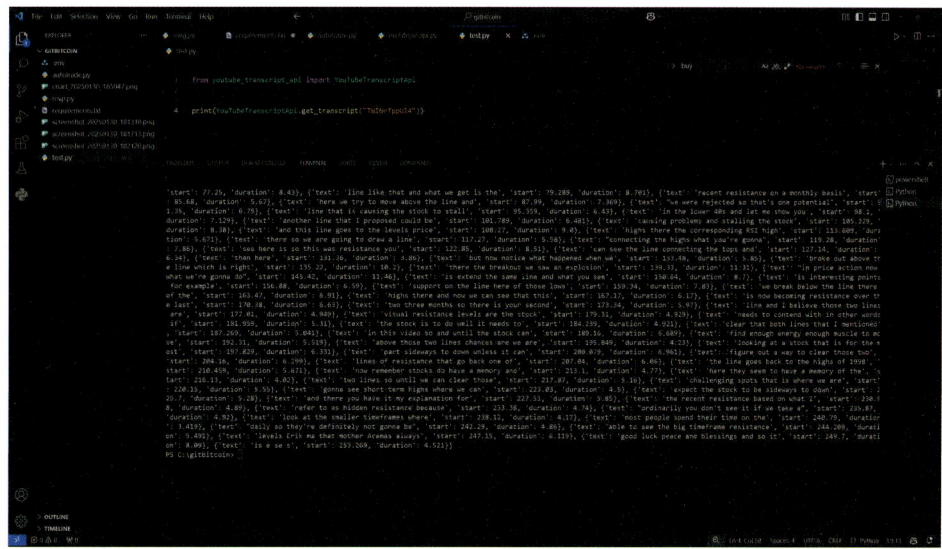

06 출력 결과로 자막 텍스트만 깔끔하게 볼 수 있도록 Start, Duration 정보 등을 제거하겠습니다. 이 코드와 실행 결과를 복사해 클로드에 붙여 넣고 다음 프롬프트를 입력합니다.

 다음은 자막을 추출하는 코드와 해당 코드의 실행 결과입니다. 파이썬으로 자막의 텍스트만 모아서 출력하는 코드를 작성해 주세요.
[자막 추출 코드 첨부]
[실행 결과 첨부]

네, YouTube 영상의 자막에서 텍스트만 추출하는 파이썬 코드를 작성해드리겠습니다.

```python
from youtube_transcript_api import YouTubeTranscriptApi

# 자막 데이터 가져오기
transcript = YouTubeTranscriptApi.get_transcript("TWINrTppUl4")

# 텍스트만 추출하여 출력
for entry in transcript:
    print(entry['text'])
```

09 영상 데이터 넣기 **237**

```
# 또는 한 번에 모든 텍스트를 하나의 문자열로 만들고 싶다면:
all_text = ' '.join([entry['text'] for entry in transcript])
print(all_text)
```

이 코드는:
1. transcript에서 각 자막 항목의 'text' 키에 해당하는 값만 추출합니다
2. 두 가지 방식으로 출력할 수 있습니다.
   - 각 자막을 개별적으로 출력
   - 모든 자막을 하나의 문자열로 합쳐서 출력

원하시는 출력 형식에 따라 두 방식 중 선택하여 사용하시면 됩니다.

07 클로드가 작성한 코드를 **test.py**에 붙여 넣고 실행하면 영상의 자막 텍스트가 연결된 형태로 한 번에 잘 출력되는 것을 확인할 수 있습니다.

test.py
```
from youtube_transcript_api import YouTubeTranscriptApi

# 자막 데이터 가져오기
transcript = YouTubeTranscriptApi.get_transcript("TWINrTppUl4")

# 텍스트만 추출하여 출력
for entry in transcript:
    print(entry['text'])

# 또는 한 번에 모든 텍스트를 하나의 문자열로 만들고 싶다면:
all_text = ' '.join([entry['text'] for entry in transcript])
print(all_text)
```

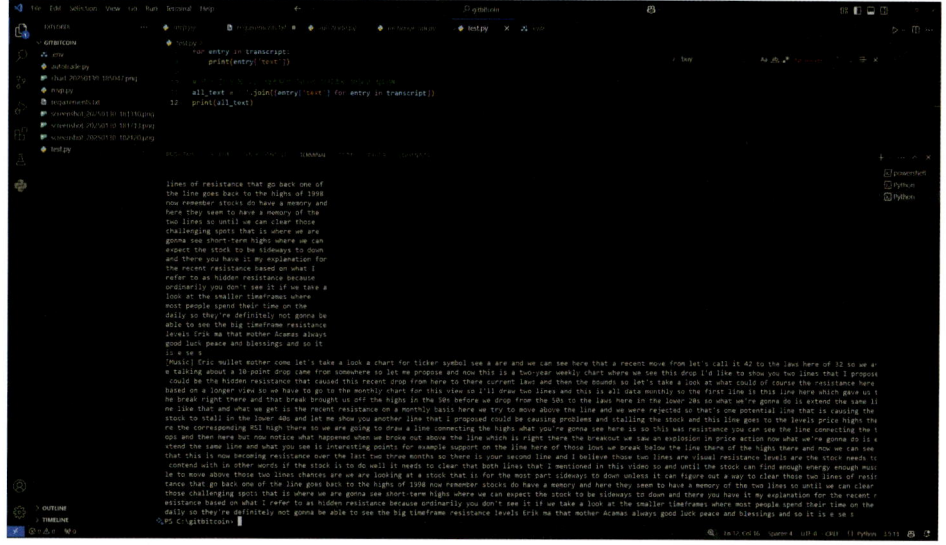

자막 데이터 가져오기

01 이제 유튜브 영상에서 추출한 자막을 뉴스, 차트와 함께 추가하겠습니다. 먼저 autotrade. py 파일을 복사해 클로드에 붙여 넣습니다. 작성한 코드가 길어졌으니 클로드를 새로 열어 먼저 데이터 학습을 요청합니다.

다음은 파이썬으로 작성한 GPT 비트코인 자동 매매 프로그램 코드입니다. 이후 이 코드를 기반으로 수정을 요청할 예정이니 전체 코드를 파악해 주세요.
[autotrade.py 첨부]

네, 코드를 검토해 보겠습니다. 이 코드는 GPT를 활용한 비트코인 자동 매매 프로그램으로, 주요 기능과 구조는 다음과 같습니다.

1. 주요 클래스 및 기능:
- `EnhancedCryptoTrader`: 주요 트레이딩 로직을 담당하는 클래스
- `capture_full_page()`: 업비트 차트 페이지 캡처 기능

2. 데이터 수집 기능:
- 현재 투자 상태 조회 (`get_current_status`)

- 호가 데이터 조회 (`get_orderbook_data`)
- OHLCV 데이터 및 기술적 지표 계산 (`get_ohlcv_data`)
- 공포탐욕지수 조회 (`get_fear_greed_index`)
- 암호 화폐 뉴스 수집 (`get_crypto_news`)

3. 분석 기능:
- 기술적 지표 계산 (RSI, MACD, 볼린저 밴드 등)
- 차트 이미지 분석 (GPT-4 Vision 활용)
- 종합적인 AI 분석 및 매매 신호 생성

4. 매매 실행:
- 공포탐욕지수를 고려한 매매 비율 조정
- 신뢰도 점수에 따른 매매 실행

5. 주요 특장:
- 10분 간격으로 자동 실행
- 에러 처리 및 로깅
- 환경 변수를 통한 API 키 관리
- 셀레니움을 활용한 차트 캡처

전반적으로 다양한 데이터 소스를 활용하여 종합적인 분석을 수행하고, GPT를 통해 매매 결정을 내리는 잘 구조화된 프로그램으로 보입니다. 어떤 부분을 수정하고 싶으신가요?

02 클로드가 코드를 이해하고 정리한 것을 확인했다면 이번에는 test.py 코드를 복사해 클로드에 붙여 넣고 다음과 같이 프롬프트를 입력합니다.

다음 코드는 유튜브 영상의 자막을 추출하는 코드입니다. 이런 방식으로 투자 관련 영상의 자막을 추출해 AI 자동 매매 프로그램의 판단 데이터로 활용하려 합니다. 앞서 첨부한 autotrade.py와 코드를 통합해 주세요.
[test.py 첨부]

네, 유튜브 자막 데이터를 활용하여 투자 분석에 추가하는 기능을 구현해 보겠습니다.

주요 변경 사항은 다음과 같습니다.

1. YouTube 자막 분석 기능 추가
- `get_youtube_analysis` 메서드 추가
- 여러 유튜브 채널의 자막을 수집하고 분석하는 기능
- GPT-4를 사용한 자막 내용 분석

2. AI 분석 강화
- `get_ai_analysis` 메서드에 YouTube 분석 결과 통합
- 분석 프롬프트에 YouTube 콘텐츠 분석 항목 추가
- 결과 JSON에 `youtube_sentiment` 필드 추가

3. 초기화 부분 수정
- YouTube 채널 ID 리스트 추가 (필요한 채널 ID를 추가할 수 있음)

이제 이 프로그램은 기술적 지표, 뉴스, 차트 분석뿐만 아니라 유튜브 콘텐츠의 시장 분석도 고려하여 매매 결정을 내리게 됩니다. 유튜브 자막에서 얻은 인사이트와 시장 센티멘트가 전체 분석에 반영됩니다. 추가적인 개선이 필요하거나 특정 부분을 수정하고 싶으시다면 말씀해 주세요.

03 클로드가 작성한 통합된 코드를 복사해 autotrade.py에 붙여 넣고 실행합니다. 코드를 확인해 보면 기존 파일에 정리하던 방식대로 주석을 추가하거나 필요한 라이브러리도 추가된 것을 확인할 수 있습니다.

autotrade.py

```
import os
from dotenv import load_dotenv
import json
import pyupbit
import pandas as pd
import ta
from datetime import datetime, timedelta
from openai import OpenAI
import time
import requests
import base64
from selenium import webdriver
from selenium.webdriver.chrome.options import Options
from selenium.webdriver.common.by import By
```

```python
from selenium.webdriver.support.ui import WebDriverWait
from selenium.webdriver.support import expected_conditions as EC
from selenium.common.exceptions import TimeoutException
from PIL import Image
import io
from youtube_transcript_api import YouTubeTranscriptApi

load_dotenv()

def capture_full_page(url, output_path):
    """웹 페이지 캡처 함수"""
    chrome_options = Options()
    chrome_options.add_argument('--headless')  # 헤드리스 모드
    chrome_options.add_argument('--start-maximized')
    chrome_options.add_argument('--disable-gpu')
    chrome_options.add_argument('--no-sandbox')
    chrome_options.add_argument('--disable-dev-shm-usage')
    chrome_options.add_argument('--enable-webgl')  # WebGL 명시적 활성화
    chrome_options.add_argument('--disable-software-rasterizer')  # software-rasterizer 비활성화

    driver = webdriver.Chrome(options=chrome_options)
    wait = WebDriverWait(driver, 20)

    try:
        driver.get(url)
        time.sleep(5)  # 초기 로딩 대기

        # 시간 설정 버튼 클릭
        time_button = wait.until(EC.element_to_be_clickable((By.XPATH,
            "/html/body/div[1]/div[2]/div[3]/div/section[1]/article[1]/div/span[2]/div/div/div[1]/div[1]/div/cq-menu[1]/span/cq-clickable")))
        time_button.click()
        time.sleep(1)

        # 1시간 옵션 클릭
        hour_option = wait.until(EC.element_to_be_clickable((By.XPATH,
            "/html/body/div[1]/div[2]/div[3]/div/section[1]/article[1]/div/span[2]/div/div/div[1]/div[1]/div/cq-menu[1]/cq-menu-dropdown/cq-item[8]")))
        hour_option.click()
        time.sleep(3)

        # 전체 페이지 높이 구하기
        total_height = driver.execute_script("return document.body.scrollHeight")
```

```python
        driver.set_window_size(1920, total_height)

        # 스크린샷 캡처
        png = driver.get_screenshot_as_png()

        # PIL Image로 변환
        img = Image.open(io.BytesIO(png))

        # 이미지 리사이즈(OpenAI API 제한에 맞춤)
        img.thumbnail((2000, 2000))

        # 최적화된 이미지 저장
        img.save(output_path, optimize=True, quality=85)
        print(f"Optimized screenshot saved as: {output_path}")
        return True

    except Exception as e:
        print(f"Error in capture_full_page: {e}")
        return False

    finally:
        driver.quit()

class EnhancedCryptoTrader:
    def __init__(self, ticker="KRW-BTC"):
        self.ticker = ticker
        self.access = os.getenv('UPBIT_ACCESS_KEY')
        self.secret = os.getenv('UPBIT_SECRET_KEY')
        self.serpapi_key = os.getenv('SERPAPI_KEY')
        self.upbit = pyupbit.Upbit(self.access, self.secret)
        self.client = OpenAI()
        self.fear_greed_api = "https://api.alternative.me/fng/"
        self.youtube_channels = [
            "TWINrTppUl4",  # 예시 비디오 ID
            # 여기에 추가 암호 화폐 관련 유튜브 채널 ID 추가
        ]

    def get_fear_greed_index(self, limit=7):
        """공포탐욕지수 데이터 조회"""
        try:
            response = requests.get(f"{self.fear_greed_api}?limit={limit}")
            if response.status_code == 200:
                data = response.json()
```

```python
                latest = data['data'][0]
                print("\n=== Fear and Greed Index ===")
                print(f"Current Value: {latest['value']} ({latest['value_classification']})")

                processed_data = []
                for item in data['data']:
                    processed_data.append({
                        'date': datetime.fromtimestamp(int(item['timestamp'])).strftime('%Y-%m-%d'),
                        'value': int(item['value']),
                        'classification': item['value_classification']
                    })

                values = [int(item['value']) for item in data['data']]
                avg_value = sum(values) / len(values)
                trend = 'Improving' if values[0] > avg_value else 'Deteriorating'

                return {
                    'current': {
                        'value': int(latest['value']),
                        'classification': latest['value_classification']
                    },
                    'history': processed_data,
                    'trend': trend,
                    'average': avg_value
                }

            return None
        except Exception as e:
            print(f"Error in get_fear_greed_index: {e}")
            return None

    def add_technical_indicators(self, df):
        """기술적 분석 지표 추가"""
        # 볼린저 밴드
        indicator_bb = ta.volatility.BollingerBands(close=df['close'])
        df['bb_high'] = indicator_bb.bollinger_hband()
        df['bb_mid'] = indicator_bb.bollinger_mavg()
        df['bb_low'] = indicator_bb.bollinger_lband()
        df['bb_pband'] = indicator_bb.bollinger_pband()

        # RSI
        df['rsi'] = ta.momentum.RSIIndicator(close=df['close']).rsi()
```

```python
        # MACD
        macd = ta.trend.MACD(close=df['close'])
        df['macd'] = macd.macd()
        df['macd_signal'] = macd.macd_signal()
        df['macd_diff'] = macd.macd_diff()

        # 이동평균선
        df['ma5'] = ta.trend.SMAIndicator(close=df['close'], window=5).sma_indicator()
        df['ma20'] = ta.trend.SMAIndicator(close=df['close'], window=20).sma_
indicator()
        df['ma60'] = ta.trend.SMAIndicator(close=df['close'], window=60).sma_
indicator()
        df['ma120'] = ta.trend.SMAIndicator(close=df['close'], window=120).sma_
indicator()

        # ATR
        df['atr'] = ta.volatility.AverageTrueRange(
            high=df['high'], low=df['low'], close=df['close']
        ).average_true_range()

        return df

def get_current_status(self):
    """현재 투자 상태 조회"""
    try:
        krw_balance = float(self.upbit.get_balance("KRW"))
        crypto_balance = float(self.upbit.get_balance(self.ticker))
        avg_buy_price = float(self.upbit.get_avg_buy_price(self.ticker))
        current_price = float(pyupbit.get_current_price(self.ticker))

        print("\n=== Current Investment Status ===")
        print(f"보유 현금: {krw_balance:,.0f} KRW")
        print(f"보유 코인: {crypto_balance:.8f} {self.ticker}")
        print(f"평균 매수가: {avg_buy_price:,.0f} KRW")
        print(f"현재가: {current_price:,.0f} KRW")

        total_value = krw_balance + (crypto_balance * current_price)
        unrealized_profit = ((current_price - avg_buy_price) * crypto_balance) if
crypto_balance else 0
        profit_percentage = ((current_price / avg_buy_price) - 1) * 100 if crypto_
balance else 0

        print(f"미실현 손익: {unrealized_profit:,.0f} KRW ({profit_
```

```python
            percentage:.2f}%)")

            return {
                "krw_balance": krw_balance,
                "crypto_balance": crypto_balance,
                "avg_buy_price": avg_buy_price,
                "current_price": current_price,
                "total_value": total_value,
                "unrealized_profit": unrealized_profit,
                "profit_percentage": profit_percentage
            }
        except Exception as e:
            print(f"Error in get_current_status: {e}")
            return None

def get_orderbook_data(self):
    """호가 데이터 조회"""
    try:
        orderbook = pyupbit.get_orderbook(ticker=self.ticker)
        if not orderbook or len(orderbook) == 0:
            return None

        ask_prices = []
        ask_sizes = []
        bid_prices = []
        bid_sizes = []

        for unit in orderbook['orderbook_units'][:5]:
            ask_prices.append(unit['ask_price'])
            ask_sizes.append(unit['ask_size'])
            bid_prices.append(unit['bid_price'])
            bid_sizes.append(unit['bid_size'])

        return {
            "timestamp": datetime.fromtimestamp(orderbook['timestamp'] / 1000).strftime('%Y-%m-%d %H:%M:%S'),
            "total_ask_size": float(orderbook['total_ask_size']),
            "total_bid_size": float(orderbook['total_bid_size']),
            "ask_prices": ask_prices,
            "ask_sizes": ask_sizes,
            "bid_prices": bid_prices,
            "bid_sizes": bid_sizes
        }
    except Exception as e:
```

```python
            print(f"Error in get_orderbook_data: {e}")
            return None

    def get_ohlcv_data(self):
        """차트 데이터 수집 및 기술적 분석"""
        try:
            daily_data = pyupbit.get_ohlcv(self.ticker, interval="day", count=30)
            daily_data = self.add_technical_indicators(daily_data)

            hourly_data = pyupbit.get_ohlcv(self.ticker, interval="minute60", count=24)
            hourly_data = self.add_technical_indicators(hourly_data)

            daily_data_dict = []
            for index, row in daily_data.iterrows():
                day_data = row.to_dict()
                day_data['date'] = index.strftime('%Y-%m-%d')
                daily_data_dict.append(day_data)

            hourly_data_dict = []
            for index, row in hourly_data.iterrows():
                hour_data = row.to_dict()
                hour_data['date'] = index.strftime('%Y-%m-%d %H:%M:%S')
                hourly_data_dict.append(hour_data)

            print("\n=== Latest Technical Indicators ===")
            print(f"RSI: {daily_data['rsi'].iloc[-1]:.2f}")
            print(f"MACD: {daily_data['macd'].iloc[-1]:.2f}")
            print(f"BB Position: {daily_data['bb_pband'].iloc[-1]:.2f}")

            return {
                "daily_data": daily_data_dict[-7:],
                "hourly_data": hourly_data_dict[-6:],
                "latest_indicators": {
                    "rsi": daily_data['rsi'].iloc[-1],
                    "macd": daily_data['macd'].iloc[-1],
                    "macd_signal": daily_data['macd_signal'].iloc[-1],
                    "bb_position": daily_data['bb_pband'].iloc[-1]
                }
            }
        except Exception as e:
            print(f"Error in get_ohlcv_data: {e}")
            return None
    def capture_and_analyze_chart(self):
        """차트 캡처 및 분석"""
```

```python
try:
    current_time = datetime.now().strftime("%Y%m%d_%H%M%S")
    screenshot_path = f"chart_{current_time}.png"

    url = f"https://upbit.com/exchange?code=CRIX.UPBIT.{self.ticker}"
    capture_success = capture_full_page(url, screenshot_path)

    if not capture_success:
        return None

    # 이미지를 base64로 인코딩
    with open(screenshot_path, "rb") as image_file:
        base64_image = base64.b64encode(image_file.read()).decode("utf-8")

    # OpenAI Vision API 호출
    response = self.client.chat.completions.create(
        model="gpt-4o-mini",
        messages=[
            {
                "role": "user",
                "content": [
                    {
                        "type": "text",
                        "text": "Analyze this cryptocurrency chart and provide insights about: 1) Current trend 2) Key support/resistance levels 3) Technical indicator signals 4) Notable patterns"
                    },
                    {
                        "type": "image_url",
                        "image_url": {
                            "url": f"data:image/png;base64,{base64_image}"
                        }
                    }
                ]
            }
        ],
        max_tokens=500
    )

    # 분석 결과 처리
    analysis_result = response.choices[0].message.content

    # 임시 파일 삭제
    os.remove(screenshot_path)
```

```python
            return analysis_result

    except Exception as e:
        print(f"Error in capture_and_analyze_chart: {e}")
        if os.path.exists(screenshot_path):
            os.remove(screenshot_path)
        return None

def get_crypto_news(self):
    """비트코인 관련 최신 뉴스 조회"""
    try:
        base_url = "https://serpapi.com/search.json"
        params = {
            "engine": "google_news",
            "q": "bitcoin crypto trading",
            "api_key": self.serpapi_key,
            "gl": "us",
            "hl": "en"
        }

        response = requests.get(base_url, params=params)
        if response.status_code == 200:
            news_data = response.json()

            if 'news_results' not in news_data:
                return None

            processed_news = []
            for news in news_data['news_results'][:5]:
                processed_news.append({
                    'title': news.get('title', ''),
                    'link': news.get('link', ''),
                    'source': news.get('source', {}).get('name', ''),
                    'date': news.get('date', ''),
                    'snippet': news.get('snippet', '')
                })

            print("\n=== Latest Crypto News ===")
            for news in processed_news:
                print(f"\nTitle: {news['title']}")
                print(f"Source: {news['source']}")
                print(f"Date: {news['date']}")
```

```python
                    return processed_news

            return None
    except Exception as e:
        print(f"Error in get_crypto_news: {e}")
        return None

    # [이전 코드의 나머지 메서드들은 그대로 유지...]
    # get_fear_greed_index, add_technical_indicators, get_current_status,
    # get_orderbook_data, get_ohlcv_data 메서드들은 변경 없이 유지

    def get_youtube_analysis(self):
        """유튜브 영상 자막 분석"""
        try:
            all_transcripts = []

            for video_id in self.youtube_channels:
                try:
                    transcript = YouTubeTranscriptApi.get_transcript(video_id, languages=['en'])
                    text = ' '.join([entry['text'] for entry in transcript])
                    all_transcripts.append({
                        'video_id': video_id,
                        'content': text
                    })
                except Exception as e:
                    print(f"Error getting transcript for video {video_id}: {e}")
                    continue

            if not all_transcripts:
                return None

            # OpenAI API를 사용하여 자막 내용 분석
            analysis_prompt = """Analyze the cryptocurrency-related video transcripts and provide a JSON response with the following keys:
    - key_insights: array of market insights and predictions
    - sentiment: "bullish" or "bearish"
    - main_arguments: array of key arguments
    - technical_analysis: description of technical analysis mentions
    - risk_factors: array of potential risks

Respond ONLY in strict JSON format."""

            response = self.client.chat.completions.create(
```

```python
            model="gpt-4o-mini",
            messages=[
                {"role": "system", "content": "You are a helpful assistant that responds in JSON format."},
                {"role": "user", "content": f"Analyze these YouTube transcripts and provide a JSON response. Transcripts: {json.dumps(all_transcripts)}. Make sure to include json in your response."}
            ],
            response_format={"type": "json_object"}
        )

        # JSON 디코딩
        try:
            analysis_result = json.loads(response.choices[0].message.content)
            return analysis_result
        except json.JSONDecodeError as e:
            print(f"JSON Parsing Error: {e}")
            print("Original response:", response.choices[0].message.content)
            return None

    except Exception as e:
        print(f"Error in get_youtube_analysis: {e}")
        return None

def get_ai_analysis(self, analysis_data):
    """AI 분석 및 매매 신호 생성 (유튜브 분석 포함)"""
    try:
        # 차트 이미지 분석 수행
        chart_analysis = self.capture_and_analyze_chart()

        # 유튜브 분석 수행
        youtube_analysis = self.get_youtube_analysis()

        optimized_data = {
            "current_status": analysis_data["current_status"],
            "orderbook": analysis_data["orderbook"],
            "ohlcv": analysis_data["ohlcv"],
            "fear_greed": analysis_data["fear_greed"],
            "news": analysis_data["news"],
            "chart_analysis": chart_analysis,
            "youtube_analysis": youtube_analysis
        }
```

```python
            prompt = """Analyze the cryptocurrency market based on the following data and generate trading signals:
1. Technical Indicators (RSI, MACD, Bollinger Bands, etc.)
2. Order Book Data (Buy/Sell Volume)
3. Fear & Greed Index
4. Recent News Sentiment
5. Visual Chart Analysis Results
6. YouTube Content Analysis

Consider all available data including YouTube analysis to provide a comprehensive market assessment.

Please respond in the following JSON format:
{
    "decision": "buy/sell/hold",
    "reason": "detailed analysis explanation",
    "risk_level": "low/medium/high",
    "confidence_score": 0-100,
    "market_sentiment": "current market sentiment analysis",
    "news_impact": "analysis of news sentiment impact",
    "youtube_sentiment": "analysis of YouTube content sentiment",
    "chart_analysis": "interpretation of visual patterns and signals"
}"""

            response = self.client.chat.completions.create(
                model="gpt-4",
                messages=[
                    {"role": "system", "content": prompt},
                    {"role": "user", "content": json.dumps(optimized_data)}
                ]
            )

            result_text = response.choices[0].message.content

            try:
                result = json.loads(result_text)
            except json.JSONDecodeError:
                import re
                json_match = re.search(r'\{.*\}', result_text, re.DOTALL)
                if json_match:
                    result = json.loads(json_match.group())
                else:
                    raise Exception("Failed to parse AI response")
```

```python
            return result

    except Exception as e:
        print(f"Error in get_ai_analysis: {e}")
        return None

def execute_trade(self, decision, confidence_score, fear_greed_value):
    """매매 실행 (공포탐욕지수 고려)"""
    try:
        if decision == "buy":
            if fear_greed_value <= 25:
                trade_ratio = 0.9995
            elif fear_greed_value <= 40:
                trade_ratio = 0.7
            else:
                trade_ratio = 0.5

            if confidence_score > 70:
                krw = self.upbit.get_balance("KRW")
                if krw > 5000:
                    order = self.upbit.buy_market_order(self.ticker, krw * trade_ratio)

                    print("\n=== Buy Order Executed ===")
                    print(f"Trade Ratio: {trade_ratio * 100}%")
                    print(json.dumps(order, indent=2))

        elif decision == "sell":
            if fear_greed_value >= 75:
                trade_ratio = 1.0
            elif fear_greed_value >= 60:
                trade_ratio = 0.7
            else:
                trade_ratio = 0.5

            if confidence_score > 70:
                btc = self.upbit.get_balance(self.ticker)
                current_price = pyupbit.get_current_price(self.ticker)

                if btc * current_price > 5000:
                    sell_amount = btc * trade_ratio
                    order = self.upbit.sell_market_order(self.ticker, sell_amount)
                    print("\n=== Sell Order Executed ===")
                    print(f"Trade Ratio: {trade_ratio * 100}%")
```

```python
            print(json.dumps(order, indent=2))

    except Exception as e:
        print(f"Error in execute_trade: {e}")

def ai_trading():
    try:
        trader = EnhancedCryptoTrader("KRW-BTC")

        current_status = trader.get_current_status()
        orderbook_data = trader.get_orderbook_data()
        ohlcv_data = trader.get_ohlcv_data()
        fear_greed_data = trader.get_fear_greed_index()
        news_data = trader.get_crypto_news()

        if all([current_status, orderbook_data, ohlcv_data, fear_greed_data, news_data]):
            analysis_data = {
                "current_status": current_status,
                "orderbook": orderbook_data,
                "ohlcv": ohlcv_data,
                "fear_greed": fear_greed_data,
                "news": news_data
            }

            ai_result = trader.get_ai_analysis(analysis_data)

            if ai_result:
                print("\n=== AI Analysis Result ===")
                print(json.dumps(ai_result, indent=2))

                trader.execute_trade(
                    ai_result['decision'],
                    ai_result['confidence_score'],
                    fear_greed_data['current']['value']
                )

    except Exception as e:
        print(f"Error in ai_trading: {e}")

if __name__ == "__main__":
    print("Starting Enhanced Bitcoin Trading Bot with Chart and YouTube Analysis...")
    print("Press Ctrl+C to stop")
```

```python
while True:
    try:
        ai_trading()
        time.sleep(600)  # 10분 대기
    except KeyboardInterrupt:
        print("\nTrading bot stopped by user")
        break
    except Exception as e:
        print(f"Error in main loop: {e}")
        time.sleep(60)  # 에러 발생 시 60초 대기
```

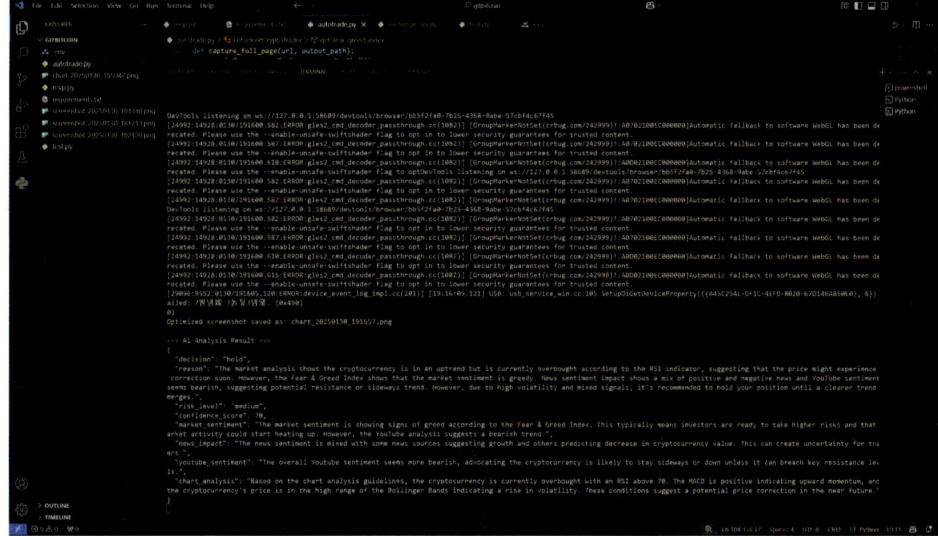

이렇게 유튜브 영상 데이터를 추출하고 AI에 넘기는 과정까지 구현을 완료했습니다.

Part 03
시스템 고도화하기

Chapter 10 구조화된 데이터 출력하기
Chapter 11 투자 비율 설정 기능 구현
Chapter 12 투자 전략 & 성향 설정하기

10 구조화된 데이터 출력하기

앞서 셀레니움으로 차트를 캡처하고 이를 전송하는 코드를 작성했었습니다. 이 과정에서 간혹 json decode error라는 에러가 발생하는데요. 이는 JSON 데이터로 응답을 설정해도 JSON 구조가 맞지 않거나 JSON 자료형이 아닌 형태로 넘어오는 등 데이터가 깨져서 전달되는 경우가 있기 때문입니다. 따라서 보다 안정적이고 구조화된 데이터를 출력하는 과정을 살펴보겠습니다.

학습 목표

Structured Outputs로 JSON 응답을 구조화하여 안정성을 높일 수 있습니다.

핵심 키워드

- JSON
- Structured Outputs

100% 확실한 JSON 응답 얻는 방법

구조화된 데이터란, 말 그대로 형식과 규칙에 따라 체계적으로 정리된 데이터를 뜻합니다. 데이터의 구조가 명확해야 프로그램이 데이터를 읽고 처리하는 과정의 정확도가 높아지기 때문입니다. 앞서 JSON은 데이터를 구조화하여 키-값 쌍으로 저장하고 교환하기 위한 경량 포맷으로, 사람이 읽기 쉽고 여러 프로그래밍 언어에서 사용하는 것이라고 설명했었습니다. JSON 데이터의 구조를 좀 더 자세히 살펴보자면 중괄호 사이에 Key-Value 형태로 구성되어 있습니다. 예를 들어 "이름"은 "조코딩", "나이"는 "55"와 같은 식으로 데이터를 구성하는 것이 JSON 자료형입니다.

'Chapter 08 차트 이미지 넣기'에서 셀레니움으로 차트를 캡처하고 이를 전송하는 코드를 작성했었습니다. 이 과정에서 간혹 json decode error라는 에러가 발생하는데요. 이는 JSON 데이터로 응답을 설정해도 JSON 구조가 맞지 않거나, JSON 자료형이 아닌 형태로 넘어오는 등 데이터가 깨져서 전달되는 경우가 있기 때문입니다.

하지만 2024년 8월 Structured Output, 즉 구조화된 데이터를 강제하는 기능이 추가되어 이 문제를 해결할 수 있게 되었습니다. 이 기능을 사용하면 이전처럼 출력 오류가 발생할 일이 없습니다. 오픈AI에서 공개한 Structured Outputs 기능 문서를 보면 'prompting alone'으로 설정했을 때는 오류 발생 확률이 35.9점이었지만 'Structured Outputs'를 적용하면 93점으로 상승하고, 심지어 'Strict: true' 옵션을 적용하면 100점까지 올라갑니다. 구조화된 데이터를 사용함으로써 잘못된 JSON 응답이 발생하는 것을 막고 올바르게 받을 수 있게 되었습니다.

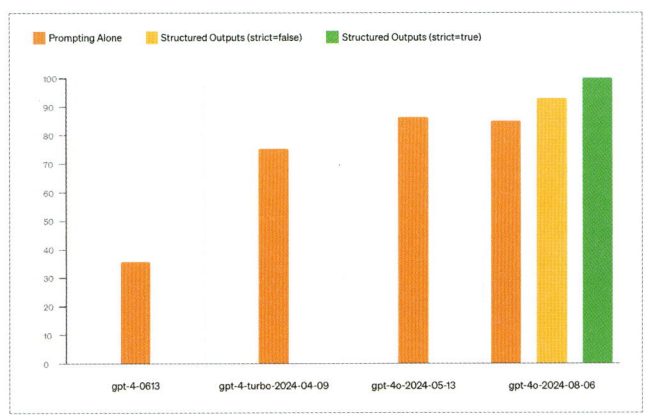

Structured Outputs(출처: openai.com/index/introducing-structured-outputs-in-the-api)

따라서 이번 예제에서는 파이썬으로 GPT API에 프롬프트를 전송하면 응답 형태가 다음과 같이 구조화되도록 하겠습니다.

```
=== AI Analysis Result ===
{
  "decision": "",
  "confidence_score":
  "reason": ""
}
```

결과를 보면 decision과 reason 2가지 키가 있고 각 키에 해당하는 값이 각각 포함되어 있습니다. decision에는 매수, 매도, 보유가 있고, reason에는 그 결정을 내리게 된 이유를 설명합니다.

JSON 응답 구조화하기

01 코드의 양이 많아질수록 AI가 작업해야 할 양도 많아지므로 명확한 응답을 위해 시작하기 전에 코드를 이해시키는 과정이 필요합니다. 클로드에서 새 창을 열어 autotrade.py 파일을 클로드에 붙여 넣고 다음과 같이 프롬프트를 입력합니다.

 다음은 파이썬으로 작성한 GPT 비트코인 자동 매매 프로그램인 autotrade.py 파일입니다. 이후 이 코드를 기반으로 수정을 요청할 예정이니 전체 코드를 파악해 주세요.
[autotrade.py 첨부]

 네, 코드를 분석해 보겠습니다. 이 코드는 비트코인 자동 매매를 위한 포괄적인 트레이딩 시스템을 구현하고 있습니다. 주요 기능과 구조는 다음과 같습니다.

1. **주요 클래스:** `EnhancedCryptoTrader`
   - Upbit API를 활용한 거래 기능
   - OpenAI GPT를 활용한 분석 기능
   - 다양한 데이터 소스를 통합한 분석
2. **데이터 수집 기능:**
   - 시장 데이터 (OHLCV)
   - 호가창 데이터

- 공포탐욕지수
- 뉴스 데이터 (SerpAPI 활용)
- YouTube 컨텐츠 분석
- 차트 이미지 캡처 및 분석

3. 기술적 분석 지표:
볼린저 밴드, RSI, MACD, 이동평균선 (MA5, MA20, MA60, MA120), ATR

4. AI 분석 시스템:
- GPT-4를 활용한 종합 분석
- 차트 이미지 분석
- YouTube 컨텐츠 분석
- 뉴스 감성 분석

5. 매매 실행 로직:
- 공포탐욕지수 기반 매매 비율 조정
- 신뢰도 점수 기반 매매 결정
- 시장가 주문 실행

6. 에러 처리 및 안전 장치:
- 각 기능별 예외 처리
- 주기적인 모니터링
- 최소 거래 금액 체크

이 코드는 데이터 수집부터 분석, 실행까지 완전한 자동화 시스템을 구현하고 있으며, AI를 활용한 고급 분석 기능이 특징적입니다. 수정 요청에 대응할 준비가 되어 있습니다.

02 이제 오픈AI의 **Structured Outputs** 페이지의 텍스트 전체를 복사해 클로드에 붙여 넣고 다음과 같이 프롬프트를 입력합니다. 이 프롬프트에서 종종 클로드는 Structured Outputs 문서에서 말하는 구조화된 출력이 아닌 JSON 모드로 소스를 수정하기도 합니다. 우리의 목표는 'Strict : True'라는 구조화된 데이터의 출력을 목표로 하고 있으니 계속해서 클로드가 디버깅할 수 있도록 유도합니다.

🔗 Structured Outputs API: platform.openai.com/docs/guides/structured-outputs

 Structured Outputs를 적용해 확실한 JSON('decision','reason','reason') 응답을 얻을 수 있도록 코드를 수정해 주세요.
[Structured Outputs 페이지의 텍스트 첨부]

오픈AI의 Structured Outputs를 적용하여 AI 분석 부분의 코드를 더 안정적으로 수정하겠습니다. 주요 변경 사항은 다음과 같습니다.

1. Pydantic 모델 추가:
- YoutubeInsight: YouTube 분석 결과를 위한 스키마
- TradingSignal: 트레이딩 신호를 위한 스키마

2. 응답 형식 강화:
- Literal 타입을 사용하여 특정 필드의 가능한 값을 제한
- 모든 필수 필드 정의
- 타입 안전성 보장

3. OpenAI API 호출 수정:
- parse 메서드 사용으로 스키마 준수 보장
- 명확한 시스템 프롬프트 정의
- 거부(refusal) 처리 추가

4. 에러 처리 개선:
- 구조화된 예외 처리
- API 응답 검증

이러한 변경으로 다음과 같은 이점이 있습니다.
- 일관된 JSON 응답 보장
- 타입 안전성 향상
- 명확한 에러 처리
- 코드 유지 보수성 향상

이 코드를 기존 EnhancedCryptoTrader 클래스에 통합하면 됩니다.

03 클로드가 생성한 코드를 복사해 autotrade.py에서 `def get_ai_analysis`를 다음과 같이 수정하여 실행하면 구조화된 데이터 형식으로 응답을 받는 것을 확인할 수 있습니다.

autotrade.py
```
(생략)
    def get_ai_analysis(self, analysis_data):
        """AI 분석 및 매매 신호 생성 (Structured Outputs 적용)"""
        try:
            # 차트 이미지 분석 수행
            chart_analysis = self.capture_and_analyze_chart()
```

```python
        # 유튜브 분석 수행
        youtube_analysis = self.get_youtube_analysis()

        # 분석 데이터 최적화
        optimized_data = {
            "current_status": analysis_data["current_status"],
            "orderbook": analysis_data["orderbook"],
            "ohlcv": analysis_data["ohlcv"],
            "fear_greed": analysis_data["fear_greed"],
            "news": analysis_data["news"],
            "chart_analysis": chart_analysis,
            "youtube_analysis": youtube_analysis
        }

        response = self.client.chat.completions.create(
            model="gpt-4o-2024-08-06",
            messages=[
                {
                    "role": "system",
                    "content": "You are a cryptocurrency trading analyst. Analyze the provided market data and generate a trading decision."
                },
                {
                    "role": "user",
                    "content": f"Market Data Analysis:\n{json.dumps(optimized_data, indent=2)}"
                }
            ],
            response_format={
                "type": "json_schema",
                "json_schema": {
                    "name": "trading_decision",
                    "description": "Trading decision based on market analysis",
                    "strict": True,
                    "schema": {
                        "type": "object",
                        "properties": {
                            "decision": {
                                "type": "string",
                                "description": "Trading decision to make",
                                "enum": ["buy", "sell", "hold"]
                            },
                            "confidence_score": {
```

```
                            "type": "integer",
                            "description": "Confidence level of the trading
decision (0-100)"
                        },
                        "reason": {
                            "type": "string",
                            "description": "Detailed explanation for the
decision"
                        }
                    },
                    "required": ["decision","confidence_score","reason"],
                    "additionalProperties": False
                }
            }
        )

        # 응답 파싱
        result = json.loads(response.choices[0].message.content)
        return result

    except Exception as e:
        print(f"Error in get_ai_analysis: {e}")
        return None
```

(생략)

```
=== AI Analysis Result ===
 "decision": "hold",
 "confidence_score": 70,
 "reason": "The current market situation presents a mixed signal. The cryptocurrency is trading below the average buy price, indicating a 2.51% loss, suggesting holding rather than sell
ing at a loss. The order book shows more demand (higher bid size than ask size), which could indicate a potential price increase. However, the daily RSI is moderately low at 43.41, sugge
sting the asset is not oversold yet, providing no clear buy signal. Moreover, the MACD's lack of a signal line increases uncertainty in momentum change. The Fear and Greed Index indicate
s 'Fear', and the recent trend is 'deteriorating', implying market uncertainty. News indicates retail buying amidst whale selling, which may stabilize the market but isn't a strong buy s
ignal. Thus, holding is advised to avoid selling at a loss while monitoring for a clearer reversal signal."
}
```

이렇게 Structured Output으로 응답을 설정하면 **property**의 **decision**은 **string** 값으로만 buy, sell, hold 중 하나를 출력합니다. **confidence_score**는 AI의 판단으로 0~100 사이의 숫자를 활용해 신뢰도를 출력합니다. reason 역시 반드시 **string** 값으로 JSON 응답을 출력합니다. 이렇게 고정된 구조인 'Strict: true'를 설정하면 검증 과정에서 오류가 발생하지 않습니다.

코드를 개발하고 실행할 때는 여러 단계의 디버깅이 필요할 수 있습니다. 특히 오픈AI의 Structured Output을 사용할 때는 JSON Schema 형식, response_format 설정, 메시지 내용의 키워드 요구사항, 그리고 중첩된 객체 구조의 올바른 참조 등 여러 가지 요소들을 세심하게 확인해야 합니다. 각 단계에서 발생할 수 있는 문제들을 파악하고 해결하기 위해서는 단계적인 디버깅과 오류 메시지 분석이 필수이며, 코드가 완전히 안정화될 때까지 충분한 테스트와 검증을 거치는 것이 바람직합니다.

11 투자 비율 설정 기능 구현

투자 리스크를 관리하고 손실을 제한하기 위한 대표적인 전략이 원금에서 얼마를 투자할지 투자 비율을 설정하는 것입니다. 예를 들어, 원금이 1000만 원이고 투자 비율을 10%로 설정하면 한 번의 투자에 100만 원까지 사용하는 것입니다. 즉, 시장 상황이 좋지 않더라도 나머지 90%는 손실 위험에서 보호할 수 있죠. 이번 챕터에서는 이 투자 비율을 설정하는 기능을 구현해 보겠습니다.

| 학습 목표

JSON 응답에 percentage 필드를 추가해 투자 비율을 설정할 수 있습니다.

| 핵심 키워드

- Structured Outputs
- percentage

리스크 감소를 위한 투자 비율 설정

투자 과정에서 가격이 하락하면 추가 매수로 매입 단가를 낮추거나, 가격이 상승하면 일부를 팔아 수익을 실현해야 합니다. 따라서 원금에서 얼마를 투자할지 비율을 설정하는 것은 리스크 관리와 효율적인 자금 운영을 위해 무척 중요합니다. 'Chapter 10 구조화된 데이터 출력하기'에서 결과 데이터를 decision, reason이라는 구조화된 데이터로 받는 부분까지 구현했었습니다. 이번에는 추가로 percentage 필드를 추가해 투자 비율을 설정할 수 있는 기능을 구현하겠습니다.

투자 비율 설정하기

01 새로운 클로드를 열어 지금까지 작성한 autotrade.py 전체 코드를 복사해 클로드에 붙여 넣고 먼저 코드 파악을 요청합니다.

다음은 파이썬으로 작성한 GPT 비트코인 자동 매매 프로그램 코드입니다. 이후 이 코드를 기반으로 수정을 요청할 예정이니 전체 코드를 파악해 주세요.
[autotrade.py 첨부]

코드를 검토해 보겠습니다. 이 코드는 GPT를 활용한 비트코인 자동 매매 프로그램으로, 주요 기능과 구조는 다음과 같습니다.
1. **주요 클래스**: `EnhancedCryptoTrader`
   - 업비트 API와 오픈AI API를 활용
   - 다양한 데이터 소스를 통합하여 분석 (차트, 뉴스, 유튜브 콘텐츠 등)
2. **핵심 기능**:
   - 기술적 분석: RSI, MACD, 볼린저 밴드 등 지표 계산
   - 시장 감정 분석: Fear & Greed 지수 활용
   - 차트 분석: 셀레니움을 통한 차트 캡처 및 GPT-4 Vision 분석
   - 뉴스 수집: SerpAPI를 통한 최신 뉴스 수집
   - 유튜브 분석: 관련 영상의 자막을 분석하여 시장 통찰 도출
3. **트레이딩 로직**:
   - 수집된 모든 데이터를 종합하여 AI 분석 수행
   - 매수/매도/보유 결정을 신뢰도 점수와 함께 제공
   - Fear & Greed 지수에 따라 거래 비율 조정

> **4. 실행 구조:**
> - 10분 간격으로 분석 및 거래 수행
> - 에러 처리 및 로깅 기능 포함
>
> 이 코드의 특징은 다양한 데이터 소스를 통합하여 종합적인 시장 분석을 시도한다는 점입니다. 수정 요청에 대응할 준비가 되어있으니, 어떤 부분을 개선하고 싶으신지 말씀해 주시기 바랍니다.

02 클로드가 코드 파악을 마쳤다면, 먼저 JSON 출력에 %도 포함되도록 다음과 같이 코드 수정을 요청하고 추가로 'Structured Outputs' 가이드 문서 텍스트도 첨부합니다.

🔗 Structured Outputs API: openai.com/index/introducing-structured-outputs-in-the-api

 현재 이 코드는 JSON 응답 결과로 'decision' 과 'reason' , 'confidence_score'만 출력되도록 설정되고 있습니다. 이 부분에 percentage도 0에서 100 사이의 숫자가 추가되도록 코드를 수정해 주세요.

```
response_format={
    "type": "json_schema",
    "json_schema": {
        "name": "trading_decision",
        "description": "Trading decision based on market analysis",
        "strict": True,
        "schema": {
            "type": "object",
            "properties": {
                "decision": {
                    "type": "string",
                    "description": "Trading decision to make",
                    "enum": ["buy", "sell", "hold"]
                },
                "confidence_score": {
                    "type": "integer",
                    "description": "Confidence level of the trading decision (0-100)"
```

```
                        },
                        "reason": {
                            "type": "string",
                            "description": "Detailed explanation for the decision"
                        }
                    },
                    "required": ["decision","confidence_score","reason"],
                    "additionalProperties": False
                }
            }
        }
```

[첨부 'Structured Output' 가이드 문서]

 `percentage` 필드를 추가하여 코드를 수정하겠습니다. 이제 JSON 응답에 percentage 필드가 포함되도록 수정했습니다.

새로 추가된 필드:
- `percentage`: 0에서 100 사이의 정수
- 필수 필드로 지정 (required 배열에 추가)
- 최솟값 0, 최댓값 100으로 제한
- 설명은 "Percentage value for the trading decision (0-100)"로 설정

이렇게 수정하면 GPT는 매번 응답할 때 percentage 값도 함께 제공하게 됩니다. 응답 예시는 다음과 같을 것입니다.

```json
{
    "decision": "buy",
    "confidence_score": 85,
    "percentage": 75,
    "reason": "Strong bullish signals from technical indicators..."
}
```

추가적인 수정이나 조정이 필요하시다면 말씀해 주세요.

03 클로드가 작성한 코드를 autotrade.py에 붙여 넣습니다. 추가로 가독성을 높이기 위해 percentage, confidence_score, decision, reason순으로 출력되도록 수정합니다.

autotrade.py

```
(생략)
            response_format={
                "type": "json_schema",
                "json_schema": {
                    "name": "trading_decision",
                    "description": "Trading decision based on market analysis",
                    "strict": True,
                    "schema": {
                        "type": "object",
                        "properties": {
                            "percentage": {
                                "type": "integer",
                                "description": "Percentage value for the trading decision (0-100)",
                            },

                            "confidence_score": {
                                "type": "integer",
                                "description": "Confidence level of the trading decision (0-100)"
                            },
                            "decision": {
                                "type": "string",
                                "description": "Trading decision to make",
                                "enum": ["buy", "sell", "hold"]
                            },

                            "reason": {
                                "type": "string",
                                "description": "Detailed explanation for the decision"
                            }
                        },
                        "required": ["percentage","confidence_score","decision","reason"],
                        "additionalProperties": False
                    }
                }
            }
```

04 클로드가 작성한 percentage는 확신도에 대한 것이고, 우리가 생각하는 percentage는 보유한 KRW, BTC 중 몇 퍼센트를 매수하고 매도할지를 나타내는 값이므로 하단 매매 코드 수정이 필요합니다. 이 부분을 클로드에게 피드백하고 수정된 코드를 요청합니다.

percentage는 보유한 KRW 중 몇 퍼센트를 매수할지, 보유한 BTC 중 몇 퍼센트를 매도할지 나타내는 값이므로 하단 매매 코드 수정이 필요합니다.

네, 맞습니다. 매매 로직을 percentage에 맞게 수정해드리겠습니다. 주요 변경 사항은 다음과 같습니다.

1. AI가 제안한 percentage를 기본 거래 비율로 사용합니다.
2. 공포탐욕지수는 기본 거래 비율을 보정하는 용도로 변경
  - 극단적인 시장 상황(공포/탐욕 지수 25 이하 또는 75 이상)에서만 거래 비율을 조정
  - 유리한 상황에서는 최대 20% 증가
  - 불리한 상황에서는 20% 감소
3. 거래 금액 관련 안전장치 추가
  - 모든 주문에 대해 최소 거래 금액(5000원) 체크
  - 계산된 주문 금액도 최소 거래 금액 체크
4. 상세한 로깅 추가
  - 실제 적용된 거래 비율
  - AI가 원래 제안한 비율
  - 공포탐욕지수 값
  - 주문 상세 정보

이제 `ai_trading()` 함수에서 호출할 때도 percentage를 포함하도록 수정해야 합니다.

```python
ai_result = trader.get_ai_analysis(analysis_data)

if ai_result:
    print("\n=== AI Analysis Result ===")
    print(json.dumps(ai_result, indent=2))

    trader.execute_trade(
        ai_result['decision'],
        ai_result['percentage'],  # percentage 추가
        ai_result['confidence_score'],
```

```
            fear_greed_data['current']['value']
    )
```

이렇게 수정하면 AI가 제안한 거래 비율을 기본으로 사용하면서, 극단적인 시장 상황에서만 제한적으로 비율을 조정합니다.

05 모든 설정을 반영하고 코드를 실행하면 정상적으로 호출되는 것을 확인할 수 있습니다. hold 상태에서는 투자 비율이 0으로 나오기 때문에 buy나 sell이 발생했을 때 투자 비율을 확인할 수 있습니다.

autotrade.py
```
(생략)
    def execute_trade(self, decision, percentage, confidence_score, fear_greed_value):
        """매매 실행 (AI 추천 비율 및 공포탐욕지수 고려)"""
        try:
            # 기본 거래 비율은 AI가 제안한 percentage 사용
            trade_ratio = percentage / 100.0

            # 공포탐욕지수에 따른 보정
            if decision == "buy":
                # 극도의 공포 상태(0-25)에서는 매수 비율 증가
                if fear_greed_value <= 25:
                    trade_ratio = min(trade_ratio * 1.2, 1.0)  # 최대 100%까지 증가
                # 극도의 탐욕 상태(75-100)에서는 매수 비율 감소
                elif fear_greed_value >= 75:
                    trade_ratio = trade_ratio * 0.8  # 20% 감소

            elif decision == "sell":
                # 극도의 탐욕 상태(75-100)에서는 매도 비율 증가
                if fear_greed_value >= 75:
                    trade_ratio = min(trade_ratio * 1.2, 1.0)  # 최대 100%까지 증가
                # 극도의 공포 상태(0-25)에서는 매도 비율 감소
                elif fear_greed_value <= 25:
                    trade_ratio = trade_ratio * 0.8  # 20% 감소

            # 신뢰도에 따른 실행
            if confidence_score > 70:
```

```python
            if decision == "buy":
                krw = self.upbit.get_balance("KRW")
                if krw > 5000:  # 최소 거래 금액 체크
                    order_amount = krw * trade_ratio
                    if order_amount >= 5000:  # 주문 금액도 최소 거래 금액 체크
                        order = self.upbit.buy_market_order(self.ticker, order_amount)
                        print("\n=== Buy Order Executed ===")
                        print(f"Trade Amount: {order_amount:,.0f} KRW ({trade_ratio*100:.1f}%)")
                        print(f"Original AI Suggestion: {percentage}%")
                        print(f"Fear & Greed Index: {fear_greed_value}")
                        print(json.dumps(order, indent=2))

            elif decision == "sell":
                btc = self.upbit.get_balance(self.ticker)
                current_price = pyupbit.get_current_price(self.ticker)

                if btc * current_price > 5000:  # 최소 거래 금액 체크
                    sell_amount = btc * trade_ratio
                    if sell_amount * current_price >= 5000:  # 주문 금액도 최소 거래 금액 체크
                        order = self.upbit.sell_market_order(self.ticker, sell_amount)
                        print("\n=== Sell Order Executed ===")
                        print(f"Trade Amount: {sell_amount:.8f} BTC ({trade_ratio*100:.1f}%)")
                        print(f"Original AI Suggestion: {percentage}%")
                        print(f"Fear & Greed Index: {fear_greed_value}")
                        print(json.dumps(order, indent=2))

        except Exception as e:
            print(f"Error in execute_trade: {e}")
```

수정된 excecute_trade 함수를 적용하여 실행해 보면 ai_result의 percentage 값을 반영해 매매 수수료를 고려한 비율로 거래가 이루어지는 코드를 작성했습니다. 이제 ai_result의 percentage만큼 매수하고 매도하는 방식으로 수정되었습니다. 만약 이 과정에서 실행 오류가 발생하거나 원하는 결과가 나오지 않는다면 클로드에 오류 메시지 또는 실행 결과를 다시 붙여 넣고 수정하는 과정을 반복합니다.

12 투자 전략 & 성향 설정하기

자동 매매 프로그램에 투자 전략과 성향을 설정하면 시장 상황에 맞는 일관된 의사 결정을 내릴 수 있습니다. 구체적인 조건이나 전략이 없으면 프로그램이 불분명한 데이터 해석으로 비효율적인 판단을 할 위험이 높아집니다. 이번 챕터에서는 GPT 시스템 메시지에 투자 전략과 투자자의 성향을 추가해 프로그램이 의사 결정을 하는 데 반영해 보겠습니다.

| 학습 목표

영상의 자막 콘텐츠를 시스템 메시지에 추가하는 과정을 통해 자신의 투자 전략과 성향을 텍스트로 학습시키는 과정을 습득할 수 있습니다.

| 핵심 기워드

- 시스템 메시지
- YouTubeTranscriptApi

투자 전략 & 성향 메시지의 역할

지금까지 데이터 차트, 보조 지표, 공포탐욕지수, 뉴스, 차트 이미지, 유튜브 등 다양한 데이터를 GPT에게 넘기고, 그에 따른 투자 비율과 매수, 매도, 보유 이유까지 출력했습니다. 그러나 시스템 메시지를 살펴보면 "You are an expert in Bitcoin investing" 정도의 페르소나만 설정되어 있고, 구체적인 투자 성향이나 어떤 전문가처럼 행동할지 또는 상승장에서 수익 실현을 하거나 하락장에서 추가 매수를 하라는 등 구체적인 전략은 포함하지 않았습니다.

GPT 기반 투자 매매 프로그램에서 시스템 메시지에 투자 전략을 작성하는 것은 프로그램의 의사 결정 프로세스를 설계하는 데 핵심 역할을 합니다. 이 전략은 단순한 영어 텍스트로 입력하면 GPT가 그에 따라 동작합니다. 예를 들어, "RSI가 30 이하일 때 매수, 70 이상일 때 매도"와 같은 구체적인 조건을 설정하면 GPT는 입력 데이터를 해당 기준에 따라 분석하고 행동 권고를 제시합니다. 또는 "추세 상승장에서는 매수 우선 전략, 하락장에서는 현금 보유"와 같이 자연어로 작성해도 GPT가 맥락을 파악해 전략을 실행합니다.

즉, 자신의 투자 성향과 전략을 얼마나 구체적이고 명료하게 입력하느냐가 큰 영향을 미칩니다. 따라서 이번 챕터에서는 'Chapter 09 영상 데이터 넣기'에서 추가했던 영상 데이터를 가져오는 대신 '전설의 코인 트레이더'라 불리는 워뇨띠 님의 매매법을 다룬 영상 콘텐츠를 활용해 투자 전략을 작성해 보겠습니다.

투자 전략 작성을 위한 영상 데이터(출처: 코인스코어 〈3000억의 남자! 워뇨띠 궁극의 매매법〉)

기존 코드에서 유튜브 자막 데이터를 가져오던 부분에서 영상 링크를 바꿔 전략을 수정하고 시스템 메시지에도 전략과 투자 성향을 반영해 보겠습니다.

전략 & 투자 성향 설정하기

01 자막 데이터를 가져오기 전에 우리가 사용한 API는 기본적으로 영어 자막을 가져오기 때문에 영상의 자막 설정을 [한국어(자동 생성됨)]로 설정합니다.

🔗 youtu.be/3XbtEX3jUv4?si=NgI980FPfSKi3WZv

02 test.py에 다음 코드를 입력합니다. video_id, languages=['ko']로 언어를 한국어로 설정하고 실행하면 영상의 자막을 모두 출력하는 것을 확인할 수 있습니다.

```python
# test.py
from youtube_transcript_api import YouTubeTranscriptApi

def get_combined_transcript(video_id):
    transcript = YouTubeTranscriptApi.get_transcript(video_id, languages=['ko'])
    
    # 모든 텍스트를 하나의 문자열로 결합
    combined_text = ' '.join(entry['text'] for entry in transcript)
```

```
    return combined_text

print(get_combined_transcript("3XbtEX3jUv4"))
```

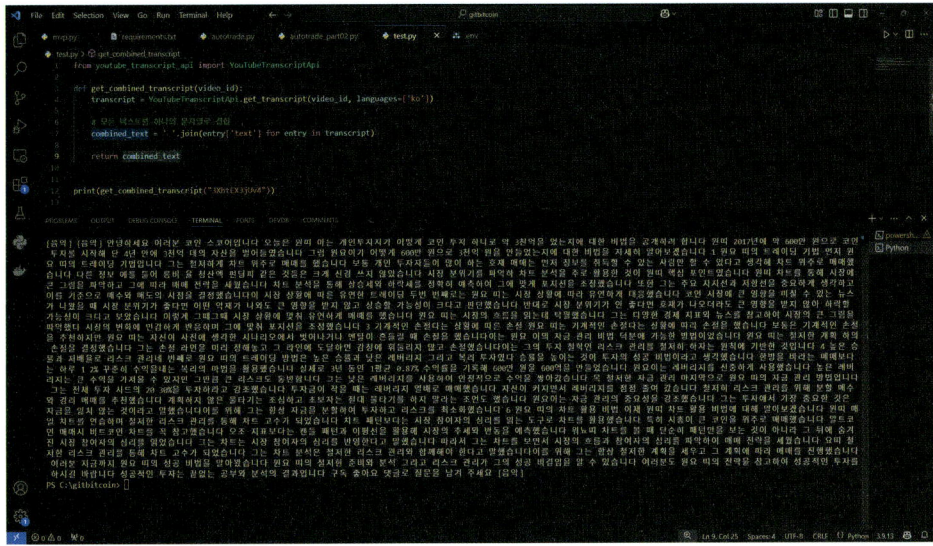

03 제대로 실행되는 것을 확인했으니 **autotrade.py**에 __init__ 함수를 다음과 같이 수정합니다.

autotrade.py

```
def __init__(self, ticker="KRW-BTC"):
    self.ticker = ticker
    self.access = os.getenv('UPBIT_ACCESS_KEY')
    self.secret = os.getenv('UPBIT_SECRET_KEY')
    self.serpapi_key = os.getenv('SERPAPI_KEY')
    self.upbit = pyupbit.Upbit(self.access, self.secret)
    self.client = OpenAI()
    self.fear_greed_api = "https://api.alternative.me/fng/"
    self.youtube_channels = [
        "TWINrTppUl4",  # 예시 비디오 ID
        "3XbtEX3jUv4"   # 여기에 유튜브 비디오 아이디(video id)를 넣으세요.
    ]
```

04 단, 이렇게 수정 시 이 영상 스크립트는 단순히 GPT에게 제공하는 데이터 중 하나가 됩니다. 이를 사용자의 전략과 투자 성향으로 반영하려면 추가 수정이 필요합니다. 클로드에 전체 코드를 첨부하고 다음과 같이 프롬프트를 입력합니다. 시스템 메시지는 영어로 작성했을 때 더 효과적이므로 마지막에 작성할 시스템 메시지는 영어여야 한다는 문장을 추가합니다.

다음은 파이썬으로 작성한 GPT 비트코인 자동 매매 프로그램 코드입니다. 오픈AI에 요청을 하는 코드 중 "youtube_transcript" 데이터는 투자 매매법에 대한 내용을 담고 있습니다. 이 데이터를 현재 상황을 파악하고 매매 결정을 내리는 데 사용할 수 있도록 시스템 메시지를 중심으로 코드를 수정해 주세요. 수정한 시스템 메시지는 영어로 작성합니다.
[autotrade.py]

유튜브 트랜스크립트 분석을 위한 시스템 메시지를 개선하겠습니다. 이를 통해 영상의 내용을 더 체계적으로 분석하고 투자 결정에 더 효과적으로 활용할 수 있습니다.

주요 개선 사항:
1. 체계적인 분석 구조
- 트레이딩 전략, 시장 분석, 리스크 평가, 기술적 분석, 기본적 분석의 5가지 주요 카테고리로 구분
- 각 카테고리별로 구체적인 분석 포인트를 지정
2. 실행 가능한 인사이트 추출
- 구체적인 진입/퇴출 포인트 식별
- 리스크 관리 기법 분석
- 구체적인 트레이딩 규칙 추출
3. 정량적 평가
- 각 인사이트에 대한 신뢰도 수준 평가
- 시장 시나리오에 대한 확률 추정
4. 종합적 시장 이해
- 기술적 분석과 기본적 분석의 통합
- 거시경제적 요인과 규제 관련 내용 포함
- 시장 이벤트와 영향 분석

이러한 개선된 시스템 메시지를 통해 YouTube 콘텐츠로부터 더 체계적이고 실용적인 트레이딩 인사이트를 얻을 수 있습니다 분석 결과는 JSON 형식으로 구조화되어 다른 분석 데이터와 쉽게 통합될 수 있습니다.

05 클로드가 생성한 코드를 **autotrade.py**에 붙여 넣고 실행해 문제없이 동작하는지 확인합니다.

autotrade.py

```
(생략)
def get_youtube_analysis(self):
    """유튜브 영상 자막 분석"""
    try:
        all_transcripts = []
        
        for video_id in self.youtube_channels:
            try:
                # 한국어 자막 가져오기 시도
                transcript = YouTubeTranscriptApi.get_transcript(video_id, languages=['ko'])
                text = ' '.join([entry['text'] for entry in transcript])
                
                all_transcripts.append({
                    'video_id': video_id,
                    'content': text
                })
                
            except Exception as e:
                print(f"Error processing transcript for video {video_id}: {e}")
                # 사용 가능한 자막 목록 출력
                try:
                    available_transcripts = YouTubeTranscriptApi.list_transcripts(video_id)
                    print(f"Available transcripts for {video_id}:")
                    for transcript in available_transcripts:
                        print(f"- {transcript.language_code}")
                except Exception as e:
                    print(f"Could not list available transcripts: {e}")
                continue
        
        if not all_transcripts:
            return None
        
        # 한국어 분석을 위한 시스템 메시지
        system_message = """You are an expert cryptocurrency trading analyst. Analyze Korean YouTube content related to cryptocurrency trading and provide insights.
```

```
Focus on analyzing these key aspects from the Korean transcripts:
1. Trading Strategy
- Entry/exit points
- Risk management methods
- Trading patterns

2. Market Analysis
- Market sentiment
- Important price levels
- Potential scenarios

3. Risk Factors
- Market risks
- Technical risks
- External risks

4. Technical Analysis
- Technical indicators
- Chart patterns
- Key price levels

5. Market Impact Factors
- Economic factors
- News and events
- Market trends

Provide analysis in JSON format with confidence scores."""

        response = self.client.chat.completions.create(
            model="gpt-4o-mini",
            messages=[
                {"role": "system", "content": system_message},
                {"role": "user", "content": f"Analyze these Korean cryptocurrency trading YouTube transcripts: {json.dumps(all_transcripts)}"}
            ],
            response_format={"type": "json_object"}
        )

        try:
            analysis_result = json.loads(response.choices[0].message.content)
            return analysis_result
        except json.JSONDecodeError as e:
            print(f"JSON Parsing Error: {e}")
            print("Original response:", response.choices[0].message.content)
```

```
        return None

except Exception as e:
    print(f"Error in get_youtube_analysis: {e}")
    return None
```

이처럼 시스템 메시지는 코딩이 아닌 설명을 위한 텍스트이므로 본인의 투자 전략이 있다면 상세하게 작성하거나 예제처럼 영상이나 책과 같은 외부 데이터를 활용하는 것이 좋습니다. 또는 클로드를 통해 전략을 보완하고 확장하는 것도 좋은 방법입니다. 이처럼 시스템 메시지를 자신의 전략에 맞게 조금씩 변경하면 GPT가 사용자의 투자 전략과 성향을 파악하고 그에 맞게 매수, 매도, 보유 결정을 할 수 있습니다.

Part 04

재귀 개선 시스템 구현하기

Chapter 13 투자 데이터 DB 기록하기

Chapter 14 AI 스스로 회고 및 재귀 개선시키기

Chapter 15 모니터링 시스템 구현하기

13 투자 데이터 DB 기록하기

투자 기록을 저장하고 관리하는 것은 단순히 투자 상태를 파악할 수 있을 뿐만 아니라 성과 분석, 전략 최적화, 나아가 데이터를 기반으로 맞춤형 투자 인사이트를 제공해 더 나은 의사 결정을 내릴 수 있도록 도와줍니다. 이번 챕터에서는 지금까지 구현한 자동 매매 프로그램을 실행한 결과를 저장하는 방법을 살펴보겠습니다.

학습 목표
데이터베이스의 개념에 대해 학습하고 SQLite에 데이터를 저장하고 확인할 수 있습니다.

핵심 키워드
- 데이터베이스
- 데이터베이스 관리 시스템
- DB
- DBMS
- SQLite
- SQLite Viewer

기록 저장하기

지금까지 외부 데이터와 전략을 기반으로 GPT가 투자 판단을 내리고, 업비트로 매매를 진행했습니다. 이렇게 내린 매매 결과는 출력문으로 콘솔 창에서 확인할 수 있었죠. 이제 매매 기록을 지속적으로 저장하는 과정이 필요합니다. 이렇게 저장한 데이터를 추후 다시 AI에게 학습시켜 스스로를 평가하는, **재귀 개선 시스템**을 만들기 위해서입니다.

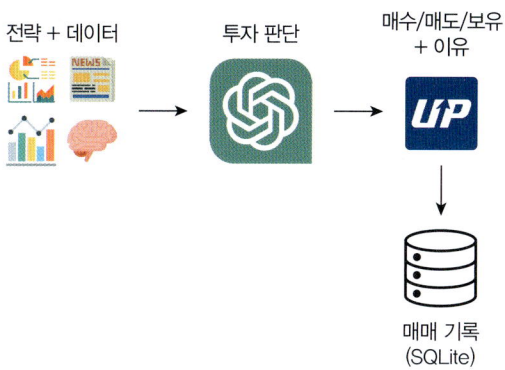

자동 매매 프로그램 동작 프로세스

재귀 개선 시스템을 만들려면 데이터와 데이터를 저장할 공간이 필요합니다. 데이터는 지금까지 구현한 프로그램의 결과 데이터를 사용하면 되지만 이 데이터는 어디로, 어떻게 저장해야 할까요? 이처럼 데이터를 저장하는 공간을 **데이터베이스**Database 또는 줄여서 **DB**라고 합니다.

데이터베이스는 데이터의 구조와 사용 목적에 따라 관계형 데이터베이스, NoSQL 데이터베이스, 객체 지향 데이터베이스 등으로 나뉘는데 그중에서도 이 책에서는 엑셀 표와 거의 비슷한 방식으로 데이터를 저장, 검색, 추가, 수정 등 관리하는 **관계형 데이터베이스 시스템**을 다룹니다. 예를 들어, "8시에 매수했고, 4시에 매도했다."와 같은 데이터를 1줄씩 추가하는 구조입니다. 이렇게 1줄씩 데이터를 추가하고 관리하는 것이 관계형 데이터베이스의 기본 개념입니다.

시간	매매	비율
2024-05-27 08:01:21	Buy	30
2024-05-27 16:01:22	sell	10

관계형 데이터베이스의 구조

이러한 데이터베이스를 사용자가 용이하게 관리할 수 있도록 제공하는 서비스를 **데이터 베이스 관리 시스템**, **DBMS**라고 합니다. 대표적인 DBMS로는 MySQL, PostgreSQL, 오라클, SQLite 등이 있습니다. 이 중에서도 우리는 가볍고 간단한 관계형 데이터베이스 관리 시스템인 **SQLite**를 사용하겠습니다. 물론 데이터베이스 관리 시스템에 데이터를 저장하고 관리하는 과정까지 클로드의 도움을 받아 진행하겠습니다.

기록 저장하기

01 지금까지 작성한 autotrade.py 전체 코드를 복사해 클로드에 붙여 넣고 먼저 코드 파악을 요청합니다.

다음은 파이썬으로 작성한 GPT 비트코인 자동 매매 프로그램 코드입니다. 이후 이 코드를 기반으로 수정을 요청할 예정이니 전체 코드를 파악해 주세요.
[autotrade.py 첨부]

네, 코드를 분석해 보겠습니다. 이 코드는 비트코인 자동 매매 시스템으로, 다양한 데이터 소스를 활용하여 AI 기반의 매매 결정을 내리는 프로그램입니다. 주요 구성과 기능을 정리하면 다음과 같습니다.

1. 주요 기능:
- 업비트 API를 통한 비트코인 거래
- GPT-4를 활용한 시장 분석
- 기술적 지표 분석 (RSI, MACD, 볼린저 밴드 등)
- 공포탐욕지수 모니터링
- 차트 이미지 캡처 및 분석
- 유튜브 컨텐츠 분석
- 뉴스 데이터 수집

2. 핵심 클래스: `EnhancedCryptoTrader`
주요 메서드들:
- `get_current_status()`: 현재 투자 상태 조회
- `get_orderbook_data()`: 호가 데이터 조회
- `get_ohlcv_data()`: 차트 데이터 수집 및 기술적 분석
- `get_fear_greed_index()`: 공포탐욕지수 데이터 조회
- `get_crypto_news()`: 비트코인 관련 뉴스 조회
- `get_youtube_analysis()`: 유튜브 영상 자막 분석

- get_ai_analysis(): AI 분석 및 매매 신호 생성
- execute_trade(): 실제 매매 실행

3. 매매 로직:
- AI 분석 결과와 공포탐욕지수를 기반으로 매매 비율 결정
- 신뢰도 점수가 70점 이상일 때만 거래 실행
- 최소 거래금액(5000원) 체크
- 10분 간격으로 시장 분석 및 매매 결정

4. 사용된 주요 라이브러리:
- pyupbit: 업비트 API 연동
- OpenAI: GPT-4 API 활용
- selenium: 차트 캡처
- youtube_transcript_api: 유튜브 자막 분석
- ta: 기술적 분석 지표 계산

이 코드를 기반으로 수정 작업을 진행하도록 하겠습니다. 어떤 부분을 수정하고 싶으신가요?

02 클로드가 코드를 잘 파악했다면, 매매 데이터를 SQLite 데이터베이스에 기록하도록 코드 수정을 요청합니다. 그러면 데이터베이스를 시작하는 코드, 매매 기록을 저장하는 코드, DB 커넥션 코드를 작성합니다.

매매 데이터를 SQLite 데이터베이스를 이용해 저장할 수 있도록 코드를 수정해 주세요.

SQLite 데이터베이스를 이용해 거래 기록을 저장하도록 코드를 수정하겠습니다. 기존 코드에 데이터베이스 관련 기능을 추가하겠습니다. 이제 기존의 `EnhancedCryptoTrader` 클래스를 수정하여 데이터베이스 기능을 통합하겠습니다.

주요 변경 사항:

1. 새로운 `TradingDatabase` 클래스 추가
   - trades: 실제 거래 내역 저장
   - analysis_results: AI 분석 결과 저장
   - portfolio_snapshots: 포트폴리오 상태 기록

2. 데이터베이스 테이블 구조
  - trades: 거래 유형, 수량, 가격, 총액, 신뢰도 점수 등
  - analysis_results: 시장 가격, 기술적 지표, AI 결정 등
  - portfolio_snapshots: 현금/코인 잔고, 수익률 등

3. `EnhancedCryptoTrader` 클래스 수정
  - 데이터베이스 객체 초기화 추가
  - execute_trade() 메서드에 거래 기록 기능 추가
  - ai_trading() 함수에 포트폴리오 스냅샷과 분석 결과 기록 추가

4. 데이터 조회 기능
  - get_trade_history(): 최근 거래 내역 조회
  - get_portfolio_history(): 포트폴리오 히스토리 조회
  - get_analysis_history(): AI 분석 결과 히스토리 조회

사용 방법:
```python
# 데이터베이스 조회 예시
trader = EnhancedCryptoTrader()
# 최근 100개 거래 내역 조회
recent_trades = trader.db.get_trade_history()
# 최근 30일간의 포트폴리오 히스토리 조회
portfolio_history = trader.db.get_portfolio_history()
# 최근 100개의 AI 분석 결과 조회
analysis_history = trader.db.get_analysis_history()
```

이제 모든 거래와 분석 결과가 SQLite 데이터베이스에 자동으로 저장되며, 필요할 때 조회할 수 있습니다. 추가로 수정이나 보완이 필요한 부분이 있으신가요?

03 클로드가 작성한 데이터베이스 구조를 살펴보면 우리가 원하는 칼럼 구조가 아닌 경우가 있습니다. 원하는 칼럼 구조로 데이터베이스를 구현할 수 있도록 수정을 요청하겠습니다. 추가로 pyupbit 데이터를 참고할 수 있도록 pyupbit 문서를 복사해서 첨부해줍니다.

🔗 pyupbit API: github.com/sharebook-kr/pyupbit

SQLite 테이블의 칼럼을 다음과 같이 구성해 주세요.
- timestamp
- decision
- percentage
- reason
- btc_balance
- krw_balance
- btc_avg_buy_price
- btc_krw_price

첨부한 pyupbit 라이브러리를 참고해서 코드를 명확하게 수정해 주세요.
[첨부 pyupbit 라이브러리 API]

pyupbit API 문서를 참고하여 SQLite 테이블을 수정하겠습니다.

1. trading_history 테이블 구조 변경:
- timestamp: 거래 시간
- decision: 매매 결정 (buy/sell/hold)
- percentage: 매매 비율
- reaction: 거래 실행 결과 (SUCCESS/FAILED/HOLD)
- btc_balance: 현재 BTC 잔고
- krw_balance: 현재 KRW 잔고
- btc_avg_buy_price: BTC 평균 매수가
- btc_krw_price: 현재 BTC 가격

2. record_trade 메서드를 새로운 테이블 구조에 맞게 수정

3. execute_trade 메서드에서 거래 실행 후 현재 상태를 조회하여 데이터베이스에 기록하도록 수정

이제 매 거래마다 timestamp, 거래 결정, 거래 비율, 실행 결과, 그리고 잔고가 데이터베이스에 기록됩니다.

04 이제 코드에 필요한 `import` 구문을 추가하겠습니다. 다행히 SQLite3는 파이썬에 내장되어 있어 별도의 설치가 필요 없습니다. DB 관련 코드를 상단에 추가하고, 매매를 기록하고 저장하는 부분도 함께 수정합니다.

autotrade.py

```python
import sqlite3

class DatabaseManager:
    def __init__(self, db_path="trading.db"):
        self.conn = sqlite3.connect(db_path)
        self.setup_database()

    def setup_database(self):
        cursor = self.conn.cursor()
        cursor.execute("""
            CREATE TABLE IF NOT EXISTS trading_history (
                id INTEGER PRIMARY KEY AUTOINCREMENT,
                timestamp DATETIME NOT NULL,
                decision TEXT NOT NULL,
                percentage REAL NOT NULL,
                reason TEXT NOT NULL,
                btc_balance REAL NOT NULL,
                krw_balance REAL NOT NULL,
                btc_avg_buy_price REAL NOT NULL,
                btc_krw_price REAL NOT NULL
            )
        """)
        self.conn.commit()

    def record_trade(self, decision, percentage, reaction, btc_balance, krw_balance, btc_avg_buy_price, btc_krw_price):
        cursor = self.conn.cursor()
        cursor.execute("""
            INSERT INTO trading_history (
                timestamp, decision, percentage, reason,
                btc_balance, krw_balance, btc_avg_buy_price, btc_krw_price
            ) VALUES (?, ?, ?, ?, ?, ?, ?, ?)
        """, (
            datetime.now(),
            decision,
            percentage,
            reaction,
            btc_balance,
            krw_balance,
            btc_avg_buy_price,
            btc_krw_price
        ))
```

```
            self.conn.commit()


(생략)


    def execute_trade(self, decision, percentage, confidence_score, fear_greed_
value,reason):
        """매매 실행 (AI 추천 비율 및 공포탐욕지수 고려)"""
    (생략)


        btc_balance = float(self.upbit.get_balance(self.ticker))
        krw_balance = float(self.upbit.get_balance("KRW"))
        btc_avg_buy_price = float(self.upbit.get_avg_buy_price(self.ticker))
        btc_krw_price = float(pyupbit.get_current_price(self.ticker))

        self.db.record_trade(
            decision=decision,
            percentage=percentage,
            reason=reason,
            btc_balance=btc_balance,
            krw_balance=krw_balance,
            btc_avg_buy_price=btc_avg_buy_price,
            btc_krw_price=btc_krw_price
        )
    except Exception as e:
        print(f"Error in execute_trade: {e}")
```

05 수정한 코드를 실행하면 매매 데이터와 가격, 잔고를 조회해 매매한 모든 기록이 데이터베이스에 쌓입니다. 쌓인 데이터를 확인하기 위해 VS code의 [Extensions]에서 "SQLite"와 "SQLite Viewer"를 각각 검색해 설치합니다. **SQLite**는 데이터베이스를 열어 쿼리를 실행하며 데이터를 조회·편집할 수 있도록 지원하고, **SQLite Viewer** 데이터베이스의 테이블과 데이터를 GUI 형태로 시각적으로 표시해 줍니다.

06 확장 프로그램을 설치하고 코드를 실행하면 왼쪽 창에 **trading.db**가 생성되는 것을 확인할 수 있습니다. 마우스 오른쪽을 클릭해 [Open Database]를 클릭합니다.

07 [Open Database]를 클릭하고 VS code 왼쪽 하단을 보면 **SQLITE EXPLORER**가 생성된 것을 확인할 수 있습니다.

08 trading.db를 클릭하여 trading_history 테이블 오른쪽의 [Show Table] 아이콘을 클릭합니다.

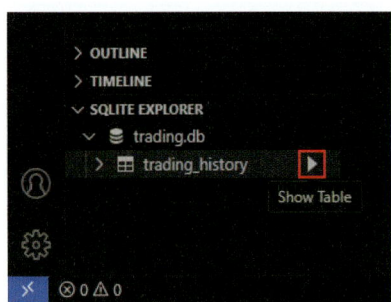

09 autotrade.py를 실행했을 때 생성된 데이터가 쌓여 있는 것을 확인할 수 있습니다.

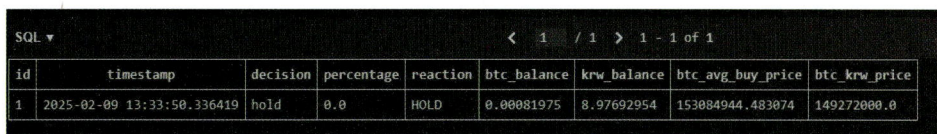

코드 최적화 & 결과 확인하기

01 실행 코드를 확인하면 잔고를 조회하는 과정에서 동일한 코드가 반복되는 것을 볼 수 있습니다. API를 효율적으로 사용할 수 있도록 클로드에게 중복된 코드 정리를 요청합니다.

> **Tip.** 클로드가 작성한 코드는 생성 AI의 특성상 사용자와 프롬프트에 따라 조금씩 달라집니다. 단계마다 코드를 보다 효율적으로 작성해달라고 요청해서 반복적으로 코드를 점검하는 것이 좋습니다.

 동일한 코드가 불필요하게 반복되는 부분을 수정해서 코드를 최적화해 주세요.

 코드를 검토해 보니 주로 데이터베이스 관련 코드와 거래 실행 부분에서 중복이 있습니다. 최적화된 버전을 제안하겠습니다.

주요 변경 사항 및 최적화 내용:

1. `TradeManager` 클래스 추가
   - 거래 실행 관련 로직을 별도 클래스로 분리
   - 거래 비율 조정, 잔고 조회 등의 공통 기능 통합
   - 코드 재사용성 향상

2. `DatabaseManager` 개선
   - record_trade 메서드를 단일 딕셔너리 파라미터로 수정
   - 거래 데이터 저장 로직 단순화

3. `EnhancedCryptoTrader` 클래스 개선
   - TradeManager를 활용한 거래 실행 로직 단순화
   - 중복 코드 제거
   - 코드 가독성 향상

4. **공통 기능 모듈화**
   - 잔고 조회

> - 거래 비율 조정
> - 주문 실행
>
> 이러한 변경으로 얻는 이점:
> - 코드 중복 제거
> - 유지 보수 용이성 향상
> - 기능 확장이 쉬워짐
> - 버그 수정이 용이해짐
> - 테스트가 쉬워짐
>
> 나머지 메서드들(get_fear_greed_index, get_ohlcv_data 등)은 중복이 없어 그대로 유지하면 됩니다.

02 클로드가 수정한 코드를 확인하면 가독성과 중복 코드, 거래 실행 관련 로직을 별도 클래스를 분리한 것을 확인할 수 있습니다. 따라서 현재까지 작성한 코드는 다음과 같습니다. 다소 길지만 주석을 따라 어떻게 구성되어 있는지 차근차근 읽어보는 것이 좋습니다.

```
autotrade.py
```
```python
import os
from dotenv import load_dotenv
import json
import pyupbit
import pandas as pd
import ta
from datetime import datetime, timedelta
from openai import OpenAI
import time
import requests
import base64
from selenium import webdriver
from selenium.webdriver.chrome.options import Options
from selenium.webdriver.common.by import By
from selenium.webdriver.support.ui import WebDriverWait
from selenium.webdriver.support import expected_conditions as EC
from selenium.common.exceptions import TimeoutException
from PIL import Image
import io
from youtube_transcript_api import YouTubeTranscriptApi
```

```python
import sqlite3  # SQLite 추가

class DatabaseManager:
    def __init__(self, db_path="trading.db"):
        self.conn = sqlite3.connect(db_path)
        self.setup_database()

    def setup_database(self):
        cursor = self.conn.cursor()
        cursor.execute("""
            CREATE TABLE IF NOT EXISTS trading_history (
                id INTEGER PRIMARY KEY AUTOINCREMENT,
                timestamp DATETIME NOT NULL,
                decision TEXT NOT NULL,
                percentage REAL NOT NULL,
                reason TEXT NOT NULL,
                btc_balance REAL NOT NULL,
                krw_balance REAL NOT NULL,
                btc_avg_buy_price REAL NOT NULL,
                btc_krw_price REAL NOT NULL
            )
        """)
        self.conn.commit()

    def record_trade(self, trade_data):
        """거래 데이터를 데이터베이스에 기록"""
        cursor = self.conn.cursor()
        cursor.execute("""
            INSERT INTO trading_history (
                timestamp, decision, percentage, reason,
                btc_balance, krw_balance, btc_avg_buy_price, btc_krw_price
            ) VALUES (?, ?, ?, ?, ?, ?, ?, ?)
        """, (
            datetime.now(),
            trade_data['decision'],
            trade_data['percentage'],
            trade_data['reason'],
            trade_data['btc_balance'],
            trade_data['krw_balance'],
            trade_data['btc_avg_buy_price'],
            trade_data['btc_krw_price']
        ))
        self.conn.commit()
```

```python
class TradeManager:
    """거래 실행을 담당하는 클래스"""
    def __init__(self, upbit_client, ticker="KRW-BTC"):
        self.upbit = upbit_client
        self.ticker = ticker
        self.MIN_TRADE_AMOUNT = 5000

    def execute_market_buy(self, amount):
        """시장가 매수 주문 실행"""
        if amount >= self.MIN_TRADE_AMOUNT:
            return self.upbit.buy_market_order(self.ticker, amount)
        return None

    def execute_market_sell(self, amount):
        """시장가 매도 주문 실행"""
        current_price = float(pyupbit.get_current_price(self.ticker))
        if amount * current_price >= self.MIN_TRADE_AMOUNT:
            return self.upbit.sell_market_order(self.ticker, amount)
        return None

    def adjust_trade_ratio(self, base_ratio, fear_greed_value, trade_type):
        """공포탐욕지수에 따른 거래 비율 조정"""
        trade_ratio = base_ratio / 100.0

        if trade_type == "buy":
            if fear_greed_value <= 25:
                trade_ratio = min(trade_ratio * 1.2, 1.0)
            elif fear_greed_value >= 75:
                trade_ratio = trade_ratio * 0.8
        elif trade_type == "sell":
            if fear_greed_value >= 75:
                trade_ratio = min(trade_ratio * 1.2, 1.0)
            elif fear_greed_value <= 25:
                trade_ratio = trade_ratio * 0.8

        return trade_ratio

    def get_current_balances(self):
        """현재 잔고 상태 조회"""
        return {
            'btc_balance': float(self.upbit.get_balance(self.ticker)),
            'krw_balance': float(self.upbit.get_balance("KRW")),
            'btc_avg_buy_price': float(self.upbit.get_avg_buy_price(self.ticker)),
            'btc_krw_price': float(pyupbit.get_current_price(self.ticker))
```

```python
    }

load_dotenv()

def capture_full_page(url, output_path):
    """웹 페이지 캡처 함수"""
    chrome_options = Options()
    chrome_options.add_argument('--headless')  # 헤드리스 모드
    chrome_options.add_argument('--start-maximized')
    chrome_options.add_argument('--disable-gpu')
    chrome_options.add_argument('--no-sandbox')
    chrome_options.add_argument('--disable-dev-shm-usage')
    chrome_options.add_argument('--enable-webgl')  # WebGL 명시적 활성화
    chrome_options.add_argument('--disable-software-rasterizer')  # 소프트웨어 래스터라이저 비활성화

    driver = webdriver.Chrome(options=chrome_options)
    wait = WebDriverWait(driver, 20)

    try:
        driver.get(url)
        time.sleep(5)  # 초기 로딩 대기

        # 시간 설정 버튼 클릭
        time_button = wait.until(EC.element_to_be_clickable((By.XPATH,
            "/html/body/div[1]/div[2]/div[3]/div/section[1]/article[1]/div/span[2]/div/div/div[1]/div[1]/div/cq-menu[1]/span/cq-clickable")))
        time_button.click()
        time.sleep(1)

        # 1시간 옵션 클릭
        hour_option = wait.until(EC.element_to_be_clickable((By.XPATH,
            "/html/body/div[1]/div[2]/div[3]/div/section[1]/article[1]/div/span[2]/div/div/div[1]/div[1]/div/cq-menu[1]/cq-menu-dropdown/cq-item[8]")))
        hour_option.click()
        time.sleep(3)

        # 전체 페이지 높이 구하기
        total_height = driver.execute_script("return document.body.scrollHeight")
        driver.set_window_size(1920, total_height)

        # 스크린샷 캡처
        png = driver.get_screenshot_as_png()
```

```python
            # PIL Image로 변환
            img = Image.open(io.BytesIO(png))

            # 이미지 리사이즈 (OpenAI API 제한에 맞춤)
            img.thumbnail((2000, 2000))

            # 최적화된 이미지 저장
            img.save(output_path, optimize=True, quality=85)
            print(f"Optimized screenshot saved as: {output_path}")
            return True

    except Exception as e:
        print(f"Error in capture_full_page: {e}")
        return False

    finally:
        driver.quit()

class EnhancedCryptoTrader:
    def __init__(self, ticker="KRW-BTC"):
        self.ticker = ticker
        self.access = os.getenv('UPBIT_ACCESS_KEY')
        self.secret = os.getenv('UPBIT_SECRET_KEY')
        self.upbit = pyupbit.Upbit(self.access, self.secret)

        # 하위 매니저 클래스들 초기화
        self.trade_manager = TradeManager(self.upbit, ticker)
        self.db = DatabaseManager()

        # 기타 설정
        self.client = OpenAI()
        self.serpapi_key = os.getenv('SERPAPI_KEY')
        self.fear_greed_api = "https://api.alternative.me/fng/"
        self.youtube_channels = ["3XbtEX3jUv4"]

def get_fear_greed_index(self, limit=7):
    """공포탐욕지수 데이터 조회"""
    try:
        response = requests.get(f"{self.fear_greed_api}?limit={limit}")
        if response.status_code == 200:
            data = response.json()

            latest = data['data'][0]
            print("\n=== Fear and Greed Index ===")
```

```python
                print(f"Current Value: {latest['value']} ({latest['value_classification']})")

                processed_data = []
                for item in data['data']:
                    processed_data.append({
                        'date': datetime.fromtimestamp(int(item['timestamp'])).strftime('%Y-%m-%d'),
                        'value': int(item['value']),
                        'classification': item['value_classification']
                    })

                values = [int(item['value']) for item in data['data']]
                avg_value = sum(values) / len(values)
                trend = 'Improving' if values[0] > avg_value else 'Deteriorating'

                return {
                    'current': {
                        'value': int(latest['value']),
                        'classification': latest['value_classification']
                    },
                    'history': processed_data,
                    'trend': trend,
                    'average': avg_value
                }

        return None

    except Exception as e:
        print(f"Error in get_fear_greed_index: {e}")
        return None

def add_technical_indicators(self, df):
    """기술적 분석 지표 추가"""
    # 볼린저 밴드
    indicator_bb = ta.volatility.BollingerBands(close=df['close'])
    df['bb_high'] = indicator_bb.bollinger_hband()
    df['bb_mid'] = indicator_bb.bollinger_mavg()
    df['bb_low'] = indicator_bb.bollinger_lband()
    df['bb_pband'] = indicator_bb.bollinger_pband()

    # RSI
    df['rsi'] = ta.momentum.RSIIndicator(close=df['close']).rsi()

    # MACD
```

```python
        macd = ta.trend.MACD(close=df['close'])
        df['macd'] = macd.macd()
        df['macd_signal'] = macd.macd_signal()
        df['macd_diff'] = macd.macd_diff()

        # 이동평균선
        df['ma5'] = ta.trend.SMAIndicator(close=df['close'], window=5).sma_indicator()
        df['ma20'] = ta.trend.SMAIndicator(close=df['close'], window=20).sma_indicator()
        df['ma60'] = ta.trend.SMAIndicator(close=df['close'], window=60).sma_indicator()
        df['ma120'] = ta.trend.SMAIndicator(close=df['close'], window=120).sma_indicator()

        # ATR
        df['atr'] = ta.volatility.AverageTrueRange(
            high=df['high'], low=df['low'], close=df['close']
        ).average_true_range()

        return df

    def get_current_status(self):
        """현재 투자 상태 조회"""
        try:
            krw_balance = float(self.upbit.get_balance("KRW"))
            crypto_balance = float(self.upbit.get_balance(self.ticker))
            avg_buy_price = float(self.upbit.get_avg_buy_price(self.ticker))
            current_price = float(pyupbit.get_current_price(self.ticker))

            print("\n=== Current Investment Status ===")
            print(f"보유 현금: {krw_balance:,.0f} KRW")
            print(f"보유 코인: {crypto_balance:.8f} {self.ticker}")
            print(f"평균 매수가: {avg_buy_price:,.0f} KRW")
            print(f"현재가: {current_price:,.0f} KRW")

            total_value = krw_balance + (crypto_balance * current_price)
            unrealized_profit = ((current_price - avg_buy_price) * crypto_balance) if crypto_balance else 0
            profit_percentage = ((current_price / avg_buy_price) - 1) * 100 if crypto_balance else 0

            print(f"미실현 손익: {unrealized_profit:,.0f} KRW ({profit_percentage:.2f}%)")
```

```python
            return {
                "krw_balance": krw_balance,
                "crypto_balance": crypto_balance,
                "avg_buy_price": avg_buy_price,
                "current_price": current_price,
                "total_value": total_value,
                "unrealized_profit": unrealized_profit,
                "profit_percentage": profit_percentage
            }
        except Exception as e:
            print(f"Error in get_current_status: {e}")
            return None

    def get_orderbook_data(self):
        """호가 데이터 조회"""
        try:
            orderbook = pyupbit.get_orderbook(ticker=self.ticker)
            if not orderbook or len(orderbook) == 0:
                return None

            ask_prices = []
            ask_sizes = []
            bid_prices = []
            bid_sizes = []

            for unit in orderbook['orderbook_units'][:5]:
                ask_prices.append(unit['ask_price'])
                ask_sizes.append(unit['ask_size'])
                bid_prices.append(unit['bid_price'])
                bid_sizes.append(unit['bid_size'])

            return {
                "timestamp": datetime.fromtimestamp(orderbook['timestamp'] / 1000).strftime('%Y-%m-%d %H:%M:%S'),
                "total_ask_size": float(orderbook['total_ask_size']),
                "total_bid_size": float(orderbook['total_bid_size']),
                "ask_prices": ask_prices,
                "ask_sizes": ask_sizes,
                "bid_prices": bid_prices,
                "bid_sizes": bid_sizes
            }
        except Exception as e:
            print(f"Error in get_orderbook_data: {e}")
            return None
```

```python
def get_ohlcv_data(self):
    """차트 데이터 수집 및 기술적 분석"""
    try:
        daily_data = pyupbit.get_ohlcv(self.ticker, interval="day", count=30)
        daily_data = self.add_technical_indicators(daily_data)

        hourly_data = pyupbit.get_ohlcv(self.ticker, interval="minute60", count=24)
        hourly_data = self.add_technical_indicators(hourly_data)

        daily_data_dict = []
        for index, row in daily_data.iterrows():
            day_data = row.to_dict()
            day_data['date'] = index.strftime('%Y-%m-%d')
            daily_data_dict.append(day_data)

        hourly_data_dict = []
        for index, row in hourly_data.iterrows():
            hour_data = row.to_dict()
            hour_data['date'] = index.strftime('%Y-%m-%d %H:%M:%S')
            hourly_data_dict.append(hour_data)

        print("\n=== Latest Technical Indicators ===")
        print(f"RSI: {daily_data['rsi'].iloc[-1]:.2f}")
        print(f"MACD: {daily_data['macd'].iloc[-1]:.2f}")
        print(f"BB Position: {daily_data['bb_pband'].iloc[-1]:.2f}")

        return {
            "daily_data": daily_data_dict[-7:],
            "hourly_data": hourly_data_dict[-6:],
            "latest_indicators": {
                "rsi": daily_data['rsi'].iloc[-1],
                "macd": daily_data['macd'].iloc[-1],
                "macd_signal": daily_data['macd_signal'].iloc[-1],
                "bb_position": daily_data['bb_pband'].iloc[-1]
            }
        }
    except Exception as e:
        print(f"Error in get_ohlcv_data: {e}")
        return None
def capture_and_analyze_chart(self):
    """차트 캡처 및 분석"""
    try:
        current_time = datetime.now().strftime("%Y%m%d_%H%M%S")
```

```python
        screenshot_path = f"chart_{current_time}.png"

        url = f"https://upbit.com/exchange?code=CRIX.UPBIT.{self.ticker}"
        capture_success = capture_full_page(url, screenshot_path)

        if not capture_success:
            return None

        # 이미지를 base64로 인코딩
        with open(screenshot_path, "rb") as image_file:
            base64_image = base64.b64encode(image_file.read()).decode("utf-8")

        # OpenAI Vision API 호출
        response = self.client.chat.completions.create(
            model="gpt-4o-mini",
            messages=[
                {
                    "role": "user",
                    "content": [
                        {
                            "type": "text",
                            "text": "Analyze this cryptocurrency chart and provide insights about: 1) Current trend 2) Key support/resistance levels 3) Technical indicator signals 4) Notable patterns"
                        },
                        {
                            "type": "image_url",
                            "image_url": {
                                "url": f"data:image/png;base64,{base64_image}"
                            }
                        }
                    ]
                }
            ],
            max_tokens=500
        )

        # 분석 결과 처리
        analysis_result = response.choices[0].message.content

        # 임시 파일 삭제
        os.remove(screenshot_path)

        return analysis_result
```

```python
        except Exception as e:
            print(f"Error in capture_and_analyze_chart: {e}")
            if os.path.exists(screenshot_path):
                os.remove(screenshot_path)
            return None

def get_crypto_news(self):
    """비트코인 관련 최신 뉴스 조회"""
    try:
        base_url = "https://serpapi.com/search.json"
        params = {
            "engine": "google_news",
            "q": "bitcoin crypto trading",
            "api_key": self.serpapi_key,
            "gl": "us",
            "hl": "en"
        }

        response = requests.get(base_url, params=params)
        if response.status_code == 200:
            news_data = response.json()

            if 'news_results' not in news_data:
                return None

            processed_news = []
            for news in news_data['news_results'][:5]:
                processed_news.append({
                    'title': news.get('title', ''),
                    'link': news.get('link', ''),
                    'source': news.get('source', {}).get('name', ''),
                    'date': news.get('date', ''),
                    'snippet': news.get('snippet', '')
                })

            print("\n=== Latest Crypto News ===")
            for news in processed_news:
                print(f"\nTitle: {news['title']}")
                print(f"Source: {news['source']}")
                print(f"Date: {news['date']}")

            return processed_news
```

```python
                return None
        except Exception as e:
            print(f"Error in get_crypto_news: {e}")
            return None

    # [이전 코드의 나머지 메서드들은 그대로 유지...]
    # get_fear_greed_index, add_technical_indicators, get_current_status,
    # get_orderbook_data, get_ohlcv_data 메서드들은 변경 없이 유지

    def get_youtube_analysis(self):
        """유튜브 영상 자막 분석"""
        try:
            all_transcripts = []

            for video_id in self.youtube_channels:
                try:
                    # 한국어 자막 가져오기 시도
                    transcript = YouTubeTranscriptApi.get_transcript(video_id, languages=['ko'])
                    text = ' '.join([entry['text'] for entry in transcript])

                    all_transcripts.append({
                        'video_id': video_id,
                        'content': text
                    })

                except Exception as e:
                    print(f"Error processing transcript for video {video_id}: {e}")
                    # 사용 가능한 자막 목록 출력
                    try:
                        available_transcripts = YouTubeTranscriptApi.list_transcripts(video_id)
                        print(f"Available transcripts for {video_id}:")
                        for transcript in available_transcripts:
                            print(f"- {transcript.language_code}")
                    except Exception as e:
                        print(f"Could not list available transcripts: {e}")
                    continue

            if not all_transcripts:
                return None

            # 한국어 분석을 위한 시스템 메시지
            system_message = """You are an expert cryptocurrency trading analyst.
```

```
    Analyze Korean YouTube content related to cryptocurrency trading and provide
insights.

    Focus on analyzing these key aspects from the Korean transcripts:
    1. Trading Strategy
    - Entry/exit points
    - Risk management methods
    - Trading patterns

    2. Market Analysis
    - Market sentiment
    - Important price levels
    - Potential scenarios

    3. Risk Factors
    - Market risks
    - Technical risks
    - External risks

    4. Technical Analysis
    - Technical indicators
    - Chart patterns
    - Key price levels

    5. Market Impact Factors
    - Economic factors
    - News and events
    - Market trends

    Provide analysis in JSON format with confidence scores."""

            response = self.client.chat.completions.create(
                model="gpt-4o-mini",
                messages=[
                    {"role": "system", "content": system_message},
                    {"role": "user", "content": f"Analyze these Korean cryptocurrency
trading YouTube transcripts: {json.dumps(all_transcripts)}"}
                ],
                response_format={"type": "json_object"}
            )

            try:
                analysis_result = json.loads(response.choices[0].message.content)
                return analysis_result
```

```python
            except json.JSONDecodeError as e:
                print(f"JSON Parsing Error: {e}")
                print("Original response:", response.choices[0].message.content)
                return None

        except Exception as e:
            print(f"Error in get_youtube_analysis: {e}")
            return None

    def get_ai_analysis(self, analysis_data):
        """AI 분석 및 매매 신호 생성 (Structured Outputs 적용)"""
        try:
            # 차트 이미지 분석 수행
            chart_analysis = self.capture_and_analyze_chart()

            # 유튜브 분석 수행
            youtube_analysis = self.get_youtube_analysis()

            # 분석 데이터 최적화
            optimized_data = {
                "current_status": analysis_data["current_status"],
                "orderbook": analysis_data["orderbook"],
                "ohlcv": analysis_data["ohlcv"],
                "fear_greed": analysis_data["fear_greed"],
                "news": analysis_data["news"],
                "chart_analysis": chart_analysis,
                "youtube_analysis": youtube_analysis
            }

            response = self.client.chat.completions.create(
                model="gpt-4o-2024-08-06",
                messages=[
                    {
                        "role": "system",
                        "content": "You are a cryptocurrency trading analyst. Analyze the provided market data and generate a trading decision."
                    },
                    {
                        "role": "user",
                        "content": f"Market Data Analysis:\n{json.dumps(optimized_data, indent=2)}"
                    }
                ],
                response_format={
```

```
                        "type": "json_schema",
                        "json_schema": {
                            "name": "trading_decision",
                            "description": "Trading decision based on market analysis",
                            "strict": True,
                            "schema": {
                                "type": "object",
                                "properties": {
                                    "percentage": {
                                        "type": "integer",
                                        "description": "For buy: Percentage of available
KRW to use for purchase. For sell: Percentage of held BTC to sell. For hold: Should be
0. Range: 0-100"
                                    },

                                    "confidence_score": {
                                        "type": "integer",
                                        "description": "Confidence level of the trading
decision (0-100)"
                                    },
                                    "decision": {
                                        "type": "string",
                                        "description": "Trading decision to make",
                                        "enum": ["buy", "sell", "hold"]
                                    },

                                    "reason": {
                                        "type": "string",
                                        "description": "Detailed explanation for the
decision"
                                    }
                                },
                                "required": ["percentage","confidence_
score","decision","reason"],
                                "additionalProperties": False
                            }
                        }
                    }
                )

                # 응답 파싱
                result = json.loads(response.choices[0].message.content)
                return result
```

```python
        except Exception as e:
            print(f"Error in get_ai_analysis: {e}")
            return None

    def execute_trade(self, decision, percentage, confidence_score, fear_greed_value,reason):
        """매매 실행 로직"""
        try:

            trade_ratio = self.trade_manager.adjust_trade_ratio(percentage, fear_greed_value, decision)

            if confidence_score > 70:
                if decision == "buy":
                    krw = self.upbit.get_balance("KRW")
                    if krw > 5000:
                        order_amount = krw * trade_ratio
                        order = self.trade_manager.execute_market_buy(order_amount)

                        if order:
                            print("\n=== Buy Order Executed ===")
                            print(f"Trade Amount: {order_amount:,.0f} KRW ({trade_ratio*100:.1f}%)")

                elif decision == "sell":
                    btc = self.upbit.get_balance(self.ticker)
                    sell_amount = btc * trade_ratio
                    order = self.trade_manager.execute_market_sell(sell_amount)

                    if order:
                        print("\n=== Sell Order Executed ===")
                        print(f"Trade Amount: {sell_amount:.8f} BTC ({trade_ratio*100:.1f}%)")

                # 거래 상태 기록
                balances = self.trade_manager.get_current_balances()
                trade_data = {
                    'decision': decision,
                    'percentage': percentage,
                    'reason': reason,
                    **balances
                }
                self.db.record_trade(trade_data)
```

```python
        except Exception as e:
            print(f"Error in execute_trade: {e}")

def ai_trading():
    try:
        trader = EnhancedCryptoTrader("KRW-BTC")

        current_status = trader.get_current_status()
        orderbook_data = trader.get_orderbook_data()
        ohlcv_data = trader.get_ohlcv_data()
        fear_greed_data = trader.get_fear_greed_index()
        news_data = trader.get_crypto_news()

        if all([current_status, orderbook_data, ohlcv_data, fear_greed_data, news_data]):
            analysis_data = {
                "current_status": current_status,
                "orderbook": orderbook_data,
                "ohlcv": ohlcv_data,
                "fear_greed": fear_greed_data,
                "news": news_data
            }

            ai_result = trader.get_ai_analysis(analysis_data)

            if ai_result:
                print("\n=== AI Analysis Result ===")
                print(json.dumps(ai_result, indent=2))

                trader.execute_trade(
                    ai_result['decision'],
                    ai_result['percentage'],
                    ai_result['confidence_score'],
                    fear_greed_data['current']['value'],
                    ai_result['reason']
                )

    except Exception as e:
        print(f"Error in ai_trading: {e}")

if __name__ == "__main__":
    print("Starting Enhanced Bitcoin Trading Bot with Chart and YouTube Analysis...")
    print("Press Ctrl+C to stop")
```

```python
while True:
    try:
        ai_trading()
        time.sleep(600)  # 10분 대기
    except KeyboardInterrupt:
        print("\nTrading bot stopped by user")
        break
    except Exception as e:
        print(f"Error in main loop: {e}")
        time.sleep(60)  # 에러 발생 시 60초 대기
```

데이터를 확인해 보면 공포탐욕지수에 따른 현재 시장 심리가 드러나 있고, 반대 지표에 따라 매수 기회인지, 매도 기회인지 파악할 수 있습니다. 또, 볼린저 밴드로 가격이 어디에 근접해 있는지, 뉴스의 헤드라인으로 기관의 관심이 어떻게 변동하고 있는지 한눈에 볼 수 있습니다. 마지막으로 설정해 둔 투자 전략과 성향에 맞춰 현 수준에서 신중한 매수 또는 매도를 추천하는 것도 확인할 수 있습니다.

이렇게 지금까지 넣은 모든 데이터가 반영된 결과를 데이터베이스에 기록했습니다. 이후 코드를 실행하고 매매가 이루어질 때마다 데이터가 이 구조로 한 줄씩 쌓일 것입니다.

14 스스로 회고하고 개선하기

단순 자동 매매 프로그램과 AI를 활용한 자동 매매 프로그램의 가장 큰 차이점은, 인간이 매매 과정에 판단을 내리듯이 AI가 학습된 데이터를 바탕으로 매매를 판단한다는 것입니다. 그렇다면 마치 인간처럼 자신의 판단을 다시 살펴보고 반성하고 더 나은 판단을 할 수 있는 데이터로 쓴다면 어떨까요? 이번 챕터에서는 AI 스스로 자신의 판단을 회고하고 재귀한 다음 개선하는 과정을 구현해 보겠습니다.

| 학습 목표

AI가 과거 데이터를 다시 학습할 수 있도록 학습 데이터에 반성 칼럼을 추가하고 코드를 보완해 스스로 학습하고 더 나은 판단을 할 수 있도록 합니다.

| 핵심 키워드

- 반성 칼럼
- 자기 개선형 트레이딩 시스템

스스로 회고하는 AI

데이터베이스에 저장한 매매 기록 데이터를 가장 잘 활용하는 방법은 투자가 제대로 이루어졌는지 판단하고 앞으로 더 나은 매매를 하는 것입니다. 이 평가를 인간이 할 수도 있지만, AI가 스스로 매매 과정을 회고하고 이후에 잘된 부분은 지속하고 잘못된 부분은 개선하도록 할 수 있습니다. 즉, 매매 기록을 바탕으로 AI가 회고한 내용을 다시 투자 판단을 위한 데이터로 사용하는 것입니다.

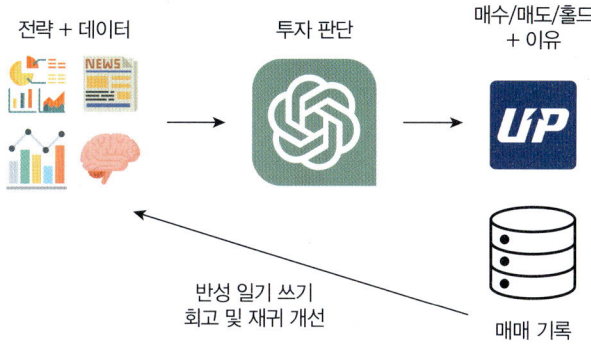

회고 기록을 데이터로 사용하는 프로세스

구현 방법은 간단합니다. 앞서 데이터베이스를 만들고 데이터를 저장할 때 reason이라는 칼럼을 추가한 것처럼 회고를 기록할 칼럼을 하나 추가하고, 이 칼럼에 이전 내역을 기반으로 해당 매매가 잘 되었는지 기록합니다. 물론 이 과정도 클로드와 함께 진행해 보겠습니다.

반성 칼럼 추가하기

01 지금까지 작성한 autotrade.py 전체 코드를 복사해 클로드에 붙여 넣고 먼저 코드 파악을 요청합니다.

 다음은 파이썬으로 작성한 GPT 비트코인 자동 매매 프로그램 코드입니다. 이후 이 코드를 기반으로 수정을 요청할 예정이니 전체 코드를 파악해 주세요.
[autotrade.py 첨부]

네, 코드를 검토해 보겠습니다. 이 코드는 GPT를 활용한 비트코인 자동 매매 시스템으로, 주요 구성과 기능은 다음과 같습니다.

1. 주요 클래스 구조:
- DatabaseManager: 거래 기록을 SQLite DB에 저장/관리
- TradeManager: 실제 매수/매도 주문 실행 및 거래 비율 조정
- EnhancedCryptoTrader: 전체 트레이딩 로직 통합 관리

2. 주요 분석 기능:
- 기술적 지표 분석 (RSI, MACD, 볼린저 밴드 등)
- 시장 데이터 수집 (호가창, OHLCV 데이터)
- 공포탐욕지수 분석
- 차트 이미지 캡처 및 GPT 분석
- 유튜브 컨텐츠 분석
- 뉴스 데이터 수집

3. 거래 실행 로직:
- 신뢰도 점수가 70 이상일 때만 거래 실행
- 최소 거래금액 5000원 설정
- 공포탐욕지수에 따른 거래 비율 동적 조정

4. 안전장치:
- 예외 처리
- 거래 기록 보관
- 최소 거래금액 제한
- 신뢰도 기반 거래 실행

5. 자동화:
- 10분 간격으로 자동 실행
- 에러 발생 시 60초 대기 후 재시도
- [Ctrl] + [C]로 안전한 종료 가능

이 시스템은 다양한 데이터 소스를 활용하여 종합적인 시장 분석을 수행하고, GPT를 통해 매매 결정을 내리는 복잡한 구조를 가지고 있습니다.
어떤 부분을 수정하고 싶으신지 말씀해 주시면, 이 구조를 기반으로 도움을 드리도록 하겠습니다.

02 클로드가 코드를 잘 이해했다면 구현하고자 하는 내용을 다음과 같이 프롬프트로 입력합니다.

 데이터베이스에 매매 데이터가 쌓인 것과 현재 시장 상황을 종합하여 스스로 반성하고 회고하도록 구현하고 싶습니다. 점점 더 나은 분석을 할 수 있도록 반성한 칼럼을 추가하여 재귀 개선되도록 구현해 주세요.

 자기 반성과 학습을 위한 기능을 추가하도록 하겠습니다. 먼저 DatabaseManager를 수정하여 거래 반성 일기를 저장할 수 있도록 하고, 이를 분석하여 다음 거래에 반영하는 로직을 구현하겠습니다.

주요 추가 및 변경 사항을 설명드리겠습니다.

1. 데이터베이스 확장
- `trading_reflection` 테이블 추가
- 거래 ID와 연결된 반성 일기 저장
- 시장 상황, 의사 결정 분석, 개선점, 성공률 등 기록

2. 반성 분석 기능 (analyze_past_decisions)
- 최근 거래 내역과 반성 일기 분석
- 현재 시장 상황과 비교 분석
- GPT-4를 활용한 종합적 반성과 학습점 도출
- 구체적인 개선 사항 제시

3. AI 분석 강화 (get_ai_analysis)
- 과거 반성 일기 데이터 활용
- 이전 실수와 학습점 고려
- 리스크 조정 및 전략 개선 사항 제안
- 신뢰도 요인 상세 분석

4. 거래 실행 프로세스 개선
- 반성 기반 조정 사항 적용
- 더 신중한 의사 결정 과정
- 과거 실수 재발 방지

이러한 변경으로 트레이딩 봇은:
1. 자신의 거래 결정을 지속적으로 평가
2. 패턴을 파악하고 실수로부터 학습

3. 시장 상황에 따른 전략 조정

4. 더 나은 거래 결정을 위한 자기 개선

이 시스템을 실행하면서 데이터가 쌓일수록 더 나은 거래 결정을 내릴 수 있게 됩니다. 필요한 부분이 있다면 더 보완하겠습니다.

03 클로드가 생성한 코드를 복사해 autotrade.py에 붙여 넣습니다. 클로드가 작성한 코드를 확인해 보면 먼저 이전 투자 데이터를 회고하기 위해 trading_reflection이라는 테이블을 생성합니다. 그런 다음 ai_trading 함수를 실행해 회고 테이블의 정보를 조회하고 그 결과를 다음 판단에 참고할 데이터로 활용하는 것을 확인할 수 있습니다.

autotrade.py

```python
# DatabaseManager 클래스 수정
class DatabaseManager:
    def __init__(self, db_path="trading.db"):
        self.conn = sqlite3.connect(db_path)
        self.setup_database()

    def setup_database(self):
        cursor = self.conn.cursor()
        # 기존 거래 기록 테이블
        cursor.execute("""
            CREATE TABLE IF NOT EXISTS trading_history (
                id INTEGER PRIMARY KEY AUTOINCREMENT,
                timestamp DATETIME NOT NULL,
                decision TEXT NOT NULL,
                percentage REAL NOT NULL,
                reason TEXT NOT NULL,
                btc_balance REAL NOT NULL,
                krw_balance REAL NOT NULL,
                btc_avg_buy_price REAL NOT NULL,
                btc_krw_price REAL NOT NULL
            )
        """)

        # 거래 반성 일기 테이블 추가
        cursor.execute("""
```

```python
            CREATE TABLE IF NOT EXISTS trading_reflection (
                id INTEGER PRIMARY KEY AUTOINCREMENT,
                trading_id INTEGER NOT NULL,
                reflection_date DATETIME NOT NULL,
                market_condition TEXT NOT NULL,
                decision_analysis TEXT NOT NULL,
                improvement_points TEXT NOT NULL,
                success_rate REAL NOT NULL,
                learning_points TEXT NOT NULL,
                FOREIGN KEY (trading_id) REFERENCES trading_history(id)
            )
        """)
        self.conn.commit()

    def get_recent_trades(self, limit=10):
        """최근 거래 내역 조회"""
        cursor = self.conn.cursor()
        cursor.execute("""
            SELECT * FROM trading_history
            ORDER BY timestamp DESC
            LIMIT ?
        """, (limit,))
        return cursor.fetchall()

    def get_reflection_history(self, limit=10):
        """최근 반성 일기 조회"""
        cursor = self.conn.cursor()
        cursor.execute("""
            SELECT r.*, h.decision, h.percentage, h.btc_krw_price
            FROM trading_reflection r
            JOIN trading_history h ON r.trading_id = h.id
            ORDER BY r.reflection_date DESC
            LIMIT ?
        """, (limit,))
        return cursor.fetchall()

    def add_reflection(self, reflection_data):
        """반성 일기 추가"""
        cursor = self.conn.cursor()
        cursor.execute("""
            INSERT INTO trading_reflection (
                trading_id, reflection_date, market_condition,
                decision_analysis, improvement_points, success_rate,
```

```python
                    learning_points
                ) VALUES (?, ?, ?, ?, ?, ?, ?)
            """, (
                reflection_data['trading_id'],
                reflection_data['reflection_date'],
                reflection_data['market_condition'],
                reflection_data['decision_analysis'],
                reflection_data['improvement_points'],
                reflection_data['success_rate'],
                reflection_data['learning_points']
            ))
            self.conn.commit()

    def record_trade(self, trade_data):
        """거래 데이터를 데이터베이스에 기록"""
        cursor = self.conn.cursor()
        cursor.execute("""
            INSERT INTO trading_history (
                timestamp, decision, percentage, reason,
                btc_balance, krw_balance, btc_avg_buy_price, btc_krw_price
            ) VALUES (?, ?, ?, ?, ?, ?, ?, ?)
        """, (
            datetime.now(),
            trade_data['decision'],
            trade_data['percentage'],
            trade_data['reason'],
            trade_data['btc_balance'],
            trade_data['krw_balance'],
            trade_data['btc_avg_buy_price'],
            trade_data['btc_krw_price']
        ))
        self.conn.commit()
        return cursor.lastrowid  # 새로 삽입된 레코드의 ID 반환

# EnhancedCryptoTrader 클래스에 추가할 메서드들
class EnhancedCryptoTrader:
    def analyze_past_decisions(self):
        """과거 거래 분석 및 반성"""
        try:
            # 최근 거래 내역 조회
            recent_trades = self.db.get_recent_trades(10)
            recent_reflections = self.db.get_reflection_history(5)
```

```python
        # 현재 시장 상태 조회
        current_market = {
            "price": float(pyupbit.get_current_price(self.ticker)),
            "status": self.get_current_status(),
            "fear_greed": self.get_fear_greed_index(),
            "technical": self.get_ohlcv_data()
        }

        # AI에 분석 요청
        reflection_prompt = {
            "recent_trades": recent_trades,
            "recent_reflections": recent_reflections,
            "current_market": current_market
        }

    response = self.client.chat.completions.create(
            model="gpt-4-turbo-preview",
            messages=[
                {
                    "role": "system",
                    "content": """You are an AI trading advisor. Provide your analysis in JSON format with these exact fields:
                    {
                        "market_condition": "Current market state analysis",
                        "decision_analysis": "Analysis of past trading decisions",
                        "improvement_points": "Points to improve",
                        "success_rate": numeric value between 0-100,
                        "learning_points": "Key lessons learned"
                    }"""
                },
                {
                    "role": "user",
                    "content": f"Analyze these trading records and market conditions and provide response in JSON format:\n{json.dumps(reflection_prompt, indent=2)}"
                }
            ],
            response_format={
                "type": "json_object"
            }
        )

        reflection = json.loads(response.choices[0].message.content)
```

```python
            # 반성 일기 저장
            reflection_data = {
                'trading_id': recent_trades[0][0],  # 최근 거래 ID
                'reflection_date': datetime.now(),
                'market_condition': reflection['market_condition'],
                'decision_analysis': reflection['decision_analysis'],
                'improvement_points': reflection['improvement_points'],
                'success_rate': reflection['success_rate'],
                'learning_points': reflection['learning_points']
            }

            self.db.add_reflection(reflection_data)

            return reflection

        except Exception as e:
            print(f"Error in analyze_past_decisions: {e}")
            return None

    def get_ai_analysis(self, analysis_data):
        """AI 분석 및 매매 신호 생성 (반성 일기 반영)"""
        try:
            # 기존 분석 데이터
            chart_analysis = self.capture_and_analyze_chart()
            youtube_analysis = self.get_youtube_analysis()

            # 과거 반성 일기 분석 추가
            past_reflections = self.db.get_reflection_history(5)

            optimized_data = {
                "current_status": analysis_data["current_status"],
                "orderbook": analysis_data["orderbook"],
                "ohlcv": analysis_data["ohlcv"],
                "fear_greed": analysis_data["fear_greed"],
                "news": analysis_data["news"],
                "chart_analysis": chart_analysis,
                "youtube_analysis": youtube_analysis,
                "past_reflections": past_reflections  # 반성 일기 데이터 추가
            }
    response = self.client.chat.completions.create(
                model="gpt-4o-2024-08-06",
                messages=[
                    {
```

```
                    "role": "system",
                    "content": "You are a cryptocurrency trading analyst. Analyze the provided market data and generate a trading decision."
                },
                {
                    "role": "user",
                    "content": f"Market Data Analysis:\n{json.dumps(optimized_data, indent=2)}"
                }
            ],
            response_format={
                "type": "json_schema",
                "json_schema": {
                    "name": "trading_decision",
                    "description": "Trading decision based on market analysis",
                    "strict": True,
                    "schema": {
                        "type": "object",
                        "properties": {
                            "percentage": {
                                "type": "integer",
                                "description": "For buy: Percentage of available KRW to use for purchase. For sell: Percentage of held BTC to sell. For hold: Should be 0. Range: 0-100"
                            },
                            "confidence_score": {
                                "type": "integer",
                                "description": "Confidence level of the trading decision (0-100)"
                            },
                            "decision": {
                                "type": "string",
                                "description": "Trading decision to make",
                                "enum": ["buy", "sell", "hold"]
                            },
                            "reason": {
                                "type": "string",
                                "description": "Detailed explanation for the decision"
                            },
                            "reflection_based_adjustments": {
```

```
                        "type": "object",
                            "properties": {
                                "risk_adjustment": {"type": "string"},
                                "strategy_improvement": {"type": "string"},
                                "confidence_factors": {"type": "array",
"items": {"type": "string"}}
                            },
                            "required": ["risk_adjustment", "strategy_
improvement", "confidence_factors"],
                            "additionalProperties": False
                        }
                    },
                        "required": ["percentage","confidence_
score","decision","reason", "reflection_based_adjustments"],
                        "additionalProperties": False
                    }
                }
            }
        )

        result = json.loads(response.choices[0].message.content)
        return result

    except Exception as e:
        print(f"Error in get_ai_analysis: {e}")
        return None

def ai_trading():
    try:
        trader = EnhancedCryptoTrader("KRW-BTC")

        # 과거 거래 분석 및 반성 수행
        reflection = trader.analyze_past_decisions()
        if reflection:
            print("\n=== Trading Reflection ===")
            print(json.dumps(reflection, indent=2))

        # 기존 거래 로직 수행
        current_status = trader.get_current_status()
        orderbook_data = trader.get_orderbook_data()
        ohlcv_data = trader.get_ohlcv_data()
        fear_greed_data = trader.get_fear_greed_index()
        news_data = trader.get_crypto_news()
```

```python
        if all([current_status, orderbook_data, ohlcv_data, fear_greed_data, news_data]):
            analysis_data = {
                "current_status": current_status,
                "orderbook": orderbook_data,
                "ohlcv": ohlcv_data,
                "fear_greed": fear_greed_data,
                "news": news_data
            }

            ai_result = trader.get_ai_analysis(analysis_data)

            if ai_result:
                print("\n=== AI Analysis Result (with Reflection) ===")
                print(json.dumps(ai_result, indent=2))

                # 반성 기반 조정 사항 출력
                print("\n=== Reflection-based Adjustments ===")
                print(json.dumps(ai_result['reflection_based_adjustments'], indent=2))

                trader.execute_trade(
                    ai_result['decision'],
                    ai_result['percentage'],
                    ai_result['confidence_score'],
                    fear_greed_data['current']['value'],
                    ai_result['reason']
                )

    except Exception as e:
        print(f"Error in ai_trading: {e}")
```

04 새로운 테이블이 추가되었으니 기존에 생성한 데이터베이스는 제거합니다.

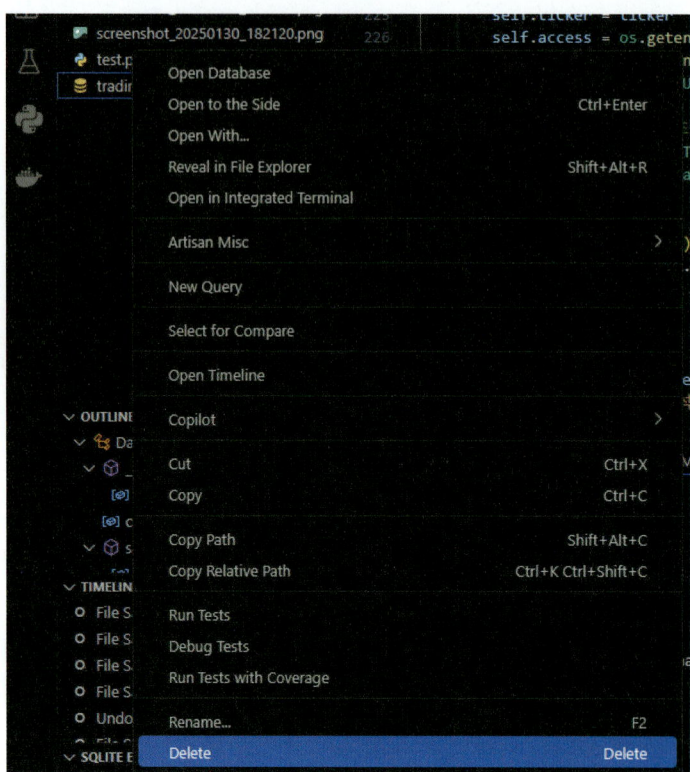

05 이제 코드를 실행하면 매매가 진행되고 새로운 데이터베이스가 생성됩니다. 생성된 데이터 베이스를 보면 `trading_history`와 `trading_reflection`이라는 2개의 테이블이 생성된 것을 확인할 수 있습니다. `trading_history`는 투자 내역을, `tading_reflection`은 투자에 대한 회고를 데이터로 저장합니다.

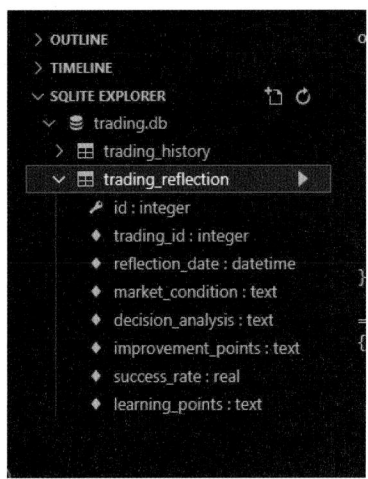

지금까지 작성한 코드를 실행하면 다음과 같이 회고 내역이 콘솔 창에 출력되는 것을 확인할 수 있습니다.

```
=== Reflection-based Adjustments ===
{
  "risk_adjustment": "Consider diversifying the portfolio to reduce volatility risks and increase asset stability.",
  "strategy_improvement": "Incorporate a dynamic stop-loss strategy to minimize potential losses during high volatility periods.",
  "confidence_factors": [
    "RSI indicating possible oversold conditions",
    "Neutral to Fear market sentiment suggesting caution",
    "MACD showing bearish trend",
    "Order book showing slightly higher bid volume than ask"
  ]
}
```

출력 결과를 보면 투자 전략을 조정하는 것을 확인할 수 있습니다. 포트폴리오를 다각화하여 변동성을 줄이고 안정화를 높이기 위해 변동성이 높은 시기에는 스톱로스를 도입하고, RSI, MACD 등의 기술적 지표를 통해 신중하게 접근하겠다는 내용입니다.

이렇게 투자 데이터를 스스로 반성하고 회고하는 과정을 구현했습니다.

15 모니터링 시스템 구현하기

이번 챕터에서는 실시간 투자 현황 모니터링 기능을 만들어 보겠습니다. 이 기능은 매매 기록 데이터가 데이터베이스에 쌓이는 과정을 쉽게 모니터링할 수 있도록 도와줍니다. 하지만 매번 데이터베이스를 직접 열어서 투자 현황을 확인하는 것은 불편하겠죠? 그래서 이 데이터를 웹사이트 형태로 시각화해 보겠습니다.

| 학습 목표

Streamlit 라이브러리를 활용해 웹사이트 대시보드를 만들어 실시간 투자 현황을 모니터링할 수 있습니다. 더불어 plotly 라이브러리로 데이터를 시각화한 그래프도 구현할 수 있습니다.

| 핵심 키워드

- Streamlit
- plotly

Streamlit 라이브러리 기초

이번 실습에서는 AI가 투자한 기록을 확인하기 위해 매번 데이터베이스를 여는 대신 웹이나 모바일에서 실시간으로 확인할 수 있도록 실시간 현황을 볼 수 있는 웹사이트를 구현해 보겠습니다. 이 과정에 파이썬을 이용해 쉽게 웹사이트를 만들 수 있는 Streamlit 라이브러리를 사용하겠습니다.

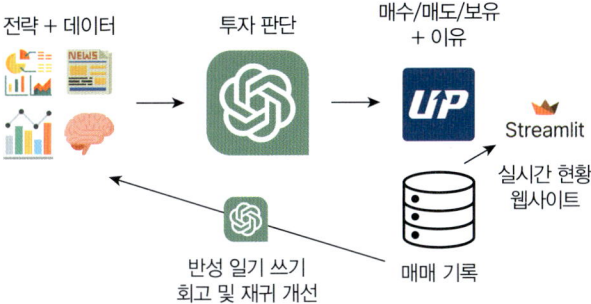

실시간 현황 웹사이트 프로세스

Streamlit은 데이터를 시각화한 앱을 제작하는 데 특화된 라이브러리로, 개발 비전공자도 쉽게 활용할 수 있다는 데 큰 강점이 있습니다. `import streamlit`으로 간단하게 라이브러리를 불러오고 `st.write`으로 웹사이트에 원하는 내용을 출력할 수 있죠.

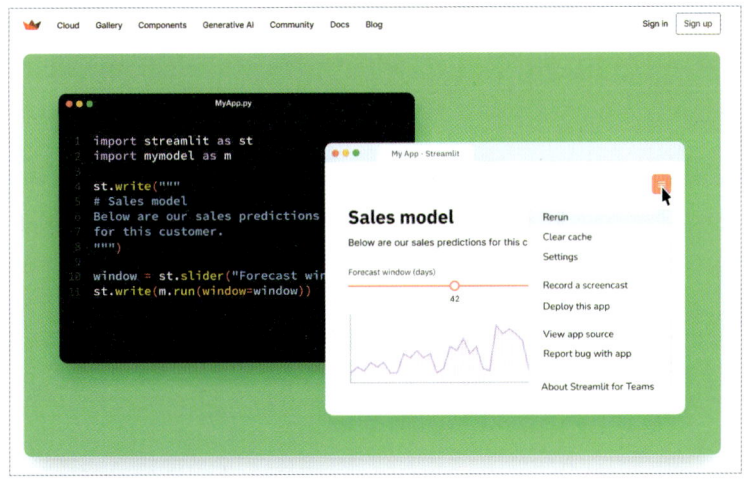

Streamlit 공식 웹사이트(출처: streamlit.io)

이제 데이터베이스를 연결해 웹사이트를 만들고 언제 어디서든 조회할 수 있도록 해보겠습니다.

Streamlit 설치하기

01 먼저 Streamlit을 설치하는 방법을 살펴보기 위해 공식 웹사이트로 이동합니다. 상단 메뉴에서 [Docs]를 클릭합니다.

🔗 Streamlit 웹사이트: streamlit.io

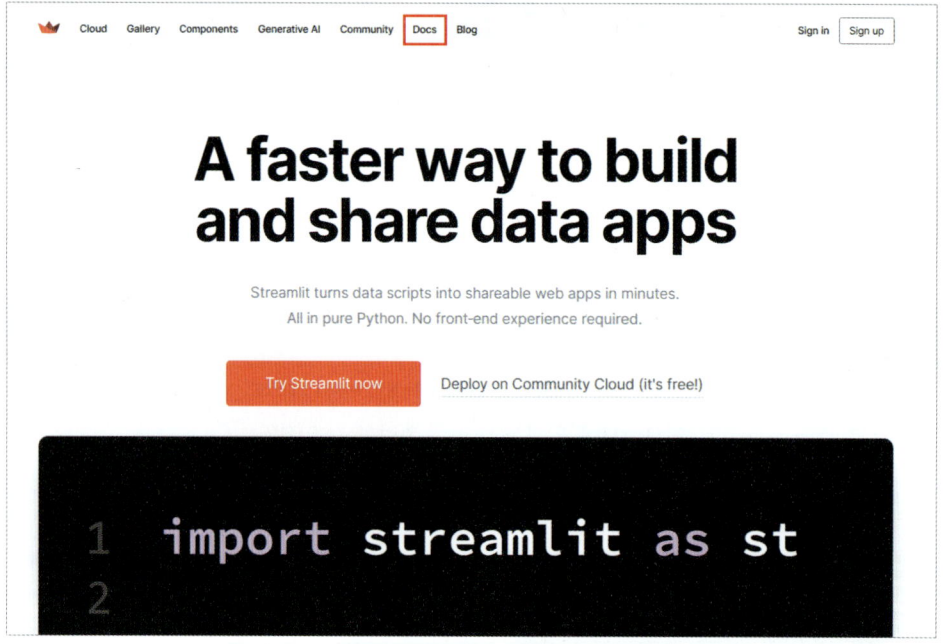

02 화면 가운데 이 페이지에서 Streamlit을 설치하는 방법부터 배포하는 방법까지 상세하게 확인할 수 있습니다. 먼저 설치하는 방법을 살펴보기 위해 [Setup and installation] 또는 왼쪽의 [Installation]을 클릭합니다.

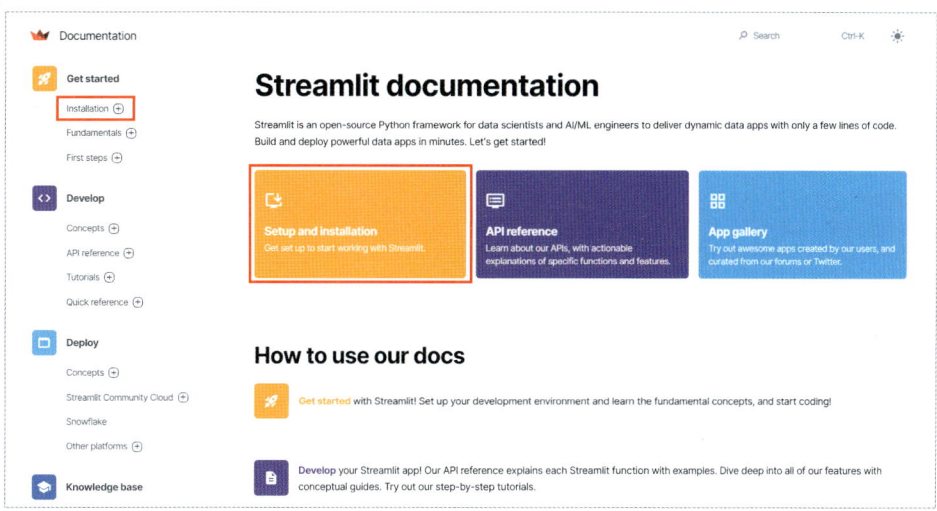

03 Streamlit의 설치 안내에 따라 설치 명령을 복사합니다.

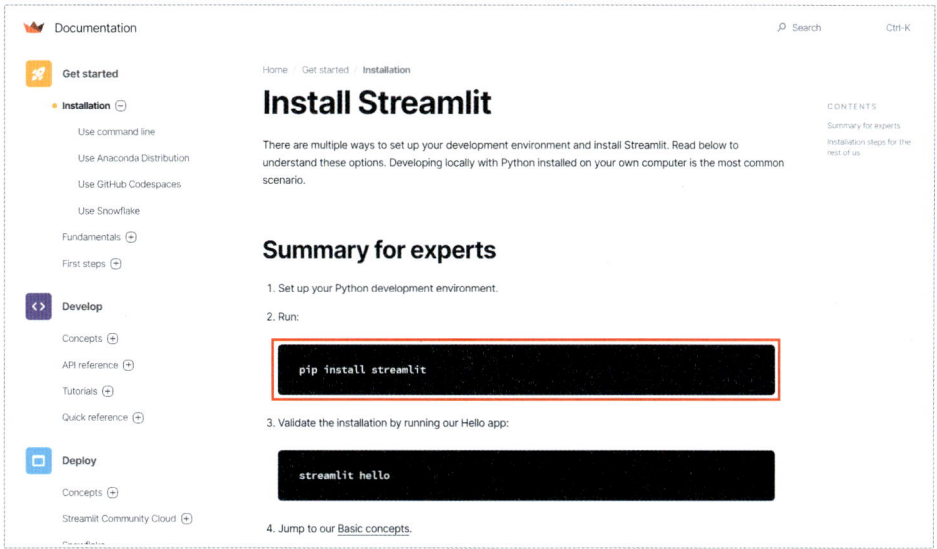

04 VS code 터미널에 복사한 명령을 붙여 넣고 실행해 라이브러리를 설치합니다.

```
pip install streamlit
```

05 **requirements.txt** 파일에도 Streamlit 라이브러리를 추가합니다.

```
requirements.txt
python-dotenv
openai
pyupbit
ta
selenium
webdriver-manager
pillow
youtube-transcript-api
streamlit
```

Streamlit 실행하기

01 Streamlit 라이브러리 설치가 잘 진행되었는지 [Docs → First steps → Create an app] 제공하는 예제 코드를 참고해 간단한 코드를 실행해 보겠습니다. VS code에서 **streamlit-app.py**라는 새 파일을 생성합니다.

🔗 Create an app: docs.streamlit.io/get-started/tutorials/create-an-app

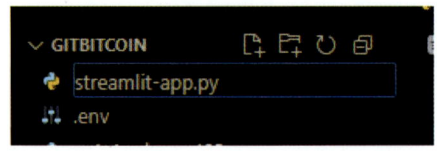

02 새 파일에 라이브러리를 불러오는 `import` 구문과 제목을 출력하는 `st.title`, Streamlit 을 실행하는 명령어를 다음과 같이 입력합니다.

```
streamlit-app.py
import streamlit as st

st.title('Uber pickups in NYC')
```

03 이제 Streamlit 앱을 실행하기 위해 터미널에 다음 명령어를 입력합니다.

> **Tip.** 오류가 발생하면 `python -m streamlit run streamlit-app.py`를 실행합니다.

```
streamlit run streamlit-app.py
```

04 성공적으로 실행을 완료하면 localhost:8501로 접속되고, 앞서 작성한 웹사이트가 브라우저에서 다음과 같이 실행되는 것을 확인할 수 있습니다.

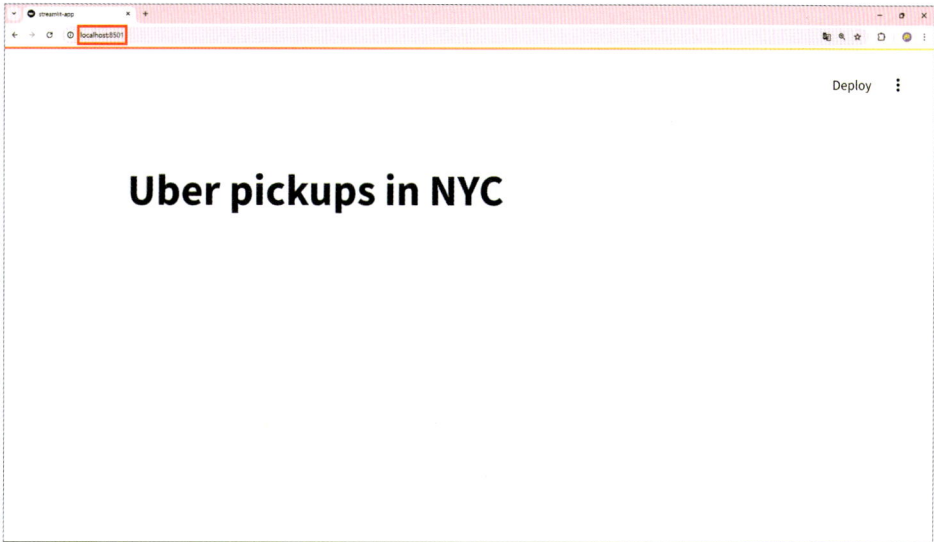

05 st.title에 들어갈 내용을 Hello World로 변경하고 브라우저를 새로 고침하면 즉각 반영되는 것을 볼 수 있습니다.

streamlit-app.py
```
import streamlit as st

st.title('Uber pickups in NYC')
st.title('Hello World')
```

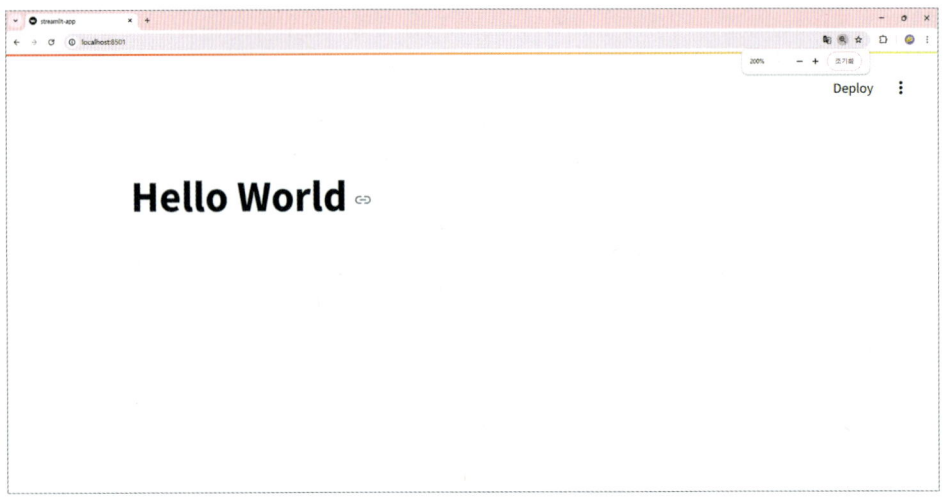

웹사이트 대시보드 만들기

01 이제 데이터베이스 파일을 표 형태로 웹사이트에 출력해 보겠습니다. 이를 위해서는 **streamlit-app.py** 파일에 데이터베이스를 읽어오는 코드를 추가해야 합니다. 자동 매매 코드와는 별도로 이 데이터베이스를 읽어오는 코드만 넣으면 되므로 따로 작성해도 문제없습니다. 다시 한번 클로드를 활용해 데이터베이스를 읽어오는 코드 작성을 요청하겠습니다. 먼저 **autotrade.py**에서 데이터베이스에 해당하는 `DatabaseManager` 클래스 코드를 전체 복사해 클로드에 붙여 넣고 다음과 같이 프롬프트를 작성합니다.

 자동 매매 프로그램의 매매 기록을 실시간 모니터링하기 위한 대시보드를 만들고자 합니다. DB 구조는 다음과 같습니다. 이를 Streamlit 라이브러리를 활용해 웹사이트로 볼 수 있는 파이썬 코드를 작성해 주세요.

```
# DatabaseManager 클래스 수정
class DatabaseManager:
    def __init__(self, db_path="trading.db"):
        self.conn = sqlite3.connect(db_path)
        self.setup_database()

    def setup_database(self):
```

```python
        cursor = self.conn.cursor()
        # 기존 거래 기록 테이블
        cursor.execute("""
            CREATE TABLE IF NOT EXISTS trading_history (
                id INTEGER PRIMARY KEY AUTOINCREMENT,
                timestamp DATETIME NOT NULL,
                decision TEXT NOT NULL,
                percentage REAL NOT NULL,
                reason TEXT NOT NULL,
                btc_balance REAL NOT NULL,
                krw_balance REAL NOT NULL,
                btc_avg_buy_price REAL NOT NULL,
                btc_krw_price REAL NOT NULL
            )
        """)

        # 거래 반성 일기 테이블 추가
        cursor.execute("""
            CREATE TABLE IF NOT EXISTS trading_reflection (
                id INTEGER PRIMARY KEY AUTOINCREMENT,
                trading_id INTEGER NOT NULL,
                reflection_date DATETIME NOT NULL,
                market_condition TEXT NOT NULL,
                decision_analysis TEXT NOT NULL,
                improvement_points TEXT NOT NULL,
                success_rate REAL NOT NULL,
                learning_points TEXT NOT NULL,
                FOREIGN KEY (trading_id) REFERENCES trading_history(id)
            )
        """)
        self.conn.commit()

    def get_recent_trades(self, limit=10):
        """최근 거래 내역 조회"""
        cursor = self.conn.cursor()
        cursor.execute("""
            SELECT * FROM trading_history
            ORDER BY timestamp DESC
            LIMIT ?
        """, (limit,))
        return cursor.fetchall()

    def get_reflection_history(self, limit=10):
```

```python
        """최근 반성 일기 조회"""
        cursor = self.conn.cursor()
        cursor.execute("""
            SELECT r.*, h.decision, h.percentage, h.btc_krw_price
            FROM trading_reflection r
            JOIN trading_history h ON r.trading_id = h.id
            ORDER BY r.reflection_date DESC
            LIMIT ?
        """, (limit,))
        return cursor.fetchall()

    def add_reflection(self, reflection_data):
        """반성 일기 추가"""
        cursor = self.conn.cursor()
        cursor.execute("""
            INSERT INTO trading_reflection (
                trading_id, reflection_date, market_condition,
                decision_analysis, improvement_points, success_rate,
                learning_points
            ) VALUES (?, ?, ?, ?, ?, ?, ?)
        """, (
            reflection_data['trading_id'],
            reflection_data['reflection_date'],
            reflection_data['market_condition'],
            reflection_data['decision_analysis'],
            reflection_data['improvement_points'],
            reflection_data['success_rate'],
            reflection_data['learning_points']
        ))
        self.conn.commit()

    def record_trade(self, trade_data):
        """거래 데이터를 데이터베이스에 기록"""
        cursor = self.conn.cursor()
        cursor.execute("""
            INSERT INTO trading_history (
                timestamp, decision, percentage, reason,
                btc_balance, krw_balance, btc_avg_buy_price, btc_krw_price
            ) VALUES (?, ?, ?, ?, ?, ?, ?, ?)
        """, (
            datetime.now(),
            trade_data['decision'],
            trade_data['percentage'],
```

```
                    trade_data['reason'],
                    trade_data['btc_balance'],
                    trade_data['krw_balance'],
                    trade_data['btc_avg_buy_price'],
                    trade_data['btc_krw_price']
        ))
        self.conn.commit()
        return cursor.lastrowid  # 새로 삽입된 레코드의 ID 반환
```

 SQLite 데이터베이스를 Streamlit으로 시각화하는 대시보드를 만들어드리겠습니다. 이 대시보드는 다음과 같은 주요 기능들을 포함하고 있습니다.

1. 실시간 모니터링
- 현재 BTC 가격, BTC 보유량, KRW 잔고, 총 자산 가치를 상단에 표시
- 1분마다 자동으로 데이터 갱신

2. 거래 분석
- BTC 가격 변동 차트
- 매수/매도 비율 파이 차트
- 결정별 평균 변동률 막대 차트

3. 거래 내역
- 최근 10개의 거래 내역을 테이블로 표시
- 시간, 결정, 변동률, 사유, BTC 가격 정보 포함

4. 반성 일기
- 최근 5개의 반성 일기를 확장 가능한 패널로 표시
- 시장 상황, 의사 결정 분석, 개선점, 성공률, 학습 포인트 포함

5. 필터링 옵션
- 날짜 범위 선택
- 거래 유형 필터
- 자동 새로고침 설정

사용하시려면 다음과 같이 실행하면 됩니다.

```bash
pip install streamlit pandas plotly
streamlit run dashboard.py
```

추가적인 기능이나 수정이 필요하시다면 말씀해 주세요.

02 클로드가 생성한 코드를 복사한 다음 **streamlit_app.py** 파일에 붙여 넣습니다.

streamlit_app.py
```python
import streamlit as st
import pandas as pd
import plotly.express as px
import plotly.graph_objects as go
from datetime import datetime, timedelta
import sqlite3

# 페이지 설정
st.set_page_config(
    page_title="트레이딩 모니터링 대시보드",
    page_icon="📊",
    layout="wide"
)

# 데이터베이스 연결
@st.cache_resource
def get_database_connection():
    return sqlite3.connect('trading.db', check_same_thread=False)

conn = get_database_connection()

# 데이터 로드 함수들
@st.cache_data(ttl=60)  # 1분마다 데이터 갱신
def load_recent_trades():
    query = """
        SELECT
            timestamp,
            decision,
            percentage,
            reason,
            btc_balance,
            krw_balance,
            btc_avg_buy_price,
            btc_krw_price
        FROM trading_history
        ORDER BY timestamp DESC
    """
    return pd.read_sql_query(query, conn)

@st.cache_data(ttl=60)
```

```python
def load_reflections():
    query = """
        SELECT
            r.*,
            h.decision,
            h.percentage,
            h.btc_krw_price
        FROM trading_reflection r
        JOIN trading_history h ON r.trading_id = h.id
        ORDER BY r.reflection_date DESC
    """
    return pd.read_sql_query(query, conn)

# 메인 대시보드
st.title("📊 트레이딩 모니터링 대시보드")

# 데이터 로드
trades_df = load_recent_trades()
reflections_df = load_reflections()

# 상단 매트릭스
col1, col2, col3, col4 = st.columns(4)

with col1:
    latest_btc_price = trades_df.iloc[0]['btc_krw_price'] if not trades_df.empty else 0
    st.metric("현재 BTC 가격", f"{latest_btc_price:,.0f} KRW")

with col2:
    latest_btc_balance = trades_df.iloc[0]['btc_balance'] if not trades_df.empty else 0
    st.metric("BTC 보유량", f"{latest_btc_balance:.8f} BTC")

with col3:
    latest_krw_balance = trades_df.iloc[0]['krw_balance'] if not trades_df.empty else 0
    st.metric("KRW 잔고", f"{latest_krw_balance:,.0f} KRW")

with col4:
    total_value = latest_btc_balance * latest_btc_price + latest_krw_balance
    st.metric("총 자산가치", f"{total_value:,.0f} KRW")

# 차트 섹션
st.subheader("📈 거래 히스토리")
trades_df['timestamp'] = pd.to_datetime(trades_df['timestamp'])

# BTC 가격 차트
```

```python
fig_price = px.line(trades_df,
                    x='timestamp',
                    y='btc_krw_price',
                    title='BTC 가격 변동')
fig_price.update_layout(height=400)
st.plotly_chart(fig_price, use_container_width=True)

# 매수/매도 결정 분석
col1, col2 = st.columns(2)

with col1:
    decision_counts = trades_df['decision'].value_counts()
    fig_decisions = px.pie(values=decision_counts.values,
                           names=decision_counts.index,
                           title='매수/매도 비율')
    st.plotly_chart(fig_decisions)

with col2:
    avg_percentage_by_decision = trades_df.groupby('decision')['percentage'].mean()
    fig_percentages = px.bar(x=avg_percentage_by_decision.index,
                             y=avg_percentage_by_decision.values,
                             title='결정별 평균 변동률')
    st.plotly_chart(fig_percentages)

# 최근 거래 내역 테이블
st.subheader("📝 최근 거래 내역")
recent_trades = trades_df[['timestamp', 'decision', 'percentage', 'reason', 'btc_krw_price']].head(10)
recent_trades['timestamp'] = recent_trades['timestamp'].dt.strftime('%Y-%m-%d %H:%M:%S')
recent_trades.columns = ['시간', '결정', '변동률', '사유', 'BTC 가격']
st.dataframe(recent_trades, use_container_width=True)

# 반성 일기 섹션
st.subheader("📔 트레이딩 반성 일기")
if not reflections_df.empty:
    reflections_df['reflection_date'] = pd.to_datetime(reflections_df['reflection_date'])
    recent_reflections = reflections_df.head(5)
    
    for _, reflection in recent_reflections.iterrows():
        with st.expander(f"반성 일기 - {reflection['reflection_date'].strftime('%Y-%m-%d')}"):
```

```
            col1, col2 = st.columns(2)
            with col1:
                st.write("**시장 상황:**", reflection['market_condition'])
                st.write("**의사 결정 분석:**", reflection['decision_analysis'])
            with col2:
                st.write("**개선점:**", reflection['improvement_points'])
                st.write("**성공률:**", f"{reflection['success_rate']:.1f}%")
            st.write("**학습 포인트:**", reflection['learning_points'])

# 사이드바에 필터 추가
st.sidebar.title("🔽 필터 옵션")
date_range = st.sidebar.date_input(
    "날짜 범위 선택",
    value=(datetime.now() - timedelta(days=7), datetime.now())
)

decision_filter = st.sidebar.multiselect(
    "거래 유형",
    options=trades_df['decision'].unique(),
    default=trades_df['decision'].unique()
)

# 자동 새로고침 옵션
st.sidebar.write("---")
auto_refresh = st.sidebar.checkbox("자동 새로고침", value=True)
if auto_refresh:
    refresh_interval = st.sidebar.slider("새로고침 간격(초)",
                                         min_value=5,
                                         max_value=300,
                                         value=60)
    st.empty()
```

03 클로드가 작성한 코드에서 데이터를 그래프로 보여 주기 위해 plotly 라이브러리 설치를 위해 터미널에 다음 명령을 입력합니다.

```
pip install plotly
```

04 requirements.txt 파일에도 plotly 라이브러리를 추가합니다.

```
requirements.txt
python-dotenv
openai
pyupbit
ta
selenium
webdriver-manager
pillow
youtube-transcript-api
streamlit
plotly
```

05 이제 streamlit_app.py를 실행하면 웹사이트가 실행됩니다. 입력한 제목, 설명 그리고 데이터베이스에 저장된 데이터를 표와 그래프 형태로 정리된 것을 확인할 수 있습니다.

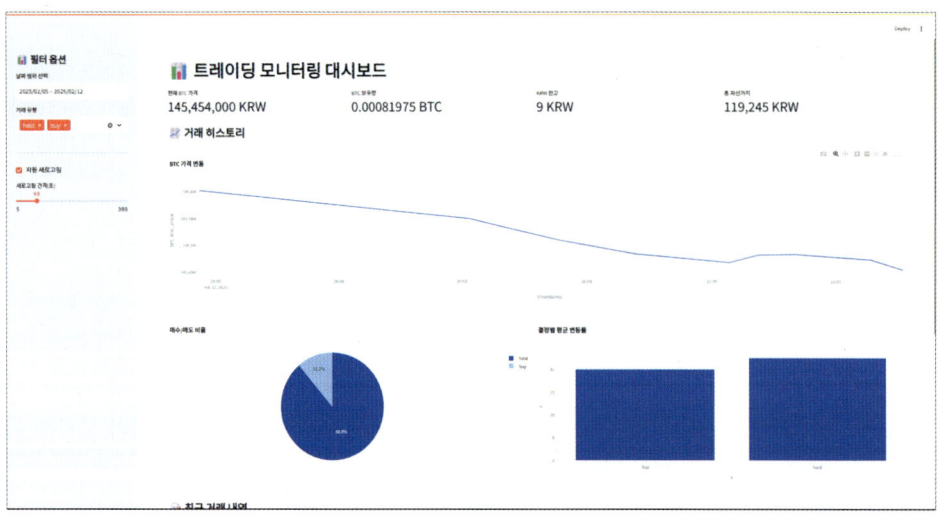

이렇게 데이터베이스 파일을 기반으로 기본적인 통계 데이터를 웹사이트로 출력하는 과정을 살펴봤습니다. 필요에 따라 통계 데이터나 시각화를 추가하고 싶다면 코드를 수정하거나 클로드에 원하는 데이터를 추가 요청하는 것만으로 간단하게 구현할 수 있습니다.

Part 05

클라우드 배포

Chapter 16 클라우드 배포하기

16 클라우드 배포하기

AWS EC2 서버를 만들고 깃허브를 통해 코드를 배포하는 과정은 자동화와 유지보수성을 높이고, 효율적인 배포 환경을 구축하는 데 중요한 역할을 합니다. 이번 챕터에서는 AWS로 EC2 서버를 만들어 환경 설정을 하고 깃허브로 배포한 코드를 클라우드로 불러오는 방법과 배포 과정에서 자주 발생하는 크롤링 막힘, 크롬 드라이버 문제 해결 방법을 살펴보겠습니다.

학습 목표

작성한 코드를 배포하고, 문제 발생 시 해결하는 과정을 통해 클라우드 컴퓨팅과 서버 설정 과정을 이해하고 코드 버전 관리의 중요성을 알 수 있습니다.

핵심 키워드

- AWS
- EC2 서버
- 깃허브
- 클라우드

클라우드 컴퓨터란?

우리가 지금까지 작성한 코드는 내 컴퓨터, 즉 로컬에서만 동작했습니다. 따라서 자동 매매가 24시간 이뤄지려면 컴퓨터도 24시간 작동하고 있어야 합니다. 그러나 컴퓨터를 꺼야 할 일이 생기거나 실수로 터미널이나 VS code를 닫으면 프로그램이 종료되면서 매매도 종료되죠. 컴퓨터가 꺼져도 프로그램이 계속 동작하려면 이 프로그램을 **클라우드 컴퓨터**, 즉 인터넷과 연결된 거대한 서버로 옮겨야 합니다.

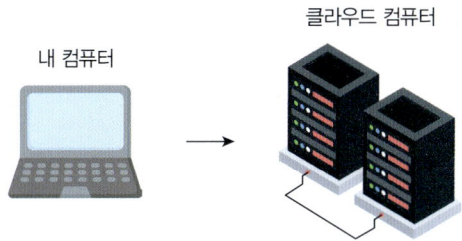

프로그램을 지속적으로 동작시키는 방법

클라우드 컴퓨터로 프로그램을 옮기면 클라우드 서비스 업체가 서버를 관리해 주기 때문에 내 컴퓨터를 꺼도 프로그램이 안정적으로 실행됩니다. **클라우드 서비스**란 인터넷을 통해 데이터 저장, 컴퓨팅 자원, 애플리케이션 등을 제공하는 IT 서비스입니다. 사용자는 물리적인 서버나 저장 장치를 직접 소유하지 않고도 클라우드 제공자의 인프라를 활용해 원하는 서비스를 사용할 수 있습니다. 이는 필요에 따라 자원을 확장하거나 축소할 수 있어 효율적이며, 초기 설치 비용을 크게 절감할 수 있습니다. 클라우드 서비스는 크게 3가지 유형으로 분류됩니다.

클라우드 서비스의 3가지 유형

- **IaaS(인프라 서비스)**: 서버와 네트워크 같은 기본 IT 인프라 제공
- **PaaS(플랫폼 서비스)**: 애플리케이션 개발 및 배포 환경 제공
- **SaaS(소프트웨어 서비스)**: 클라우드 기반 소프트웨어를 직접 사용 가능(예: Gmail, Dropbox)

대표적인 클라우드 서비스는 AWS$^{Amazon\ Web\ Service}$, 마이크로소프트 애저^{Azure}, Google Cloud Platform 등이 있습니다. 이 중 어떤 것을 써도 자동 매매 프로그램을 동작시키는 데는 기능 면에서 큰 차이가 없습니다. 이 책에서는 업계에서 사용량이 가장 높은 AWS의 클라우드를 사용하겠습니다.

AWS의 장점은 여러 기능과 유용성 테스트 혹은 소규모 앱을 무료로 구축할 수 있는 프리 티어(Free Tier)라는 서비스를 제공한다는 것입니다. AWS를 처음 사용할 경우 12개월 동안 750시간 무료로 가상 서버(인스턴스)를 생성하고 관리할 수 있는 EC2(Elastic Compute Cloud) 서비스를 사용할 수 있습니다.

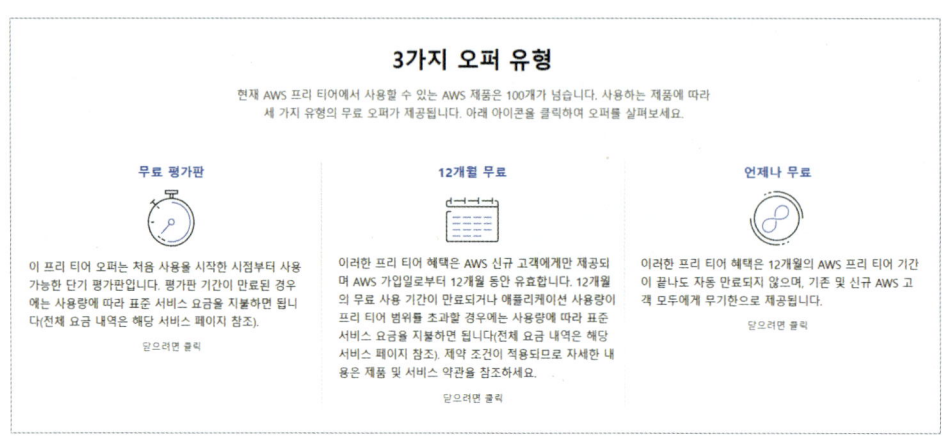

AWS에서 제공하는 프리 티어 계정에서 가능한 오퍼 유형

EC2는 AWS에서 제공하는 가상 서버 호스팅 서비스입니다. 쉽게 말해 사용자가 원하는 만큼의 컴퓨터(서버)를 클라우드에서 빌려 쓸 수 있는 서비스로, 웹 애플리케이션, 데이터베이스 서버, 자동화된 작업 등을 클라우드에서 안정적으로 실행할 수 있도록 지원하며, 사용한 만큼만 요금을 지불하는 구조입니다. 덕분에 실제 하드웨어를 관리하지 않고도 필요에 따라 컴퓨팅 자원을 빠르게 확장하거나 축소할 수 있습니다.

AWS 회원 가입 및 2단계 인증 설정하기

01 AWS의 클라우드 서비스를 이용하려면 먼저 회원 가입이 필요합니다. AWS 웹사이트로 접속하여 [AWS 계정 생성]을 클릭해 계정을 생성합니다.

🔗 AWS: aws.amazon.com

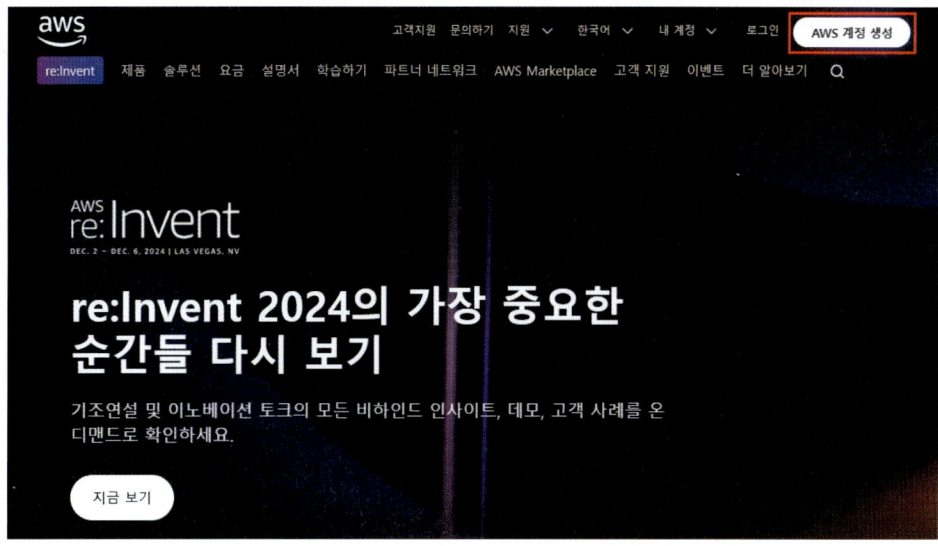

02 AWS 계정을 생성할 때는 카드 등록이 필요하고, 클라우드 서비스를 이용할 때 해당 카드로 요금이 청구될 수 있습니다. 따라서 반드시 2단계 인증을 설정해 계정을 안전하게 보호하는 것이 좋습니다. 구글에서 "AWS Google Authenticator"를 검색한 다음 구글 OTP를 이용하여 2단계 인증을 설정할 수 있습니다. 가이드를 따라 구글 OTP를 설치하고 2단계 인증을 설정해 주세요.

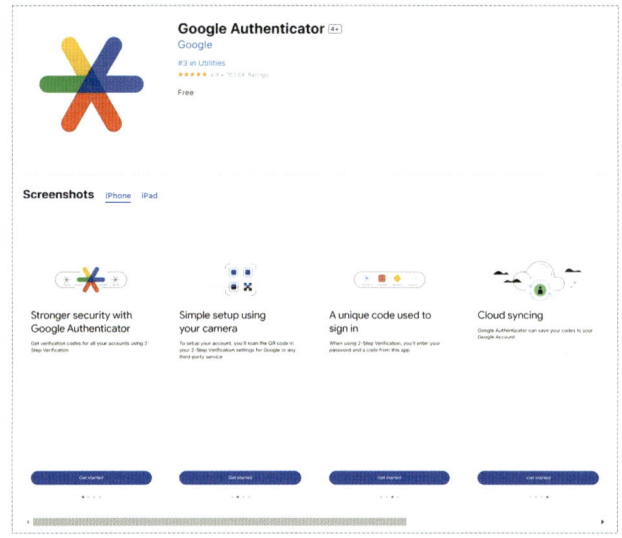

EC2 서버 만들기

01 AWS 가입을 완료하고 로그인하면 대시보드 화면을 볼 수 있습니다. 상단 검색창에 "EC2"를 검색한 다음 [EC2]를 클릭합니다. EC2란 쉽게 말해 클라우드 컴퓨터의 근본 서비스로, 컴퓨터 하나를 빌리는 개념이라고 볼 수 있습니다.

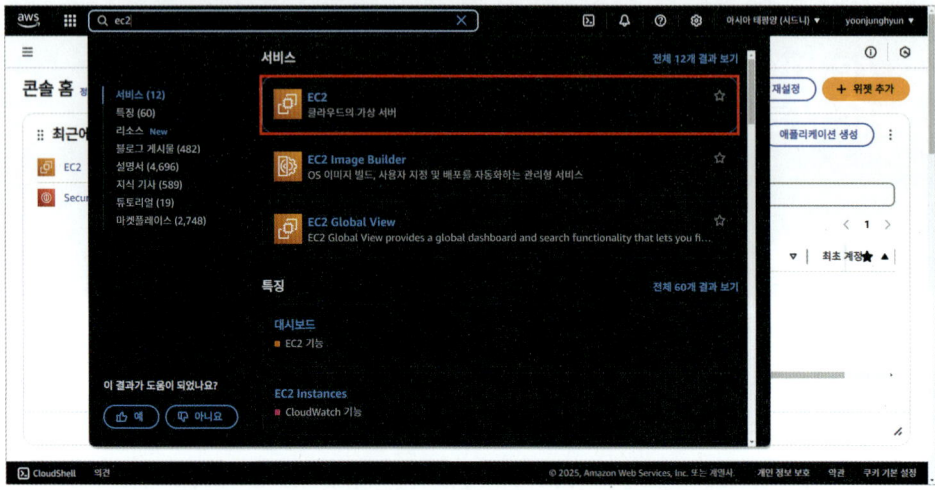

02 EC2 페이지로 이동하면 왼쪽 사이드바에서 [인스턴스]를 클릭합니다. 인스턴스란 클라우드 서비스에서 빌릴 수 있는 하나의 컴퓨터와 같은 개념이라고 볼 수 있습니다.

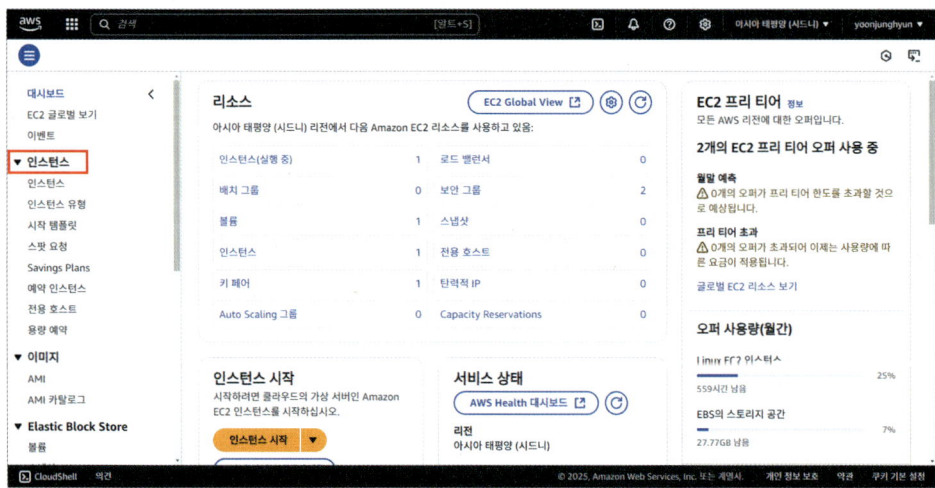

03 새로운 클라우드 컴퓨터를 빌리겠습니다. 오른쪽 상단의 [인스턴스 시작]을 클릭합니다.

04 '인스턴스 시작' 창으로 이동합니다. 이 창은 어떤 컴퓨터를 빌릴지 설정할 수 있는 공간입니다. '이름'은 "aibitcoin"으로 설정하고 '애플리케이션 및 OS 이미지'는 [ubuntu]를 선택합니다.

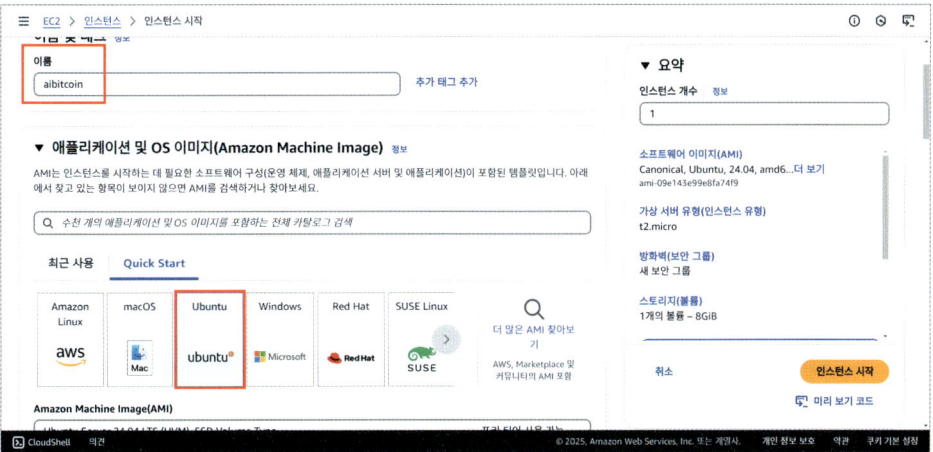

05 'Amazon Machine Image(AMI)'는 프리 티어 사용이 가능한 [Ubuntu Server 24.04 LTS] 버전을 선택합니다.

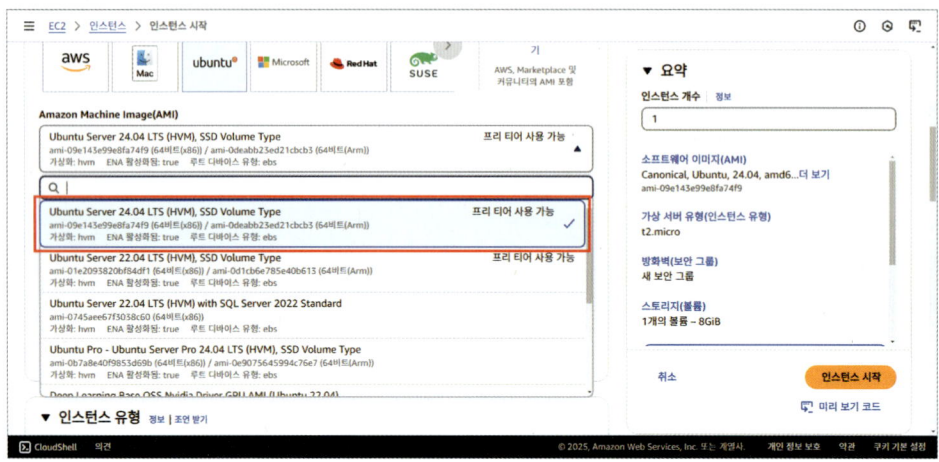

06 '인스턴스 유형' 역시 프리 티어 사용이 가능한 [t2 Micro]를 선택합니다.

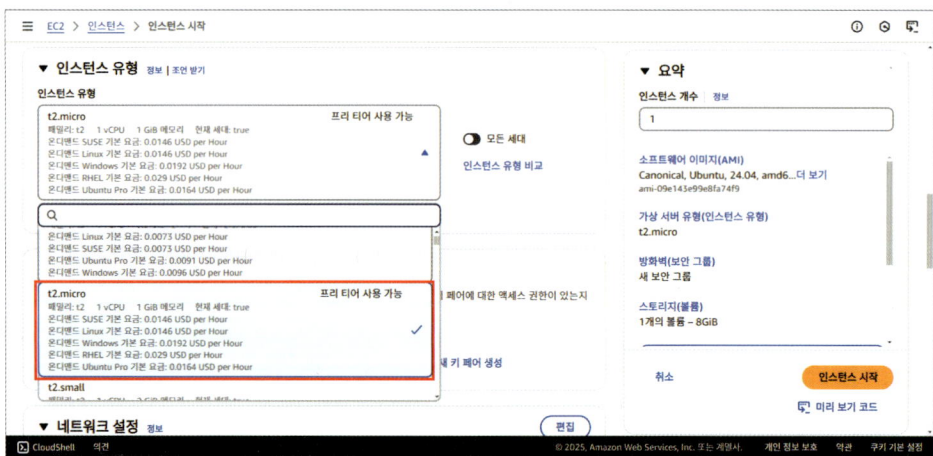

07 '키 페어(로그인)'는 AWS에서 빌린 컴퓨터에 아무나 접근할 수 없도록 안전한 접근 방법을 설정하는 것입니다. [새 키 페어 생성]을 클릭합니다.

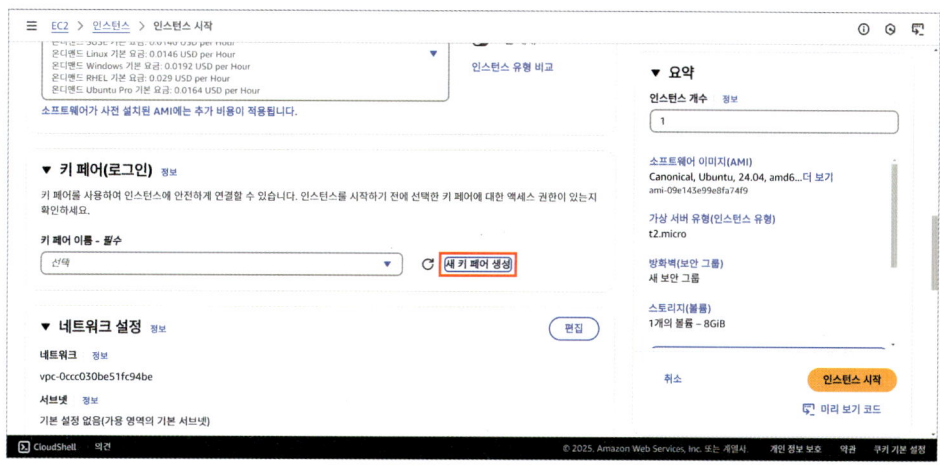

08 '새 키 페어 생성' 창이 열리면 적절한 이름을 짓습니다. '프라이빗 키 파일 형식'은 내려받을 키 파일의 유형으로, 웹에서 사용할 예정이므로 설정 그대로 [키 페어 생성]을 클릭합니다. 키 페어 이름은 자유롭게 설정하면 됩니다. 저는 "aibitcoin-key"라고 작성하였습니다. 키 페어를 생성하면 선택한 파일 유형의 키 페어가 다운로드됩니다. 이 키가 서버로 들어가는 열쇠 역할을 합니다.

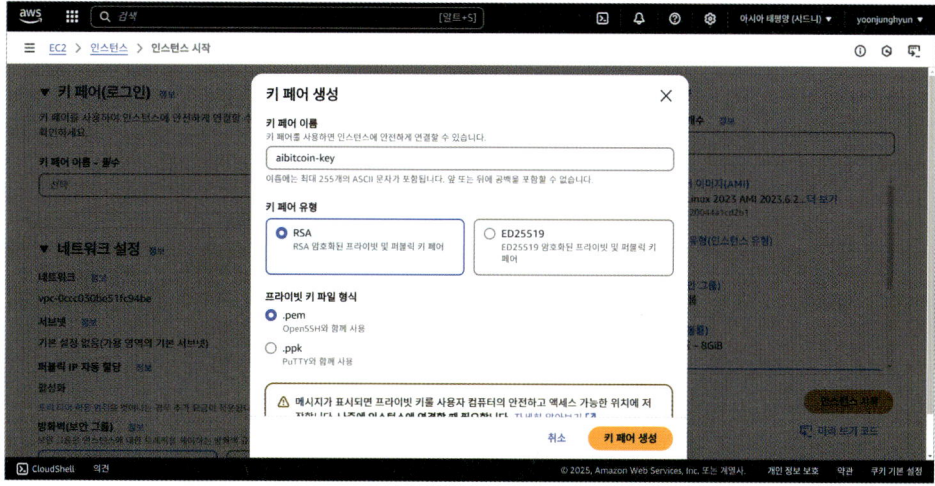

09 나머지 설정은 그대로 두고 맨 아래 [인스턴스 시작]을 클릭합니다.

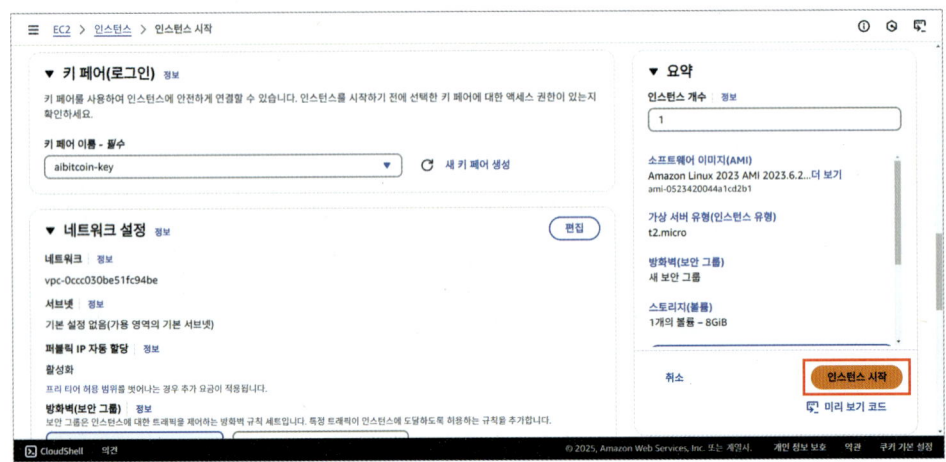

10 '인스턴스' 페이지로 돌아가면 방금 생성한 인스턴스의 '인스턴스 상태'가 [대기 중]으로 뜨는 것을 확인할 수 있습니다. 잠시 기다리고 상태가 [실행 중]으로 바뀌면 클라우드 컴퓨터를 빌리는 데 성공한 것입니다.

11 이제 클라우드 컴퓨터에 접속하기 위해 해당 인스턴스를 선택하고 상단의 [연결] 버튼을 클릭합니다.

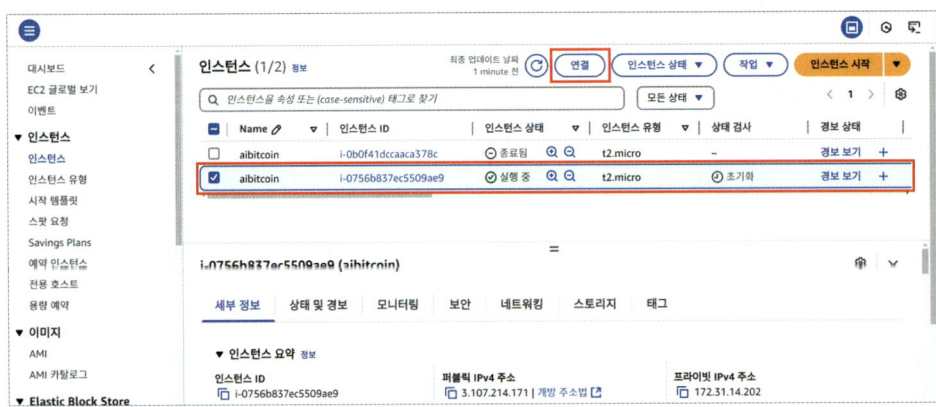

12 이렇게 '인스턴스 연결' 창에서 접속하거나 별도의 프로그램으로 접속할 수 있지만, 이번 실습에서는 이 브라우저 창에서 바로 접속해 보겠습니다. '연결 유형'에서 [EC2 Instance Connect를 사용하여 연결]을 선택하고 아래 [연결] 버튼을 클릭합니다.

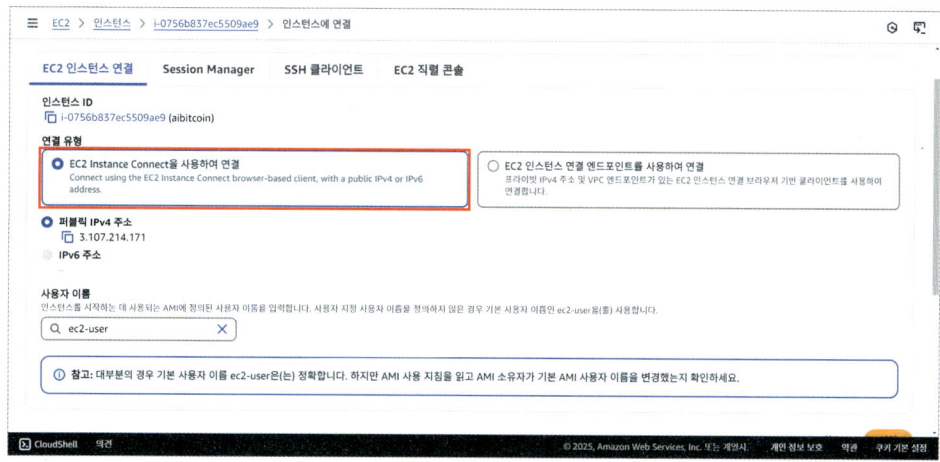

13 클라우드 컴퓨터와 연결되는 것을 브라우저에서 바로 확인할 수 있습니다.

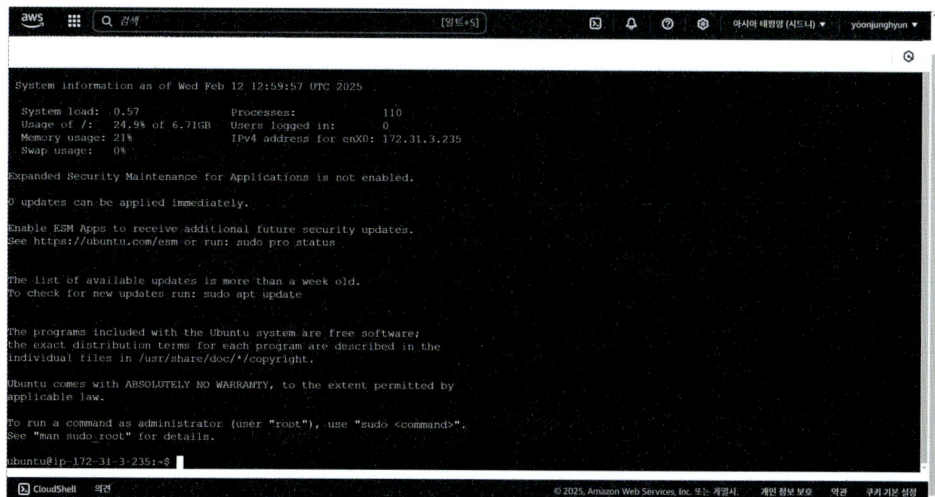

16 클라우드 배포하기 **351**

코드 저장소, 깃허브

이제 내 컴퓨터에 있는 파일들을 클라우드 컴퓨터로 옮기겠습니다. 그러나 간단하게 파일을 드래그 앤 드롭으로 옮길 수 없기 때문에 먼저 내 컴퓨터의 파일을 깃허브GitHub라는 코드 저장소에 저장한 다음 클라우드 컴퓨터에서 불러오겠습니다.

내 컴퓨터의 파일을 클라우드 컴퓨터로 옮기는 과정

깃허브는 소프트웨어 개발자들이 협업하고 코드를 관리할 수 있는 웹 기반 플랫폼입니다. 깃(Git)이라는 분산형 버전 관리 시스템을 기반으로, 프로젝트의 소스 코드를 저장, 관리, 공유할 수 있게 도와줍니다. 깃허브의 주요 기능은 다음과 같습니다.

깃허브의 주요 기능

- **버전 관리**: 코드의 변경 내역을 기록하고, 이전 버전으로 되돌릴 수 있는 기능을 제공합니다. 여러 사람이 동시에 작업해도 충돌을 관리할 수 있습니다.
- **협업 도구**: 여러 개발자가 동시에 프로젝트에 참여할 수 있도록 'Pull Request'와 'Issue' 같은 기능을 제공하여 리뷰 및 피드백 과정을 간편하게 만듭니다.
- **저장소**Repository: 프로젝트를 저장할 수 있는 공간으로, 공개(Public) 또는 비공개(Private)로 설정할 수 있습니다. 공개 저장소는 누구나 코드를 볼 수 있으며, 비공개 저장소는 접근이 제한됩니다.
- **브랜치**Branch **및 병합**Merge: 깃허브에서는 새로운 기능 개발이나 버그 수정을 위한 별도의 브랜치를 만들어 작업하고, 완성된 후에 메인 브랜치에 병합하는 방식으로 프로젝트를 관리할 수 있습니다.

깃허브는 개인 프로젝트부터 대규모 오픈 소스 프로젝트까지 다양한 용도로 사용하며, 소프트웨어 개발자들의 필수 도구로 자리 잡고 있습니다. 이번에는 바로 이 깃허브를 활용해 코드를 클라우드 컴퓨터로 옮겨보겠습니다.

깃허브에 코드 저장하기

01 먼저 깃허브로 접속한 다음 [Sign up]을 클릭해 회원 가입을 진행합니다. 이메일로 간단하고 빠르게 회원 가입을 할 수 있습니다.

🔗 깃허브: github.com

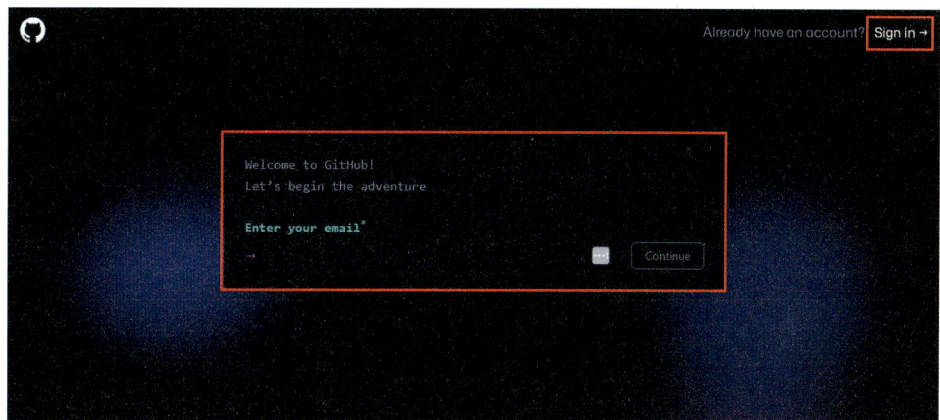

02 로그인하면 깃허브 대시보드 페이지로 이동합니다. 여기서 오른쪽 상단의 [+] 버튼을 눌러 [New Repository]를 선택해 주세요. 이때 리포지터리는 코드를 저장할 '저장소' 역할을 합니다.

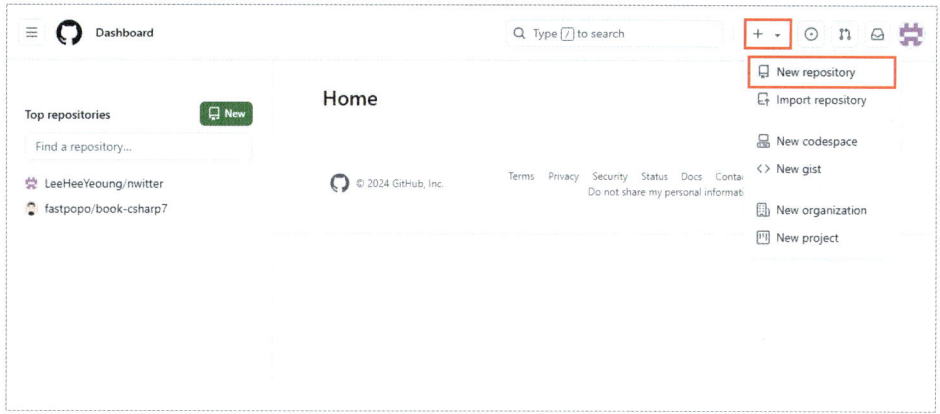

03 'Create a new repository' 페이지에서 생성할 리포지터리를 설정합니다. 'Repository name'은 "aibitcoin"을 입력하고, 지정한 사람만 코드를 볼 수 있도록 [Private]을 클릭합니다. 그외 설정은 그대로 두고 [Create Repository] 버튼을 눌러 리포지터리를 생성합니다.

> **Tip.** 누구나 접근할 수 있도록 하려면 [Public]을 선택합다.

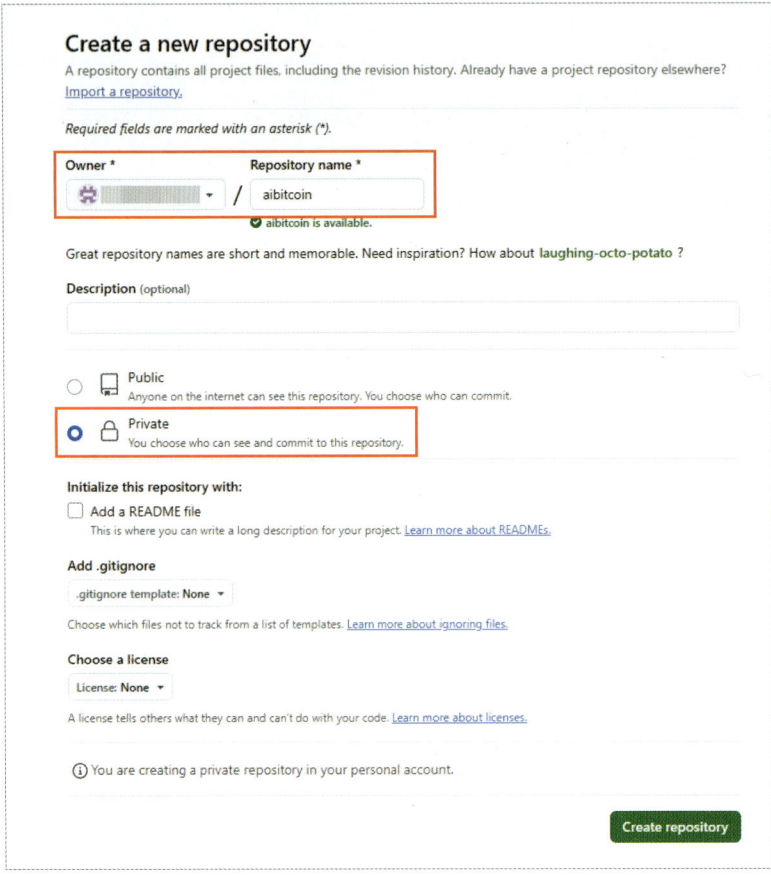

04 상단의 리포지터리 이름 오른쪽에 자물쇠 아이콘이 뜨면 **Private**으로 설정된 저장소가 성공적으로 생성된 것입니다. 이렇게 생성한 리포지터리에 자동 매매 프로그램 코드를 저장하겠습니다. 'Quick setup' 창 아래 [uploading an existing file] 링크를 클릭합니다.

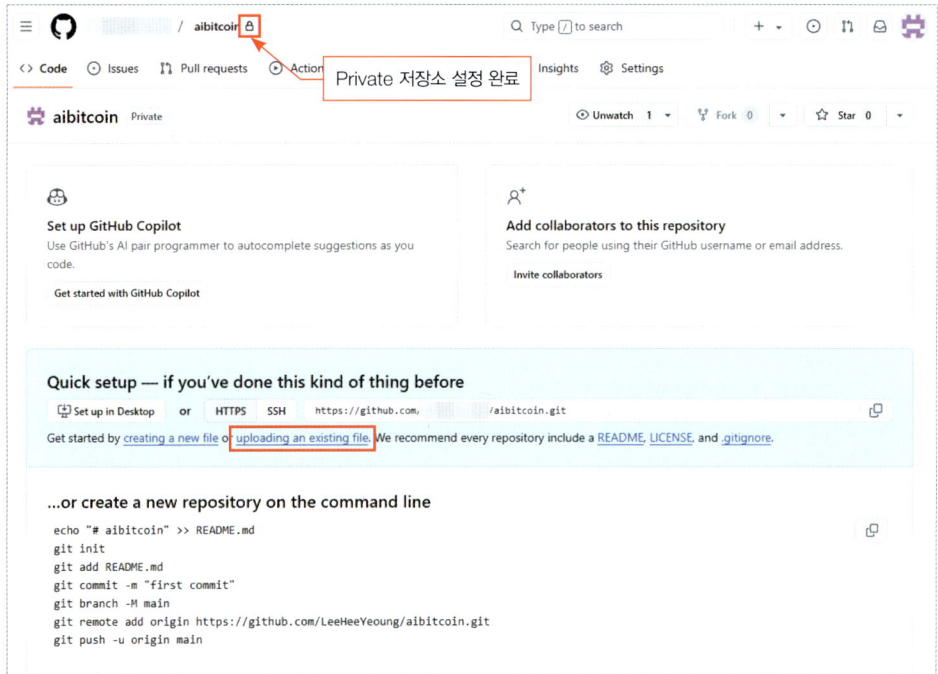

05 'aibitcoin' 리포지터리에 파일을 업로드할 수 있는 페이지로 이동합니다. 내 컴퓨터에서 **autotrade.py**, **requirements.txt**, **streamlit-app.py** 파일을 드래그 앤 드롭으로 업로드한 다음 [Commit changes]를 클릭합니다.

> **Tip.** .env 파일에는 API 키가 포함되어 있으니 이 파일을 깃허브에 올리는 것은 위험할 수 있습니다. 따라서 .env 파일은 서버에서 직접 설정하는 것이 좋습니다.

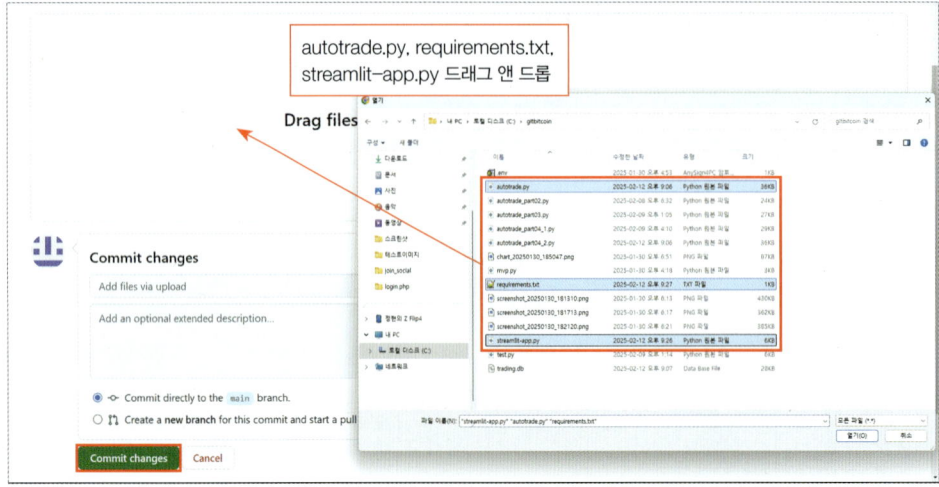

06 리포지터리를 확인하면 업로드한 파일이 잘 저장된 것을 확인할 수 있습니다.

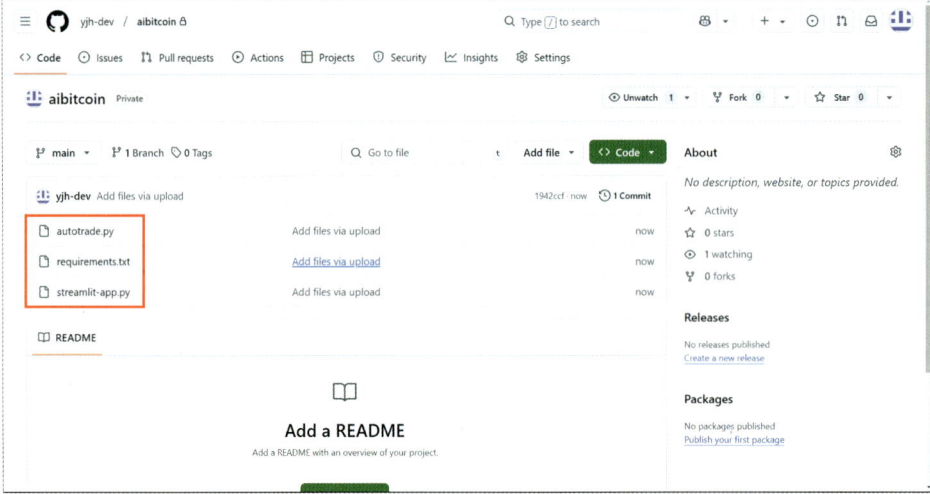

깃허브 코드를 클라우드 컴퓨터로 불러오기

01 이제 깃허브에 올린 코드를 클라우드 컴퓨터로 불러오겠습니다. 리포지터리 오른쪽 상단에 [Code]를 클릭한 다음 'HTTPS' 주소를 복사합니다.

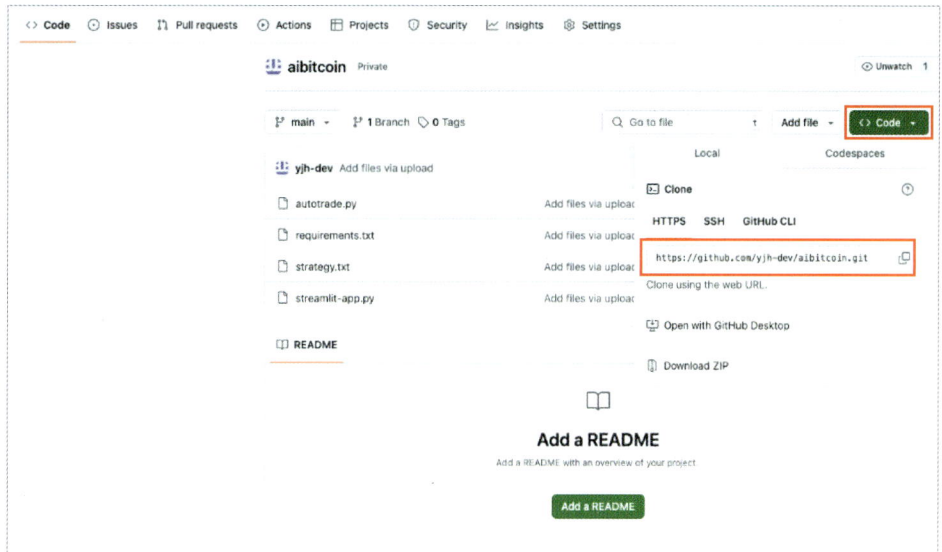

02 앞서 'EC2 서버 만들기'에서 빌린 서버를 웹 브라우저에서 실행한 다음 명령을 입력하고 뒤에 복사한 저장소 주소를 붙여 넣습니다.

```
git clone (저장소 주소)
```

03 [Enter] 키를 누르면 리포지터리를 Private으로 설정했으므로 깃허브 사용자명과 비밀번호를 요청합니다.

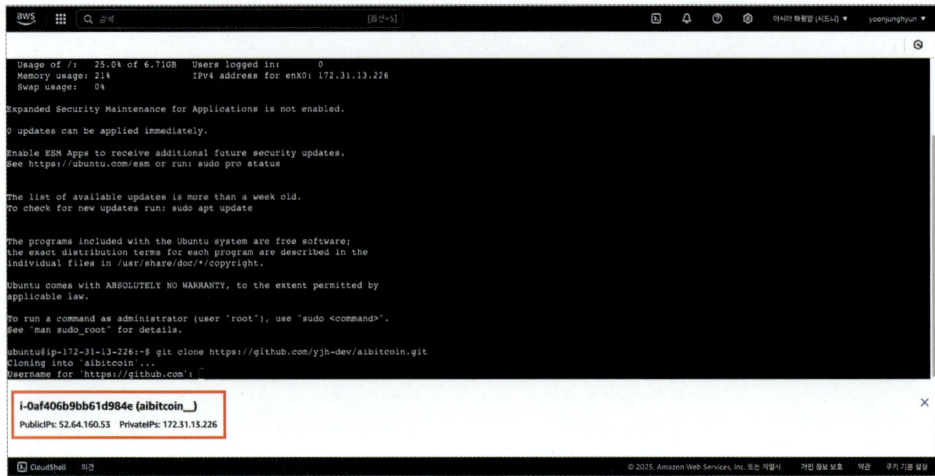

04 깃허브 오른쪽 상단에서 유저 이름을 복사해 붙여 넣습니다.

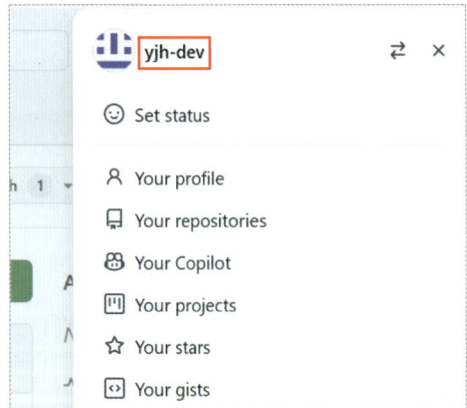

05 Password는 접근할 수 있는 토큰을 새로 만들어야 합니다. [Settings]를 클릭합니다.

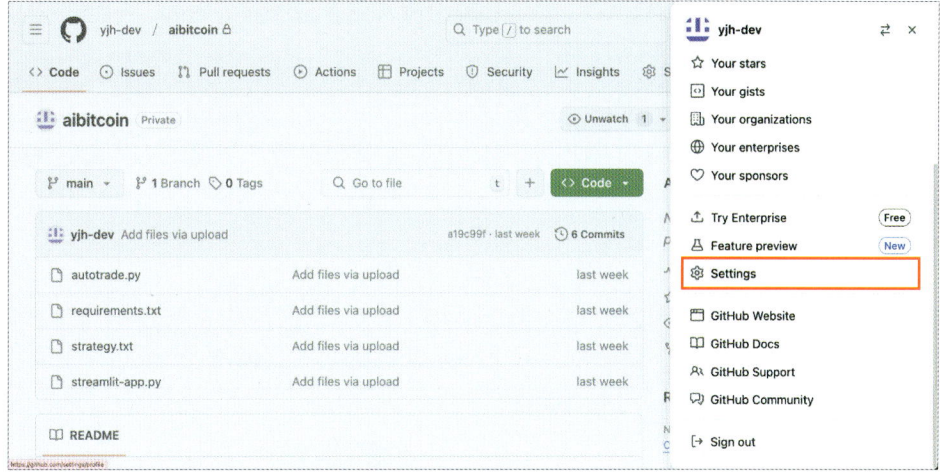

06 'Settings' 페이지에서 스크롤을 내려 왼쪽 사이드바에서 맨 아래 [Developer Settings]를 클릭합니다.

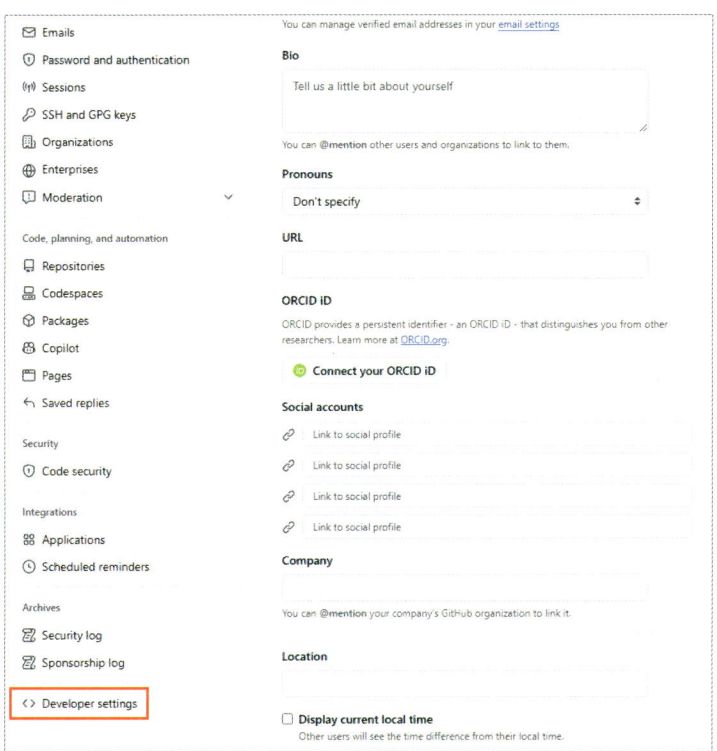

07 [Personal access tokens → Fine-grained personal access tokens → Generate new token]을 클릭합니다.

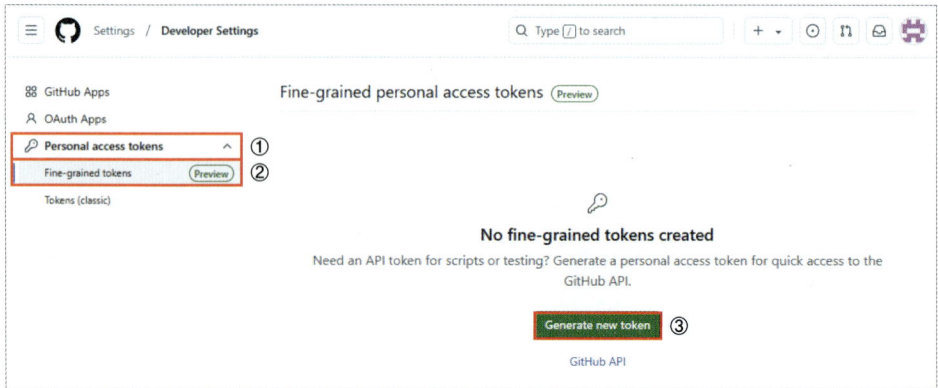

08 'New fine-grained personal access token' 창에서 새로운 토큰을 생성하겠습니다. 'Token name'은 "aibitcoin", 'Expiration'은 넉넉하게 [90 days]로 설정합니다.

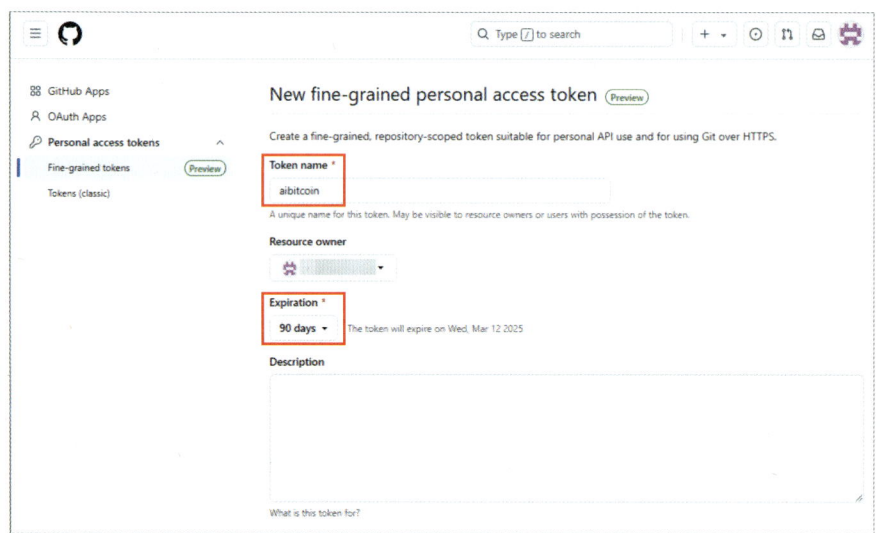

09 'Repository access'는 접근할 수 있는 리포지터리를 선택하는 것입니다. [Public Repositories (read-only)]는 Public으로 설정한 리포지터리를 읽어 오는 것, [All repositories]는 모든 리포지터리, [Only select Repositories]는 선택한 리포지터리에만 접근할 수 있습니다. [Only select repositories]를 선택하고 앞서 만든 [aibitcoin] 리포지터리를 선택합니다.

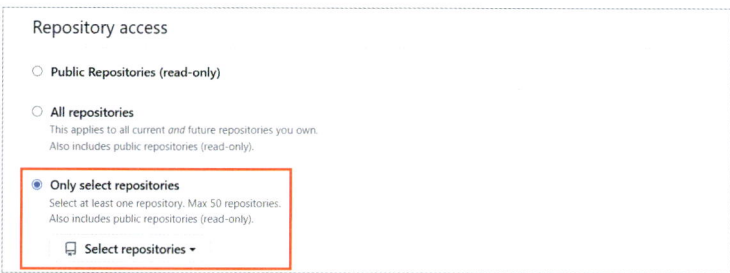

10 'Permissions'는 리포지터리의 접근 권한을 지정할 수 있습니다. 'administration'과 'contents'에 [Read and write]로 설정합니다. 'Metadata'는 필수이므로 [Read-only]로 설정된 상태를 유지합니다.

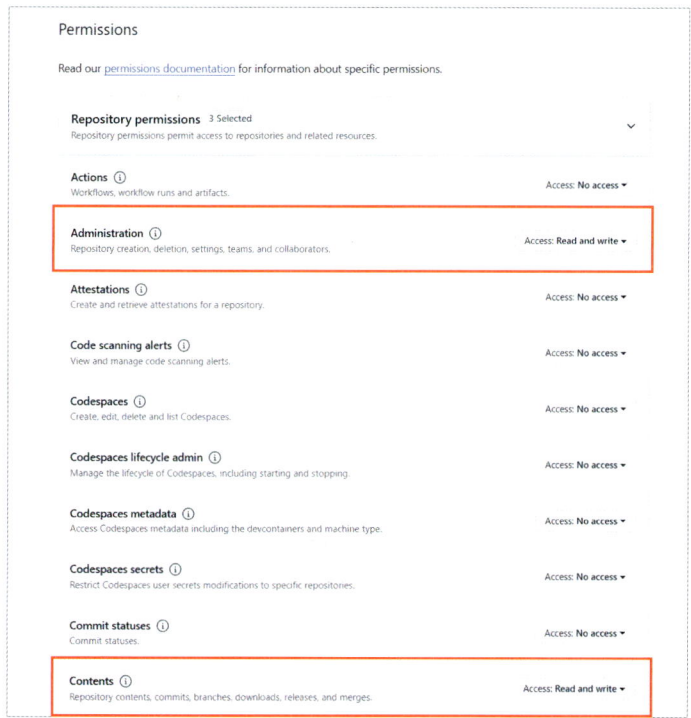

16 클라우드 배포하기 361

11 마지막으로 'Overview'에서 설정한 대로 '3 permissions for 1 of your repositories'가 뜨는지 확인하고 [Generate token] 버튼을 클릭합니다.

12 생성한 토큰 화면으로 이동하면 가운데 토큰 키를 확인할 수 있습니다. 이 키가 클라우드 컴퓨터로 깃허브 코드를 불러올 때 사용할 비밀번호 역할을 합니다. 오른쪽 복사 아이콘을 클릭해 키를 복사합니다.

💡Tip. 복사한 키는 아래 명시된 유효기간 동안 사용할 수 있으므로 메모장에 저장해 두는 것이 좋습니다.

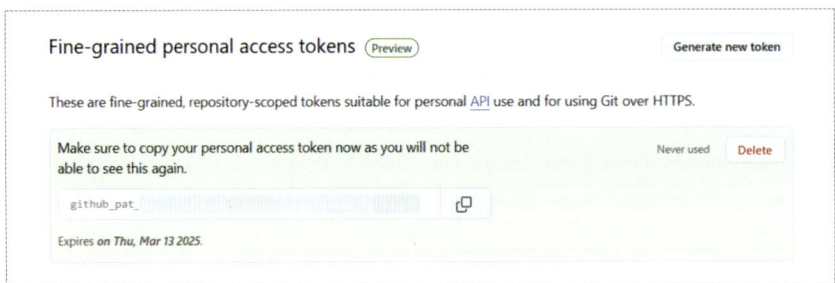

13 이제 EC2 서버로 돌아와 패스워드 입력창에 복사한 키를 붙여 넣고 [Enter] 키를 누릅니다.

💡Tip. 패스워드를 입력할 때는 화면에 아무것도 입력되지 않는 것처럼 보이니 반드시 키 전체를 잘 복사해서 사용합니다. 복사한 키를 붙여 넣을 때는 마우스 오른쪽 클릭으로 붙여 넣기 또는 [Shift] + [Insert] 키로 붙여 넣을 수 있습니다.

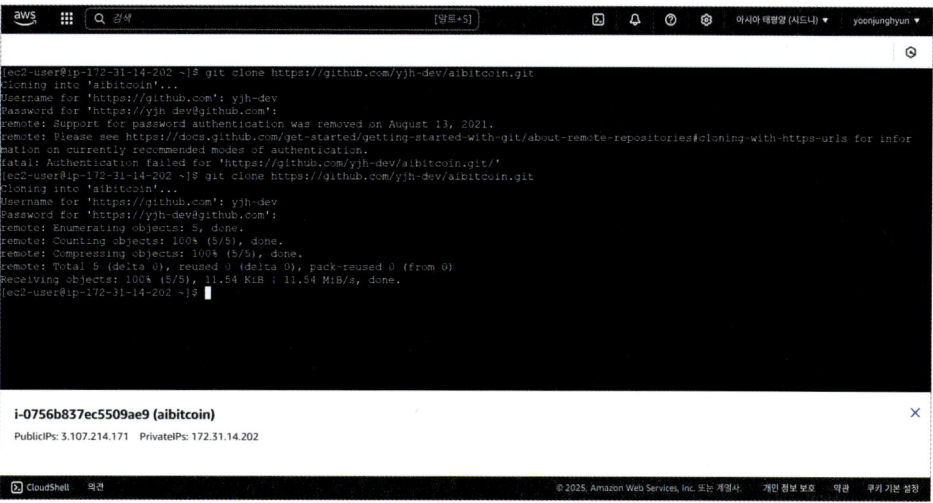

14 ls -al 명령어를 입력하면 aibitcoin 폴더를 볼 수 있고, cd aibitcoin 명령어로 위치를 지정한 다음 ~/aibitcoin$ ls -al을 입력하면 해당 폴더에 업로드한 3개의 파일이 **autotrade.py, requirements.txt, streamlit_app.py** 파일들을 잘 불러오는 것을 확인할 수 있습니다.

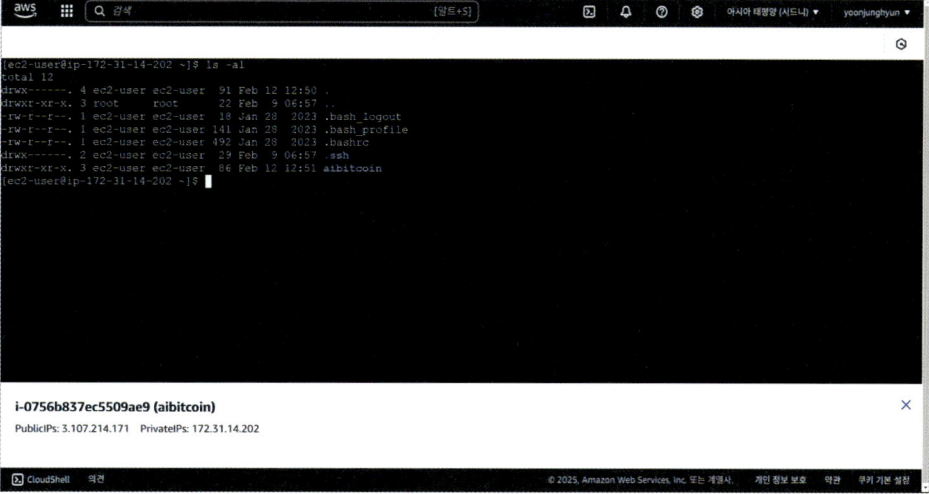

이렇게 깃허브에 저장한 코드를 클라우드 컴퓨터로 옮기기까지 완성했습니다.

서버 환경 설정하기

지금까지 AWS 플랫폼을 통해 클라우드 컴퓨터를 빌려 꺼지지 않는 서버를 마련했고 이 서버에 앞서 만든 자동 매매 프로그램 코드를 모두 업로드했습니다. 이제 서버를 실행해 프로그램을 계속 작동시키는 단계만 남았습니다. 서버를 실행하려면 서버 시간 설정, 패키지 목록 업데이트 등 여러 단계가 필요합니다. 순서에 따라 각 명령어를 실행하면서 서버 환경을 설정해 보겠습니다.

> **Tip.** 서버 환경 설정에 입력하는 모든 명령어는 조코딩 깃허브(github.com/youtube-jocoding/gpt-bitcoin)에서 확인할 수 있습니다.

기본 설정하기

01 먼저 한국 기준으로 서버 시간을 설정합니다. 다음 명령어를 입력하고 [Enter] 키를 누릅니다.

```
sudo ln -sf /usr/share/zoneinfo/Asia/Seoul /etc/localtime
```

02 다음으로 패키지 목록을 업데이트합니다. 다음 명령어를 입력하고 [Enter] 키를 누릅니다.

```
sudo apt update
```

03 업그레이드가 필요한 패키지를 한 번에 업그레이드하겠습니다. 다음 명령어를 입력하고 [Enter] 키를 누릅니다. 업그레이드 중 "Do you want to continue?"라는 안내 문구가 뜨면 [y] 키를 눌러 업그레이드를 진행합니다.

```
sudo apt upgrade
```

04 이제 pip3 설치를 위한 명령어를 입력하고 [Enter] 키를 누릅니다. 마찬가지로 설치 중 "Do you want to continue?"라는 안내 문구가 뜨면 [y] 키를 눌러 업그레이드를 진행합니다.

```
sudo apt install python3-pip
```

가상 환경 생성하기

01 서버 기본 설정이 완료되면 **가상 환경**Virtual Environment을 만들어야 합니다. 가상 환경이란 하드웨어를 여러 개의 독립된 가상 컴퓨터(서버)로 분리하여 사용하도록 만드는 기술로, 사용자가 손쉽게 확장 가능한 서버 자원을 활용하고 안전하게 애플리케이션을 실행할 수 있도록 돕습니다. 먼저 다음 명령어로 먼저 가상 환경을 설치합니다.

```
sudo apt install python3.12-venv
```

02 가상 환경을 생성하겠습니다. 다음 명령어를 입력하고 [Enter] 키를 누릅니다.

```
python3 -m venv bitcoinenv
```

03 생성한 가상 환경을 활성화하겠습니다. 다음 명령어를 입력하고 [Enter] 키를 누릅니다. 실행 후 입력창 맨 앞에 (bitcoinenv)가 뜨면 성공적으로 가상 환경이 활성화된 것입니다.

```
source bitcoinenv/bin/activate
```

04 이제 깃허브에 올렸던 cd 명령어를 활용해 aibitcon 경로로 이동하여 **requirements.txt** 파일에 적힌 라이브러리들을 서버에 설치할 차례입니다. 다음 명령어를 입력하고 [Enter] 키를 누릅니다.

```
cd aibitcoin/
```

```
pip3 install -r requirements.txt
```

05 이번에는 API 키를 저장해 둔 .env 파일을 서버에도 생성하겠습니다. 다음 명령어를 입력하고 [Enter] 키를 누르면 .env라는 새로운 파일이 열립니다.

```
vim .env
```

06 .env 파일에서 [I] 키를 눌러 **INSERT 모드**로 변경한 다음 VS code에서 .env 파일에 작성해 둔 API 키를 모두 붙여 넣습니다. 입력을 완료하면 [ESC] 키를 눌러 INSERT 모드를 종료하고 :wq! 명령어를 입력해 저장한 다음 종료합니다.

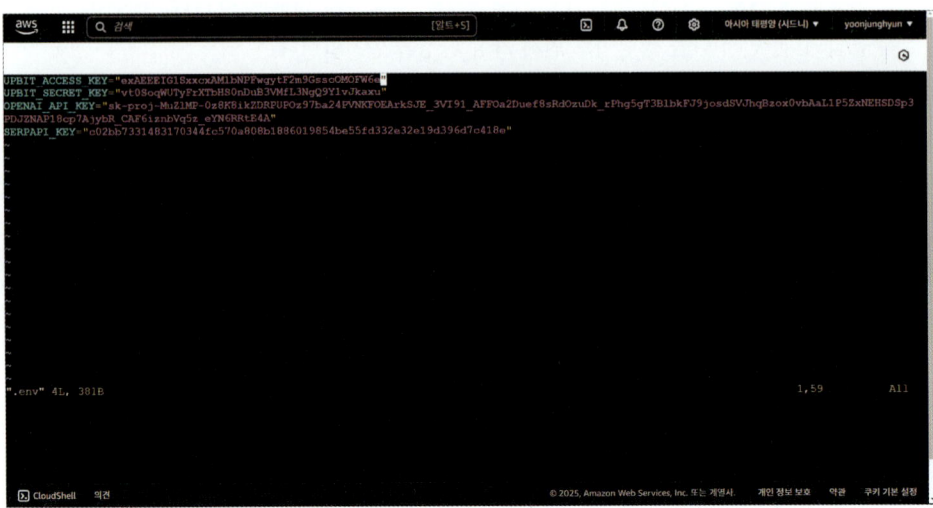

이렇게 내 컴퓨터에서 실행하던 환경을 클라우드 컴퓨터의 서버에서도 모두 설정해 주었습니다.

? 궁금해요   모드를 변경하는 단축키는 어떤 역할을 하나요?

앞서 INSERT 모드 변경을 위해 누른 [I] 키나 :wq!와 같은 명령어는 리눅스 명령어로, vi(m) 편집기에서 파일을 수정하고 저장하는 과정과 관련이 있습니다. 간단하게 살펴보면 다음과 같습니다.

- **[I] 키**: vi 편집기에서 **INSERT 모드**로 변경하여 파일을 수정할 수 있도록 합니다.
- **[ESC] 키**: INSERT 모드에서 **명령 모드(Normal Mode)**로 돌아갑니다.
- **:wq! 명령어**:
  - w(write): 파일을 저장합니다.
  - q(quit): 편집기를 종료합니다.
  - !(force): 강제로 저장하고 종료합니다(읽기 전용 파일일 경우에도 적용).

즉, .env 파일을 열어 API 키를 붙여 넣고, 저장한 뒤 종료하는 과정입니다.

업비트 API에 클라우드 IP 추가하기

01 마지막으로 업비트 API에서 클라우드 컴퓨터의 IP 주소를 허용 IP 목록에 추가합니다. AWS EC2 왼쪽 하단의 **PublicIPs 주소**를 복사합니다.

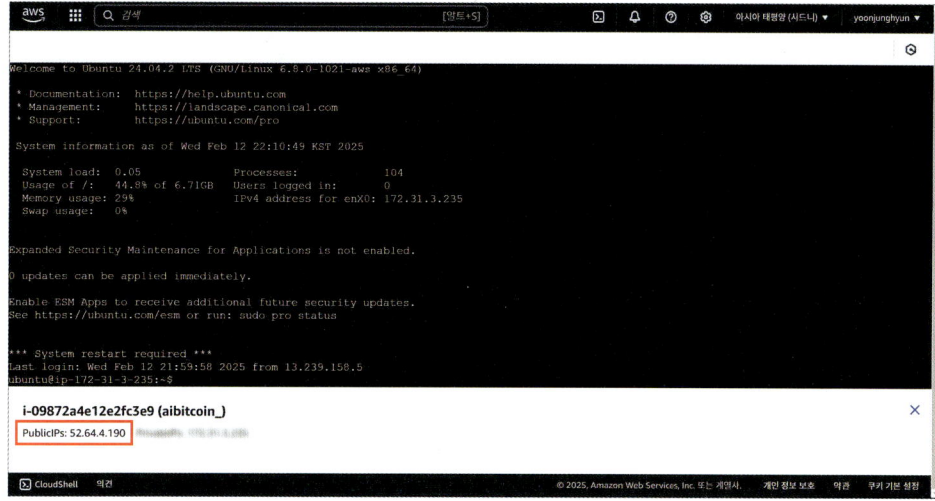

02 업비트의 [Open API Key 관리] 페이지에서 기존에 등록한 IP 주소를 선택하고 [변경]을 클릭한 다음 복사한 IP를 등록합니다.

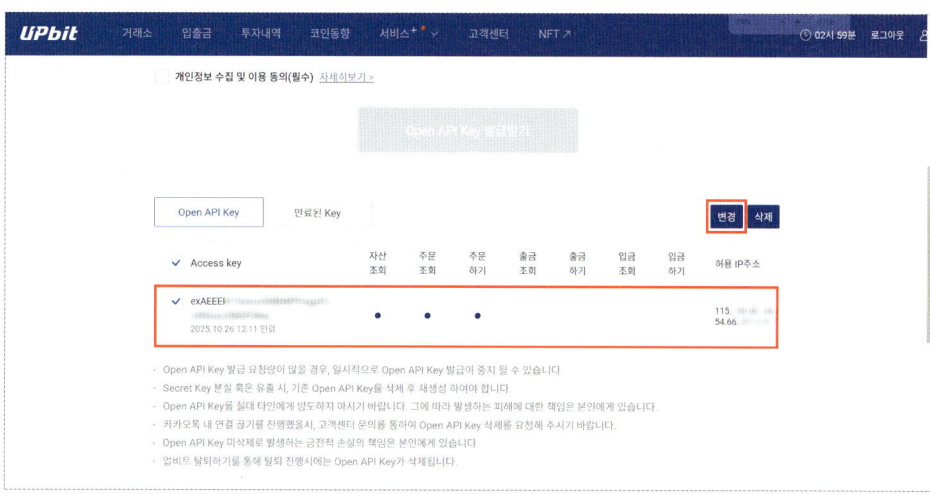

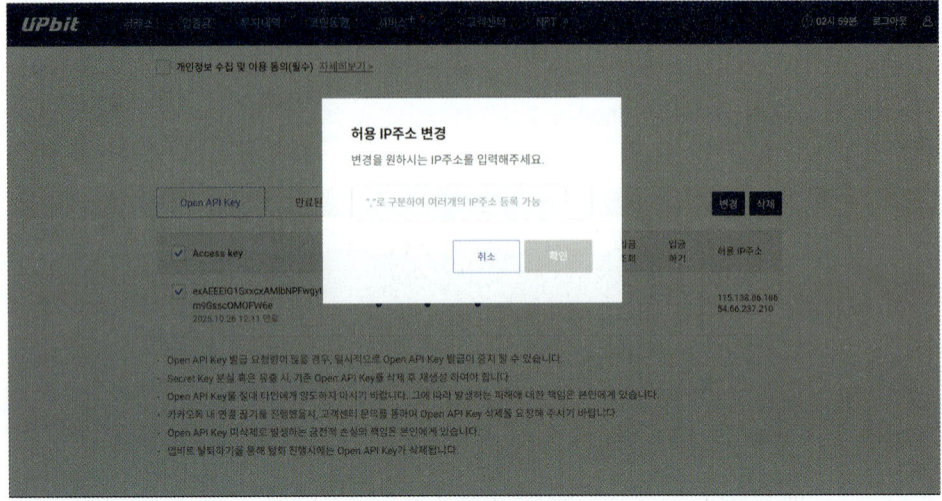

이렇게 클라우드 컴퓨터의 IP도 업비트 API에 등록을 완료하면 클라우드 컴퓨터에서 API 요청을 보낼 수 있어 내 컴퓨터에서 동작하듯이 서버에서 동작할 수 있는 환경이 마련되었습니다.

클라우드 배포 시 자주 발생하는 문제

클라우드 배포 시 2가지 문제가 자주 발생합니다. 첫 번째는 자동 매매 프로그램의 데이터로 사용한 youtube_transcript 라이브러리를 사용할 때 유튜브의 정책에 따라 EC2에서 접근이 막히는 것입니다. 두 번째는 셀레니움 크롬 문제입니다.

EC2 크롤링 막힘 문제 해결하기

먼저 첫 번째 자막 데이터 문제의 해결 방안은 2가지가 있습니다. 첫 번째는 **프록시 서버**Proxy Server를 사용해 EC2에서 직접 요청을 보내지 않고, 중간 서버를 거쳐 요청을 보내는 방식입니다. 이렇게 하면 유튜브에서 요청을 허용할 가능성이 있습니다. 그러나 프록시 서버를 따로 설정해야 하거나, 유료 프록시 서비스를 이용해야 한다는 단점이 있습니다.

💡 용어 사전 **프록시 서버**
프록시 서버는 클라이언트(사용자)와 인터넷 사이에 위치하여 중간 역할을 수행하는 서버입니다. 사용자가 웹 요청을 하면 프록시 서버가 이를 받아 인터넷에 대신 전달하고, 응답 데이터를 다시 사용자에게 반환합니다.

하지만 우리는 단순히 한 영상의 텍스트를 전략 데이터로 사용하기 위해 이 라이브러리를 사용하는 것이므로 굳이 프록시 서버에 비용을 지불하거나 매번 API를 실행할 필요 없이 텍스트만 넣어 준 다음 클라우드 서버에서 재사용하는 두 번째 방안을 적용하겠습니다. 즉, 유튜브 자막 데이터를 로컬에서 한 번 가져와 저장한 다음 자막 데이터를 autotrade.py의 전략 데이터 부분에 사용하면 됩니다.

01 먼저 youtube_transcript 라이브러리로 가져오는 영상 자막을 파일로 추출하겠습니다. **autotrade.py** 파일을 열고 다음과 같이 코드를 수정합니다. 이 코드를 실행하면 지정한 파일명 그대로 **strategy.txt** 파일이 생성되는 것을 확인할 수 있습니다.

```
autotrade.py
def get_youtube_analysis(self):
    """유튜브 영상 자막 분석"""
    try:
        all_transcripts = []
        with open('strategy.txt', 'w', encoding='utf-8') as f:
            for video_id in self.youtube_channels:
                try:
                    # 한국어 자막 가져오기 시도
                    transcript = YouTubeTranscriptApi.get_transcript(video_id, languages=['ko'])

                    text = ' '.join([entry['text'] for entry in transcript])
                    # 파일에 비디오 ID와 자막 내용 저장
                    f.write(f"\n=== Video ID: {video_id} ===\n")
                    f.write(text)
                    f.write("\n\n")

                    all_transcripts.append({
                        'video_id': video_id,
                        'content': text
                    })
(생략)
```

02 이렇게 자막 데이터를 파일로 저장했으니 기존 코드는 주석 처리하고 다음과 같이 코드를 수정합니다. 이 코드는 라이브러리로 영상의 자막을 매번 긁어오는 대신 저장한 자막 데이터를 한 번 읽어 오는 것으로 데이터를 처리합니다.

```
autotrade.py
```

(생략)

```python
# 6. YouTube 자막 데이터 가져오기
youtube_transcript = get_combined_transcript("3XbtEX3jUv4")

f = open("strategy.txt", "w", encoding="utf-8")
f.write(youtube_transcript)
f.close()
```

(생략)

이렇게 하면 유튜브 자막 데이터를 로컬에 있는 파일의 텍스트를 사용하는 셈이므로 크롤링에서 막힐 우려가 없습니다. 추후 라이브러리 문제가 해결되면 주석을 해제하고 원래 코드를 사용할 수 있습니다.

```
autotrade.py
```

(생략)

```python
def get_youtube_analysis(self):
    """유튜브 영상 자막 분석"""
    try:
        with open('strategy.txt', 'r', encoding='utf-8') as f:
            content = f.read()
        # all_transcripts = []

        # for video_id in self.youtube_channels:
        #     try:
        #         # 한국어 자막 가져오기 시도
        #         transcript = YouTubeTranscriptApi.get_transcript(video_id, languages=['ko'])
        #         text = ' '.join([entry['text'] for entry in transcript])

        #         all_transcripts.append({
        #             'video_id': video_id,
        #             'content': text
        #         })

        #     except Exception as e:
```

```
#           print(f"Error processing transcript for video {video_id}: {e}")
#       # 사용 가능한 자막 목록 출력
#       try:
#           available_transcripts = YouTubeTranscriptApi.list_transcripts(video_id)
#           print(f"Available transcripts for {video_id}:")
#           for transcript in available_transcripts:
#               print(f"- {transcript.language_code}")
#       except Exception as e:
#           print(f"Could not list available transcripts: {e}")
#       continue

# if not all_transcripts:
#     return None

# 한국어 분석을 위한 시스템 메시지
```

(생략)

크롬 드라이버 문제 해결하기

클라우드 배포 시 자주 발생하는 두 번째 문제는 브라우저 자동화 라이브러리인 셀레니움에서 필요한 크롬 드라이버와 관련된 오류입니다. 크롬 드라이버 문제는 해결하는 데 시간이 걸리고 다소 복잡하기 때문에 순서대로 차근차근 따라오기 바랍니다.

01 EC2에 먼저 필수 패키지를 설치하겠습니다. 다음 명령을 입력하고 [Enter] 키를 누릅니다.

```
sudo apt install apt-transport-https ca-certificates curl software-properties-common wget unzip -y
```

02 구글 크롬의 버전 간 충돌을 방지하기 위해 특정 버전을 지정해 다운로드하고 설치하겠습니다. 다음 명령을 입력하고 [Enter] 키를 누릅니다.

```
wget https://dl.google.com/linux/chrome/deb/pool/main/g/google-chrome-stable/google-chrome-stable_128.0.6613.113-1_amd64.deb
```

03 다운로드한 압축 파일을 풀기 위해 다음 명령을 입력하고 [Enter] 키를 누릅니다.

```
sudo dpkg -i google-chrome-stable_128.0.6613.113-1_amd64.deb
```

04 압축을 푼 구글 크롬 파일을 설치합니다. 다음 명령을 입력하고 [Enter] 키를 누릅니다.

```
sudo apt-get install -f
```

05 설치한 크롬의 버전을 확인해 보겠습니다. 다음 명령을 입력하고 [Enter] 키를 누르면 앞서 지정해 설치한 크롬 버전을 확인할 수 있습니다.

```
google-chrome --version
```

```
needrestart is being skipped since dpkg has failed
ubuntu@ip-172-31-3-235:~$ google-chrome --version
Google Chrome 128.0.6613.113
ubuntu@ip-172-31-3-235:~$
```

06 설치를 완료했으니 불필요한 구글 크롬 설치 파일은 다음 명령어로 삭제할 수 있습니다.

```
sudo rm google-chrome-stable_128.0.6613.113-1_amd64.deb
```

07 이제 크롬 드라이버를 다운로드받습니다. 마찬가지로 버전 충돌을 방지하기 위해 특정 버전을 지정해서 다운로드하겠습니다. 다음 명령을 입력하고 [Enter] 키를 누릅니다.

```
wget https://storage.googleapis.com/chrome-for-testing-public/128.0.6613.86/linux64/chromedriver-linux64.zip
```

08 다운로드받은 크롬 드라이버의 압축을 해제합니다. 다음 명령을 입력하고 [Enter] 키를 누릅니다.

```
unzip chromedriver-linux64.zip
```

09 압축 해제한 크롬 드라이버가 저장될 경로를 지정합니다.

```
sudo mv chromedriver-linux64/chromedriver /usr/bin/chromedriver
```

10 크롬 드라이버 실행 권한을 부여합니다.

```
sudo chmod +x /usr/bin/chromedriver
```

11 이렇게 설치한 크롬 드라이버의 버전을 확인하면 앞서 지정한 특정 버전이 출력되는 것을 확인할 수 있습니다.

> **Tip.** 크롬 드라이버 프로세스를 종료하려면 webdriver.quit() 또는 webdriver.close()를 사용합니다.

```
chromedriver --version
```

```
ubuntu@ip-172-31-3-235:~$ chromedriver --version
Starting ChromeDriver 128.0.6613.86 (3045ed680fdab64f784f3b366cfe7
Only local connections are allowed.
Please see https://chromedriver.chromium.org/security-consideratio
ChromeDriver was started successfully on port 38741.
```

12 마지막으로 다운받은 파일 중 이미 설치가 완료된 파일을 삭제합니다.

```
sudo rm chromedriver-linux64.zip
sudo rm -r chromedriver-linux64
```

13 이제 다음 코드를 autotrade.py에 추가합니다. 로컬과 EC2에 맞추기 위해 최상단에 `selenium.webdriver.chrome.service import Service`를 추가하고 `is_ec2` 함수와 `setup_chrome_options`, `create_driver`를 추가합니다. 또, `capture_and_analyze_chart` 함수와 autotrade.py의 메인 실행 함수도 다음과 같이 수정합니다.

> autotrade.py(로컬용)
>
> (생략)
> `from selenium.webdriver.chrome.service import Service`

(생략)

```python
def is_ec2():
    """EC2 환경인지 확인"""
    try:
        return os.path.exists("/sys/hypervisor/uuid")
    except:
        return False

def setup_chrome_options():
    """Chrome 옵션 설정"""
    chrome_options = Options()

    # 공통 옵션
    chrome_options.add_argument("--disable-gpu")
    chrome_options.add_argument("--no-sandbox")
    chrome_options.add_argument("--disable-dev-shm-usage")

    if is_ec2():
        # EC2 환경 전용 옵션
        chrome_options.add_argument("--headless")
    else:
        # 로컬 환경 전용 옵션
        chrome_options.add_argument("--start-maximized")
        chrome_options.add_experimental_option('excludeSwitches', ['enable-logging'])
        if os.getenv('HEADLESS', 'false').lower() == 'true':
            chrome_options.add_argument("--headless")

    return chrome_options

def create_driver():
    """WebDriver 생성"""
    try:
        env_type = 'EC2' if is_ec2() else '로컬'
        print(f"{env_type} 환경에서 ChromeDriver 설정 중...")

        chrome_options = setup_chrome_options()

        if is_ec2():
            service = Service('/usr/bin/chromedriver')
        else:
            try:
                from webdriver_manager.chrome import ChromeDriverManager
                service = Service(ChromeDriverManager().install())
```

```python
            except ImportError:
                service = Service('chromedriver')

        return webdriver.Chrome(service=service, options=chrome_options)

    except Exception as e:
        print(f"ChromeDriver 생성 중 오류 발생: {e}")
        raise
```

(중략)

```python
def capture_and_analyze_chart(self):
    """차트 캡처 및 분석"""
    try:
        current_time = datetime.now().strftime("%Y%m%d_%H%M%S")
        screenshot_path = f"chart_{current_time}.png"

        url = f"https://upbit.com/exchange?code=CRIX.UPBIT.{self.ticker}"
        capture_success = capture_full_page(url, screenshot_path)

        if not capture_success:
            return None

        # 이미지를 base64로 인코딩
        with open(screenshot_path, "rb") as image_file:
            base64_image = base64.b64encode(image_file.read()).decode("utf-8")

        # OpenAI Vision API 호출
        response = self.client.chat.completions.create(
            model="gpt-4o-mini",
            messages=[
                {
                    "role": "user",
                    "content": [
                        {
                            "type": "text",
                            "text": "Analyze this cryptocurrency chart and provide insights about: 1) Current trend 2) Key support/resistance levels 3) Technical indicator signals 4) Notable patterns"
                        },
                        {
                            "type": "image_url",
                            "image_url": {
                                "url": f"data:image/png;base64,{base64_image}"
```

```python
                    }
                }
            ]
        }
    ],
    max_tokens=500
)

        # 분석 결과 처리
        analysis_result = response.choices[0].message.content

        # 임시 파일 삭제
        os.remove(screenshot_path)

        return analysis_result

(중략)

# 메인 실행 코드
if __name__ == "__main__":
    try:
        env_type = 'EC2' if is_ec2() else '로컬'
        print(f"Enhanced Bitcoin Trading Bot 시작 ({env_type} 환경)")
        print("종료하려면 Ctrl+C를 누르세요")

        load_dotenv()

        # 필수 환경 변수 체크
        required_env_vars = ['UPBIT_ACCESS_KEY', 'UPBIT_SECRET_KEY']
        missing_vars = [var for var in required_env_vars if not os.getenv(var)]
        if missing_vars:
            raise ValueError(f"필수 환경 변수가 없습니다: {', '.join(missing_vars)}")

        while True:
            try:
                ai_trading()
                time.sleep(600)  # 10분 대기
            except KeyboardInterrupt:
                print("\n사용자에 의해 봇이 종료되었습니다")
                break
            except Exception as e:
                print(f"실행 중 오류 발생: {e}")
                time.sleep(60)  # 에러 발생 시 60초 대기
```

```
except Exception as e:
    print(f"프로그램 실행 중 치명적 오류 발생: {e}")
```

수정한 코드 재배포하기

로컬에 저장된 파일에서 수정한 코드를 클라우드 컴퓨터에 반영하려면 앞서 로컬의 파일을 깃허브에 저장하고, 깃허브의 코드를 클라우드 컴퓨터로 불러오는 과정을 다시 거쳐야 합니다. 이 과정을 다시 한번 실행하면서 수정한 코드를 재배포하는 방법을 살펴보겠습니다.

깃허브에 저장된 코드 변경하기

01 먼저 내 컴퓨터의 파일을 깃허브로 저장하겠습니다. 깃허브 페이지에서 만들어 둔 aibitcoin 리포지터리에 업로드한 autotrade.py 파일을 클릭합니다.

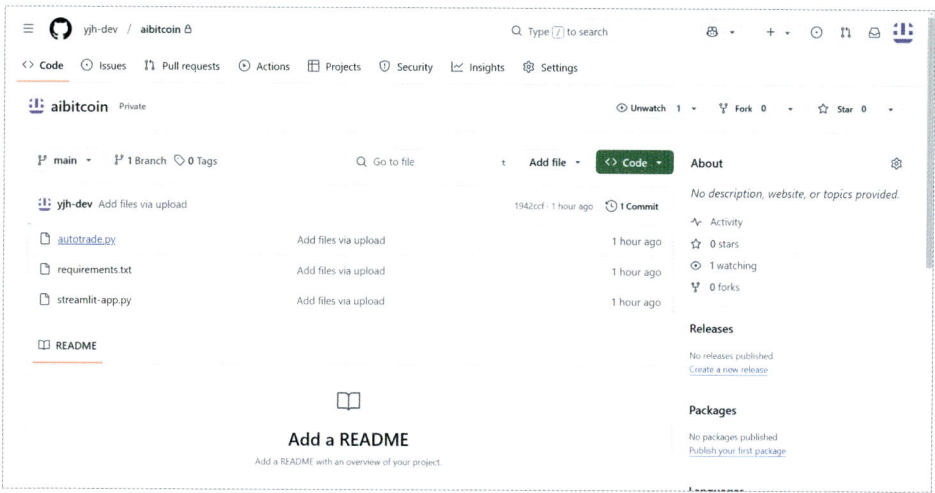

02 오른쪽 상단의 [Edit this file] 아이콘을 클릭합니다.

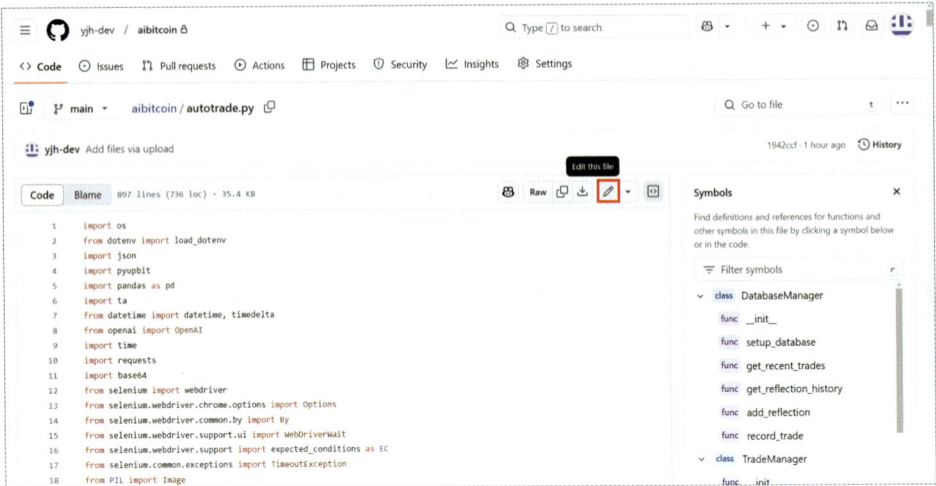

03 코드 편집 페이지로 이동하면 기존 코드를 전체 선택하고 삭제한 다음 수정한 autotrade.py 파일의 전체 내용을 복사해 붙여 넣고 오른쪽 상단의 [Commit change...]를 클릭합니다.

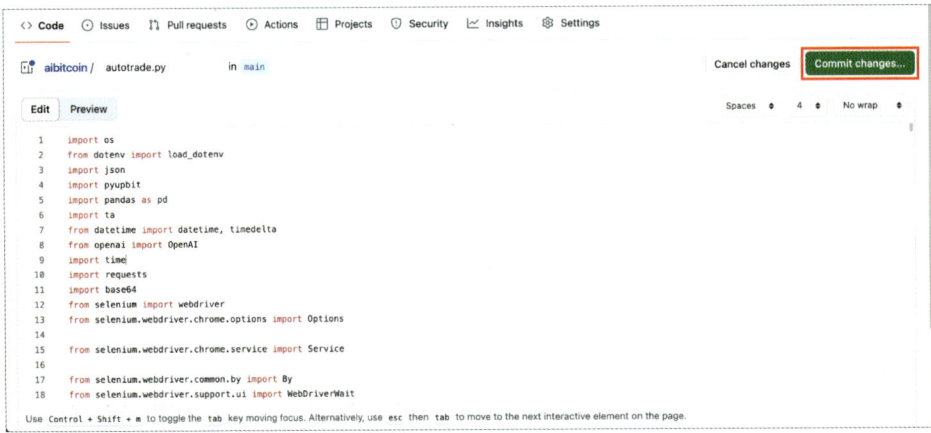

04 'Commit changes' 창에서 수정한 내용에 대한 간단한 메모를 남길 수 있습니다. 예를 들어 "크롬 오류 수정"이라고만 남겨 둬도 추후 어떤 업데이트를 했는지 기억하기 쉽습니다. 메모를 모두 남겼다면 오른쪽 하단의 [Commit changes]를 클릭해 변경된 코드를 반영합니다.

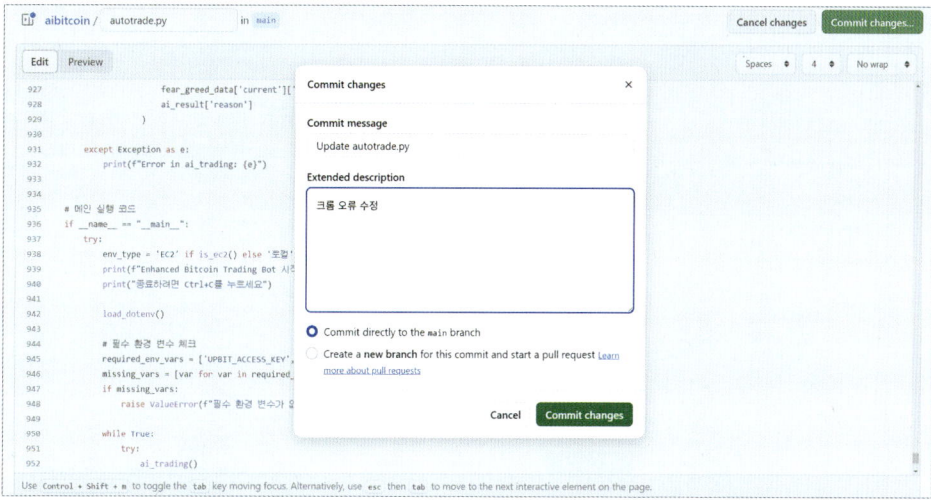

05 해당 리포지터리 페이지를 보면 업데이트된 시간과 내용을 확인할 수 있습니다.

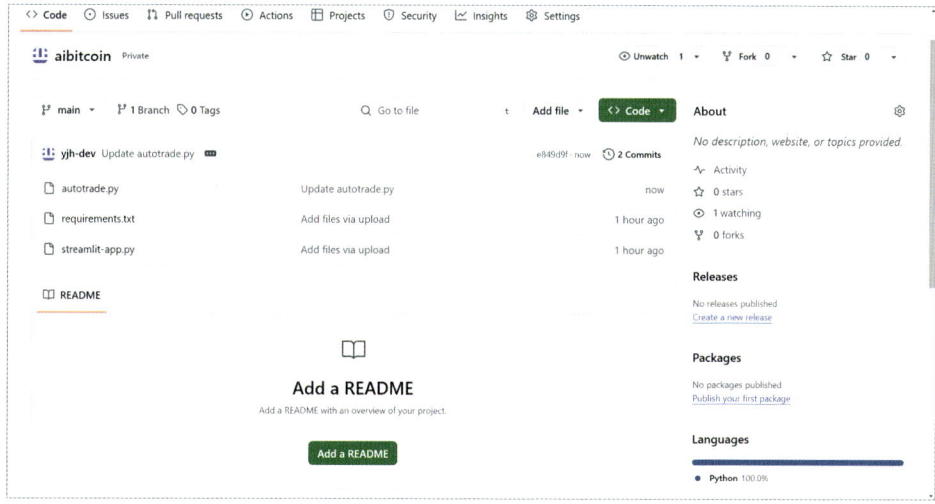

16 클라우드 배포하기 **379**

깃허브에 새 파일 업로드하기

01 유튜브 자막 데이터를 가져오기 위해 새로운 파일이 생성되었으므로 이 파일도 깃허브에 업로드하겠습니다. 리포지터리 페이지 오른쪽 상단의 [+] 아이콘을 클릭하고 [Upload files]를 선택합니다.

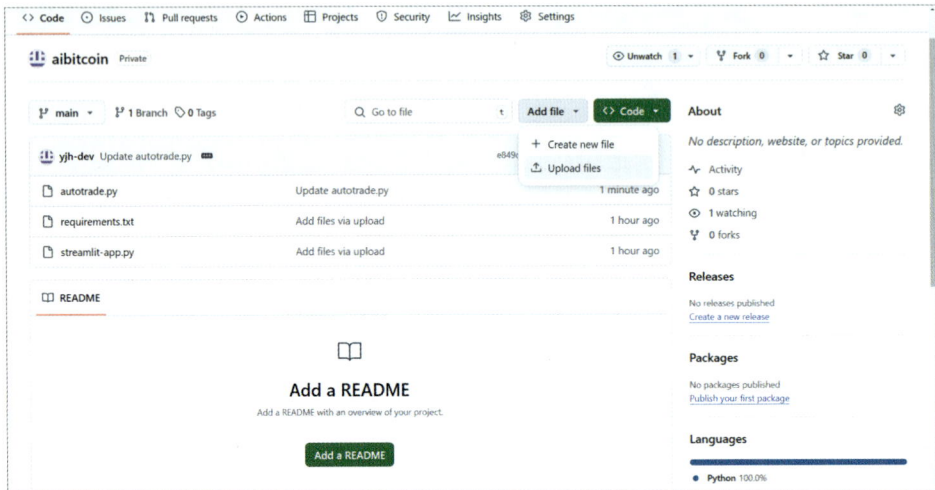

02 strategy.txt 파일을 드래그 앤 드롭으로 가져온 다음 [Commit Changes]를 클릭해 파일을 업로드합니다.

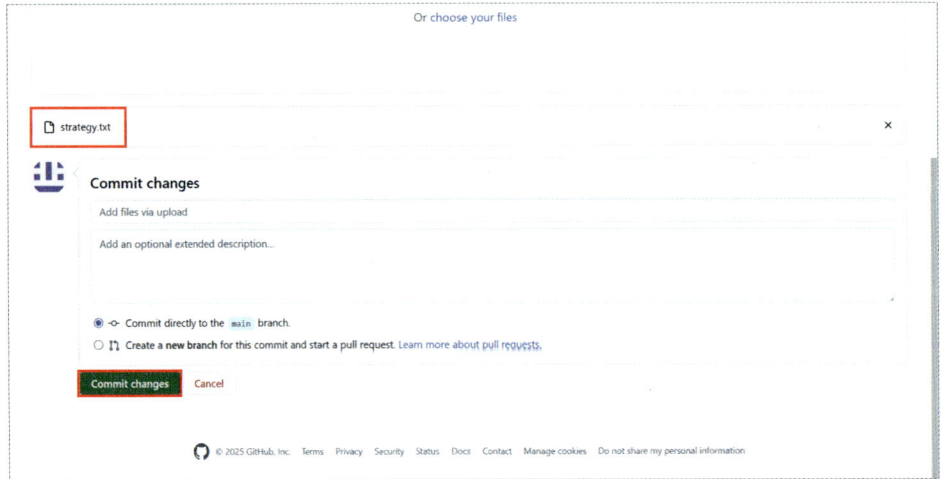

03 다시 리포지터리 메인 화면으로 돌아가면 **strategy.txt** 파일이 추가되어 총 4개의 파일이 업로드된 것을 확인할 수 있습니다.

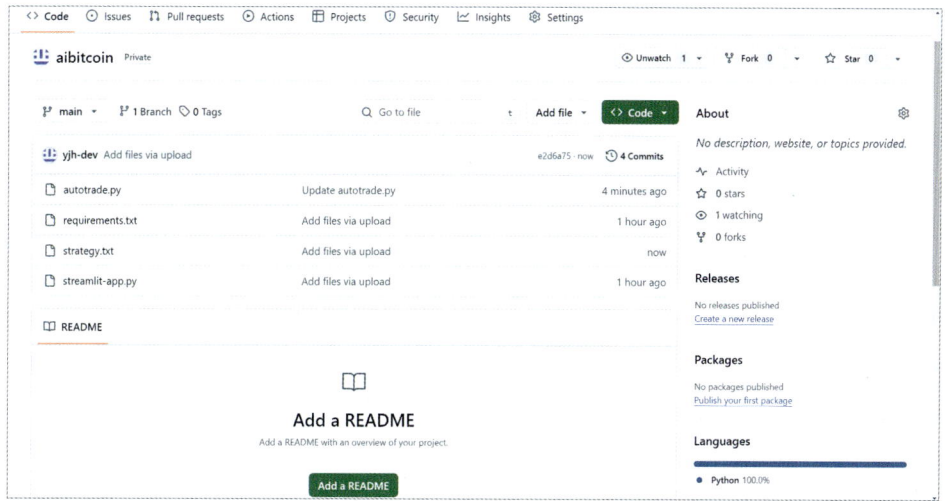

깃허브 코드를 클라우드 컴퓨터로 불러오기

01 로컬에서 수정한 내용을 깃허브에도 모두 반영했으니 이제 이 코드를 클라우드 컴퓨터로 불러오겠습니다. EC2에서 다음 명령을 입력해 깃허브에서 최신 코드를 불러올 수 있습니다.

이제 내 컴퓨터에서 깃허브로 수정 사항을 모두 반영했으니 클라우드 컴퓨터로 다시 가져와야 합니다. aibitcoin 프로젝트 폴더에 위치한 상태에서 다음 명령을 입력하면 깃허브에서 최신 코드를 가져올 수 있습니다.

```
git pull
```

02 리포지터리를 Private으로 설정했으므로 로그인이 필요합니다. 깃허브에서 로그인 시 사용했던 Username과 Password를 입력하고 [Enter] 키를 누릅니다.

> **Tip.** Password는 앞서 복사해서 저장해 둔 토큰 키를 붙여 넣습니다.

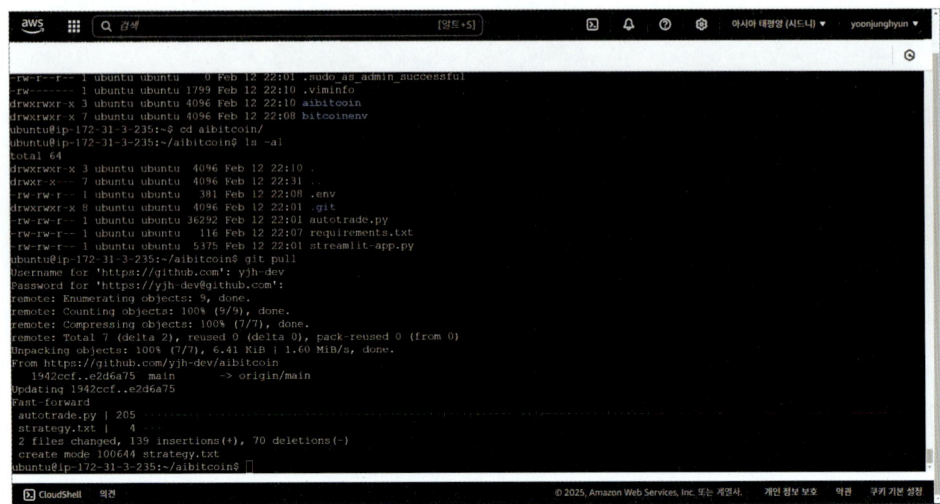

03 수정한 내용과 추가한 파일이 제대로 업데이트되었는지 확인하기 위해 다음 명령어를 입력한 다음 [Enter] 키를 누릅니다. strategy.txt와 autotrade.py 파일이 정상적으로 업데이트된 것을 확인할 수 있습니다.

```
ls -al
```

04 파이썬 가상 환경이 꺼져 있다면 실행 후에 오류 없이 동작하는지 확인하기 위해 다음 명령어를 입력하고 [Enter] 키를 눌러 실행합니다. 셀레니움이 정상적으로 동작하는지, 스크린샷이 제대로 저장되는지, 요청 사항에 대해 "HTTP/1.1 200 OK" 결과가 뜨는지 모두 실행 결과에서 확인할 수 있습니다.

```
source bitcoinenv/bin/activate
```

```
python3 autotrade.py
```

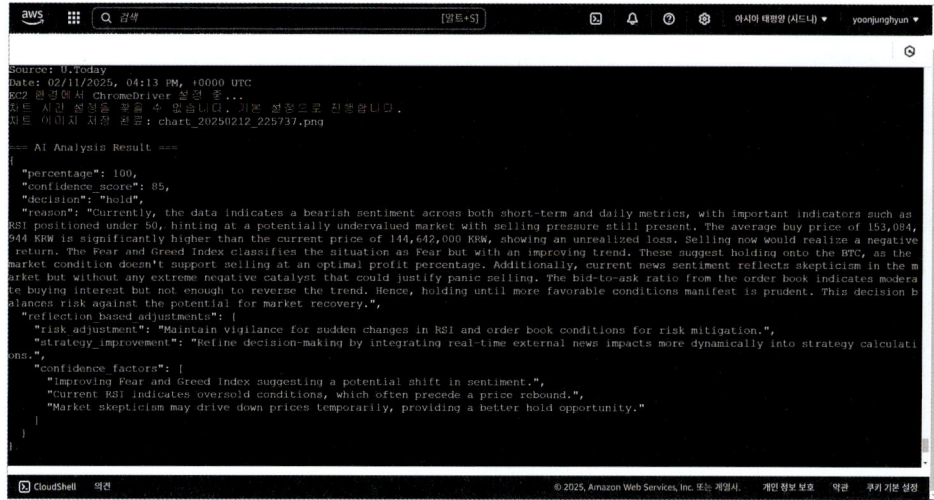

05 [Ctrl] + [C]를 눌러 실행을 종료하고 다음 명령어를 입력해 생성한 파일도 모두 정상적으로 저장되었는지 파일 목록을 확인합니다.

```
ls -al
```

```
drwxrwxr-x  3 ubuntu ubuntu    4096 Feb 12 23:02 .
drwxr-x---  9 ubuntu ubuntu    4096 Feb 12 23:00 ..
-rw-rw-r--  1 ubuntu ubuntu     381 Feb 12 22:08 .env
drwxrwxr-x  8 ubuntu ubuntu    4096 Feb 12 22:54 .git
-rw-rw-r--  1 ubuntu ubuntu   38437 Feb 12 23:00 autotrade.py
-rw-rw-r--  1 ubuntu ubuntu  479622 Feb 12 23:01 chart_20250212_230118.png
-rw-rw-r--  1 ubuntu ubuntu     116 Feb 12 22:07 requirements.txt
-rw-rw-r--  1 ubuntu ubuntu    5999 Feb 12 22:54 strategy.txt
-rw-rw-r--  1 ubuntu ubuntu    5375 Feb 12 22:01 streamlit-app.py
-rw-r--r--  1 ubuntu ubuntu   16384 Feb 12 23:02 trading.db
```

06 추가로 EC2에서 캡처한 이미지가 제대로 찍혔는지 확인하려면 **file.io**라는 임시 파일 공유 서비스를 사용할 수 있습니다. 다음 명령을 입력하고 실행하면 스크린샷 파일을 file.io로 전송하게 됩니다. 스크린샷 파일을 file.io로 전송하면 "success"라는 메시지와 함께 다운로드할 수 있는 URL이 생성됩니다. 해당 링크에 접속하여 스크린샷을 확인하면, 이미지가 잘 저장된 것을 확인할 수 있습니다.

> 💡 **Tip.** 간혹 file.io에서 요청 처리를 못할 경우 tmpfiles과 같은 다른 호스팅 서버를 사용하는 방법도 있습니다.

```
curl -F "file=@/home/ubuntu/aibitcoin/{이미지 파일명}" https://file.io

curl -F "file=@/home/ubuntu/aibitcoin/{이미지 파일명}" https://tmpfiles.org/api/v1/upload
```

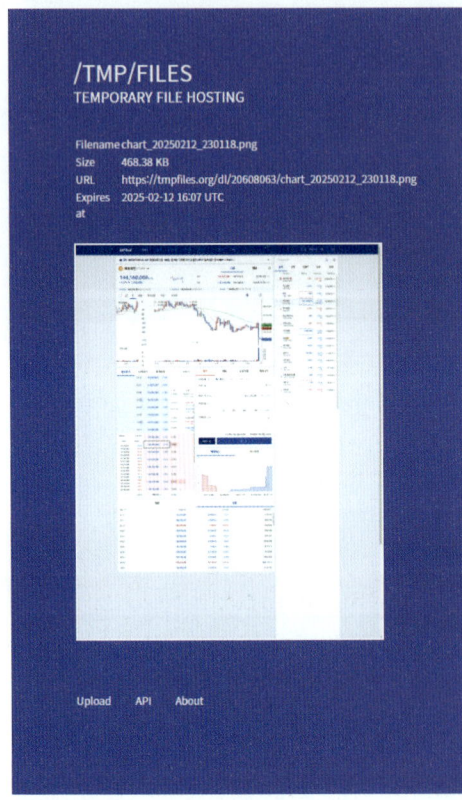

Part 06

AI 에이전트 클라우드 운영하기

Chapter 17 클라우드 서버 운영하기

17 클라우드 서버 운영하기

이번 챕터에서는 클라우드 서버에서 자동 매매를 운영하는 방법에 대해 소개하겠습니다. 구체적으로 코드 초기화, 백그라운드 실행, 실행 중인 프로그램 종료, 에러 로그 확인 그리고 IP 주소 고정 등 EC2 안에서 자동 매매를 돌릴 때 필요한 기능들을 다루겠습니다.

| 학습 목표

클라우드 환경에서 자동 매매 시스템을 설정하고 운영하는 데 필요한 기술과 개념을 익혀 자동 매매 프로그램을 효과적으로 관리할 수 있습니다.

| 핵심 키워드

- 코드 초기화
- 백그라운드
- 로그
- 포트
- 고정 IP

코드 초기화 & 재설정하기

만약 깃허브에 업로드한 코드를 많이 수정했다면 충돌이 발생할 수 있으므로 서버에 올린 폴더를 삭제하고 새로 올리는 것이 좋습니다. 폴더를 재업로드할 경우 다시 한번 환경 설정이 필요합니다.

코드 초기화하기

01 EC2 서버의 다른 설정은 그대로 유지하고 코드만 초기화하려면 다음 명령어를 입력해 폴더를 삭제합니다.

```
rm -rf aibitcoin/
```

02 다음 명령어를 입력하고 [Eneter] 키를 누르면 aibitcoin 폴더 목록을 확인할 수 있습니다.

```
ls -al
```

```
(bitcoinenv) ubuntu@ip-172-31-3-235:~/aibitcoin$ cd ../
(bitcoinenv) ubuntu@ip-172-31-3-235:~$ rm -rf aibitcoin/
(bitcoinenv) ubuntu@ip-172-31-3-235:~$ ls -al
total 56
drwxr-x--- 8 ubuntu ubuntu 4096 Feb 12 23:24 .
drwxr-xr-x 3 root   root   4096 Feb 12 21:59 ..
-rw------- 1 ubuntu ubuntu  467 Feb 12 22:10 .bash_history
-rw-r--r-- 1 ubuntu ubuntu  220 Mar 31  2024 .bash_logout
-rw-r--r-- 1 ubuntu ubuntu 3771 Mar 31  2024 .bashrc
drwx------ 3 ubuntu ubuntu 4096 Feb 12 22:06 .cache
drwx------ 3 ubuntu ubuntu 4096 Feb 12 22:57 .config
drwxrwxr-x 3 ubuntu ubuntu 4096 Feb 12 22:28 .local
drwx------ 3 ubuntu ubuntu 4096 Feb 12 22:57 .pki
-rw-r--r-- 1 ubuntu ubuntu  807 Mar 31  2024 .profile
drwx------ 2 ubuntu ubuntu 4096 Feb 12 21:59 .ssh
-rw-r--r-- 1 ubuntu ubuntu    0 Feb 12 22:01 .sudo_as_admin_successful
-rw------- 1 ubuntu ubuntu 5288 Feb 12 23:00 .viminfo
drwxrwxr-x 7 ubuntu ubuntu 4096 Feb 12 22:08 bitcoinenv
(bitcoinenv) ubuntu@ip-172-31-3-235:~$
```

코드 재업로드하기

01 이제 로컬, 즉 내 컴퓨터에서 수정한 코드를 깃허브에 올린 후 EC2에서 다시 가져오겠습니다. 물론 Git 명령어를 사용해도 되지만, 간편하게 깃허브를 통해 코드를 업로드하겠습니다. 깃허브의 aibitcoin 리포지터리 상단의 [+] 아이콘을 클릭한 다음 [Upload files]를 클릭합니다.

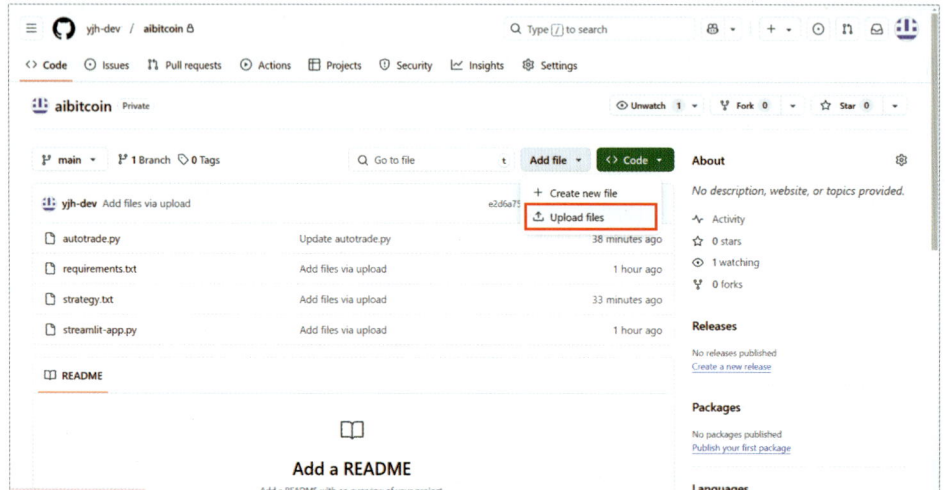

02 새로운 코드로 수정한 autotrade, requirements.txt, strategy.txt, streamlit-app.py 등을 드래그 앤 드롭으로 업로드한 다음 [Commit changes]를 클릭합니다.

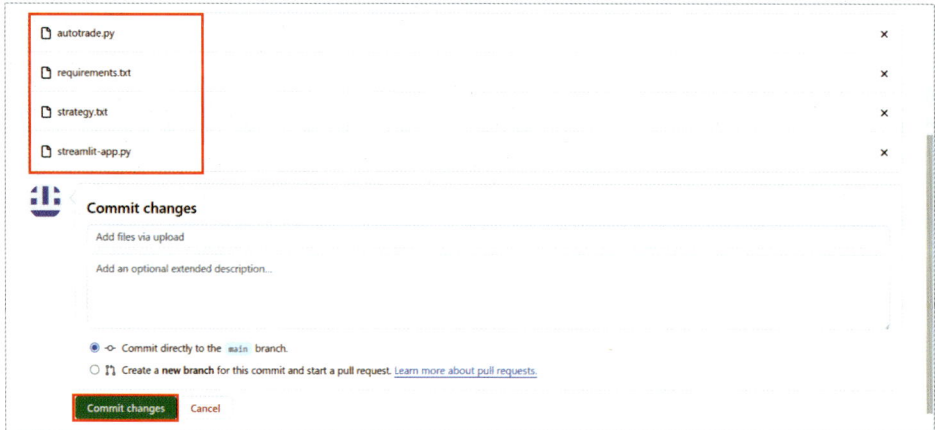

03 리포지터리에 업로드된 파일을 확인한 다음 오른쪽 상단의 [Code]를 클릭한 다음 HTTPS 코드를 복사합니다.

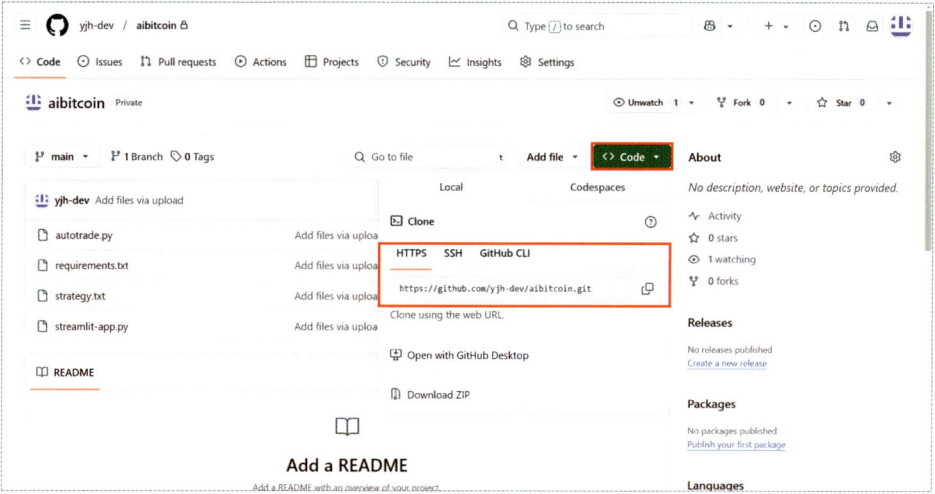

04 EC2에서 다음 명령어를 입력한 다음 복사한 HTTPS를 붙여 넣고 [Enter] 키를 눌러 깃허브에 업로드한 코드를 받아옵니다.

```
git clone {복사한 HTTPS url}
```

05 깃허브 코드가 정상적으로 업로드되었는지 다음 명령어로 확인할 수 있습니다.

```
ls -al
```

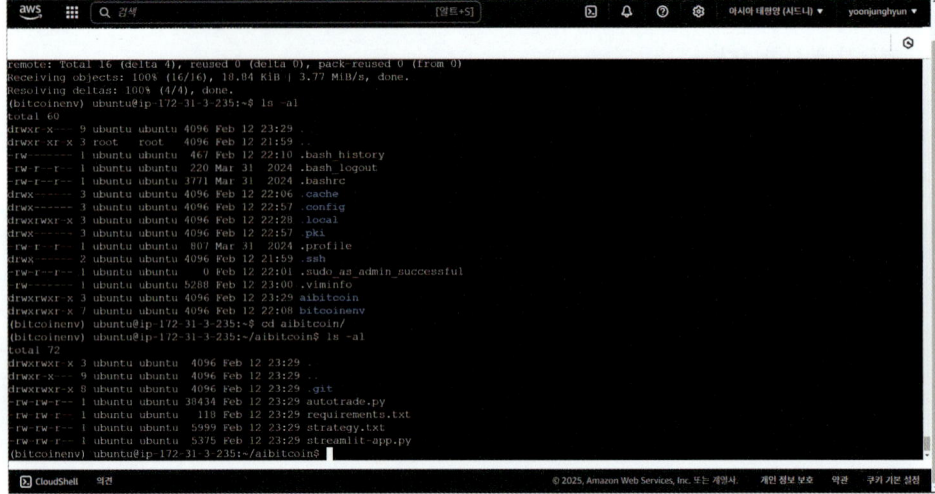

06 이제 다음 명령어를 입력해 가상 환경 설정을 생성하고 활성화합니다. 명령어 입력창 왼쪽에 **bitcoinenv**가 나타나면 가상 환경에 성공적으로 진입한 것입니다.

가상 환경 생성

python3 -m venv bitcoinenv

가상 환경 활성화

source bitcoin_env/bin/activate

---

07 aibitcoin 폴더로 이동하여 **requirements.txt** 파일을 기반으로 필요한 라이브러리들을 설치하겠습니다. 먼저 aibitcoin 폴더로 이동합니다.

cd aibitcoin/

08 다음 명령어를 입력하고 [Enter] 키를 눌러 라이브러리를 설치합니다.

pip3 install -r requirements.txt

09 라이브러리 설치까지 완료되면 환경 변수를 설정합니다. 다음 명령어로 .env 파일을 실행합니다.

```
vim .env
```

10 .env 파일에서 [I] 키를 눌러 **INSERT 모드**로 변경한 다음 VS code에서 .env 파일에 작성해 둔 API 키를 모두 붙여 넣습니다. 입력 모드가 활성화된 상태에서 **environment** 값에 설정된 Local을 EC2로 변경합니다. 입력을 완료하면 [ESC] 키를 눌러 INSERT 모드를 종료하고 :wq! 명령어를 입력해 저장한 다음 종료합니다.

> **Tip.** .env 파일을 수정하려면 :q!로 종료한 후 vim .env로 다시 생성하면 됩니다.

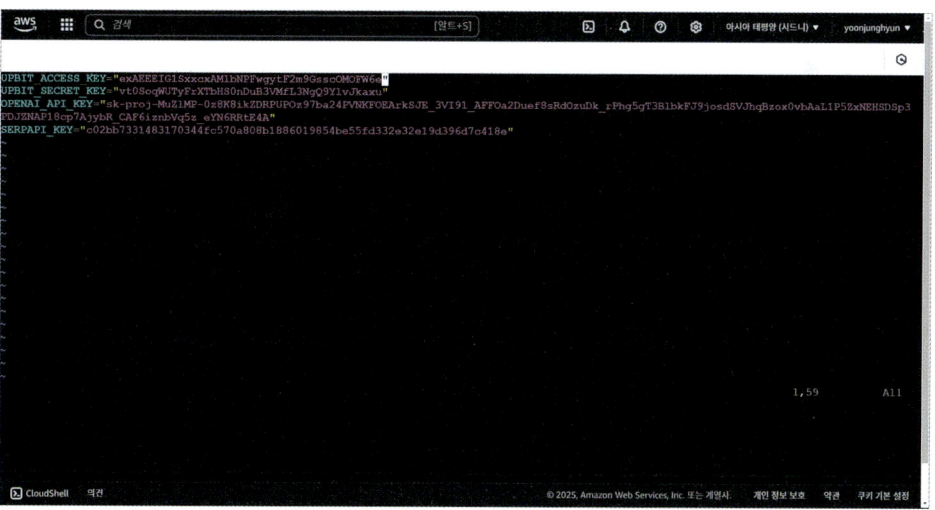

궁금해요 | environment 변수의 역할

.env 안에 environment라는 변수를 새로 추가했는데요, 이 변수가 무엇인지 간단히 설명드리겠습니다. 이 변수는 셀레니움과 관련된 설정을 EC2와 로컬 환경에서 다르게 적용하기 위해 사용됩니다. 즉, environment 변수에 따라 로컬 환경일 때는 특정 설정을 사용하고, EC2 환경일 때는 다른 설정을 적용하도록 분리해 두었습니다. 따라서 이 environment 변수가 추가되었음을 확인한 후 .env 파일 안의 내용을 복사해서 EC2 서버 안에 붙여 넣습니다. 이때 반드시 INSERT 모드에서 붙여 넣어야 합니다. 그렇지 않으면 파일이 깨질 수 있으니 주의해야 합니다.

11 .env 파일이 잘 생성되었는지 다음 명령어를 입력해 확인합니다.

```
ls -al
```

운영 코드 활성화하기

이제 초기화를 완료했으니 지금까지 작성한 파일의 구성을 확인하고 지정한 시간에 맞춰 실행되도록 자동 실행을 설정하겠습니다.

실행 확인하기

01 다음 명령어를 입력해 자동 매매 프로그램 작성을 완료한 **autotrade.py** 파일의 구성을 자세히 살펴보면 해당 프로그램이 특정 시간에 실행되도록 설정된 것을 확인할 수 있습니다.

> 💡 **Tip.** 이전에 작성한 코드를 지우고 터미널을 깔끔하게 보려면 명령어로 clear를 입력합니다.

```
vim autotrade.py
```

02 바로 실행 여부를 확인하도록 테스트를 위해 코드의 특정 부분을 주석 처리하고 다음과 같이 코드를 수정합니다.

autotrade.py
```
(생략)

    # 트레이딩 작업을 수행하는 함수
    def job():
        global trading_in_progress
        if trading_in_progress:
            logger.warning("Trading job is already in progress, skipping this run.")
            return
        try:
            trading_in_progress = True
```

```
            ai_trading()
        except Exception as e:
            logger.error(f"An error occurred: {e}")
        finally:
            trading_in_progress = False

    ## 테스트용 바로 실행
    job()

    ## 매일 특정 시간(예: 오전 9시, 오후 3시, 오후 9시)에 실행
    # schedule.every().day.at("09:00").do(job)
    # schedule.every().day.at("15:00").do(job)
    # schedule.every().day.at("21:00").do(job)
    # while True:
    #     schedule.run_pending()
    #     time.sleep(1)
```

03 다음 명령어를 입력한 다음 파일을 실행해 코드가 정상적으로 실행되는지 확인합니다. 이때 오류 없이 실행이 완료되었는지 로그를 확인합니다.

```
python3 autotrade.py
```

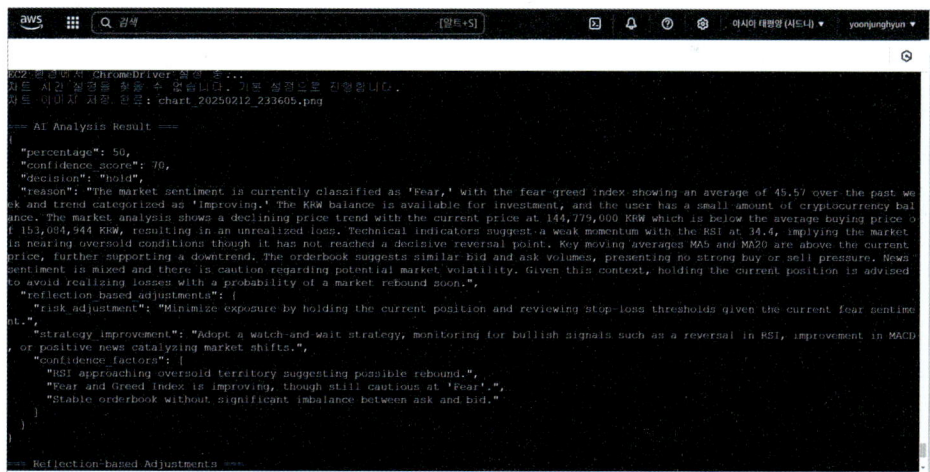

자동 실행 설정하기

01 프로그램 시작 시 즉시 한 번 시작되고 그 후 매일 특정 시간에 실행되도록 schedule 라이브러리를 설치하겠습니다. schedule을 사용하기 위해 터미널에서 다음 명령어를 입력합니다.

```
pip install schedule
```

02 설치한 schedule 라이브러리를 불러온 다음, 매일 오전 9시, 오후 3시, 오후 9시에 자동으로 실행되도록 다음과 같이 메인 실행 함수를 변경한 후에 wq!를 입력하여 저장합니다.

autotrade.py
```python
if __name__ == "__main__":
    try:
        import schedule
        from datetime import datetime

        env_type = 'EC2' if is_ec2() else '로컬'
        print(f"Enhanced Bitcoin Trading Bot 시작 ({env_type} 환경)")
        print("종료하려면 Ctrl+C를 누르세요")

        load_dotenv()

        # 필수 환경 변수 체크
        required_env_vars = ['UPBIT_ACCESS_KEY', 'UPBIT_SECRET_KEY']
        missing_vars = [var for var in required_env_vars if not os.getenv(var)]
        if missing_vars:
            raise ValueError(f"필수 환경 변수가 없습니다: {', '.join(missing_vars)}")

        def run_trading():
            try:
                current_time = datetime.now().strftime("%Y-%m-%d %H:%M:%S")
                print(f"\n[{current_time}] 트레이딩 시작...")
                ai_trading()
                print(f"[{current_time}] 트레이딩 완료")
            except Exception as e:
                print(f"실행 중 오류 발생: {e}")

        # 스케줄 설정
```

```
schedule.every().day.at("09:00").do(run_trading)
schedule.every().day.at("15:00").do(run_trading)
schedule.every().day.at("21:00").do(run_trading)

# 시작 시 즉시 한 번 실행
print("\n첫 번째 트레이딩 시작...")
run_trading()

while True:
    try:
        schedule.run_pending()
        time.sleep(30)  # 30초마다 스케줄 체크
    except KeyboardInterrupt:
        print("\n사용자에 의해 봇이 종료되었습니다")
        break
    except Exception as e:
        print(f"실행 중 오류 발생: {e}")
        time.sleep(60)  # 에러 발생 시 60초 대기

except Exception as e:
    print(f"프로그램 실행 중 치명적 오류 발생: {e}")
```

03 다음 명령어를 입력하고 [Enter] 키를 눌러 실행합니다. 아직 지정한 시간이 되지 않았다면 화면에 아무것도 표시되지 않는 대기 상태가 됩니다.

```
python3 autotrade.py
```

백그라운드에서 실행하기

앞서 특정 시간에 자동으로 실행되도록 설정을 완료했습니다. 그러나 이 상태에서 창을 닫으면 프로그램이 종료됩니다. 이 프로세스가 서버에서 계속 실행되어야 하는데, 창이 닫히면 프로세스도 종료되기 때문입니다. 내 컴퓨터에서 깃허브를 통해 EC2 서버로 코드를 옮긴 이유는 프로그램이 꺼지지 않고 계속 실행되게 하기 위함입니다. 따라서 EC2 서버에서 프로그램이 지속적으로 실행되려면 백그라운드에서 실행되도록 설정이 필요합니다.

백그라운드에서 실행하기

01 백그라운드에서 프로그램을 실행하려면 다음 명령어를 실행합니다. 이 명령어는 프로그램을 백그라운드에서 실행하고, 실행 결과는 **out.log** 파일에 저장하도록 설정합니다. **&** 기호는 프로그램을 백그라운드에서 실행하겠다는 의미입니다.

```
nohup python3 -u autotrade.py > output.log 2>&1 &
```

02 명령어를 실행하면 프로세스 번호가 뜨고 이후 화면에 아무것도 표시되지 않은 상태가 됩니다. 이제 창을 닫아도 프로그램은 백그라운드에서 계속 실행됩니다.

```
(bitcoin_env) ubuntu@ip-172-31-3-235:~/aibitcoin$ nohup python3 -u autotrade.py > output.log 2>&1 &
[1] 13767
(bitcoin_env) ubuntu@ip-172-31-3-235:~/aibitcoin$
```

03 백그라운드에서 프로그램이 잘 동작하고 있는지 확인하기 위해 다음 명령어를 입력하고 실행합니다. 이 명령어를 입력하면 실행 중인 파이썬 프로세스의 목록이 표시됩니다. 예를 들어, 프로세스 번호가 13800인 autotrade.py가 실행 중인 상태라면 해당 번호가 표시됩니다. 이는 프로그램이 백그라운드에서 정상적으로 실행되고 있음을 의미합니다.

```
ps ax | grep python
```

```
(bitcoin_env) ubuntu@ip-172-31-3-235:~/aibitcoin$ ps ax | grep python
  585 ?        Ss     0:00 /usr/bin/python3 /usr/bin/networkd-dispatcher --run-startup-triggers
  744 ?        Ssl    0:00 /usr/bin/python3 /usr/share/unattended-upgrades/unattended-upgrade-shutdown --wait-for-signal
13800 pts/0    S      0:02 python3 -u autotrade.py
13990 pts/0    S+     0:00 grep --color=auto python
(bitcoin_env) ubuntu@ip-172-31-3-235:~/aibitcoin$
```

04 백그라운드에서 실행 중인 프로세스를 종료하려면 **kill -9 프로세스 번호**를 사용해 종료 명령어를 입력합니다. 예를 들어, 프로세스 번호가 13800이라면 다음과 같이 명령어를 입력하고 실행합니다.

```
kill -9 13800
```

05 제대로 종료되었는지 확인하려면 다음 명령어를 입력하고 실행합니다. "+ Killed"라는 실행 결과가 뜨면 프로그램이 종료된 것입니다.

```
ps ax | grep python
```

```
(bitcoin_env) ubuntu@ip-172-31-3-235:~/aibitcoin$ ps ax | grep python
   585 ?        Ss     0:00 /usr/bin/python3 /usr/bin/networkd-dispatcher --run-startup-triggers
   744 ?        Ssl    0:00 /usr/bin/python3 /usr/share/unattended-upgrades/unattended-upgrade-shutdown --wait-for-signal
 13800 pts/0    Sl     0:02 python3 -u autotrade.py
 13990 pts/0    S+     0:00 grep --color=auto python
(bitcoin_env) ubuntu@ip-172-31-3-235:~/aibitcoin$ kill -9 13800
(bitcoin_env) ubuntu@ip-172-31-3-235:~/aibitcoin$ ps ax | grep python
   585 ?        Ss     0:00 /usr/bin/python3 /usr/bin/networkd-dispatcher --run-startup-triggers
   744 ?        Ssl    0:00 /usr/bin/python3 /usr/share/unattended-upgrades/unattended-upgrade-shutdown --wait-for-signal
 13992 pts/0    S+     0:00 grep --color=auto python
[1]+  Killed                  nohup python3 -u autotrade.py > output.log 2>&1
(bitcoin_env) ubuntu@ip-172-31-3-235:~/aibitcoin$
```

이렇게 백그라운드에서 실행 중인 프로그램을 쉽게 관리하고 필요할 때 종료하거나 실행할 수 있습니다.

로그 파일 확인하기

01 실행 결과를 저장한 로그 파일을 확인하려면 다음 명령어를 입력하고 실행합니다. 파일 목록에서 out.log 파일이 새로 생성된 것을 볼 수 있습니다.

```
ls -al
```

02 로그 파일을 열려면 다음 명령어를 입력합니다.

```
vim out.log
```

03 로그 파일을 실시간으로 확인하려면 다음 명령어를 입력합니다. 이 명령어는 로그 파일의 마지막 부분을 실시간으로 출력합니다. [Ctrl] + [C]를 누르면 실시간 로그 확인을 중지할 수 있습니다.

```
tail -f out.log
```

Streamlit 웹 모니터링 실행하기

이번에는 우리가 만든 Streamlit 웹 대시보드를 EC2 서버에서 실행하여 언제 어디서든지 접속할 수 있도록 설정해 보겠습니다. 우선 로컬에서처럼 `python -m streamlit run streamlit -app.py` 명령어로 Streamlit을 실행하려고 하면, 서버에서 로컬 호스트로 실행은 되지만 External URL로 웹 브라우저에서 접근할 때 문제가 생깁니다.

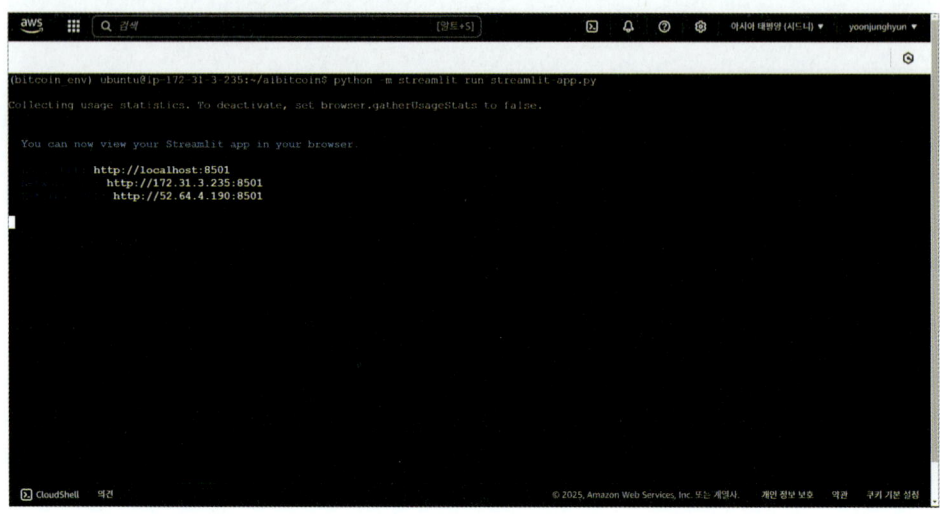

EC2는 클라우드 서버이므로 로컬 호스트가 아닌 **퍼블릭 IP 주소**로 접속해야 합니다. 하지만 접속을 시도하면 기본적으로 연결이 차단됩니다. 클라우드 컴퓨터는 외부 접속을 보호하기 위해 지정된 포트만 열려 있기 때문입니다. 즉, 열려 있지 않은 포트로 접속을 시도하면 접근이 차단

됩니다. 따라서 웹 모니터링 실행에 앞서 클라우드에 해당 포트를 열어 달라고 요청을 진행하겠습니다.

> **? 궁금해요** **SSH란?**
>
> SSH(Secure Shell)란 네트워크를 통해 원격 시스템에 안전하게 접속하고 명령을 실행할 수 있도록 설계된 암호화 통신 프로토콜입니다. 원격 컴퓨터와의 안전한 통신 및 파일 전송이 주요 목적이며 원격 서버 관리 및 보안을 위해 필수로 사용하는 도구로, 오늘날 다양한 서버 관리 및 파일 전송 작업에서 표준으로 자리 잡았습니다.

포트 열기

01 EC2 인스턴스 관리 화면에서 해당 인스턴스를 선택합니다.

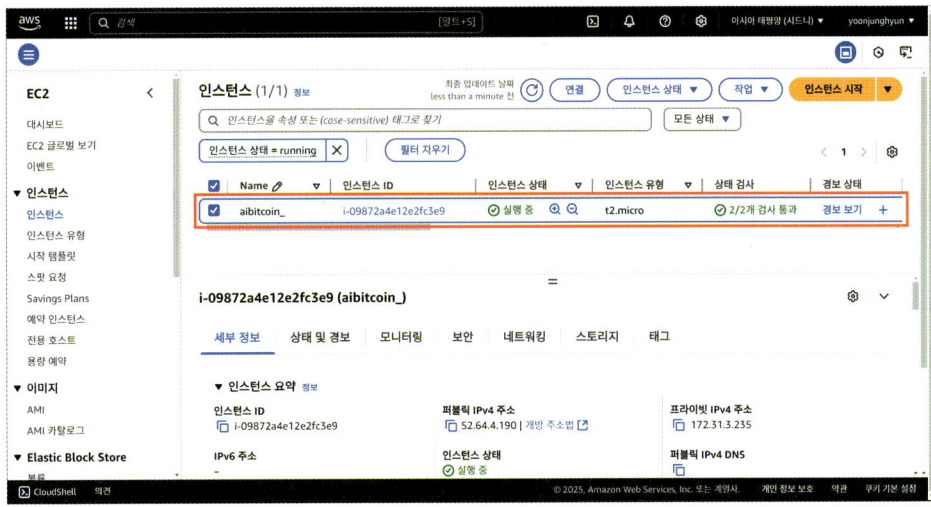

02 선택한 인스턴스 관리 페이지에서 스크롤을 내려 [보안] 탭을 클릭합니다.

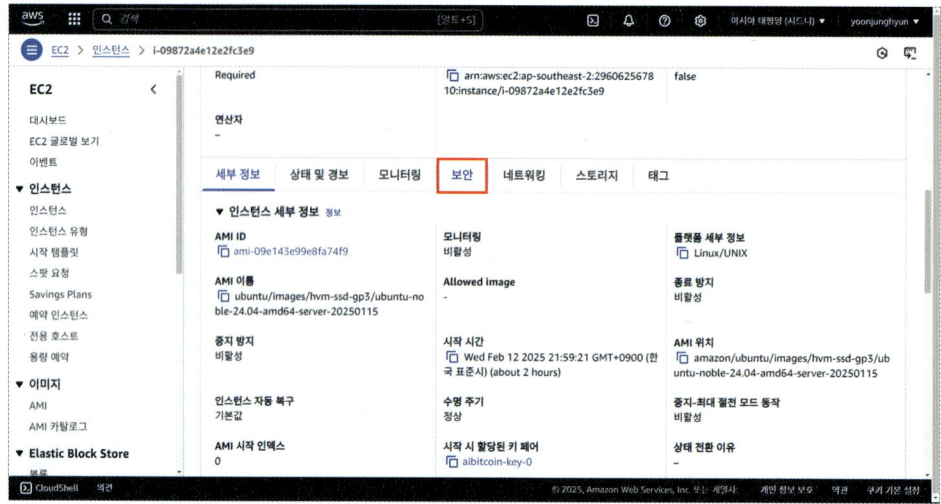

03 [보안] 탭의 인바운드Inbound와 아웃바운드Outbound는 보안을 위한 네트워크 트래픽 규칙으로, 인바운드는 외부에서 EC2 인스턴스로 들어오는 트래픽, 아웃바운드는 외부로 나가는 트래픽을 뜻합니다. '보안 그룹' 아래 링크를 클릭합니다.

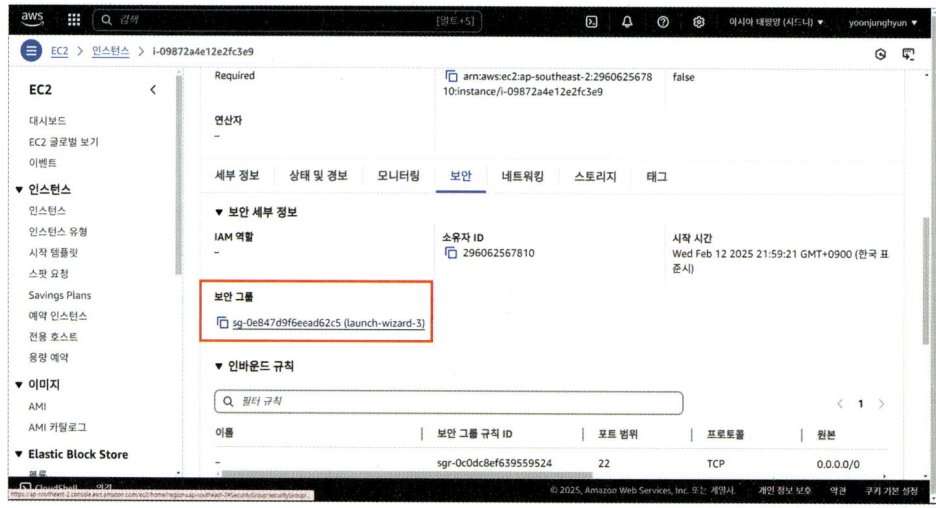

04 [인바운드 규칙] 탭 오른쪽 아래 [인바운드 규칙 편집]을 클릭합니다.

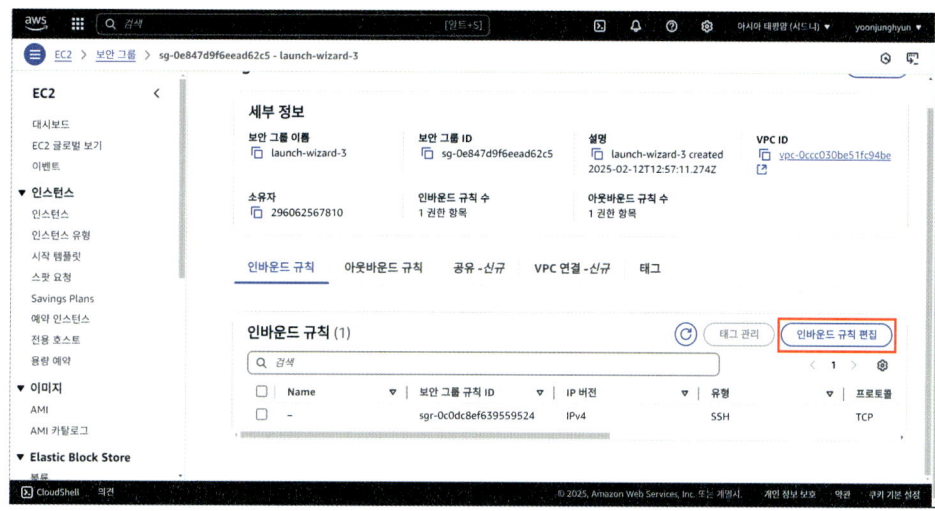

05 [규칙 추가]를 클릭한 다음 포트 범위에 8501을 입력하고 CIDR에는 전체 IP를 허용하는 0.0.0.0/0을 선택한 다음 [규칙 저장]을 클릭합니다.

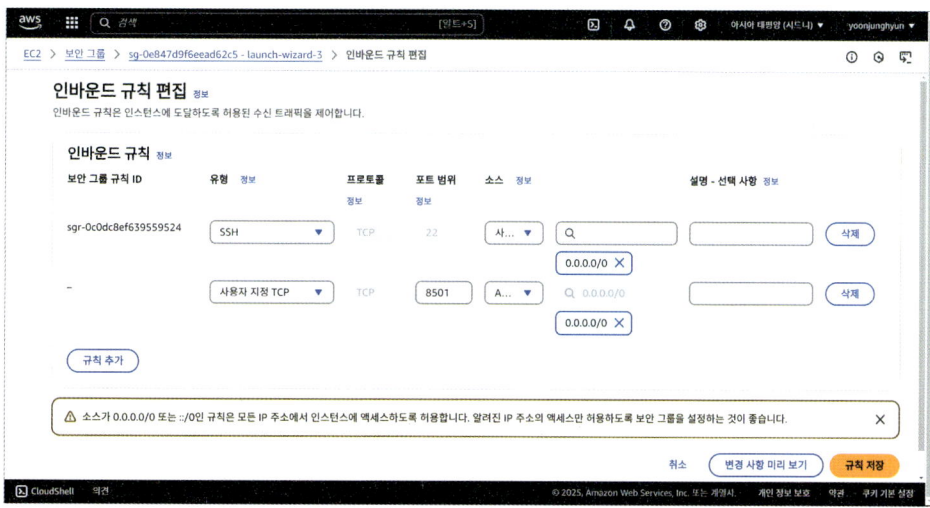

06 다시 인바운드 규칙을 확인하면 포트 범위 8501도 추가된 것을 확인할 수 있습니다.

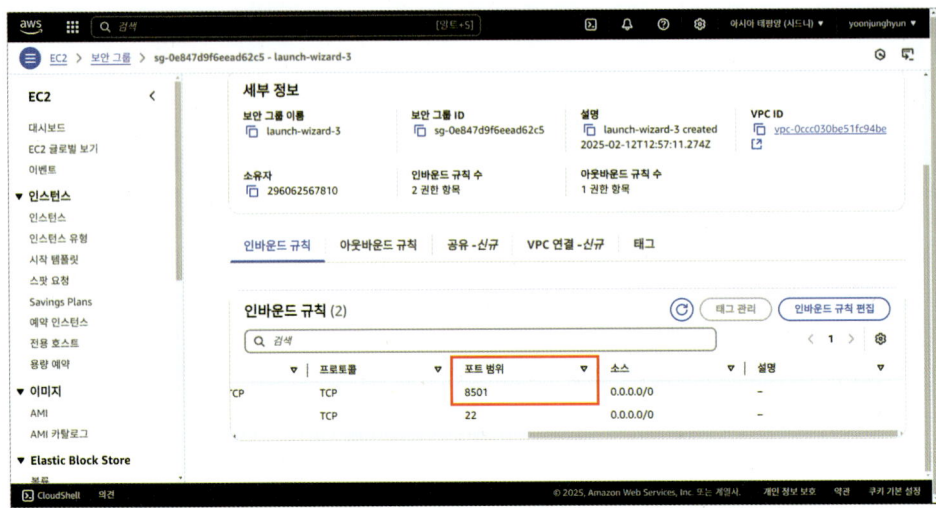

07 이제 웹 브라우저에서 Streamlit 대시보드가 실행되는 것을 확인할 수 있습니다.

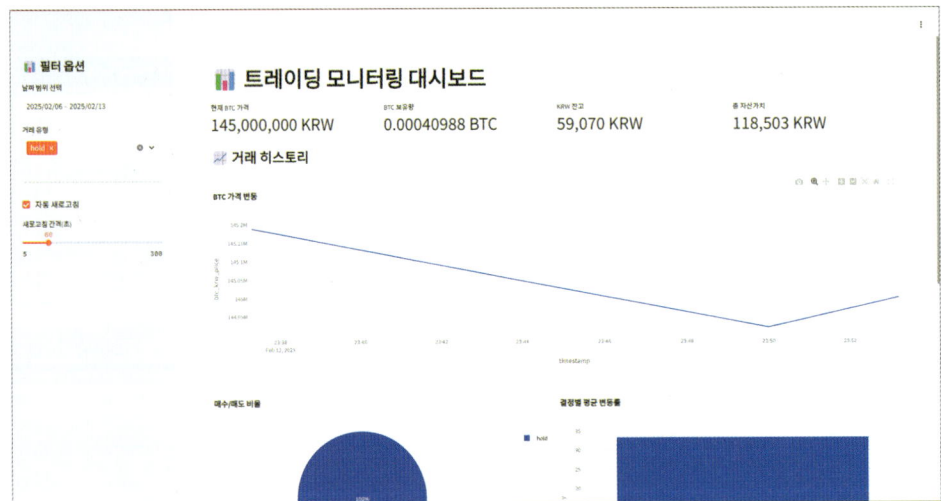

백그라운드에서 대시보드 실행하기

01 Streamlit 대시보드 역시 창을 종료해도 백그라운드에서 실행되도록 백그라운드 설정을 하겠습니다. EC2에서 다음 명령어를 입력합니다. 이 명령어는 Streamlit을 8501번 포트에서 실행하며 로그는 streamlit.log 파일에 저장합니다. 이 명령어를 실행하면 터미널 창을 닫아도 서버는 계속 실행됩니다.

```
nohup python -m streamlit run streamlit-app.py --server.port 8501 > streamlit.log 2>&1 &
```

02 웹 브라우저에서 대시보드의 주소를 이용하면 스마트폰에서도 같은 화면을 볼 수 있습니다.

고정 IP 할당하기

01 인스턴스의 퍼블릭 IP 주소는 고정된 것이 아니므로 서버를 다시 시작할 때마다 변경될 수 있습니다. 고정된 IP 주소를 사용하려면 유료 서비스인 **탄력적 IP**Elastic IP를 이용해야 합니다. EC2 페이지에서 왼쪽 사이드바의 [탄력적 IP]를 클릭합니다.

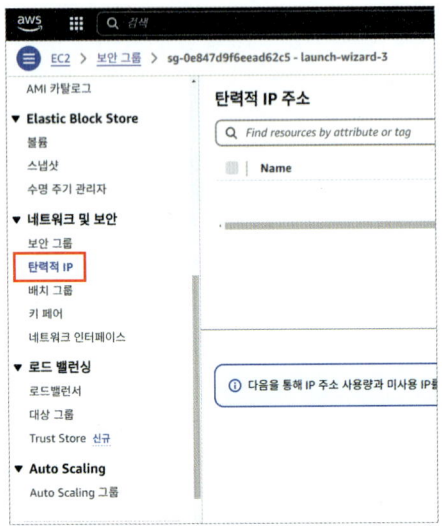

02 '탄력적 IP 주소' 페이지로 이동하면 오른쪽 상단에서 [탄력적 IP 주소 할당]을 클릭합니다.

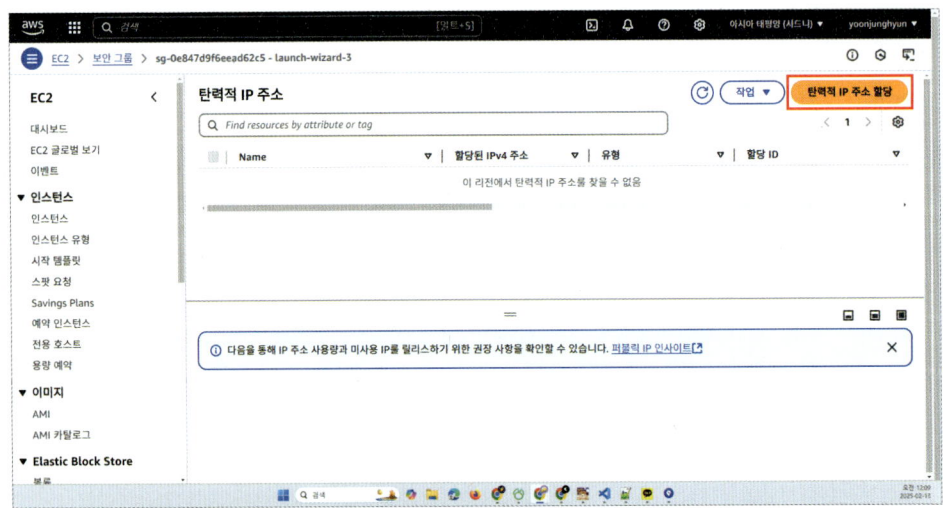

03 '탄력적 IP 주소 할당' 페이지에서 [할당] 버튼을 클릭하면 간단하게 Ipv4 주소를 할당받을 수 있습니다. 단, 해당 서비스는 프리 티어를 사용하더라도 시간당 0.005달러 정도로, 시간당 약 6~7원 정도의 비용이 듭니다(2025년 3월 기준). IP 주소가 할당된 동안에는 사용 여부와 관계없이 요금이 청구됩니다. 따라서 과금을 해서라도 고정 IP 사용이 필요한 경우 사용하는 것을 권장합니다. 만약 더 이상 사용하지 않으려면 **[탄력적 IP 주소 연결 해제]**를 한 후 릴리즈를 해야 비용이 청구되지 않습니다.

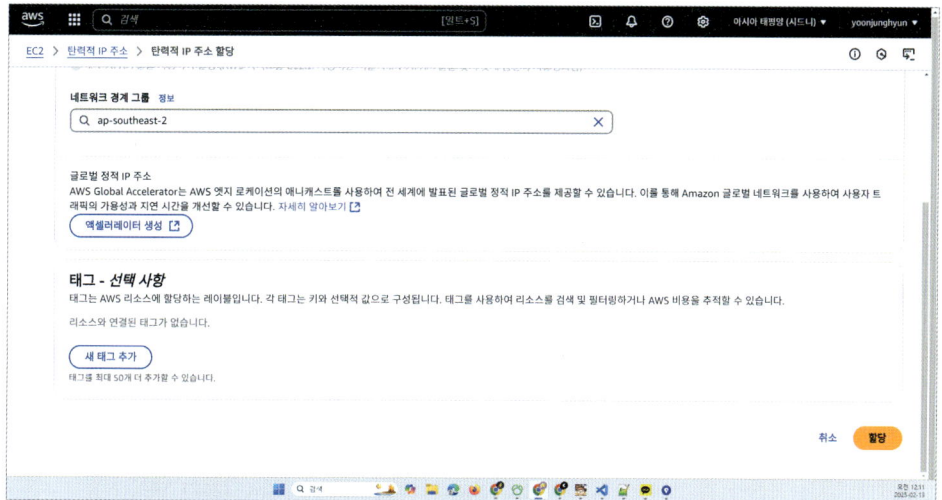

찾아보기

ㄱ

가상 서버 호스팅　344
가상 환경　365
개발자 도구　193
거래 금액　68
거래량　68
거래량 이동평균　126
거래소　31
거래소 데이터　98
고가　68
골든크로스　99
공용 네트워크　43
공포탐욕지수　142
관계형 데이터베이스 시스템　285
구글 I/O　26
구글 OTP　345
기술 스택　30
깃허브　352

ㄴ

네트워크 트래픽　400
뉴스 데이터　164

ㄷ

데이터베이스　285
데이터 베이스 관리 시스템　286
데이터프레임　73
디버깅　191
딕셔너리　81

ㄹ

라이브러리　59
로그 파일　397
리포지터리　353

ㅁ

마이크로소프트　25

마이크로소프트 애저　343
매도　23
매도호가　102
매수　23
매수호가　102
모니터링 시스템　326
모듈　59
문자열　80

ㅂ

바이낸스 차트　187
반성 칼럼　313
백그라운드　395
변동성 돌파 전략　23
보조 지표　124
볼린저 밴드　125
브라우저 자동화 프레임워크　186
브랜치　352
비공개 API 키　48
비디오 아이디　236
비트코인　23

ㅅ

생성 AI　23
서버　364
선물　102
성향　99
셀레니움　186
소프트웨어 서비스　343
수수료　86
스토캐스틱　125
스톱로스　325
시가　68
실행 주기　100

ㅇ

아웃바운드　400

암호 화폐　102
업비트　31
업비트 거래 이용 안내　85
영상 데이터　234
오더북　98
오라클　286
오픈AI　24
오픈AI 플랫폼　45
오픈 API　50
외부 라이브러리　59
웹 드라이버　190
웹사이트 대시보드　332
이동평균선　99, 125
인바운드　400
인스턴스　346
인코딩　204
인프라 서비스　343
인피니트 컨텍스트　26
일봉　67
입력 데이터　100

ㅈ

자막 데이터　239
자연어　36
재귀 개선 시스템　285
저가　68
전략　99
제미나이　28
종가　23, 68
주석　116
주식　102

ㅊ

차트 데이터　98
챗GPT　27
챗GPT API　35
최소 기능 제품　65

찾아보기

최소 주문 가능 금액   87

ㅋ
컨텍스트   24
케이뱅크   41
코드 초기화   387
코파일럿   25
크레딧   45
크롬 드라이버   371
크리에이티브 커먼즈 저작자 표시
라이선스   236
클라우드 서버   386
클라우드 서비스   343
클라우드 컴퓨터   343
클래스   59
클로드 3.5 소넷   104
클로드 3.7 소넷   104

ㅌ
탄력적 IP   404
토큰   25
투자 리스크   266
투자 비율   266
트레이딩 뷰 차트   187

ㅍ
파라미터   71
파이썬   35
파이썬 객체   82
파이썬 패키지 인덱스   59
패키지   364
편집기   38
표준 라이브러리   59
프라이빗 API   50
프로그래밍 언어   51
프로젝트   48
프록시 서버   368

프롬프트   33
프리 티어   344
플랫폼 서비스   343

ㅎ
함수   59
현재 투자 상태   98
호가 스프레드   102

A
Access key   44
API   29
API 키   39
ATR   126
AWS   343

B
Base64   204
BB   133
BTC   87

C
CIDR   401
clear   392
Close   68
CSS 스타일   194

D
DALL·E   50
datetime   59
DB   285
DBMS   286
DeepL   71
dict   81
DOM 구조   194
dotenv 모듈   62

E
EC2   344
Exchange API   82
EXPLORER   57
External URL   398

F
Fear and Greed Index API   142
file.io   383
from   62
full Xpath   194

G
get_ohlcv()   68
GET 요청   168
Google Cloud Platform   343
Google News API   166
GPT API   45
GPT Vision   203

H
High   68
HTML 구조   194

I
IaaS   343
import   62
INSERT 모드   366
Ipv4 주소   405
IP 주소   43

J
JSON   34
json decode error   258
json.loads()   81
JSON Schema   265
JSON 모듈   82

찾아보기

K

kill -9 프로세스 번호   396
KRW-BTC 마켓   68

L

LMM   23
Low   68

M

MACD   125
math   59
Matplotlib   59
MVP   65
MySQL   286

N

NumPy   59

O

OBV   126
OHLCV   68
Open   68
openai   60
os   59
os.getenv()   62
os 모듈   62

P

PaaS   343
Pandas   59
percentage 필드   267
Pillow   219
Playground   70
PostgreSQL   286
print 문   63
PyPI   59

python-dotenv   60
pyupbit   60
pyupbit 깃허브   67

Q

QR 코드   42

R

README.md   107
Requests   59
requests 모듈   145
requirements.txt   60
response_format   265
Response Format   72
RSI   125

S

SaaS   343
schedule   394
Secret key   44
SerpAPI   165
SQLite   286, 291
SQLite3   289
SQLITE EXPLORER   292
SQLite Viewer   291
SSH   399
str   80
Streamlit   327
Structured Output   259
sys   59
System message   70

T

TA   126
ta 모듈   129
TensorFlow   59

time.sleep()   89
tmpfiles   383
to_json()   73

U

ubuntu   347
User   74

V

video_id   236
Visual Studio Code   38
Volume   68
VS code   50
VS Code   38
VS code 프로젝트   56

W

What is my IP   43
Whisper   50

X

XPath   195

Y

youtube-transcript-api   235

기호

2채널 인증   41